传媒“方程式”

——关乎中国媒体成长的前沿自选题

《新闻实践》杂志　主编

红旗出版社

图书在版编目(CIP)数据

传媒“方程式”：关乎中国媒体成长的前沿自选题 / 《新闻实践》杂志主编.
——北京：红旗出版社, 2010.12

ISBN 978-7-5051-1917-8

Ⅰ.①传… Ⅱ.①新… Ⅲ.①传播媒介－发展－研究－中国
Ⅳ.①G219.2

中国版本图书馆CIP数据核字(2010)第236129号

书　　名：传媒“方程式”——关乎中国媒体成长的前沿自选题
主　　编：《新闻实践》杂志

出 品 人：高海浩
总 监 制：徐永新
责任编辑：李　云
责任校对：刘文芳
封面设计：李　妍
版式设计：刘　燕　荣建娟

出版发行：红旗出版社
地　　址：北京市沙滩北街2号
邮　　编：100727
E－mail：hongqi1608@126.com
欢迎品牌图书项目合作
编 辑 部：010-64068163
发 行 部：010-64037154
项 目 部：010-84017570
印　　刷：三河市东方印刷有限公司

开　　本：787毫米×1092毫米　1/16
字　　数：571千字
印　　张：28.5
版　　次：2010年12月北京第1版　2010年12月河北第1次印刷

ISBN 978-7-5051-1917-8
定　　价：55.00元

版权所有　翻印必究　印装有误　负责调换

传媒研究亟须“方程式”（序）

梁 衡

《新闻实践》杂志在近两年办得很用心，其成功的编辑运作之一，就是在每期的“多棱聚焦”栏目里，围绕一个关键词，组织各地作者，有的放矢，专题研讨。现在整理汇集，出版成书，从中我们可以解读当今新闻研究与实践中的一些焦点。

书名颇有意味，叫《传媒方程式》。科学界有句名言：“提出问题比发现问题更重要。”作为新闻研究期刊，《新闻实践》杂志的可贵之处，就在于立足前沿创新，不断从纷纭复杂的传媒现象中提出一个个研讨课题，并得出求解的“方程式”。

爱因斯坦说过：“我得把自己的时间分配给时政和方程，但是以我看来，方程更为重要。因为时政只存在于现时，而方程将永远存在”。方程式是什么？就是规律的揭示与描述。就是爱因斯坦引以自豪的那个相对论方程式：$E=MC^2$。面对复杂的自然现象，科学家经过艰苦的探索，推导出一个简洁漂亮的方程式，规律就昭然若揭，就能指导实践，就能为我所用。当今是一个变革的时代，新闻业从来没有遇到过这么多的头绪，这么多的变化，这么多的新课题。时代给新闻人提供了许多写大文章的好题目，也提出了该怎样去写这些文章的理论课题，甚至是一些难题。

新闻是一个实践性很强的行业，长期以来许多同仁忙于一线的编采业务，甚至没有时间思考其中的理论，或者有一点灵感又被紧张的任务所湮灭。现在好了，有了一个专栏，像一个茶座、一个沙龙，可以忙中偷闲，从容地来讨论一点问题。这里的作者大部分都是奋斗在第一线的业务骨干，他们经验丰富。这些经验足以让他们工作得心应手，让他们成名。但最好的工作状态从来不是满足而是创新。当我们只用经验去指导实践时很可能会刻舟求剑，不要忘了世界上没有两片相同的树叶，从这个意义上说，经验的一半是失误。经验只有上升到理论才能克服经验主义，才有了理论上的指导意义。

这是一个传媒业大发展、大变革的时代，需要理论、需要思考的时代，需要对诸多头绪有一个新的解法。但是长期以来，中国新闻界也有一个难题，就是“经院派”没有条件实践，实践者很少有时间思考理论。现代传播规律的理论探索在院校里已经形成了大本的论著与教材，但具体的能够解新闻难题的方程式还是不多。记得《新闻实践》杂志的办刊定位是“实务的、务实的”，现在他们以务实的精神，花了两年的时间来探讨这些实务的“方程式”，实在功德无量。

求索传媒方程式是一个思维方法，也是一个实践过程。一位物理学家说过：“方程乃是数学中最严肃、最重要的东西。‘解’方程的过程，就是把方程尽可能化简，类似把陌生句子译成语言通畅的文字。”感谢《新闻实践》杂志做了一件严肃、重要的事情，对纷繁的传媒世界和传播现象作了简化的翻译解读。当然，更应该感谢每篇文章的作者，把他们的经验提炼成一个个的理论方程，“绣出鸳鸯凭君看，还把金针度与人”。我们也期待着，这只是一个开头，新的研究会接踵而至。

是为序。

2010年11月29日

（作者：全国人大代表，人民日报社前副总编辑)

目 录

卷首语

胡 振

从表层来看，传媒像是早已丝丝合缝的拼图板，一切都是那么顺理成章或约定俗成，一切都像“非黑即白”或者“1+1=2”那么不容置疑。事实上，新时期的传媒研究并非全是现成的答案与定义，业界前赴后继地“滚雷区”、“撞南墙”，在与时俱进的改革演进中又陡然衍生出许多不期而至的变数；Wed2.0的普及，撬动了传统业界“板块”的对撞、裂隙与重构，使得传媒研究面对越来越多的充满未知而又蕴涵新知、充满变数而又孕育变故的“错码乱码”。

作为“媒体的媒体”理应站在媒体前沿，2009年改版的《新闻实践》杂志试图从那些眼花缭乱的“错码乱码”中梳理出一些思路头绪，从业界难以释怀的纠结中概括出一些可行性选项，拟定一些值得探讨、可以争鸣的传媒话题，以“多棱聚焦”的栏目向全国组稿，约请各地业界学界都来碰撞，南方北方皆来交锋，正方反方均可立论。

我们拟想这些探讨的选题，源自新闻实践的湍流，它是动态的、不确定的，或者是意识到而未能理解的，或者理解到了却暂未理性阐述的，或者在目前的境遇下尚无清晰的破解路径，却又未必具备单一的求解方式，也不企求大一统的定式与结论。所以，我们将此喻为传媒的“方程式”，N元一次也罢，一元N次也好，也可正解，亦能倒算。反正，求证或求解的过程，不会是一目了然的启蒙常识，也不是传统教科书上那种ABC的摆谱，但也不会是永无答案的死题。悬念既是答案，更是方程式求解的过程。因为深入一步，就可能在传媒业的外延领域、外延范畴，探寻到由此及彼、由表及里的真谛。

传媒学科研究饱受“有术无学”的诟病，而我们设立的一系列的“方程式”，更多的是立足于业界的实务，来自传媒职场的长期观察，目标指向新闻专业意识的转变，这也就为新闻学领域提供了最新的研究标本，为理论破题提供了充分的现实土壤。比如，本刊曾以“悬疑新闻”、“寓言新闻”等关键词来策划主题研讨，起初在百度、谷歌上还搜寻不到这样的词儿；而当我们的组稿刊发之后，这些“臆造”的传媒新词（抑或“方程式”），便成为传媒界关注乃至争议的热词。诚然，要从理论与实践的结合上系统地解析下去，唯有寄希望于锐意进取的业界与学界的有志之士。

不错，出题约稿体现了《新闻实践》杂志的办刊编辑思想，自然包括对选题探讨指向、构想、预期、框架以及若干观点，不然就无法在MSN、QQ、电邮乃至短信中与素昧平生的作者反复沟通与切磋，直至引起对方共鸣而悟，欣然应约。如若我个人动手操刀，将心中所思化作笔下之文，感觉未必沉重，然而这仅是一人之作、一家之言，尚且形不成“多棱聚焦”的集约效应，恐怕也会湮没于淡淡泛泛的众声喧哗之中。

定向约稿，并不如愿。有临门一脚的“失约”，也有不甚了了的敷衍，我们不曾降格以求，只得另请高明、另约新人，尽力搭就“四方会谈”的既定格局，不至于天缺一块。我们发现，“非著名”的中青年记者、编辑与学者，似乎更胜任这类关乎痛痒的命题组稿。尤其是业界的年轻作者，思维前瞻，积累厚重，立论鞭辟入里，行文谈笑风生，在本刊留下了许多耐人咀嚼的佳作。难以忘怀的是，暨南大学新闻与传播学院院长范以锦、中国人民大学新闻学院教授陈力丹与《中国青年报》常务副总编张坤等长期支持本刊“多棱聚焦”栏目，不仅应约惠赐名作，而且为我们的组稿物色高手，落实选题。在此，谨向这些国内传媒界前驱者表示诚挚的感谢。

由于特定的刊物内容范畴，国内新闻业务期刊难以推行市场化的赢利模式，大多数处于惨淡经营的状态。然而，并不意味着传媒业完全排斥新闻研究与传媒探索的交流平台。恰恰相反，由于互联网的风生水起，更由于媒体新生代被推向前台，传媒业确实需要一个有着共同语境、同行相亲、百家争鸣的刊物，确实需要有一个为传媒业解疑、解惑、解闷的精神家园或者叫“媒体沙龙”。这就是新闻业务期刊的存在依据与创新空间。关键在于，要按照时代要求和读者需求调整杂志定位，把品牌培育放在更加突出的位置。

因此，我们确定《新闻实践》杂志应当与中央级同类刊物实行错位办刊，不求宏观阐述，只求微观剖析；不求名人名家，只求新人新锐；不求步人后尘，只求先见之明。为了区别于其他同类刊物，培育自身鲜明特色，我们把杂志定位调整到以下几个关节点上：

一是立足年轻的读者。目前的媒体采编队伍中接近或超过半数是三十岁左右的年轻人。他们是媒体创新的主体，对新思想、新观念、新经验充满渴求与期待，而且接受能力非同一般，那么我们的杂志就不应该是老气横秋的学究面貌，不应该是老生常谈的背时唠叨，必须呈现年轻读者喜爱的选题、话题，言之有物，关乎痛痒，议论风声，生动活泼，以至语言方式也要适合80后的口味。

二是办成媒体的媒体。《新闻实践》杂志可以办成纯粹意义上的学术刊物，也可以办成纯工作性的机关简报。但是我们既然定位于媒体从业的年轻读者，那么就不拘泥于传统新闻业务期刊的模式，而要使杂志成为媒体人的精神家园，也就是说“媒体的媒体”。只要有利于服务媒体改革与创新的，只要有利于激发媒体活力和生机的，我们都不拘一格地展现在杂志上，体现与众不同的个性特征。

三是力求好看又好用。像新闻研究的杂志很容易产生两种倾向，一种是“假大空”，还有一种是低水平重复，变成仅有少数发表稿子的作者才看一看的“鸡肋”。《新闻实践》杂志要名副其实，注重新闻的实践，包括实证研究、实务研究，以实带虚，在实践中提炼理论创新成果。尽管一本杂志无法做到每篇文章都好看，但是我们力求做到不同岗位的媒体从业人员，至少每期都有两到三篇文章值得一看，而且对媒体实际工作具有一定的借鉴意义与可操作性。

《新闻实践》杂志注重“远观近读，善知媒体”，对一线传媒从业人员的孤寂、渴望与求索感同身受，于是有了一些以微观剖析为特征的栏目：“记者履痕”栏目，展示记者亲历新闻事件的内心独白；“互联星空”栏目，追踪全球新媒体发展的走势与挑战；“广角瞭望”栏目，纵览各国（地区）传媒业的前车之鉴；“运营方略”栏目，交流传媒市场化运作与管理的经营之道……而每期一个主题“多棱聚焦”，既是有待求证求解的“方程式”，而对业界读者来说又是不见面的业务研讨会，较之豪华殿堂里的所谓“论坛”，少了一分客套与虚荣，多了一分专注与率真，把传媒实务的内容做得更加务实。

如今，《新闻实践》杂志把近两年“多棱聚焦”栏目的稿件先行汇编成册，没想到一期期“命题作业”摞起来也有一大叠，和盘托出之时感觉沉甸甸的。好在这对传媒族群来说，不是艰涩的“哥德巴赫猜想”。不管是否难解，抑或臭测，我们只想，有一大叠传媒“方程式”摆在面前，就可以进一步思索：如何与媒体前沿的身体力行者一起舒展思想，与采编一线的风华正茂者一起编织理想，与艰难探求中跋涉前行者一起分享梦想。

我们还想，存在决定意识，新闻实践永远走在新闻理论的前头。当未来这一叠“方程式”索然寡味的时候，中国的传媒实践及其研究兴许就从必然王国走向自由王国了。

2010年10月9日

（作者：《新闻实践》杂志执行总编）

《新闻实践》杂志2009年第1期“多棱聚焦”栏目

环形新闻

新年伊始，节日接踵而来。对于媒体来说，节日报道是屡试不爽而又难以突破的课题。一年之内到底有多少“节”、多少“日”值得新闻报道跟进？是“翻着皇历写报道”，还是在节日的落点上寻找新闻？是利用节日唤起淡忘的精神记忆，还是借机作为工作性的年度盘点结算？

简言之，节日新闻变成了在一个个年轮里不断重复的“环形新闻”。媒体如果在习惯思维的支配下，不问今夕何年，满足于应景捧场，机械地套写“环形新闻”，那么就等于围着磨盘打转转，而离新闻价值的本真愈来愈远。

媒体报道怎样过“节”度“日”

蒋　蕴

节日周而复始，年年要过，而新闻媒体面对的是一个年年“遭遇”的报道题材。偶尔出新并不难，难的是在新的一年的节日报道中，能够在历史与现实的节点上有所发现，有所突破，过“节”常过常新，度“日”日新月异。

一年到头，到底有多少个节日？经笔者不完全搜索，除了我国的传统节日之外，仅由各类国际组织认定的国际公益节日就超过了100个。其中10月就有26个节日，包括“国际老人节”、“世界精神卫生日”、“世界粮食日”；而3月21日，有“世界森林日”、“消除种族歧视国际日”、“世界儿歌日”、“世界睡眠日”、“国际诗歌日”5个节日集中在这一天。

每一个节日都有由来，每一个节日都有主旨，所以近年来，跟随这一系列节日的报道，就有了可供开掘的新闻资源。对于媒体来说，如果善于利用如此数量多而且主题各异的节日，倒是可以引为合适的新闻由头，切入当前的热点新闻，唤起舆论和公众的关注。但是，如果滥用或处理不当的话，就会“翻着皇历做新闻”，周期性地重复往年曾经报道过的内容，流于一般的告知，使得包括传统民俗节日在内的节日报道，走入一个固定的“环形回路”中去。

节日周而复始，年年要过，而新闻媒体面对的是一个年年“遭遇”的报道题材。偶尔出新并不难，难的是在新的一年的节日报道中，能够在历史与现实的节点上有所发现，有所突破，过“节”常过常新，度“日”日新月异。

主题性节日报道的困惑

“程式性”的困惑：表层的活动该不该报道？

与传统的民俗节日类似，主题节日也离不开纪念活动。节日向公众传递某一主题的讯息和理念，同时以这样的方式告诉公众，个人的存在是通过与全社会一体性的存在而实现的。

自然，每当主题节日来临的时候，我们就可以看见，由相关的部门或社会组织或举行一些公众宣传，或召开某个会议。

街头巷尾，一些机构用几块图片展板来展示一下本部门的日常工作。这样的节日活动要不要报道？读者有多大的兴趣？而放弃报道，则意味着2009年这一个节日，就这么索然寡味地过去了。即使是与民生关系紧密的“3·15”国际消费者权益日，历年来政府、媒体、社会互动最为频繁，但由于平时消费者维权投诉的累积难以在这仅仅一天获得“结算”，也就使得媒体的节日报道陷于“中气不足”的尴尬之中。

事实证明，总是依附于相关部门组织活动的节日报道，只是机械地对其一年来的工作进行总结和盘点，而不注重于从中发现新闻，那报道就毫无新闻价值可言。

其实，节日报道似乎没有新闻期待，各家媒体都可以预见节日如期而至而有所准备，但是除了关注表层的活动场面，是否就没有媒体自己的新闻了？对于有眼光、有功底、有能量的媒体来说，众所周知的节日报道，正是显示其卓尔不群、出新出彩的“亮点”。

比如每年3月22日是“世界水日”，新华社驻巴黎记者在2007年的这一天，以“水是十亿多人的奢侈品”为题，报道了一个公益性组织发起的一次宣传活动。“他们（主办者）向过往行人免费发放包装酷似高级香水的精致瓶装饮用水，目的是要告诉公众：水是世界上最奢侈的物品”。尽管活动的主题并不新颖，但是因为形式和创意新鲜，所以记者前去报道，未必不能写出一条有可看性的好新闻。

同是一个节日，今年的报道怎样与去年的报道自然地衔接，同时又能写出新意来，并且为明年乃至今后的报道进行铺垫，这是媒体记者专业主义的理想境界。从采编实务的层面，完全可以通过挖掘新内涵，创造新载体，对常规的主题节日的意义进行“再生产”，增强报道的生命力和吸引力。值得关注的是，很多国际性的纪念日，每年都有不同的主题。这就成为新闻报道很好的切入点，针对不同的主旨侧重采访某一领域，又具有很好的延续性。

笔者查阅了《中国青年报》2000年以来有关“世界水日”报道，在累计刊出的16篇稿件中，本报记者自采稿12篇，分别是2001年2篇、2005年4篇、2006年1篇、2007年4篇、2008年1篇。这些报道形式多样，不仅有“世界水日”的活动消息，更有相当数量的深度报道。2001年的“世界水日”，记者采写了对全球最大水务公司负责人的访谈，探讨了水环境及水务产业的未来，题为“我们的理想：拧开龙头就能喝”，这在当时也是十分具有前瞻性的。而到2005年，采访水利部副部长索丽生的访谈在“世界水日”这一天刊发，记者从一般层面水环境的话题，转入水务行政管理体制变革的话题，这篇《水务变革困局》在当时引起了很大的反响。还是在这一年的“世界水日”，《中国青年报》还曝光了圆明园整治工程在水系结构改造中的问题，很快引起了有关部门的重视。

此后几年，《中国青年报》在“世界水日”一直有延续报道，尽管力度有所波动，但始终成为报社关注的领域。时至2007年，“世界水日”的主题是“应对水短缺”，记者采访了当天在中国出席某次活动的联合国教科文组织水资源可持续发展主席盖格教授，请他谈谈对中国城市节水的看法。记者披露了盖格提出的一个对城市建设者很有启发的建议：“城市绿化带应比马路低”——这样雨水就可以透过人行道的缝隙和绿地渗入地下，有效利用水资源，与可持续发展的生态环境建设联系在一起。这篇报道，即便不是在“节日期间”刊发，也不失为一篇精彩的报道看点。

“概念式”的困惑：大背景下怎样关注小人物？

相对于日常独立零散的新闻报道来说，节日是一个涵盖多方面信息的大新闻来源。一般来说，我们的节日报道往往集中关注一些集体记忆和社会大事件，而忽略了大事件中对小人物的关注。事实上，一些个体的故事、个案的事件更能彰显社会进步的意义。

2005年的“世界地球日”，《人民日报》四版右下角刊登了一则广告：蓝天下，一片青山绿水，画面正中写着“善待环境就是善待自己”，下方的署名是“农民陈法庆”。《中国青年报》的记者敏锐地捕捉到这一信息，采访了这位4次在媒体上自费刊登环保公益广告的中国农民，写了《一个农民的“闲事”》。

报道用平实的笔法写了一个小人物的故事：“陈法庆说话并不铿锵，表情也不革命。他总是偏着头，以便那只带助听器的耳朵最大限度地接触对方的声音。”“他说，我就是一个普通农民，我没有文化，初中都没毕业。我做这些只是凭良心。”这个农民的故事感动了很多人，这也表明了新闻记者开始脱离一些概念性的模式，去在节日报道中关注人的命运。

也是“世界地球日”，上海媒体率先报道的一个叫赵春江的居民，他在自家住宅顶楼造出了家庭太阳能发电站。因为不能并入电网，就此引发了当时社会上热议的一个话题：部分单位和个人开发的“绿电”为何无人收购？收购“绿电”应该按照什么标准执行？

这样的人物、事件报道所起到的效果，并不比一次大型主题宣传活动的效果逊色，反而因为更具贴近性和可读性，能够在众多的节日报道中独树一帜，激发受众的共鸣。

曾获“中国艾滋病好新闻奖”的《红丝带小学的艾滋病孩子》，是在2006年的“艾滋病日”前一天播发的。稿子从普通人的角度来述说：山西临汾市传染病医院院长郭小平在医院里，为感染艾滋病的学龄孩子开办了“红丝带小学”。为了让孩子们到北京看看天安门，郭小平带着8位孩子到了北京，孩子们穿上了防感冒的冬装，医生们跟着这支特殊的队伍。“在雄伟的天安门广场，郭小平顾不上多看热闹，只忙乎着一件事——点名，他生怕丢掉一个孩子。”

这样的报道既没有华丽的文字，也不涉及庞大的活动场景，只是在平常的叙述中，颂扬了一个节日——“艾滋病日”的主旨，在故事本身的震撼力和感染力中，让读者获得了节日主题的教育价值。

在众多的主题性节日中，新闻报道很多可以发掘出人性的内涵。例如5月15日的“国际家庭日”，在传统渐失的年代重提让人们回归家庭；9月21日的“国际老人日”，关注老龄人口的情感生活状态；10月15日的“世界农村妇女日”，发现妇女在农村宗族社会中的地位变化。很多节日的主题，都可以成为一篇好的新闻作品的主旨。

主题性节日报道的路径

寻找新闻热点的“契合点”

在2005年“世界艾滋病日”前夕，新华社播发了英文消息《中国国家主席与艾滋病人握手》，记录了胡锦涛主席走进北京一家医院与艾滋病人握手交谈的经过。一方面，消息侧重于用不同身份人的引语来叙述事实，17个段落中的8个有直接引语，来自国家领导人、不同年龄和地区的艾滋病患者以及联合国官员。从另一方面来看，这篇报道在“艾滋病日”集中关注几类最具有“焦点”意义的人群，无疑在国内外读者中产生重大影响。因为，那段时间，正值国际社会密切关注中国艾滋病防治状况，这则新闻以巧妙的写作方法和观察角度，向外界表明了中国正在用实际行动推进抗击艾滋病魔的斗争。

节日的时间是每年固定的，记者不可能预测当天发生的新闻，相关的新闻也不可能都在这一天前后发生。但是正因为节日的主题性，有经验的新闻记者会抓住近期的社会热点，借助节日的时机推进报道的气势和力度，这就需要精心的策划和思考。

近年来最经典的例子，就是《中国青年报》在2003年“国际护士节”的报道。5月12日，本来是针对特定人群的一个节日，但在2003年非典肆虐的时刻，《中国青年报》就在这一天开创性地策划了16个版的特刊。其中有整整7个版，刊登北京、广东等疫区参加抗击非典的护士的姓名。让这么多普通护士的名字上报，有可能是中国报刊史上的第一次。同时见报的还有编辑部文章：《南丁格尔的身影》，文中以充满感情的笔触这样写道：

“今天，也就是此时此刻，大自然仿佛把最明媚的一道春光特意留给今天。因为今天是你们自己的节日。”

“今天，也就是此时此刻，在这样一个节日，我们愿与你们共同重温现代护理教育的奠基人弗劳伦斯·南丁格尔的精神：燃烧自己，照亮别人。”

“今天，也就是此时此刻，你们就是南丁格尔的身影。这身影正迎着死神，日夜守护着SARS病房里的每一张病榻，安抚着病榻上的每一个痛苦、不安的呻吟。”

非典毫无疑问地成为了当时所有媒体关注的焦点，而这样的策划充分利用“国际护士节”这一契机，表现这场对疾病的战斗中人类互相扶助、坚强不屈的精神，造就了关于非典报道主题的一次完美的升华，很值得将来在持续性的重大新闻事件报道中加以借鉴。

笔者发现，此后每年关于护士节的媒体报道一直持续，而且对它的热度始终与新闻热点相关。譬如，2008年5月12日，因为同一天发生的四川地震，护士节的报道与抗震救灾的新闻报道相互呼应，又掀起了一轮“节日”报道的高潮。

寻找日常新闻的“遗忘点”

在林林总总的世界主题节日当中，为人们所熟知的也只占了其中少部分，其实很多节日的主题，恰恰在关注一个不会成为热点的社会阶层或社会问题。诸如4月11日的“世界帕金森病日”、6月23日的“世界手语日”、9月20日的“国际爱牙日”、10月8日“国际左撇子日”、11月21日“世界问候日”等等。而这些节日的确定，在其表层的纪念价值之后，无疑不具有非常深厚的人文内涵。但是，对于新闻报道来说，则可以在日常新闻之外，借此节日让受众了解某一方面的社会问题。

如在2008年的“世界问候日”那一天，很多媒体推出记者体验式的报道，走上街头向路人问好，然后观察路人的反应。华西生活周报甚至用了7个整版，来讨论关于问候的话题。报道触及一个社会问题，人们该如何表达对他人的关心和问候。因为问候不仅可以增进朋友之间的友谊，亦可以拉近陌生人之间的距离，让社会更加和谐。于是，很多报道倡议，生活不但要有问候，还要及时对他人的问候进行回应。“一声问候，未必一定会给人带来好运，但一定增加我们心灵的力气，让我们更强壮地面对生活里的一切。”

这样的节日报道就很好地另辟蹊径，出人意表地被赋予了浓厚的人文色彩。

前文提到的2008年“世界水日”，新华社驻日内瓦的记者根据世界卫生组织和联合国儿童基金会公布的数据，发现了这样一则新闻——“世界上26亿人家中没有卫生间”。报道说：“世卫组织总干事陈冯富珍在一份公报中说，卫生设施是公共卫生的基石，卫生设施的改进对于人类的健康和福利发挥着非常重要的作用，这一作用在女孩和妇女身上体现得尤为明显。”这也从另一个切入点，将人们在“世界水日”这一天对环境的关注上升到人文层面。

善于发现日常新闻的“遗忘点”，对于记者来说，也是一种新闻敏感性的考验。有时候，一些看似不具有报道价值的节日，也可能被发掘出深刻的社会意义来。但这些意义并不是生造出来的，而是基于新闻事实产生的，节日正好成为一个报道的契机，引导公众对某些社会问题的认知和关注。

寻找社会文明的“凝聚点”

什么是节日？在《中国民俗学》中有这样的定义：“它是一年当中由种种传承线路形成的固定的或不完全固定的活动时间，以开展有特定主题的约定俗成的社会活动日。”

在节日期间，一个或多个民族，一个或多个社会群体在一定时段聚集积累的物质文化和精神文化能够得到充分的体现；人与人之间的情感和群体的情感得到展现和宣泄；各个民族、各个社会群体的价值观念、行为模式同时得到突出的集中的表现。

每一个节日，其实都是生命历程中的一个节点，每一个节日也都有一种深刻的文明、文化意味，体现了一个群体对于生命的独特理解。每一个节日，也提醒人们关注一些价值，以及因此而形成的社会规范。

比如5月18日的“国际博物馆日”，是近年来越来越受关注的一个公益性节日。城市博物馆的免费开放，因为其涉及的文化含义相对丰富，很多媒体会集中报道当日的各项活动。从某种程度上来说，媒体能够通过持续对某一事件的集中报道，使之成为一段时间内社会关注的焦点，形成一个被构建的“媒介事件”。

《中国青年报》就以“5·18，逛博物馆去！”为题，倡导让各种人群都能在博物馆找到适合自己的知识，让博物馆成为公众教育的重要内容。而光明日报却刊发了《是什么拦住了公众迈入博物馆的脚步》，通过对100多位博物馆观众的随机调查，发现除了讲解不能尽如人意外，问题还出在博物馆与公众之间缺乏沟通，博物馆文化的公众认知度太低。

于是，这篇报道提出建议：博物馆不能再“坐等观众”，应该通过媒体对展览进行大规模的追踪报道，使展览信息不断地刺激公众，引导公众走进博物馆。《光明日报》还持续关注了德国博物馆在“国际博物馆日”如何发挥资源优势，为国民奉献了一场文化盛宴。报道的结尾这样说：“恰恰是在全球化的时代，知道我们的来历，根在哪里，这是非常重要的。只有了解历史，才能够创造未来。即使在网络时代，多去博物馆永远是值得的。”

于是，“国际博物馆日”的报道，就不仅停留在关注博物馆本身的层面上，更加上升到理解传统、感知历史，以引导将来的理念中来。

在很多类似的节日报道中，都能体现这样的主旨：对于当下的很多社会文化现象，不仅仅是忠实地记录，还在于发现其蕴涵的历史价值、科学价值和情感价值，并且能够融入公众的生活，融入活的文化发展潮流中去。

开掘节日新闻的“金矿”

——兼谈《文汇报》节日报道的思路和方式

杨 昕

节日年年有，本身不是新闻，只是一个时间要素、一个文化符号。而能被“捧得起”形成报道的节日，还应该具有时代价值，契合当前的新闻热点。

节日报道已经跻身为常规报道题材，报纸、电台、电视、网络都频频以它来“说事”。其实，节日报道的兴起，也经历了一个由冷到热的过程。据统计，1993~1999年的7年中，《文汇报》提及“七夕节”的文章只有6篇，且都是在副刊文字中顺带提及。但在2000~2006年间，“七夕节”开始成为热点：“如何看待‘七夕’成为‘中国情人节’”、“‘七夕’的开销与浪漫”、“今逢‘七夕’，晚观牛郎会织女”、“十年‘断桥相会’之约牵动江浙媒体”……相关“七夕节”的报道达到53篇，报道角度多变新闻体裁丰富。再对比同城的解放日报，其10多年来对于“七夕节”的报道，也呈现出由少至多的趋势。

节日报道逐渐热闹的背后是媒体竞争日趋激烈。面对信源获取机会相对平等的挑战，大家纷纷在新闻资源的开发、新闻题材的拓展上寻求突破。由于具有丰富的文化内涵、教育意义、精神价值等，且与百姓生活关联度紧密，能够衍生大量的话题，节日开始进入媒体视野，并被视作一种独特的新闻资源。

对于“节日是一座新闻金矿”的说法，大家已经形成共识。但仍然面临如何开采这座矿藏的困惑。譬如，一年之中的节日名目繁多数量巨大，既有春节等中国传统节日、感恩节等西方节日、“十一”等国定假日，还有形形色色的纪念日，仅10月份就有国际音乐日、国际老年人日、世界动物日、全国高血压日、世界邮政日等约20个国际性、国家性之“日”。对此，报纸是否应该“逢‘日’必报”，还是有所选择？此外，在不同报纸上，读者总能读到类似的稿件：元宵节看灯会、端午节赛龙舟、妇女节表彰会、植树节种树忙……同一份报纸上，读者也会发现“去年情人节前夕玫瑰销售红火”、“今年情人节前夜玫瑰销售旺盛”这样熟悉的报道。这些报道内容的同质化，甚至导语、结构基本一致，没有鲜活生命力的重复报道很容易引发读者厌倦反感，长此以往可能会削弱一张报纸的影响力。

“媒体责任重大，天天有待创新。”一张报纸的节日报道想赢得读者的关注，要做到与众不同，体现吸引力，就必须不断出新。概而言之，就是要摆脱内容相似、模式雷同的报道局限。但实现节日报道的创新，关键有赖于对报纸定位的深刻认识、对节日内涵的深度挖掘以及强化对节日报道的创意策划等手段。

下面，笔者结合文汇报节日报道的做法，谈谈关于如何做好节日报道、创新节日报道的一些想法。

“节日”筛选有原则

节日报道的出发点是节日，节日报道必定围绕节日展开。但一年中的节日数量庞大，意义迥异，加上地域、文化差异，对于同一个节日，不同地方不同人群的兴趣度、关注度明显存在差别。因此，报纸不可能毫无原则、不加区别地对每个节日进行报道，应该对节日加以筛选。目前，《文汇报》主要按照以下三个标准选取“节日”来组织、开展节日报道。

1.立足报纸自身定位。

《文汇报》是面向知识分子的报纸，科教文卫报道是，《文汇报》的特色。从报纸定位出发，《文汇报》就很看重“卫生节日”的报道。从2008年1月1日至11月30日，《文汇报》共报道了包括全国爱眼日、全国爱牙日、世界心脏日、世界哮喘日、世界帕金森病宣传日、全国防治高血压日、世界糖尿病日、世界卫生日、世界精神卫生日、世界红十字日、国际护士节等20多个“卫生节日”。除世界防治麻风病日、全国母乳喂养日等少数“日子”外，基本涵盖了这些月份中的“卫生节日”。这些报道长短不一，体裁涉及消息、通讯甚至还有评论，比如在10月22日世界传统医药日当天，“文汇时评”栏目刊登了《新医改背景下看传统中医药》一文，旨在“在此时回顾世界传统医药日设立之旨趣，思考今日我国传统中医药的进展”。

《文汇报》的定位决定报纸拥有很多关心卫生新闻的读者。因此，强调“卫生节日”，也是适应读者特点的一种反映。站在自身的定位，不同报纸对“节日”的筛选标准就会不同。如对于“八一”建军节的报道，军报的强度肯定超过其他类型、行业报纸。

2.抓住地域文化特点。

区域、文化差异导致人们在节日的认同上存在一定分歧。由于处于开放前沿，我国沿海城市人群对“圣诞节”的认可度、参与度肯定超过内地城市。而在同一个城市，青年人群比老年人群更愿意接受洋节。按照新闻的接近性原则，节日报道的开展必须贴近地方的文化特征、适应当地人群的文化口味。《文汇报》尽管面向全国发行，但置身上海，最大的读者群也是在本地。因此，《文汇报》在节日的选择上，也尽可能围绕城市文化特点展开。譬如，随着改革开放的深入，多元文化在上海这个国际大城市不断交融，西方节日的拥趸者逐渐增多。因此，《文汇报》对西方节日的报道量逐年增加。在本世纪初，报社对“情人节”的报道非常慎重，考虑到市民的接受程度、考虑到对传统文化的冲击，甚至采取有意淡化的处理方式。2003年，《文汇报》刊登的“情人节”报道仅有一篇，而且还不是“原创”，只是在次日的综合新闻版上转载了新华社的报道《面对“情人节”——如何弘扬传统文化？》，观点也是站在护卫传统文化的立场。但随着城市国际化程度不断提升，文化开放度不断拓宽，上海读者的文化背景、结构明显发生变化。这两年来，《文汇报》紧随区域读者文化视野上的变化，开始青睐“情人节”。2007年“情人节”，环球视窗版以大篇幅刊登《日本：巧克力按摩香气袭人 美国：忠贞镇邮戳怦然动心》的“情人节”报道。次日，又在综合新闻版做了“情人节”话题新闻。不仅如此，现在《文汇报》对于“感恩节”、“圣诞节”等“洋节”的报道量也在不断增加。

3.体现时代价值反映当前热点。

节日年年有，本身不是新闻，只是一个时间要素、一个文化符号。而能被“捧得起”形成报道的节日，还应该具有时代价值，契合当前的新闻热点。1998年9月22日，法国34个城市率先举办了“无车日”活动，随之迅速盛行欧洲，进而流行于世界发达国家。那时，我国大部分媒体上都没有“无车日”的报道（除成都等少数城市媒体外）。当时，我国汽车进入家庭还是大多数国人的梦，谈“无车日”虽有前瞻性的环保警示意义，但在客观上对发展中的汽车产业有冲击，对大多数无车的普通读者来说也有些不着边际，很难引起阅读兴趣。因此，媒体对“无车日”的报道比较冷淡。但不是不“报”，而是时候未到。而如今，城市汽车量急速增长，由此造成的空气和噪声污染日益严重，政府与民间关于“限行”、“少开车”呼声日益高涨，于是“无车日”的新闻价值、现实意义逐渐提升，媒体便看到了“报”的时机。2007年，上海市政府宣布9月22日为上海“无车日”。“无车日”成了公众关注的热点，《文汇报》立即出手抓住热点组织策划，推出了《安步当车骑行闹市》、《“无车日”与“消费者义务”》等系列报道。此外，2008年关于“清明”、“中秋”等传统节日的报道特别红火，也是因为它们第一次成为国定假日，成为当下的新闻热点。

节日报道如何出新

每家报纸在节日筛选上都有自己的标准与视角，体现了一种新闻独特性，但面临节日报道中的困惑却带有普遍性：就是如何在年年出现的节日上体现新闻独创性，如何在内容、形式上不断创新以吸引读者。

1.围绕节日特性加强策划。

节日时间固定，可预见性强，策划时间宽裕，可以提前动手。像春节、“十一”的假日新闻中，软新闻偏多，时效性较差，缺乏动态感。《文汇报》推出《文汇假日》是持续多年的一个做法，主要目的是强调可读性、增强服务性，适应读者假日阅读的需要。譬如，2004年“五一”期间，《文汇报》在教科文卫上定位，提前两个星期启动策划，精心组织力量筹划4个版的“假日文汇”：组织了电视纪录片《留美幼童》的介绍、收藏家郭庆祥与吴冠中忘年交的佳话及《中国科技界：直面现实》、《画家村今何在》等报道，其中《湖边散步和“海玻密谈”——与杨福家院士聊〈哥本哈根〉》，配合了次日启幕的国家话剧院同名话剧在沪公演的宣传，对，《哥本哈根》精神进行了解读。这些佳作，为节日中的人们提供了内涵丰富、格调高雅、品位上乘的精神食粮。

大多数节日的参与主体是百姓群众，具有广泛的群众性。《文汇报》努力把节日报道做成“三贴近”的民生新闻，尽力策划能引发群众共鸣的报道方案。2007年春节前，文汇报推出“新年新体验”栏目，连续发表一组体验性报道。记者在社会生活的第一线，以普通劳动者的身份，当一天乡邮员、客运服务员、地铁值班长、电力抢修员、列车乘务员、卖场销售员……参加劳动，亲身体验。这组体验性报道反映了老百姓最关心的实际问题，说了群众想说的话，说了群众想听的话，受到读者的欢迎和好评。

围绕某些节日的特殊意义，从服务性角度出发，《文汇报》主体策划发起一些活动，如在高血压日来临前，和医院合作，为读者量血压，开展血压病义诊。从义诊预告、血压病介绍到活动报道，这种报社策划的节日活动，形成了和读者的互动，在版面上也成为了独特而热闹的公益性节日报道。

2.抓住线索突出新闻。

读者“喜新厌旧”，节日报道的新闻要寻找线索，而线索就是临时发生的新闻事件或事件苗头。这些线索是突发的、偶然的、稍纵即逝的，但如果捕捉住了，报道就会凸现鲜亮的色彩。

“植树节”除了种树还能报道什么？2004年3月8日，《文汇报》上出现了一组颇具新意的植树节报道。新闻的缘起是一封中学生来信，上海闸北区的一位学生致信本报说，看到园林单位野蛮迁移40多年的梧桐树，感到十分心疼，呼吁施工人员今后规范操作，让每一棵树都健康成长。群工部编辑接到来信，眼前一亮，立刻利用这条线索，在“植树节”到来之际，策划了《精心移树关爱“生命”》的组合报道：以学生来信为新闻由头，制作了“我很担心这些树”这个比较“跳”的标题，再邀请专家、读者笔谈如何呵护植物“生命”，并配上“光秃秃的大树”的新闻图片和《上海市大树移植技术规程》的链接。这组“植树节”报道凸显新闻性，“呵护植物‘生命’”提法独特新颖，摆脱了俗套的“植树节种树”角度，生动体现了保护树木的“节日”主题。

节日报道中，有一个线索经常被使用，就是时间线索。节日中包括很多纪念日，如名人诞辰、重点历史事件发生日，有心的报纸常常抓住这些重要时间节点来展开报道。譬如，在“七七”、“八一三”抗战纪念日之际，通过对当事人、专家的访谈来挖掘历史，进行一些揭秘式的报道，这类纪念日报道往往可读性很强，效果也很好。

3.精选角度，推陈出新。

越是陈旧的内容、越是老化的主题，就越要选出新的角度，从新的侧面突出主题，才能令人耳目一新。我们可以通过逆向思维扩散思维，用思辨的眼光审视节日现象，进而发现新的报道角度。

在2000年春节，《文汇报》刊出报道《久违了，节日又闻织机声》，这篇记录了纺织女工大年初一加班生产的新闻，获得了“华东九报‘创新’好新闻竞赛”一等奖。因为这篇报道跳出了以往节日加班报道的陈旧窠臼，以独特的视角透露上海纺织业春天来临的消息。其实，记者在准备春节选题时，本打算做企业老总怎样过年的报道，但在拜访各家企业、实地采访中，获得了新一棉厂工人春节加班的消息，于是他在大年初一忍着脚伤，拄着拐杖赶到现场采访。这是为何？纺织曾为上海支柱性产业，但传统的粗放型生产模式使得纺织业走入困境，于是工人下岗，企业春节放长假。在经历了关停并转、调整压锭之后，终于重新焕发生机。应当说，节日加班本不是新闻，但是纺织厂工人十几年不加班，这一年春节加班却是新闻。再联系到上海纺织业在全国的重要地位，经济结构调整的重大举措，就会发现春节加班这一新闻事件中蕴涵的重大新闻价值。

当然，要在常见的事物中找准新闻角度，记者编辑必须具备较高的政策水平、经验积累、专业知识和新闻敏感性等。

4.精心编辑形式新颖。

版面形式已经成为报纸竞争的重要措施。无疑，节日报道必须重视稿件的包装。编辑对手头的节日稿件要进行拆分，采用提要、链接、配图等编辑手段，不断创新报道形式。

笔者强调的是，要注意节日报道的版面情感，紧扣节日的独特个性来设计版面，让读者一看版面就感受到节日气氛。各类“节”和“日”代表的意义不同，节日情绪各异导致的气氛也有差别。有的日子气氛凝重，如抗战纪念日；有的气氛热闹，如春节、元宵节；有的气氛轻松，如旅游节、艺术节。编辑在稿件处理版面设计时，一定要考虑节日个性节日情感。譬如，元旦的版面应节奏明快、色彩丰富，体现欢欣和希望。而在抗战纪念日等的处理上则要慎重，标题字体多用黑体，色彩不宜复杂，版式不宜花哨。又如，汶川大地震全国哀悼日期间，版面上尽可能突出哀悼死者激励生者的情感，标题中用“相守”、“挺住”、“希望”、“加油”等字眼来体现这种情感，选用的图片或表达哀伤或鼓舞人心，色彩上尽量使用黑色，包括广告版面，在整叠报纸中营造凝重的气氛。

节日新闻创新的若干路向

——以《南方都市报》的操作实务为例

韦中华

“节”与“日”往往是如期而来，因此这样的新闻往往显得按部就班，循规蹈矩，缺乏冲突。尤为要命的是，节日年年过，新闻年年报，其操作也就有了固定的套路、固定的内容，对于读者而言，“年年岁岁花相似”，也就容易产生审美疲劳。

时间外在于人类独立存在，本身是没意义的，每天24小时，都是“平等”的——是人类赋予了不同的时间以不同的功能和意义：今天和明天不同，节日与寻常的日子更是不同。

不少“节日”兼具多种功能，比如“三八”节，一则提醒社会关注妇女权利与健康；二则女性放假，获得娱乐休闲时间；三则举办庆祝活动，官方往往选择这一天表彰女性中的先进人物等。

由于“节日”年复一年，去而复来，和人们的生活与工作关系密切，甚至影响巨大，所以，节日新闻也成为一个非常特殊的新闻品类，为媒体人所关注。

毫无疑问，“节”与“日”往往是如期而来，因此这样的新闻往往显得按部就班，循规蹈矩，缺乏冲突。尤为要命的是，节日年年过，新闻年年报，其操作也就有了固定的套路、固定的内容，对于读者而言，“年年岁岁花相似”，也就容易产生审美疲劳。

节日新闻的操作，之所以吸引力不足，一般来源于以下问题：

其一，对节日新闻的信息含量尚欠缺自觉意识。不少媒体仍以烘托节日氛围为己任，内容空疏，图个热闹。其实就其本质来说，节日新闻的重心仍是新闻，营造节日气氛并非其主要目的，报道新奇、可读和实用的信息仍应是节日新闻的第一诉求。

其二，主动策划不足，报道略显被动。不少节日新闻限于官方机构的发布，没能做进一步的拓展，导致内容不够充实，过于梗概干巴。如节日期间发布的表彰新闻，除了一个消息稿之外，一般是附上表彰名单，最多加上一些优秀人物简介，但依然面目模糊，不能引起阅读欲望，更难以给人很深印象。

其三，不善于整合与包装，版面形式感不够。承续旧有模式有余，创新报道模式不足，内容与形式均缺乏吸引力。

这就给媒体从业者带来了一个课题：怎样让节日新闻出新出彩，好看好读？怎样唤起读者的热情，寻找读者的兴奋点？

这里结合《南方都市报》（以下简称“南都”）的若干实例，来谈谈节日新闻的操作创新的4个路向。

以读者为中心做好节日服务新闻

典型个案：国庆推出“十一巡楼记”

2008年国庆黄金周大幕方启，各路开发商多选择在此时推出新盘，为广州持续低迷的楼市注入强心针。疯涨也好，阵痛也罢，留给这个黄金周的是一片未知数：价格是否回落？成交是否踊跃？市民选房口味有何变化？开发商促销有何新招？南都围绕黄金周进行策划，连续7天推出“十一巡楼记”，为读者提供详细的楼市信息。

我国的公共长假渐渐形成了假日经济，于是也就有了买家和卖家。媒体作为一个公共信息平台，做好资讯服务新闻也就是题中应有之义。2008年“十一”黄金周临近，业内人士预言，尽管笼罩在楼市头上的调整阴云尚未散去，但随着广州超过2万套新增供应的海量上市，大规模降价促销战拉开序幕，以及供需之间找到难得的契合，黄金周的市场对买卖双方还是很有期待的。这是南都推出这一连续报道的背景。

这个策划每天一个版，约4000字。在具体操作上，分三个层面进行。首先是官方宏观信息，其次是记者的楼盘实地调查分析，再次是市民购房心得与个案探查。比如第一天的报道，就援引广州市国土房管局的阳光家缘网站发布的数据作出楼市的总体介绍，目前全市十区可售商品住宅为33629套，与2007年“十一”黄金周基本持平。记者的实地调查表明，以花都、番禺为代表的近郊四区新产品取代中心城区，成为广州楼市新的市场焦点。同时，记者还对购房多位市民进行个案采访，其中的心态也耐人寻味：“买了怕价跌，不买怕错过”。

这次策划较好地把握了节日消费报道的商业、新闻、服务三个维度之间的关系。商业维度是说，这次报道配合报纸的广告，对开发商推出的楼盘信息予以及时发布；新闻维度是说，对楼市行情做谨慎的分析，以数字和案例说话，既不故意唱衰楼市，也不刻意鼓吹楼市向好；服务维度，就是提供各种详尽的资讯和购房技巧，对消费者者作出提醒。这样，节日新闻既与发展商相配合，获得广告效应，更提供了实用消息，成为购房信息参考，服务了市民。

提示：节日消费须避免报道失衡

其一，选择参与性强、为较多民众关注的热点问题作为策划的主题。比如，多年之前许多市民选择在黄金周出游。在相关法规、相关制度不够完善的情况下，旅行社及导游往往利用信息不对称，作出损害游客利益的事情（包括货不对板，导游误导游客消费等）。南都当时就多次做专题策划，记者明察暗访，对旅游行业的灰幕予以披露。近两三年来，房市成为大众关注的焦点，以此为主题进行节日新闻策划，就容易与读者的需求相契合。

其二，媒体做节日消费新闻的策划，须避免因报道失衡，损害一方利益。在节前与节中，媒体往往承接了大量广告。利益当前，有些媒体在新闻报道中，出现傍大款的现象。比如由于房地产商的广告投入甚多，某些媒体就成为开发商的同谋者，在房市不景气的情况下，依然鼓吹向上利好消息，诱使市民尽快出手买房。这就是利用媒体公共平台误导消费者。长此以往，就会影响节日消费新闻的信誉度。

将科普知识贯穿在曲折可读故事中

典型个案：及时推出“艾滋妈妈”产子全记录

2007年世界艾滋病日前夕，南都刊载了《“艾滋妈妈”产子全程记录——一名漂亮妈妈的抉择和那些充满期待与恐惧的时时刻刻》，这篇近4000字的通讯以温情的笔触，详细记述了一名女子怀孕3个月发现自己是HIV携带者，此后她的生活为之大变。她如何面对丈夫？如何面对婆家？到底要不要这个孩子？母婴传染的几率有多大？孩子面对着怎样的未来？种种细腻的叙述让人为这个小生命的诞生既高兴又忧心。

大的节日，往往有更多的主题可选择，有更大的发挥空间，比如春节、国庆等。但对于仅仅放假一天，乃至不放假的小“节”小“日”，主题更为单一，又如何展开报道？

如果经常拿一些老生常谈的信息充作新闻，那就会让人提不起阅读欲望。比如在“6·25”中国国土日，如果只从面上谈论一些国土保护面临的危机现状等，仅靠提出一些口号似的警示，就难以引人共鸣。再比如，经过多少个世界艾滋病日的宣传，艾滋病知识的ABC，对多数读者而言，已不陌生，如果再从头报道这类信息，读者就会觉得收获太少，不解渴。

但同一个主题，如果换一个提问方式，读者就会被你吸引：你知道艾滋病人发现怀孕了会有怎样的心理变化？腹中胎儿是否一定传染得病？说实在的，在读《“艾滋妈妈”产子全程记录》之前，笔者对此是不甚了了的。

通过艾滋病人生孩子这一真实的个案，我们不但了解到当事人的悲哀与喜悦，担心与期盼，还对艾滋病的传播渠道、防护手段等，有了翔实的了解。这就让读者在艾滋病日获得了更具吸引力更具新意的信息。而读者在这一令人感慨与揪心的故事中学到的防艾知识，多半会彻骨难忘。

上述这篇极具吸引力的报道可谓来之不易。从医院了解到这名孕妇的相关信息之后，记者用手机短信、QQ、电话等多种方式，与这名“艾滋妈妈”进行了数月的沟通。正如我们所能理解的，艾滋病毒携带者几乎是出于本能，和陌生人交往总是带有排斥心理，记者的真诚与爱心打消了这名女子的顾虑，最终，她答应接受采访。——若非记者的耐心与毅力，单靠医院发布的信息，在国际艾滋病日到来之际，这篇跟踪数月深入揭示“艾滋妈妈”内心世界的稿子是万万做不出来的，报纸也只能像其他媒体一样，刊登一些大路货了。

提示：提前筛选，找出有故事的人

其一，这种主题单一的节日，要把枯燥的数字，笼统的总体现象化为具体的个案，化为生动的故事。如果有更富细节性的、更具冲突性的事件，平淡之局就会为之改观，让人在故事的跌宕起伏中习得相关的科学知识，获得教益，就成为新闻的上佳选择。

其二，需要提前准备，逐个筛选，联系好个案采访，找出有故事的人。如果等待某节日到来，有关方面统一发布了消息才来进行现场采访，那就形同临渴掘井，新闻也就很难做到精彩。如果错过了节日，这些和节日相关的报道也会湮没在日常新闻里，社会效果也会大打折扣。

比如，劳模刘呈福的职业是殡仪馆化妆师，读者对这个不为人们了解的职业是有着好奇心的。2007年“五一”劳动节时，珠海市表彰这名劳模，记者在会上试图联系采访，但当天没能采访到。这样，珠海新闻版“五一”当天只能报道劳模表彰，刊发通稿和劳模名单了事。一个多月后，记者才采访到这名劳模，虽然没有错过这个题材，但时效性逊色不少，稿件也就失去了报纸的显要位置，这也算是个不小的遗憾。

重大节庆进行多角度纵深策划

典型个案：抗战胜利日大型特刊

南都在2005年9月3日这一天，策划推出了全彩印刷的《抗战胜利60周年纪念特刊》共84版，分上篇“胜利日”、中篇“忠烈祠”和下篇“和平路”，详尽回忆了60年前全国十大城市的庆祝盛况，多方采写还原国共抗战英雄的事迹，对当下中日关系各层面进行了深入展示与反思。仅一天时间，特刊便一纸风行，畅销广东。

此前，大型连续报道《寻访抗战老兵》记者分赴20多个省市，采访了60名抗战老战士，从2005年5月9日到9月2日，连做60期，涵盖各大主要战役，包罗诸多阶层，从而构成了一部个人化的口述抗战史。

一般的节日，只要稍加重视，予以策划，就可给读者端出具有鲜明特色的大餐。但对一些逢五逢十的重大节庆，则可考虑投入重兵，做更为全面与纵深的策划，创造出令读者耳目一新的新闻产品。

《抗战胜利60周年纪念特刊》提前数月就开始策划，报社调集最强的编辑力量投入，获得全国省级晚报《都市报》好新闻一等奖，同时获得《南方都市》报新闻奖金奖。有评价说："历史书对抗日的记载也没这么翔实，像藤县保卫战、入缅作战、十字岭战役，书上记载很少，特刊给了我们一个全面的抗日史。"

而大型连续报道《寻访抗战老兵》，以当下史学界颇为流行的口述史方式操作。所揭示的宗旨是：重现历史迷思中人性的温暖，还原宏大叙事下细节的真实。报道的价值在于首次将抗战的主角从历史上的大人物转移到普通老兵身上。尤为可贵的是，对国民党正面战场的主角国军战士的功绩加大了报道力度，揭秘了许多鲜为人知的抗战细节，改变了一直以来正面战场与敌后战场报道不平衡的状态——许多读者对此赞不绝口，认为这让他们对历史的认知更为客观全面。由于读者反响强烈，该连续报道后来结集成书，曾进入图书畅销榜。

提示：选准角度，发掘出全新信息

其一，大型节日报道，切忌拖延时间过长，报道要压缩在一个相对较短的时间段内，否则，阅读的连贯性不足，不易形成一个阅读期待。《寻访抗战老兵》推出初期，由于采访对象比较难找，出现了时断时续、不够紧凑的局面，有时两期之间间隔半个月之久，读者甚至来电询问，报道还在继续吗？后期增多了记者人数，加大了采访力度，报道推出周期短、密度大，反响就日益强烈。

其二，这类节日报道切忌贪大求全，关键是选准角度，发掘出新信息。比如，寻访抗战老兵报道，对历史教科书着墨很少的国民党正面战场做了适度倾斜精心还原，令不少读者耳目一新，"感觉震撼"。

创造新颖的报道形式对抗单调沉闷

典型个案："黄金周羊城三人行"

2004年"五一"节，南都做了一次颇为成功的黄金周报道策划，内容和往昔并无什么大的差异，是有关旅游、购物、美食、交通的，话题似已不新鲜，但在包装形式上则迥异于以往。7日里每天一个版的连续报道，以"黄金周羊城三人行"为主题进行体验式采访报道。三人中有老记者、外来游客和老市民（游客与老市民均提前发布消息公开招募）通过外来游客新奇的目光发现黄金周优点与问题，通过习惯广州生活的市民"老眼光"进行导游与释疑，通过老记者的主持和综合，予以报道写作。

版面以形式感取胜，制作统一的Logo；在标题制作上，尽量做到从个案切入，以点带面，揭示出广州旅游硬件或软件中某方面的欠缺。版面设置了若干板块：

“三人行”板块：按照现场版操作，在写作上要求有细节描写，有事件或情绪的冲突或对立，力求生动鲜活。平淡中见冲突。

“三人吧”板块：要求记者和游客对话，要对当天行程中遇到的一些现象进行评议，尽量做理论上提升，提出建议和意见，给人一定的深度感。

七天长假，最大的卖点就是假日游玩休闲。这一主题已然设定，内容似乎难以出新，我们就要在操作形式上“搞搞新意思”。按照以往的操作方式，也就是报道某某公园或名胜有哪些新办的活动；游客最旺的是什么景点；购物者往来如织，商家赚钱几何，假日办对游客的提醒等等，多是以动态资讯为主。这些内容均呈“单兵作战”局面，缺乏整合，版面形式相对单调平淡。但这一策划通过形式上的创新，提起了读者的阅读兴趣，反响很不错，不少读者来电认为这个报道“很可读，讲出了黄金周中普遍存在的多种现象，提了些问题，却又轻松愉快。”

提示：形式创新，内容亦需避免注水

其一，形式的创新，目的在于变数字综述为感性体验，变静态描写为生动口语冲突，变歌舞升平为问题发现。需要强调的是，这里谈形式上的创新，就内容而言，也需扎实有料，避免注水，否则招引“金玉其外”之讥。“黄金周羊城三人行”策划之初，即有明确的定位：要保证连续报道的新闻性，在对广州的旅游软件和硬件作出观察和思考，带一点挑刺的眼光，保持一定的批判性，而不是一片“莺歌燕舞”。事实上，有关部门对本报标题“陈家祠遍寻不见英语解说员”的报道有意见。不过，据记者说，所写都是所见，有时间有地点，不担心采访失实的问题。从另一角度来看，我们的报道引起了相当的关注。没有一点负面反应的新闻读来不太过瘾，是不是?

其二，在长假里不能仅仅刊发官方新闻，或靠读者报料采编突发事件，这就等于靠天吃饭。我们还要在形式上策划包装一些专题，一方面，以丰富充实节日版面，让报纸有独特的亮点出现；另一方面，也可显现记者和编辑的主动精神，创造精神。

节日新闻："非诚勿扰"

金　毅

只要细刨深挖，节日里不难发现大量具有特点的新闻资源，因此，节日出现"稿荒"不能怨天，只能从我们新闻人自己身上找原因。而要做到这一点，唯一的原则是，以一以贯之的职业精神与职业能力，去面对每一个节日的每一篇报道。

前些日子做改革开放30年回顾报道，其中有个专题就是"节日的变迁"。

翻看了很多老报纸，海量的旧闻告诉你，"迁"，确实大"变"。从《新女婿春节带着10斤粮票上门看丈母娘》到《国庆节举家飞赴英伦》，不吝让人有天地之间换了轮回之感。但作为媒体人，在翻阅旧报时却有意无意间发现：节日报道的面孔却并未"换脸"，依然"年年岁岁花相似，春夏秋冬旧包新"，有些所谓的改变，亦不过如大街上的面子工程，刷了一道外墙而已。

变与不变

更久远的不说，仅以笔者手头摘记的30年节假日报道为例，节日报道没有逃脱三种类型：一为八股说教类，二为成就宣扬类（基本是重点工程类，之前很少鼓吹商家和百姓），三为生活服务类。显性的变化，只是这三种类型报道的比重排序的变化。

上世纪70年代末至80年代末，逢年过节，我们能阅读到的节假日报道大多是这样的语境：《农民节日忙生产，咱们工人怎么办？》，《闲话节日送礼》，《扫公害、破四旧市总工会、团市委、市妇联联合发出倡议：婚事新办，春节为青年多办集体婚礼》，《省市领导和机关干部节日上街清洁城市大搞卫生》，《臭水河成了新市场，居民节日笑开颜》。阅读1980年杭州某报全年各类节假日报道，只有一篇可纳入标准的生活服务类报道，全文如下："市服务公司为了解决春节期间居民家中来了客人枕头、棉被不足的困难，从11日起新增床上用品出租服务项目，在大明旅馆出租棉被、垫被、床单、枕头等。"

从上世纪90年代至今，曾经不受重视的服务类报道渐渐大行其道。标志性的节点是1995年6月25日，国内第一个双休日，许多报纸开始强化"节假日服务类报道"。这一天，杭州日报推出"星期天专版"，为市民如何过双休出谋划策。如介绍市区及周边的旅游景点，推荐电影、书刊等。此后这类做法愈演愈烈。到2001年，《深圳特区报》提出“夺回星期六、争取星期天”的方针，把双休日的报纸从多年来的16版扩大到28个版，提供大量的服务类内容。《广州日报》周末版也增加了16版。更多的报纸在国庆、春节纷纷推出节日特刊之类的专刊专题类版面。相对应的是，八股说教类、成就宣扬类报道越来越少了。当然，这是件好事。需要警惕的是被商家牵着鼻子走，一味为商家鼓与吹报道的大幅飙升。

以上所述，姑且称之为“变”，30年间，变的有观念，变的有技巧，变的有手法。但回归到“新闻”本身，我们不得不遗憾地面对一个现实：30年之变，更多的只是观念之变，新闻技巧与操作方法变得并不多。到今天，《省市领导和机关干部节日上街清洁城市大搞卫生》之类的报道手法，依然是我们唱“四季歌”的法宝；《10万人参观钱江二桥，喜看家乡新变化》之类的报道，依旧是我们潦草于版面的篇章；而服务类报道“出行指南”、“购票热线”、“特色门诊”，在不知不觉中已经成了新的“四季歌”。甚至，有网民状告报社“节假日应付报道、随意减版”的极端案例。

一句话，到现在，节日新闻已经在新闻从业者与读者中都产生了无法复加的审美疲劳。

减与不减

据统计，除了“五一”、国庆、春节这类长假外，如今中国人参与其中的古今中外的节与日，一年超过160个，平均54.75个小时就有一个。最多的一天是3月21日，同时有5个节日：世界儿歌日、世界森林日、世界睡眠日、国际法语日、国际消除种族歧视日，堪称“节日王”。最多的一项是“生命与健康”类的，人的全身从头到脚、从外到内，几乎都“挂”上了节日。“视力日”、“爱眼日”、“爱牙日”、“心脏日”、“世界防治结核病日”、“世界帕金森病日”、“碘缺乏病防治日”、“世界哮喘日”、“艾滋病日”、“男性健康日”……

面对这么多的节日所产生的新闻，媒体最为受众诟病的有两点：内容减少、报道难看。长假中，报纸有的大幅减版，有的提前出刊，更过分的是，不少报纸中经常能读到明显是节前提早准备的“旧闻”，时效极差，索然无味。很多电视新闻节目也不得不降低择稿标准，凑足数量了事。

而身处其中的新闻人，遇到节假日闹“稿荒”也是能把人逼疯的事。特别是遇上连放七天的长假，到了假期中后段，敬业的编辑为凑齐版面或找一篇头条恨不得跳楼。实际上，全年365天中节假日占了160天，人们节假日里阅读报纸的兴趣和时间不减反增，而报纸无所作为甚至减版缩版，岂不可惜？

一名网友曾在“天涯论坛”上质疑中国的新闻人：“五一节放假七天，我没地方可去，于是就上网、看报，发现节假日的网站比平常日子寂寞了许多，报纸除了报道商场打折和遥不可及的欧洲小镇的风花雪月之外，更是家家减版，连个起码的公告也没有，和奸商一般随时缺斤少两。像我这样的上班族，只有在节假日和周末才拥有大块可以自由支配的时间。如今网站、报纸也过周末也放假，真让我感到沮丧和无奈！记不清是谁说过：全世界的人都睡觉了，新闻记者不能睡觉；全世界所有的单位都放假了，新闻媒体不能放假。新闻媒体是人们了解世界上每个角落、每时每刻发生大事的窗口。新闻媒体吃的是加工精神食粮这碗饭，天生就是不能过周末、不能有节假日的命。如果在七天假期里，‘新闻’都长出了‘胡子’，这样的媒体还是称职的吗？这样的新闻人还值得你信赖吗？”

这是让媒体从业人员感到脸红的质问。

为与不为

探究节日新闻的“鸡肋”原因，十个人有十种说法。但较为普遍的是以下几种：

“领导水平论”。论者主张：提前出刊、大幅减版的报社领导，是对经济学家们叫好的“假日经济”缺乏积极应对水平，没有把握机会创造自己的“假日经济”。而有的报社领导在节日反而果断扩版增刊，挖掘潜力，如深圳特区报提出“夺回星期六、争取星期天”的方针，又如《纽约时报》平时约100版，而星期天则出300版以上。他们针对读者的有效需求，充分挖掘读者的消费潜力，满足读者的特殊需求，有效扩大了市场份额与自身影响。

“采编素质论”。论者主张：采编人员缺乏对节日新闻进行先期策划的意识，而是守株待兔，等米下锅；记者缺乏在节日里发现新闻的能力，除了跑节日的庆典、会议、突发事件和市民度假、加班加点之类的烘托气氛的稿子，就觉得无稿可写，不去跑、不去问、不去发现，目光仅仅停留于假日表层，简单做一些如程式化报道，内容的匮乏、肤浅。

“机制弊端论”。论者认为，国内媒体依然有浓重的“机关味儿”，采编、发行、广告、行政、后勤之间，各有其主，互不买账，平时还勉强可以合作，到了节日则是一盘散沙，“别人休息我也休息”，值班加班很不情愿，敷衍了事混几天拉倒，一有突发事件连个车也叫不应。

以上诸种论点，在不同的媒体以不同的程度、不同的方式存在着，家家有本难念的经，似乎已习以为常。笔者以为，其中最值得反省的是职业精神与职业能力。这是一个新闻人作为与不作为的问题。

千百年来，节日在中国往往是自上而下的行为，被附注了太多的形而上的色彩，

“与民同乐”的主仆情节不说，还承载了太多政治、文化、人文、传承的重负。以致节日报道至今不能脱其窠臼，充斥着“渲染”、“讴歌”与“赞美”，而恰恰忽视的是将“节日报道”还原给“新闻”。

笔者认为，国内报纸都有个同样的毛病：不把新闻还原给新闻纸，面目可憎的“伪新闻”比比皆是。一个职业的新闻人应该随时自省的是“如何做好每一天的新闻”？所谓“节日”，也只是你要做好新闻的那“每一天”而已。唯一的区别是，这个日子因它的特殊性，会让你找到不同的新闻切口罢了。

当把“节日”还原给一如寻常的“做新闻的日子”，当把“节日新闻”还原给“新闻”，以一以贯之的职业精神与职业能力去面对每一个节日的每一篇报道时，新闻会露出它的本来面目，新闻人的作为与价值自会体现。

新与不新

本着把“节日”还原给一如寻常的“做新闻的日子”，把“节日新闻”还原给“新闻”的宗旨，青年时报近几年作了大量积极、有益的探索。这些探索不一定成熟，但它记录了年轻媒体人突围的勇气与身姿。这，或许正是不可或缺的态度。

青年时报的节日新闻突围，秉持了三个向度的合纵连横：创新角度，职业态度，新闻硬度。它们各有间隔，又密不可分；它们相互帮衬，呈现不同精彩。

创新角度

节日新闻的审美疲劳，是因为传统节假日报道的思路的僵化、手段的单一。创新是走出传统节日报道之门的不二法门。它来于传统，超越传统，甚或“反动”于传统，不拘一格。

创新角度之节日报道案例一：“修复真情”。

现代社会最稀缺的是什么？真情。节日团聚最渴盼的是什么？亲情。但或因物欲所致，或因小小的误会，或因少不经事，有多少断裂的亲情在节日被格外放大？有多少人在节日想修补自己在亲情、真情上面的缺失而无法启齿？

我们，来做这中间的桥梁。

2005年春节前夕，经过周密策划，《青年时报》推出年终“真情修复行动”，向社会征集“真情故事母本”，请读者把断裂的真情故事，编辑成短信或写信告诉编辑部，记者作为“真情修复大使”，帮助读者去道歉、去表白、去修复他们彼此间断裂的真情。

一石千浪。一个留守乡村的孩子为自己当年不小心推倒了母亲而痛哭，一个白领为当年误会了同窗而公开道歉，一个刚当了妈妈的人为自己当年因为嫌姨妈脏而不愿与她同床睡觉而忏悔……

现代社会最冷漠又最温暖的情感，被时报借助春节的支点，得以冰融、放大。这个春节，杭州有30多对60多个市民，收获了人生最珍贵的礼物。

创新角度之节日报道案例二："冰雪家书"。

2008年春节前夕，冰雪纷乱，无数的外乡人被滞留在路上，杭州6万多旅客无法按时踏上归乡的列车。《青年时报》记者在奔波采访中看到"家"与"牵挂"的分量，拿起相机和手中的笔，特别推出"替滞留旅客传递家书"行动。记者在杭州几处旅客滞留点，随机采访，倾听滞留旅客的心声，记录他们对新年、对故乡、对亲人的祝福，并将这些祝福与当日刊登了他们照片的报纸，用特快邮件寄回他们的老家。不管他们能不能回家过年，时报的祝福，都将穿越千里风雪抵达他们的家乡。活动一直持续到年后，很多过完年回到浙江工作的外乡人，又特意赶到青年时报，向记者报告他们的亲人在收到他们平安的"家书"后的欣喜。

创新角度之节日报道案例三："请大厨回家"。

"'这个点子好'，潘先生是第一个打进时报热线找大厨的。'前几年都是在酒店吃。年夜饭生意好，要订个好点的饭店也不容易。关键是吃了饭就走人，根本没有过年的气氛，不好。'所以，潘先生老早就想把年夜饭摆在家里，如果再有个水平不错的厨师，能烧出酒店级别的美味佳肴，那就两全其美了。'吃好饭，家里人围在一起看看电视聊聊天，这才像过年嘛！'"这一段文字，是2006年春节，《青年时报》推出的"帮你请个大厨回家"报道中的描述。

"请大厨回家"的提议一出，电话就爆了，行动不便的老人、白领的主妇、大家族的"大嫂"、"偷懒"的奶奶等，都来要求"预订"个厨师。而很多因单位放假等在家休息的大厨们也纷纷报名，或献爱心，或趁良机多赚几个钱，皆大欢喜。

上述报道，脱胎于服务，超出了服务，体现的是一个团队强烈的策划意识与能力。巧借了节日，突破了节日，新闻因创新而生动起来。

职业态度

或许是因为队伍年轻，牵挂少。或许是刚毕业的新人，锐气十足，激情饱满。这几年，《青年时报》的采编人员在"新闻记者无假日"的观念上有了自觉意识。这种意识体现在节日的报道上，显示出难能可贵的职业精神。这恰是做好节日报道的重要一环。

职业态度之节日报道案例一："轮椅上的体验"。

2008年国庆节，杭城都是好天气，各个景点游人火暴。但那些行动不便的老人和残疾人，轮椅出行却面临种种困难。青年时报两名女记者设身处地，坐轮椅出行，到城市热闹处体验残疾人出游的困境，对杭州的无障碍设施建设提出了令人信服的批评。一天下来，两个女记者也累得差不多落下“残疾”了。

职业态度之节日报道案例二：“QQ电话报新闻”。

为方便和读者互动，《青年时报》特别申请设置了一个QQ电话交流平台，可以同时容纳3000人同时在线交流。2006年“五一”节期间，青年时报记者兵分数路，与交警和相关部门合作，在各大景点、出入城口、商业街之间穿梭，实时向QQ电话的在线读者报告沿途的所见所闻，提供吃、住、行即时信息和建议。天天直播杭州游，为2000多读者提供了在线信息服务，愣是把纸媒变成了广播电台。

职业态度之节日报道案例三：“景区来信”。

“记者来信：别让节假日成为景区的‘灾难日’。白花花的纸片漫天飞舞、各种垃圾散落在海滩上……这是十一黄金周期间记者在舟山普陀看到的一幕。”这是2007年，青年时报记者在年休假去普陀游览时发回的报道。

这些案例，都是记者深入新闻现场所得。因为职业，所以深入；因为深入，所以发现；因为发现，而有了更多的反向思维能力。“老套”的节假日报道也因此被赋予了新的内涵。

新闻硬度

这是《青年时报》与“软服务”同时被反复强调的节日报道“铁律”之一。

“软服务”是传统项目，只是在不断的深化过程中，被要求向精品方向操作。“春运出行指南”、“假日特刊”、“农家乐地图”等等，是每年在坚持并改进的内容。但除了这些软性报道，节日新闻的硬度诉求如何得到较好的体现？

新闻硬度之节日报道案例一：“春节回访重温感动”。

2008年春节，《青年时报》策划了一组新的报道：在春节之际，带着礼物回访当年度报道过的那些感动我们的普通人，看看他们在这个特殊的日子有什么困难，又什么快乐，又有什么令我们感动的新事？

驻浙军官孟祥斌从10多米高的桥上纵身跳江救起一名自杀的女子，而自己却献出年轻的生命。新年，对孤儿寡母意味着怎样的五味杂陈？28岁的江西籍出租车司机刘吉波只因一次超车而招来杀身之祸。妻子郑美花向人们表示：要实现丈夫生前的愿望，捐献眼角膜！除夕夜，这“感动杭州”的一家人又是如何度过的……从年初一到元宵节，青年时报记者上门拜访了15位当事人，带读者再次经历了精神洗礼。

新闻硬度之节日报道案例二：“让雷峰塔熄灯一小时”。

2008年3月29日，全球熄灯日，世界上24个大城市同步“熄灯一小时”。这样的新闻一般会被放在国际新闻的边角，也算是对付了一篇节日报道。

可《青年时报》的采编团队要吃一回“螃蟹”，探求这样的环保行动在号称“品质之城”的杭州有几人呼应。于是联合了杭州市科技局、浙江教育科技频道，联合发起“为地球熄灯一小时”活动。经过4天的滚动报道，50名志愿走上街头加入宣传，2000市民签名自愿熄灯，雷峰塔成为第一个报名参加活动的西湖景点，“锦江之星”的7家连锁店一起上阵，浙江大学、浙江工业大学的学子们相约熄灯……

新闻硬度之节日报道案例三：卧底打击票贩子。

2005年春节临近，票贩子再度猖獗。是简单如往年一样报道警方的战绩？是依旧发一点“警惕倒票又有新花样”之类的提醒？《青年时报》记者换了思路：蹲守火车站暗访，把发现的所有贩票信息及时通报警方，联手打击票贩子。

倘若每个节日，都有这些硬朗、挺括的“节日新闻”，将“节日报道”还原到“新闻”本身，那么“新闻”长出“胡子”的质问不会发生。

只要细刨深挖，节日里不难发现大量具有特点的新闻资源，因此，节日出现“稿荒”不能怨天，只能从我们新闻人自己身上找原因。而要做到这一点，唯一的原则是，以一以贯之的职业精神与职业能力，去面对每一个节日的每一篇报道。

新闻永远在你面前，你是职业的、诚恳的，它也会是灵动的、悦读的；你若是应付的、潦草的，它也是刻板的、可憎的。

正在热映的贺岁大片《非诚勿扰》说的就是这个意思。付出以诚，即不存在“节日新闻怎么做”这样的命题。

《新闻实践》杂志2009年第2期“多棱聚焦”栏目

媒体民调

媒体民意调查是自觉开放的媒体行动，涉及民众的意见、观念、习惯、行为和态度的任何问题，旨在畅通民意渠道，疏导公众情绪，集中民间智慧，从而成为社会生活的晴雨表、政府和民众的连心桥。

媒体民调因其意义丰富而被寄予厚望，但又因其在国内起步较晚，在操作层面上参差不齐，客观效果往往表现为某种舆论关注，且反响迥异。因此，媒体民调如何“操练”、如何运筹、如何提升，是从“媒体本位”走向“受众本位”的必要途径之一。本刊特邀媒体人士和学界专家对此进行专题研讨，阐述各自的探索和思考。

如何在民意报道中不迷失自我

——浅谈媒体民调创新探索的局限和欠缺

张 坤

坚持舆论正确健康向上的总体取向，运用好对“度”的平衡把握艺术，采取必要的纠错和校正机制，媒体民调就会纳入到推动社会进步的健康轨道当中来，成为社会、政治、经济生活中不可或缺的一个重要环节。

媒体民调作为社会民意调查的一个组成部分，同时作为媒体报道中的一个新品种，正在受到社会方方面面越来越多的关注。一些探索较早的媒体民调（如创办第一个全国性民意调查专版的《中国青年报》），在运作理念和运作成效上取得了一定进步，但相比于国际上成熟的媒体民调，相比于媒体报道其他成熟的品种，国内媒体民调只能算是刚刚起步，整体尚处于初级阶段和不平衡分布状态。

下面对媒体民调创新探索之路中的局限和欠缺，谈一点粗浅认识。

媒体民调的炫目光环下的自我迷失危机

民意调查在上世纪30年代发源自美国，直到50年代后才开始与美国总统选举结下不解之缘。许多总统候选人发现，民意调查的信息在协助掌握选情动态、区隔选民市场以及拟定竞选策略上具有很高的参考价值。其中媒体民调的社会作用和影响越来越大，直到当今社会，已经成为国际政治经济和生活中一个不可或缺的舆论晴雨表。

以2008年国际上几个媒体民调为例。比如日本媒体民调显示：1/4日本人仍然力挺中国食品。中国输日水饺中毒案发生后，日本共同通讯社两天通过电话进行了全国民意调查，结果显示，认为该事件中“日本政府没有尽到责任”的人达到51.1%，表示会继续购买中国食品的人占到近1/4。再如韩国中央日报对除济州岛地区以外的1200名19岁以上韩国人进行了一项调查显示，回答“最厌恶的国家”为日本的韩国民众从2007年的38%大幅上升至57%。报道认为，这主要是出于韩国国内对日本决定在新学习指导要领(教学大纲)解说书中将独岛(日本称竹岛)表述为日本领土一事的抗议情绪。不过，在“最应学习的国家”一项中，日本以24%的选票同样高居榜首。再比如美国媒体民调显示：总统大选前最后辩论，奥巴马获胜。美国两党总统候选人举行选前最后一次辩论，根据美国哥伦比亚广播公司(CBS)在辩论后立即进行的全国民调，53%尚未决定支持对象的选民认为，民主党总统候选人奥巴马赢得当晚的辩论。只有22%认为共和党总统候选人麦凯恩获胜。民调分别通过解决经济问题、价值观、危机处理等进行了设题。另据美国有线电视新闻网(CNN)在辩论结束进行的实时民意调查，58%的观众认为奥巴马的表现较佳，认为麦凯恩较好的观众只有31%。

但是，正是在媒体民调的炫目光环下，有值得公众警惕的自我迷失危机。初步梳理表现在以下三个层面：

首先，从功能价值层面看，存在“民调即民意”的认识误区。

在一个多元的、开放竞争的社会，民意调查已逐步建立影响政府决策的地位；不仅是许多从政者搜寻和掌握民意脉动的重要途径，同时也由于探讨主题的敏感性和希望调查结果能具有统计上推论的价值，这类民意调查的争议性，通常远高于那些单纯以探求消费者购买意愿为宗旨的调查。媒体民调究其功能来说，只能是众多社会调查中的一种，是政府和公众的一种参考，但目前存在“民调即民意”的误区。因为媒体民调的信息并不能代表全面的民意，更何况这种民调结果的现实可操作性尚存在种种缺陷。

就民意的本质而言，民意通常只关系到特定的政治情势或公共议题，但并非所有的民众逐一对每项议题表示他们的看法，使得民意经常只是糅合正反双方意见的结果。选择即价值，选择什么样的民调对象，选择什么样的民调话题和设计问卷，甚至选择什么样的时机发表，都代表了一种倾向和意见，特别是由某个利益集团（包括政府组织）主导下的媒体民调，往往求同略异，选择有利于自己的“民意认同意见”，而忽略相反，或者做出一个姿态，通过一些巧妙的技术处理（依然是主动选择），将一些无关紧要的反面意见选择公布，从而更加映衬突出本来要表达的意见。这种“主题先行、民调佐证”的案例，成为普遍受到默认的潜规则。审视整体民意时不应该只考虑那些积极表示意见者的看法，忽略其他无响应或不表态者的意见。同时，如果社会和政府因为屈从媒体民调从而屈从部分民意，或者假媒体民调之名以顺应民意之借口进行目标移植，就失去了媒体民调应有的意义了。

《中国青年报》2008年11月下旬的一篇言论犀利地指出：医改方案获“90%积极评价”令人忧虑。也许只是一家之言，却能见微知著：

90%群众给予积极评价和建议——这样的结论难免让人觉得缺乏依据。1个月前，《征求意见稿》一发布，便引发了众多媒体的质疑，总体的评价并不“积极”。舆论普遍认为：由于意见稿只是对医改的原则、方向、目标作出了阐述，却没有触及根本的分歧点，甚至像政府主导和市场机制怎样合理搭配、政府在医疗问题上的投入将实现怎样的比例增加、财政补供方与补需方怎么做好责任分担等基本问题都缺乏相应的思路，民众很难说出意见，这样的征求民意恐怕只能流于形式。

征求意见就是要俯身听取民声的，如果最后给人的还是“内部循环”的感觉，这样的“问计于民”还不如没有。笔者看到，浏览此条消息后的大量网民跟帖，有相当比例的人都声称自己是那“剩下的10%中的一员”——对于这样的民意，不知征求意见的主导者作何回应，难道继续视他们为“极少数人”而置之不理吗?

其次，从科学操作层面看，存在过度强调简化、吸引力和时效性的现象。

存在上述现象至少有两大原因：一是目前媒体民调刚刚起步，基于统计学、社会学、心理学、新闻学等众多学科之上的科学程序和规范，尚在探索和健全过程中，加上人力与财力等众多因素的制约；二是媒体民调如上面分析,客观存在“工具论”、“策略论”倾向，在一些政治利益、商业利益、职业利益的支持和影响下，必然出现一些有意无意的偏差。

媒体民调透过媒体的报道分析，媒体的选择性认知可能会影响民调对象的走向和形象，因此媒体如何做到公正客观非常重要。由于媒体民调承担了民意与民众之间的重要媒介作用，使得许多媒体不仅在民意调查的领域表现相当活跃，媒体的特性也进一步塑造了民意调查在政治、社会和经济生活过程中的角色。特别是媒体在处理民意调查时，过度强调精简、具有吸引力与时效性等因素的重要，以至于一些报道分析的内容可能流于简化、夸大不实或者断章取义，这些都可能扭曲民意的真正动向。

就调查形式而言，现在通常使用的是网上调查、线下电话调查、线下问卷调查、媒体问卷调查、媒体访问调查等形式，这里面目前存在不少漏洞。比如网上调查的真实性，电话调查样本的科学性，媒体访问调查有没有普遍性等问题；就研究设计和实施过程来看，目前总体水平还处在初级阶段，我们可以常常看到媒体民调出现的所谓“赛马式”倾向，即比如对于某个选举和竞猜，只关心谁领先或落后几个百分点的信息，缺少研究设计与实施过程以及相关深入的分析处理，加上现在不少媒体采取“委托调查”的形式，里面更是有许多值得严格推敲的问题；就调查设计回答的题目和结构来说，更是参差不齐，不少媒体民调提供的题目简单而诱导性极强，其结果是非常适应于新闻题材和网络传播，但离真正的民意甚远，比如一些媒体民调喜好的各类排行榜、排名榜信息，不少是一种始于炒作而流于形式的民调。

最后，从伦理规范层面看，一些媒体民调随意性、情绪性倾向影响公信力。

就专业伦理的规范而言，媒体民调本来应以科学理性的精神，探求民众真实态度为最高价值取向，希望公共政策的制定能有助于实践多数人共享的公共利益，但诚如上文提到的，各种利益的博弈，产生了各种利益代言人的博弈，往往造成各种利益牵涉者从本位主义的立场，来操作及解读相关的媒体民调结果，以实现个人的信念或利益的最大化，致使媒体民调的工具价值可能凌驾于理性科学性的目标之上。因此，在媒体民调的整个过程中，客观性、公正性、科学性的原则应该贯穿其中，研究者必须尽量维持公正客观，避免个人的认知、情绪、利益或价值不当介入媒体民调的设计与执行，并且透过交互主观验证的程序来获得相对客观的结论，以代替绝对客观追求可能造成的偏颇。因为有了这样的前提，加上过程中始终坚持舆论正确健康向上的总体取向，运用好对“度”的平衡把握艺术，采取必要的纠错和校正机制，媒体民调就会纳入到推动社会进步的健康轨道当中来，成为社会、政治、经济生活中不可或缺的一个重要环节。

然而，如果失去这种伦理规范，也会让这一重要环节与社会、政治、经济生活脱节，不能长远健康发展下去，尤其值得注意的是，一些根本没有认真精神和民调实力的媒体，在处理和报道民意调查时，流于过度简化或夸大不实甚至扭曲信息，随意性、情绪性倾向明显，使得受众无从判断一项民意调查的严谨性以及可信赖的程度。提供民意调查参与者强烈的诱因去浑水摸鱼，这样的媒体民调不仅仅因为其有失公正客观影响自身声誉，也引发了民众对整个民调自律精神的质疑。

探索“快拍调查”和报道民意的启示

2008年11月25日的《参考消息》援引德国法兰克福汇报的文章：奥运会后，《中国青年报》等国家媒体对这种人们熟知的性格描述进行了修改。他们从奥运会的大学生志愿者身上得出了“鸟巢一代”的概念，并指出这代人自信、热爱和平、爱国、坦率和友善等特点，这是该报从一项调查中分析出来的。而承担此任务的正是《中国青年报》社会调查中心。

《中国青年报》社会调查中心拥有国内媒体中唯一的境内外民调资质(国家统计局等权威部门认定)，其“青年调查”版面前身是1995年1月21日创刊的“调查·观察”专刊，这是国内新闻界第一个全国性民意调查专版；2004年6月改版，“调查·观察”更名为“舆情”；2005年7月更名为“青年调查”。

从2005年7月起，作为新闻周刊出版的“青年调查”，每期都会选择3~4个最具有新闻性、为整个社会尤其是青年高度关注的选题，通过多个门户网站、主流新闻网站或专业调查通道，实施“快拍调查”（snapshot），并在最短时间内形成既有代表性数据，又有记者采访的调查性新闻报道。

这些报道涉及高考制度、名校情结、教育费用、四六级考试、就业机会、就业援助、就业歧视、职业瓶颈、职业伤害、公务员热、英语热等青年感兴趣的话题；也有社会普遍关注的医疗改革、医患关系、药品价格、养老金、公积金、所得税、利息税、生活负担、房价等问题的民意表达；选秀、恶搞、网瘾、富人超生等新的社会现象；职场新生代、都市白领、留守儿童、流动儿童、农村孤老、职业女性、农民工、城市中低收入者等特殊群体，也相继进入调查视野；中国公众对中日关系、中美关系等的看法，也是报道焦点。

“青年调查”所涉及的选题多种多样，包括时政报道、民生感受、青年发展和社会研究，长期坚持贴近青年受众，以创新型的独家民调为报道依据，追踪民生话题，代表青年利益，关注弱势群体，维护社会公平，形成了鲜明特色。如2006年曾推出《31.8%的房贷一族已成“房奴”》，在媒体中第一次提出了“房奴”概念。还有如《“80后”——请别误读这2亿青年》等，体现出“青年关注，关注青年”的独特视角。

金融危机到来的时候，该报媒体调查也给予了及时的关注，比如策划组织了这样几篇文章：92.4%的人赞同《放贷人条例》有利于青年创业，79.6%的人支持创业者通过民间贷款融资，77.2%的人更愿意通过向银行贷款获得创业资金。金融危机下的时下冬天34.2%的人表示，金融危机对公众来说更大程度上是心理上的影响。专家认为，国内的教育一直比较强调专业知识等“硬实力”，而在金融危机和就业压力下，青年应该着重培养“软实力”。

该报的媒体民调因为一直坚持自己的价值取向，所以打上了鲜明的观点烙印，可以处处看到带着体温的鲜活的信息和思想。比如在“青年调查”2005年年终专稿中，专门作了一篇“2005奇闻——我们社会的怪现象”。“编者按”这样写道：2005年，和平发展的中国，在各方面都迈出了坚定的步伐：“神舟”六号成功升天，青藏铁路全线贯通；对内构建和谐社会，着力解决人民最关心的问题；对外长袖善舞，成为维护世界和平的中坚力量。然而，在盛世繁华背后，还有一些社会事件的发生，因其出人意料而给人们留下了深刻印象。这些令人匪夷所思的真实故事反映的是，在我们的社会中，还有一些人，仍在承受着令人心酸的命运，某些过时的体制安排仍在扭曲着人伦——这些是一个追求和谐的社会不能漠视，也不应容忍的。

今天“青年调查”再揭旧疮，重新剪辑这十条社会新闻，不是为了忘却的纪念——我们应该怀着羞耻之心，记住它们，记住我们曾经走过这样的一个2005年。

媒体民调发展的三个思路

包括《中国青年报》在内的相对走在前面的媒体民调，尽管形成了一些特点,但依然存在创新探索之路的局限和欠缺，依然还有许多需要进一步规范、健全和完善的地方。这里就跳出媒体民调来看媒体民调，提出以下三个思路供各方批评指正。

一是各级政府应该重视，在认真研究后予以相应扶持，这里面也包括媒体自身，要高度重视，舍得投入。

在社会的进步当中，民意的影响力越来越大，各种政策法规和政令的出台，越来越重视各类民意调查、民意听证，而媒体民调因为是媒体直接参与，不仅仅成为连接政府与人民群众之间紧密互动的沟通桥梁，而且也因为媒体自身的影响力和传播力，使得这类媒体民调结果更加直接地成为了一种“推动力”和“催化剂”，对公众利益和公共政策都会起到不容忽视的作用，所以我们要高度重视媒体民调的社会公信力和发展态势。

二是媒体民调资源亟须整合和专业指导，形成相对独立的运行机制。

媒体民调要真正树立起社会公信力，在正确舆论导向和法律、政策框架下，要有一个相对独立自主的运作空间，避免商业利益的不当侵扰；同时社会上对于媒体民调的观念也应该进行调整，不论是身为媒体民调的消费者或生产者，都需要正视民意调查在汇集与反映民众意见的社会政治功能与局限，扬弃以表面数据来评断结果、过度简化处理方式、数据化崇拜以及“民调即民意”等偏颇心态，自觉地成为整个媒体民调良性运行的推动者。

由于目前媒体隶属单位不同，媒体所属性质不一，存在着各自为阵、资源浪费的现象，亟须整合和专业指导。比如要逐步解决技术层面的难题，提高媒体民调科学描述、解释及预测能力；在调查技术的层次上，有必要从提升问卷设计的品质、抽样架构的完整性、电话抽样效率、规避网络调查中的恶意重复以及稳健的电话调查程序等方面，不断地精益求精、寻求突破。

舆情是上下关注的重要参数，但就媒体民调而言，应该通过整合资源，形成更加科学的媒体民调，以成为及时、准确、全面反映舆情的渠道。其中也可以做到内外有别。一些媒体民调结果可以在媒体公布，还有一些媒体民调结果可以做成内参，为有关部门提供决策参考，这样就能最大限度地发挥媒体民调的作用。媒体民调只有在最大限度整合各方资源的基础上，才能更好地突出个性、发挥自身媒体的独特优势。

三是需要加强监管和规范制度化，以利于媒体民调健康长远发展。

在媒体民调的经营与运用上，除了媒体自身的重视和加大投入外,还要逐步建立健全一套加强监管和规范的制度化建设体系，扶持那些真正有实力和发展潜力的媒体民调机构,着眼于长远培训一支专业性强、学术性强的媒体民调人才队伍,让媒体民调产品与其他新闻品种相得益彰、形成互动。政府机关特别是各部门的新闻发言人，可以考虑将媒体民调逐步列为行政改革中的一部分，参照国际成熟模式，引入媒体民调作为绩效评估的第三方，定期发布各项媒体民调的研究设计、实施过程及结果数据，以供政府施政和民众监督政府施政的重要参考。

制度化的媒体民调，不仅如同一支社会、政治、经济、生活领域的温度计，可以定期反映民众对于不同领域政策和走向的感受，同时也由于长期持续的经营，将更有助于昭信社会大众，进而提升媒体民调的社会公信力。

媒体民调的“三步走”

童　铘

被动性民意报道陷媒体于“等米下锅”的困境，也很难保证新闻的独家性。于是媒体变被动为主动，不仅负责报道和解读民调，而且全方位介入民调产生的过程。而媒体的民调运营，则是媒体利用民意调查的方法，为内容生产、活动运行、品牌塑造和广告经营提供全方位服务。这就是媒体民调的“三步走”。

民意调查（简称民调），又称舆论调查、民意测验，是一种了解公众对某些政治、经济、社会问题的意见和态度的调查方法。从新闻实践的角度来说，民意调查是媒体运用最多的社会学工具，属于精确新闻报道。

美国记者菲利普·迈耶在上世纪70年代初出版的《精确新闻学》一书中说道，传统的采访搜集和加工新闻的方法已经过时，传统方法对事件描写评价欠准确，只是一味追求那些瞬息即逝、耸人听闻的事件报道，难以从历史的、政治的和社会的广角镜分析、发现其潜在价值，并对事件发展进行科学预测。因此，迈耶主张引入社会学的调查研究方法，包括民意调查、实地实验、内容分析等，来从事新闻报道。此后，民意调查报道在西方传媒中日益盛行，乃至流行“没有民意调查就没有新闻”的传播学观点。

在新中国，民意调查兴起于上世纪80年代，当时一大批民意调查机构相继成立，包括中国人民大学舆论研究所、广州社情民意研究中心等。随后，媒体也很快开始了与民意调查的“联姻”。时至今日，媒体民调已经经历了“三步走”的阶段，并渐行渐近，趋向成熟。

被动性民调报道阶段

所谓被动性民意报道，指的是媒体根据政府机构、学术单位、民办非营利组织、商业调查公司等提供的民意调查结果，来撰写和解读的新闻报道。在这个阶段，民调结果只是作为媒体的报道内容，媒体并不介入民调产生的过程。

民调来源

媒体被动性民意报道的来源，往往来自政府机构、学术单位、民办非营利组织、商业调查公司发布的民意调查结果。

政府机构较常见的有国家统计局属下的民意调查机构；学术单位中较有名的有中国人民大学舆论研究所；广州社情民意研究中心则是国内第一家民办非营利的民意调查机构，由广州市政协主管；商业调查公司要以零点研究咨询集团为首，成立于1992年的零点研究咨询集团，还是欧洲民意和市场研究协会的中国代表机构。

媒体被动性民意报道，以商业调查公司为主要来源。据统计，国内媒体上能看到的独立民意测验结果，80%来自零点研究咨询集团。

报道主题

媒体被动性民意报道的主题，主要分为社会评价和社会监测两类：

（1）社会评价

针对某项公共政策、某件重大事件或者某种社会现象，了解公众对政策、事件、现象或者相关人物的意见和态度的民意调查结果，往往容易成为媒体的报道主题。如公众对政府新出台的股市政策的反应，对中国加入WTO的憧憬与忧虑，或者社会知名人士在公众心目中的声望等等。

（2）社会监测

定期发布的公众最关心议题的民意调查结果，也容易成为媒体的报道主题。如零点研究集团一年一度、持续多年的《中国公众关注社会焦点报告》，由于能较客观、准确地反映当年度不同社会议题在民众心目中的重要性排名，而成为媒体热衷报道的主题。

报道手法

早期媒体被动性民意调查的报道，往往采取“定量数字+简单定性解读”的手法。民调结果本身一般能够成为新闻报道的主体，媒体只需用文字说明和简单的表格披露即可。后来媒体意识到披露单纯的、绝对的数字本身没有太大意义，因此往往也赋予简单的定性解读。

利弊分析

由于人们习惯性地寻求大多数人的看法，并自省自己处于哪个位置，因此媒体被动性民意报道，满足了读者最简单的信息需求。但被动性民意报道最大的问题，是陷媒体于“等米下锅”的困境。如果民调机构没有民调报告出炉，报道就难以为继。与此同时，这种被动性民意报道，也很难保证新闻的独家性。

主动性民调报道阶段

所谓主动性民意调查报道，指的是媒体根据亲自执行或者主动委托调查公司执行的民意调查结果，来撰写和解读的新闻报道。在这个阶段，媒体不仅负责报道和解读民调，而且全方位介入民调产生的过程。

媒体的主动性民意报道兴起于20世纪90年代，以1993年《中国青年报》社会调查中心的成立、1994年北京青年报设立“公众调查”版为标志。从被动性民意报道阶段到主动性民意报道阶段，背后是媒体报道从被动性地紧跟新闻，到开始主动设置社会议题方向的转变。

民调来源

（1）自主操作

在中国大陆，《中国青年报》社会调查中心是第一家媒体办的全国民意调查研究机构。必须指出的是，媒体自主操作民意调查，首先面临的是如何专业化、科学化的问题。这个问题对多数媒体而言，实则是影响民调质量水平和持续运作的瓶颈。

（2）合作式

为了实现调查的专业化、科学化，有媒体开始委托专业调查机构执行民意调查，自己则只负责调查结果的披露与解读。如《北京青年报》“公众调查”版，就曾先后委托北京勺海市场研究公司、友邦顾问市场调查结构执行民意调查。但无论是自己做还是合作式，民意调查的高成本始终是媒体主动性民意报道的制约因素。

（3）互联网

互联网的出现，解决了媒体主动性民意报道的成本问题，并让媒体的快速民调成为可能。现在媒体的主动性民意报道，大多通过网上调查进行。

平面媒体通常采取与知名商业网站联手的方式，借助网站的高流量进行快速网上调查。如新华社国际先驱导报每期的民意调查栏目，就是通过与新浪网的合作实现。也有平面媒体在自己的网站上发布调查，并通过平面媒体公布调查结果，实现民意报道的报网互动。如《经济观察报》的“一周调查”栏目。

民调主题

媒体主动性民意报道的主题，同样集中在社会评价和社会监测两块。但由于媒体主动性民调的日益频密，民调内容和范围也全面深化和广泛。

这时的民调不再是一件刻板的事情，就算是年终总结式的民调，也不再只有社会议题关键词、排行榜式的调查，而增添了例如“年度汉字评选”这样的调查。

报道手法

媒体主动性民意报道（也包括后来的被动性民意报道），民调结果本身不再是报道主体，关键是通过全景式的解读来揭示民调背后意味着什么。同时，媒体报道也格外注重民调数字及相关元素的图表呈现效果。

至于民调结果，仅仅是新闻报道的由头或切入点；媒体的重点新闻策划，也往往会配发相关民调。如《国际先驱导报》2008年1月关于“国家荣誉制度调查”的报道，就是在与新浪网发起“谁有资格荣获国家荣誉”联合调查的基础上，展开包括国家荣誉制度的历史渊源、官员是否有资格获得国家荣誉等争议所在、专家解读国家荣誉制度、旁观海外荣誉制度的全景式调查报道。

此外，通过互联网进行民意调查的手段，也对媒体主动性民意报道的手法产生影响。由于网络调查导致网民的声音被演绎为公众的声音，沉默的大多数可能消失在媒体之外，因此一些媒体也放弃了针对网络调查结果的深度解读，而只是以精致华丽的示意图表披露调查结果本身，反正很多读者现在对媒体网络民意调查的态度，仅仅是“看看而已”。

利弊分析

伴随媒体的主动性民意报道的问题，就是调查大多属于紧跟某一时事变化、政策征询、社会现象的态度上、意见性调查，针对同一主题的持续民意调查报道相对缺乏，无法形成品牌效应。同时，互联网实现快速民调，但也导致媒体主动性民意报道的偏颇与泛滥，进而降低了读者对媒体主动性民意报道的信任度。

要想培养读者对媒体主动性民意报道的信任度，取决于发布媒体本身的公信力，以及民意调查的科学化、品牌化。比如在美国，发行量最大的报纸《今日美国》就和美国有线新闻网、知名的民意调查公司盖洛普合作，共同开展民意调查报道。三家强势而知名的机构合作，让其公布的民调具有较大的可信度和影响力。

媒体民调运营阶段

所谓媒体的民调运营，指的是媒体利用民意调查的方法，为媒体内容生产、活动运行、品牌塑造和广告经营提供全方位服务。

媒体的民调运营，正是源自媒体对同一主题的持续民意调查和跟踪，进而形成的品牌效应。

民调介入内容生产

媒体民调不再只作为媒体报道的内容，而是开始介入媒体内容的生产过程，甚至实现媒体内容的订制化生产。如《南方周末》持续多年的年度人物评选，读者投票都占很大的比重。读者可以根据通过传真、邮寄、手机或者网络方式参与投票。

民调助力媒体活动

媒体开始全方位发掘民意调查中的互动性，为媒体的品牌活动助力。在这方面的代表，要属湖南卫视“超级女声”活动。网络投票和短信投票这样的民调环节设计，让公众前所未有地融入活动，第一次感觉到自己的“主宰权”。而正是因为网络和短信投票这些技术上的突破，进一步降低了民调实施的门槛，也让媒体活动借助“民调”使赢利成为可能。

不能不提的还有2008年最流行的SNS网站——开心网，第一次把发起民调的权利下放到普通民众手中，通过开心网的投票组件，任何一个人都可以发起投票。公众第一次从民调的受者变成施者，民调范围虽小，但议题千奇百怪、无所不在。

对于民众而言，投票本身就是一个自我认知的过程，通过投票寻找自己与好友、社会大多数人的共同点或差异；对于这样的SNS网站而言，发起投票权的下放、投票动态的即时呈现以及投票行为的病毒式传播，都进一步加强了用户与媒体之间的黏性。

民调催生运营项目

媒体开始利用民调，开展自身的专业信息运营项目。这种模式产生的诱因，其实是互联网的冲击导致传统媒体不能局限于满足普通读者的基本信息需求，而开始向专业信息提供商的身份转化。

不少媒体尤其是政经类媒体成立了自己的研究所、研究院，以民意调查得出的相关数据、结论为研究基础，发布各种指数、专业报告、排行榜，借以打造媒体在相关领域的权威品牌，并为广告经营服务。例如《南方周末》发起的“中国企业社会责任榜”；经济观察报和北京大学管理案例研究中心的“中国最受尊敬企业”联合评选；经济观察报研究院推出的“上市公司信任度指数”；中国经营报和中国社会科学院工业经济研究所联合发布的“中国企业竞争力报告”等等。

《南方周末》发起成立的中国企业社会责任研究中心，是根据政府部门、数据公司等科学、可测的第三方数据及调研为研究基础，在对企业资产规模与社会责任做出综合研究与评估后，每年推出“世界500强企业在华贡献排行榜”、“中国(内地)民营企业创富榜”、“国有上市企业社会责任榜”三个榜单。

此举就是媒体民调综合运营的代表。集合研究力量，通过企业社会责任特刊发布相关榜单及数据，本身就是一次媒体品牌活动和传播；而无论是承诺特刊中可以为成员企业发布企业社会责任报告，还是通过社会责任大讲堂活动安排企业作主题讲演，抑或把相关企业案例整理成期刊报告或出版，都是在发掘广告经营的空间。

此外，也有媒体希望相关指数、专业报告出炉后，能够实现直接销售。比如中国经营报研究院出品的中经特供资讯，百度公司数据研究中心基于网民搜索情况出品的各行业报告等等。但目前大多还处于品牌塑造与培养用户潜在需求的阶段。

需要指出的是，媒体如何在民调运营过程中，保证民意研究项目的独立性、权威性，尚是一个问题。如《南方周末》“2008中国国有上市企业社会责任榜”中，中国石油高居榜首，就一度引起公众的质疑。

网络民调：代表性与可靠性的平衡

何德军

网络调查已经成为网民反映民意的一大渠道，许多问题尤其是事关民生的问题都能在门户网站看到民意调查的行迹。在看似无序的网络空间，无数网友的声音迅速聚集，并用鼠标和键盘“投票”，通过被动或主动借助网络，民意顽强“置顶”，并提供给决策者。

互联网已经逐步走向成熟、完善，正成为大众获得信息、进行沟通的重要渠道。网络媒体自身具有互动性、广泛性、针对性、实时性的特征，使得利用网络采集调查数据，逐渐成为这个时代不可或缺的重要手段。

在日常的运作中，网络媒体越来越多热衷于借助调查的形式，收集与反馈浏览者的意见、观点，网上舆论及热点问题调查是其最常见的形式。

每年全国“两会”前夕，代表委员习惯于上网看调查；在2008年，“医改”、“救市”、“假日改革”等热点话题都引起了网民热议；与此同时，也出现了一批专业调查网站，开始应用于商业开发。

现象：广泛、公开、透明

互联网的影响力建立在互动、分享环节上，通过互动的平台用更人性化的形式表现出来，让网友能参与其中。基于此，网络媒体单纯比拼新闻数量和速度的时代，正在逐渐成为过去，越来越多的网民不喜欢过去那种大信息量、单一的新闻报道方式。

当网络媒体着力改善网民的参与性和阅读感受时，适时融入网络调查等元素，为原本严肃的界面增添更多丰富、人性化的元素，增加了网民的参与热情和关注程度。人民网的一项调查显示：在网络调查中，有95.2%的受访者认为大部分网民都能认真表达自己的想法和意见。

现在，网络调查已经成为网民反映民意的一大渠道，许多问题尤其是事关民生的问题都能在门户网站看到民意调查的行迹。在看似无序的网络空间，无数网友的声音迅速聚集，并用鼠标和键盘“投票”，通过被动或主动借助网络，民意顽强“置顶”，并提供给决策者。

2008年全国“两会”前，人民网推出调查“您最关心的十大热点问题是什么”和“十大话题，您最关心什么”，到开幕前夕就吸引了50余万网友参与调查，留言近1.6万条，加上“有话网上说”、“我有问题问总理”、“我给总理支一招”、“听民意答民情”等多个栏目，累计有100多万网友参与。

网络两会调查火暴的背后，是百姓参政意识和能力不断提高，并且民意能够通过网络平台自由、充分地表达。方便、快捷的网络调查，自然受到“追捧”，成为最受欢迎的方式之一。

政府通过网络调查获取民意，而一些企业则开始将网络调查进行商业应用。

现在，一种极受欢迎的网络广告方法就是使用互动工具创建品牌意识，为网络用户带来更广泛和新鲜的广告浏览体验。

在美国，当Visa信用卡公司想要在年轻人当中扩大知名度时，首先会想到上网宣传自己的品牌。他们认为：“很快就做出了到互联网上发布广告的决定，因为大家都清楚，如果想吸引年轻人的目光，只有互联网是最适合的媒介。”

Visa公司没有直接采用单向公告式的推广，而是选择了长期品牌建设的策略。他们与MSN网站一起赞助一项网上环保知识竞赛活动，吸引20多岁的年轻用户参加。通过调查的形式开展竞赛活动，在调查的过程获取受访者的信息和他们表达的想法。

在国内，一些专业调研系统顺势诞生，第一调查、QQSurvey、好奇调研网成为先行者。这些网站通常由市场研究和互联网领域的学者组建，将市场研究技术与互联网技术相结合，为客户提供网络调研服务。

特征：即时、高效、经济

网络承载了民意共同的价值诉求，包括意见的表达权、对政府行为的监督权、对重大决策的知情权和参与权等。网络开始成为任何人都不能忽视的民意“直通车”，从技术、时间、成本等优势，体现出其即时、经济、高效的特征。

民意调查以随机抽样的方法，选出能够代表母体的样本，询问其对某些问题的态度，并以此推估母体具有同样态度的几率。其最大的优点，是可以用调查资料来进行相关分析。

互联网在民意表达和市场调查中，有着传统的广播、电视以及杂志不可比拟的优势。网络技术的引入，实现了无访问员访问，无时间和地域的限制，以及图文、动画、多媒体等的使用，丰富了研究手段，并实现了在线数据分析显示。

在技术优势上，网络调查没有时空限制，网民数量庞大，跨地域分布，可以在任何时间、任何地方完成调查问卷，保证了更高的有效性、广泛性、客观性；同时，因为没有时长限制，被访者没必要赶时间，可以更充分地思考，能得到比通过访问员访问更详尽、更精确的记录。

因为网络的多媒体性，方便地综合使用图片、图像、声音等多媒体资料，直观的网络表达，避免访问员主观误差；同时，各种计算机和网络技术的使用，极大地丰富了问卷的表现形式和内容，也能够充分调动被访者的兴趣和思维积极性。

在时间优势上，受访者随时随地完成问卷，这是传统访问方式所不能想象的。即时反馈结果，网民在参与中表达，在表达中受益。用网络调查样本库抽样代替实地抽样，同时用可访问样本库系统进行抽样，省略了实地抽样的环节。在数据处理过程中，计算机随时记录受访者完成问卷情况，并自动编码、录入数据。录入数据与数据分析同步进行，研究人员除了迅速得到最终的分析数据外，还可以随时看到数据变化的过程。

此外，无须花费时间招募和培训访问员、督导员，无须问卷的手工编码和数据录入，有效缩短信息反馈周期。

在费用上，节省了大量印刷成本、投递成本，节省了访问员、督导的招募和培训等人工费用开支，节省了手工编码和数据录入的人工开支，节省了异地出差的差旅费用。

提升效率、降低成本，这些优势的发挥，依赖于网络具有的特性；而成本的降低也已经成为电子政务一大驱动力。有报告显示，瑞典社会保障委员会过去是用电话对公众提供服务，每次电话服务收费30个瑞典克朗；改为网上服务后，现在上网服务一次为3个瑞典克朗，为政府节省了行政成本，为用户减少了费用。

不足：虚拟、干扰、偏激

网络的普及，推动了网络调查的应用性；高层的呼应，也促进网络调查反映民意的持续火暴。当然网上调查也并不是十全十美，它也有不足和有待于进一步提高的地方。

也有人提出质疑：网络调查真的能代表民意吗?

由于网络民意调查的特殊性，作为一般性的调查无可厚非，但对于有关民生的政策、决策制定方面的民意调查，严肃性和科学性有待提高。

2005年，对于股权分置问题，一直是争论不断，市场上出现了众多解决方案。新浪网财经频道举行了一次大型民意调查，对启动股权分置试点看法进行了网络投票,中小投资者也积极参与，表达了他们的心声。但是正面、反面、中立，三种截然相反的观点得票非常均匀，失去了投票本身的倾向性价值。那是因为网络投票的结果受限于样本选择的全面性，以及调查人群的特性等因素。网络调查的局限性，导致一些调查项目无法通过网络完成。

笔者通过综合分析，认为网络调查存在以下不足：

可靠性有待增强。缺乏核实受访者身份的能力，网上受访者可能虚报性别、年龄。这需要在网络调查中对答卷进行有效性检验，筛除无效答卷。在问卷设置的过程中，建立有效的激励机制，并通过抽样回放进行信息核实。

样本未覆盖各年龄段。最新的互联网络发展报告显示，我国网民70%处于18~40岁之间，这些网民参与网络互动的积极性最高。而对于40岁以上和18岁以下的网民，很难开展网络调查。为有效解决这个难点，网络媒体与传统媒体开始尝试联合调查。

“网虫”干扰网络调查。一些专门的受访者能够很容易地通过甄别问题，快速完成问卷，一次性无法查证。事实上，有一些SOHO族通过网上填写调查，尝试兼职赚“外快”。

此外，如果受访者对题目不理解，不能像面访或电话访问一样给予及时的解答；部分网友的意见比较偏激。

为解决上述弊端，国内的一些专业调研网站通过举行趣味活动，开展线下调查。受访者有机会参加不同新产品的测试、试用，还可以应邀参加各种面对面的访问活动，尽情发表意见。

在技术层面，不少网站正在试图通过改进技术手段，使在线调查形式更加容易管理，包括更好地定位瞄准的网民以及跟踪这些网民的调查反馈等。

网络征集民意对促进政府工作帮助多大？是否有助于民意的表达？65.5%的受访者认为通过网络征集民意有利于促进政府工作，13.9%的认为没有作用。67.4%的受访者认为通过网络反映民意对促进民意的表达帮助大，11.5%的人则认为没有作用。在商业应用上，欧美国家中，以网络调查为典型的“在线市场研究”的广告额在网络广告总的占比逐年增加；在国内，也日益盛行。

《新闻实践》杂志2009年第2期“多棱聚焦”栏目

悬疑新闻

本刊今天提出“悬疑新闻”这一命题，在搜索引擎中还是一个无法寻见的陌生名词，但作为一种报道样式，在当今媒体已经屡见不鲜。区别于修辞意义或叙事方式的“问式报道”，“悬疑新闻”的显著特征，就是对尚未发生的或者尚待求证的新闻事实进行不置可否的报道，并试图通过这一点悬疑（或者说存疑）来吸引和满足受众知情的期待，以掘进式的报道节奏来探寻新闻的未知。

然而，从运作规范到理论范畴，“悬疑新闻”必将引起颇多争议。本刊旨在破题，特地策划这一实证研讨，以期引起业界和学界的关注，希望从传统新闻学和现代传播学的结合上廓清界限，厘清内涵。

“悬疑新闻”：还算“新近发生的事实”？

陈纪蔚

新闻定义外延的再一次扩张，正是在“悬疑新闻”大量出现在媒体后，首先引起业界再一次对新闻定义的重新认知。没有发生或尚未证实的事实，众说纷纭而尚未定论的事实，可被媒体当做“独家新闻”、“重要新闻”向受众海量传播。而受众对“悬疑新闻”的信息冲击，不仅没有排斥，而且还表示出浓厚的兴趣。作为新闻传播的业者，还能说“悬疑新闻”不是新闻吗，还能对此视而不见，无动于衷吗?

2009年2月2日，《环球时报》“环球扫描”版头条刊载了《传奥巴马夫人要生白宫宝宝》的新闻。文内称：“对于流传甚广的第一夫人怀孕传闻，白宫方面至今无人出面证实”。

不少读者读了这条新闻，第一反应是：“是不是真的”，第二反应是：“可能是真的”。悬疑，是这条新闻最大的特点。一条尚未证实、没有确定结果的消息，当做重大新闻传播全球，类似这样“悬而未决、结果未定”的新闻，还有许多。

笔者试以新任美国国务卿希拉里为主人公，搜索了其从参选总统到就任现职期间的相关报道，结果在不同类型的媒体上发现了一系列“悬疑”特点明显的报道。例如：

2008年5月12日，英国每日电讯报载文《美国大选：希拉里“快要退出了”》。

2008年5月14日，新华网《奥巴马将成赢家，传希拉里将“优雅离场”》。

2008年6月16日，新加坡联合早报《传希拉里克林顿拟离婚》。

2008年11月14日电，中新网《美国新任国务卿人选竞争激烈，传希拉里有望出任》。

从这些新闻标题中，受众不难发现，新闻承载要素的共同特点是：“事实尚未发生”，或者“可能会发生的事实，但并不能证实”，或者说“新闻事实的最终结果悬而未定”。我们姑且把这类新闻，称之为“悬疑新闻”。

当今的读者似乎习惯了从标题来判断：在标题中若出现诸如“传”、“将要”、“据称”、“快要”、“或将”、“料”等不确定性字眼的新闻，十有八九就是“悬疑新闻”。

《大话西游》曾有一句台词流传甚广：“我猜到了开始，却没猜到结局”。如今，面对众多的“悬疑新闻”，受众的体会也许也是“我看到了开始，却不知道结局”。

越来越多的“悬疑新闻”活跃于各类媒介中，越来越多的媒体从业者习惯于“悬疑新闻”的操作，越来越多的受众满足于接受“悬疑新闻”的信息冲击。对此新闻现象，业界颇有必要进行传播实践的思考。

“悬疑新闻”的不同演变路径

既然“悬疑新闻”是悬而未果的新闻，那么媒体在其后的新闻发布过程中，伴随新闻事实的不断发展进程，就会向证实、证伪或者无法求证等方向推进。

一、有些“悬疑新闻”是可以证实的，是真实新闻的发端。

2008年6月25日，《广州日报》刊登《传周正龙两周前已被警方带走已坦白作假过程》，称消息来源是“陕西省林业厅一知情人士向本报记者透露”，对于“陕西方面正在研究对官员的处理意见”的事实核实，也是“记者多方证实未果”。初看起来，这是一条尚未证实的新闻，但反观后来事实的发展，我们可以判断此文正是“周老虎”被证实是假老虎的一系列真实新闻的起端。

同样，2008年12月4日，《现代金报》刊登了一条被足协新闻官员斥之为“虚假新闻”的消息：“国家体育总局党组近日开会，通过了南勇出任足管中心主任的决定”。其中，文章对新闻事实也采取了“悬而未决”的处理方法。然而，事情的演变证明，这是一条货真价实的新闻。

二、有些“悬疑新闻”是被证伪的，证实是“货真价实”的假新闻。

2008年6月20日，《东南快报》有一条《奥运主火炬初现雏形，许海峰射击方式点燃火炬》的“悬疑新闻”，其消息来源是“据记者多方打听，从几个知情工人口中得知”，称“火炬台的造型将会被塑造成一只将头微微伸入鸟巢体育场中的巨鸟，而巨鸟的嘴将是火炬最终被点燃的地方”。而最后的新闻事实，被证实是一种猜测。

2005年某房产网站论坛在显要位置发布“华远总裁任志强遭监控”的消息，称“已于此前被有关部门监视居住，相关部门已对其采取相关措施”云云。事后证实，这条似是而非的“新闻”，是不明身份的网友搞的恶作剧。

三、有些“悬疑新闻”，因权威机构的缺位，一时无法证实与证伪，只能等待时间来论证。

2009年1月8日下午3时许，重庆市主城区传出三声巨响，媒体争相报道却是无法获取真相，因为找到相关部门都是否定的信息：地震局说没有地震报告，也不是地声，交通方面说不是放炮爆破，气象部门说不是打雷，民航方面说重庆空域无异常，消防部门说没有接到与之相关的报警，当地驻军也称关于“战机坠毁”的说法毫无根据。媒体有关三声巨响的悬疑报道，至今留下一个无以解释的纪录，看来只能靠时间来消磨掉了。

“悬疑新闻”：新闻定义外延的再次扩张

所谓“悬疑新闻”的“悬”，主要表现在几个方面：

一是报道的事实尚未发生；

二是报道的事实尚未证实；

三是报道的事实性质尚未论定，事情的发展还有多种可能性，或者某种说法和评价未经权威机构证实。

如果认定上述媒介刊载的报道是新闻表达形式的一种的话，那么，对大多数国内新闻从业者观念中存在已久的新闻定义，将是一个全新的冲击。

“新闻是新近发生事实的报道”——在中国新闻学中，陆定一的这一新闻定义的影响罕有所匹。它强调，新闻不只是事实，而是事实的报道或反映。事实是新闻的本源，没有事实就没有新闻。

然而，新闻传播激烈竞争的现实，正在一次次冲击着传统媒体固有的新闻认定：

新闻定义外延的第一次扩张，出现在互联网、电视直播等一系列新兴新闻传播手段大量应用之际。

信息及时、传播迅速，是这些新闻传播的最显著特性，新闻的时效性大大加强，乃至于重新定义了新闻。于是有人提出，“新闻不仅是发生过的事实的报道，更是正在发生的事实的报道”。像网络媒体、电视直播对“9·11”事件、汶川地震、“神舟”六号发射等等一系列重大事件的报道，一次又一次地印证了这一点。

新闻定义外延的再一次扩张，正是在“悬疑新闻”大量出现在媒体后，首先引起业界再一次对新闻定义的重新认知。

没有发生或尚未证实的事实，众说纷纭而尚未定论的事实，即类似的“悬疑新闻”，可被媒体当做“独家新闻”、“重要新闻”，向受众海量传播。而受众对“悬疑新闻”的信息冲击，不仅没有排斥，而且还表示出浓厚的兴趣。如果哪家媒体没有第一时间拿出这些新闻，极有可能被认为这家媒体的无奈或无能。久而久之，就会被受众用“眼球”投票，将这些媒体排除出自己阅读的选择范围。

存在即是合理。作为新闻传播的业者，还能说“悬疑新闻”不是新闻吗，还能对此视而不见，无动于衷？

“悬疑新闻”存在于受众的知情期待

受众期待的就是媒体要传播的——这是符合现代新闻传播需求的一种积极姿态。

生活于信息时代的受众，已经不满足于对新近发生事实的报道。他们对信息获取的要求，也从“温饱”向“小康”过渡，即不仅仅要知道“发生了什么”，而且还要知道“正在发生什么”、“还会发生什么”。因此，以满足受众获取信息需求为己任的媒体，传播的姿态也不能一味地“向后看”，而是更要引领受众“向前看”。

按新闻传播的不同媒介性质分，网络媒体是“悬疑新闻”存在的最主要载体。因为网络传播，集人际传播、群体传播、组织传播与大众传播于一体，任何一种传播途径都有可能在第一时间将信息全面渗透给受众。

在北京奥运期间，许多网站的操作手法已经大大突破了传统新闻的操作流程。比如“零秒新闻”的出现，有人称其有“新闻赌博”的感觉。为了争快，运动员没跑到终点，新闻就已经“呼之欲出”。这一类新闻的“悬疑”与“确认”之间的时间距离，几乎就是毫秒之间。甚至于，你在看电视时，这个选手还在比赛过程中，而QQ上获得金牌的消息已经登出来了。

如果从我们新闻原来的价值判断标准来讲，这样做是“假新闻”，因为事情还没发生就预先报道出来了。但是大部分比赛结果，网络新闻报道的结果最终与事实还是一致的。而这，恰恰满足了受众抢到“新闻第一落点”的快感。

按新闻传播的不同内容来分，文娱新闻、体育新闻与社会突发性新闻，是“悬疑新闻”大量集中的报道领域。因为这类新闻，有着集中的关注度。尽管在传播的各个环节中，有可能会出现信息减损、曲解的现象，即所谓“八卦”现象，但在严酷的媒体竞争面前，媒体别无选择，“不得不去传播”。

某地发生了重大事故，受众最关心的是“发生地在哪里，人员伤亡多少，救援进展如何，事故原因为何”等。在新闻竞争激烈的当下，众多媒体已经习惯于下列操作流程：第一步，先报道事故的确是发生了，至于人员伤亡等要素，在当地权威部门正式发布之前，通常采用“据传有多少人伤亡”。第二步，及时跟进采访，将新闻要素进一步明确、清晰，从各种渠道获取可能证实的消息。第三步，一旦有权威机构发布消息，便及时调整、校正或更新……这样一种“滚动式”的播报，正是受众所期待的报道。如果按照传统新闻定义来操作，只能等到事故结论产生后才来作“马后炮”的报道了。

耐人寻味的是，相对于时政新闻，受众对这些领域“悬疑新闻”的过程偏差，表现出一种难得的“宽容”。事实上，在后现代碎片化的消费氛围中，人们对信息消费的需求已经呈现出多元化的倾向，融入了自身对新闻事实的联想和研判。“大家都希望自己在第一时间去更新这个消息，即使发生了还没有发生就做新闻的现象，在娱乐化的新闻里面也没有什么问题”。“新闻与生俱来的基本特点是两个：一是真实，二是新鲜，由此而延伸出新闻报道上迅速及时的要求。”（李良荣：《新闻学概论》）新闻传播有此先天要求，就无法排除“悬疑新闻”跻身新闻传播领域的存在合理性。

“悬疑新闻”在求真与求快之间“走钢丝”

新闻是抢出来的。新闻的“第一落点”，永远是一个新闻从业者孜孜不倦追求的竞争目标之一。即使是以严谨新闻面目出现的《华尔街日报》，在1889年创刊号上也是这样承诺的：“我们开展新闻业务的基本原则如下：获得新闻，并立即发布，不管它是好是坏……我们希望新闻永远真实、准确、没有偏见。”另外，真实是新闻的生命，不但要求构成新闻要素的时间、地点、人物、事件经过都必须真实可靠，而且要求新闻事实从整体与联系上（包括环境与条件、原因与结果）都必须完全符合事物的本来面目。

因此，“悬疑新闻”极有可能最后变成了虚假新闻。一旦出现这样的结局，不仅是对媒体的可信度和公信力的极大伤害，也是对受众知情权的误导和对受众的愚弄。

由此可见，“悬疑新闻”是媒体在求真与求快这两个缺一不可的目标之间“走钢丝”。在实际操作中，“把关人”必须慎之又慎。

现实的悖论是，既然媒体要抢在第一时间传播新闻，但限于时间空间的条件局限，在传播的任何一个环节，都有可能造成新闻要素的缺失、损坏或者遗漏。即使四平八稳的事后采访，也难以做到百分之百的“真实”。

确实，“悬疑新闻”最后以“失实”落地的客观原因有多种多样。尤其是网络新闻，由于传播的途径是万维网（WWW）网站、新闻组（UsenetNews）、邮件列表（Mailinglist）、公告板（BBS）、网络寻呼（ICQ）等手段的单一使用或复合使用，有着明显的交互性、实时性等特点，在实际传播中很容易产生失实的“病毒”。

还有一种情形，某些被指“失实”的“悬疑新闻”，背后的确事出有因。像有的机构出于恶意“公关”的需要，有意制造“新闻”，利用传媒释放“试探气球”，一旦反响不利，就把传播的责任推给媒体。还有的机构出于种种隐情，对已经发生的新闻真相故意不作出认定、不表态，导致对某些新闻证实与证伪的困境。

那么，媒体本身在操作“悬疑新闻”时，如何在主观上做到求真与求快的有机统一呢？笔者以为：

一、既已悬疑，求证要快。

“悬疑新闻”之所以“悬”，是因为在信息获取时的种种条件限制，如消息来源无法迅速核实、事实演变尚未定论等，是新闻媒体因竞争需要“求快”而为之的权宜之计。解决“悬而未决”的最佳途径，还是在求证真相上去“速决”。

为了避免“萝卜快了不洗泥”而造成的细节性失误，媒体在刊发“悬疑新闻”之后，应该提高后续新闻事实的更新率，随时“有料”随时更新，以最真的新鲜事实来弥补前一报道的新闻要素不足，确保特定的新闻报道的整体真实。

二、悬疑报道，不可滥用。

对于媒体而言，“悬疑新闻”的操作是一把双刃剑，它可以加快媒体的传播速度，是现代媒体竞争的主要武器，但它的致命弱点是“抢先一步”的同时，对最新得到的信息没有经过详细调查和核实论证就发布出去。所以，不可为了吸引“眼球”，而不惜放弃新闻的求真务实的原则，追求所谓“独家新闻”的轰动效应。

只有如此，才能在新闻传播的实践中，在“快”与“真”的统一上，使得“悬疑新闻”成为新闻内容生产流程中的初始产品，而不是新闻传播的全部。

“或”字何以成新闻

——关于“悬疑新闻”的思考

魏永刚

“或”字之所以成为新闻有几个必要因素：一是必须有事实作根据，根据已有新闻事实作出未来判断。二是一定是受众关心的。有些单个的新闻事实是不为受众关注的，但因为可以“判断”出受众关注的结论，也可以成为“或”字新闻。三是有不确定性的判断。即使有最确切依据的“或”字新闻，也只能是对未来可能性的一种判断。

在现代汉语中，“或”字有可能的意思。而我们对于新闻概念的理解，是新近发生的事实的报道。“可能”是指时下没有发生的事情，而新闻要求是已经发生的事实。从这个意义上理解，“或”字很难和新闻联系起来。但是，在今天的许多报纸上，“或”字新闻却渐渐多起来。笔者简单统计了一下北京出版的《新京报》，仅2009年1月，标题上带“或”字的新闻就有14篇，其中有5篇还是版面的头条新闻。可见，“或”字新闻已经并正在成为新闻采编中的流行现象。

“或”字新闻，其实是指对未来可能发生的新闻的一种预测。它是根据已经发生的新闻事实对“悬而有疑”的趋向作预测报道。从这个意义上讲，也可以把这种新闻形式称为“悬疑新闻”。

“或”字已经成新闻

“或”字出现在新闻标题中，不是当代媒体的“发明”。笔者曾经在新闻史书中看到，近代的《申报》和《大公报》上都有过“或”字新闻。但它在新世纪的大量出现，却有着不同的意义。今天的“或”字新闻，在范围上要比过去宽泛得多。就笔者浏览一些市场化报刊后的分析，在经济报道中它大多出现在经济局势预测或企业人事变动等方面。

前者更多的是对经济局势的估计，尤其是对经济政策落实情况的评估。比如《房价或跌至2006年至2007年间水平》、《索尼或出现14年首次全年亏损》、《大旱或使小麦减产两成》等，均以“或”字来预测报道经济局势的。后者则大多是对企业人事变动的猜测。比如《鲁宾辞职花旗董事长或下台》等。企业的人事变动是大家关注的，尤其是上市公司的领导。但对这类人事变动的猜测，如果失之偏颇，就可能对企业经营乃至社会舆论产生负面作用。

“或”字新闻与“将”字新闻

“或”字新闻在本质上说，是对即将发生的事件的预测，这就让人自然地想到“将”字新闻。在我们的日常报道中，“将”字新闻同样是很多的。比如在政策宣传中，会把尚待落实的政策内容作为新闻，如《全国最低收入标准将大幅提高》等；在工作报道中，会把尚未到位的工作部署作为新闻，如《全国社会治安综合治理工作要点确定将深入开展严打整治斗争》等。虽然都是未来即将发生的新闻事实，但是，“或”字新闻和“将”字新闻还是有一些不同的。

两者最大的不同点，是报道指向不同。笔者仔细研究了《新京报》等报纸上出现的20多篇“或”字新闻，感到“将”字新闻所指的是确定要发生的事实。比如，2月8日发表的《纺织产业振兴规划将有力促进产业升级》，这是根据国务院审议并原则通过的纺织工业调整振兴计划而获得的新闻。根据这个计划，产业升级的事实必将发生。

“或”字新闻指的是发生某种事实的可能性，报道的事情有可能发生，也有可能不发生。有一条关于北京地铁的“或”字新闻，标题是《地铁14号线或西延至王佐镇》，消息来源于丰台区人大会上。14号线西延是丰台区的一个设想，没有得到有关城市规划部门的确定。所以，这个事实是可能发生也可能不发生的。而同样一条城市建设的消息则是“将”字新闻：《西长安街道路将拓宽》，这条消息的来源是北京市西城区市政管委会主任的工作介绍，这个事实是必将发生的。

再一个是新闻“立足”根据不同。“或”字新闻和“将”字新闻都是预测新闻，是告诉受众一个即将发生的事实。但这个事实是通过什么来确定的，两者的要求不同。“将”字新闻报道往往是权威部门对未来事实作出的预测，而“或”字新闻常常是记者或者专家综合各方面信息，对未来事实作出的某种判断，发生的可能性存在不确定因素。比如记者在新闻发布会上获悉，北京国土资源局负责人表示，商品住宅供地可能将放缓并减少，如若记者结合采访积累，写成的就是“或”字新闻《今年商品住宅供地或减少》。

还有一个是新闻报道的重点不同。“将”字新闻的报道重点在于介绍权威部门的工作部署或政策信息，而“或”字新闻则重在突出经过分析得出的结论。有两条关于人事工作的消息，一条是《首批大学生“村官”将解决再就业》，一则是《鲁宾辞职花旗董事长或下台》。前者介绍的是北京人事局的一项政策措施，在行文上以介绍北京市人事局局长的讲话和这项政策的相关内容为主。后一条消息则是根据花旗高级顾问鲁宾辞职，来判断他力挺的董事长前途岌岌可危，主要着眼于写鲁宾与董事长的关系，然后以此推断董事长“或下台”的未来事实。

“或”字新闻之所以能在今天成为媒体内容生产的“新品种”，恐怕与它和“将”字这样的预测新闻有这些不同不无关系。正因为有这些不同，才说明“将”字新闻不能完全代替“或”字新闻。

“或”字为什么能成为新闻？

“或”字信息成为新闻，也是媒体竞争的产物。人们在新闻报道中不但希望知道已经发生的新闻，还想知道未来的趋势。这是“或”字新闻产生的根本原因。在竞争加剧的情况下，为了争取受众，媒体必然要努力满足受众的各种需求。而要满足对于未来可能发生的事情知晓的需要，就需要报道“或”字新闻。

笔者认为，“或”字之成为新闻有几个必要因素，归纳起来至少包括以下三个：

第一，它必须有事实作根据。“或”字新闻是根据已有新闻事实作出的未来判断。因此，“或”字新闻中很重要的内容，是交代已经发生的新闻事实，交代记者作出“或”字判断的事实根据。比如《新京报》有一则关于日本经济形势的新闻《日或遇二战后最严重衰退》，新闻主体是提供了一系列来自日本政府公布的统计数据：2008年12月工矿业生产指数降幅达上世纪50年代以来最高水平，失业率升幅近40年罕见，家庭消费规模2008年12月萎缩程度高于预期等。作者在引述这些数据的基础上，根据整体形势判断而得出结论：日本经济正滑向二战以来最严重的衰退局面。这个消息不是描述一个事实，而是记述一连串的事实，目的不在于介绍事实本身，而在于通过对不同事实的分析，得出未来可能发生的事实。这也是“或”字新闻和其他新闻样式不同的地方。

第二，它一定是受众关心的。受众对“或”字新闻所预测的未来事实的关注度，是一个重要的衡量标准。如果未来事实是受众不关心的，或者说是不太关心的，那就没有必要来进行“或”的预测。有些单个的新闻事实是不为受众关注的，但因为可以“判断”出受众关注的结论，因而也可以成为“或”字新闻。在北京市政府的新闻发布会上，市地税局负责人说，商业用房租金税率调整正在研究中。这本来是一项简单的工作介绍，但记者与“业内盛传商业用房租金税率将由26%~30%下调至12%”的消息联系起来，根据专家的评价而得出新闻《商业地产租金税率或大降》。这条新闻没有报道例行的新闻发布会，而是根据会上的信息“判断”出一个大家都关注的题目，写成了“或”字新闻。

第三，它有不确定性的判断。“或”字新闻之所以成为新闻，当然是因为它有一定的新闻事实，但更重要的是它所预测的事实具有不确定性。即使有最确切依据的“或”字新闻，也只能是对未来可能性的一种判断。比如对于三鹿奶粉事件审判的报道中，有一则报道是《田文华律师：田最高或判无期》。报道的事实是田的律师对记者发表的意见，却也是记者依据法律推断出来的。因为起诉田的罪名在刑法中最高刑期只能是无期徒刑，那么在法院没有作出判决之前，也只能作为“或”字处理。

“或”字新闻也要有导向意识

“或”字新闻是对未来新闻事实可能性的判断，但也有一个导向性问题。笔者认为，从导向意识的角度来看，时下的“或”字新闻的采编至少要注意以下两个方面。

防止“迎合”。“或”字新闻是为了满足读者对于未来事实的需要而产生的，当然首要的是考虑读者的需要。但在实际采编过程中，不能为了“迎合”而裁剪事实，或者捕风捉影。有些“或”字新闻，往往根据一个简单相关的事实来“预测”一个很大的结论，这样容易误导受众。比如根据一项正在研究的政策来推断政策的趋向，甚至预测未来经济走向，这都是片面的。虽然这样写成的“或”字新闻能够得到大多数人的关注，但它实质上是在误导舆论，严重的话还可能是“惑众”。因此，“或”字新闻的采写中，要端正态度，防止“迎合”。

警惕“臆测”。“或”字新闻虽然是对未来的预测，但一定要以已经发生的事实为依据。事实是第一位的，根据已有事实进行一定的预测，但必须有度，不可妄加臆测。臆测的结果首先是结论不准确，这就为虚假新闻开了方便之门，动摇社会心理，不利于问题的解决，不利于形成解决问题所需要的舆论条件。因此对新闻事实的预测要留有余地，不能武断下结论。

以“或”字为表征的悬疑新闻的出现和存在，有其一定的社会合理性，对它的研究才刚刚开始。笔者所写的是一些不成熟的思考。相信随着新闻实践的发展，会有更多人关注和研究这个现象，作出进一步的学理层面的解释。

解剖一则“悬疑新闻”文本

——对“范跑跑事件”报道的分析

刘敬涛

“悬疑新闻”之所以悬疑，就是因为它在正式渠道尚不畅通的时候出现，和主流媒体打了个时间差。它既有高智商、高设计度的，也有含含糊糊、吞吞吐吐、欲说还休、似是而非的。从虚拟网络搬到平面、空间媒体，就如同黑钱被洗白，真真假假不好辨分，而且澄清困难。

“悬疑新闻”及其特征

新闻竞争把时效提高到第一位，随之出现的问题应该引起重视——为了这个时效性，一些媒体放弃了对新闻真实性的追究，将一些来历不明的说法、明显的小道消息，即真实性不可靠的“悬疑新闻”刊登出来。对此类“悬疑新闻”，主流新闻媒体不要像抛绣球一样囫囵甩出去，给读者观众的应该是这个悬疑的“底牌”，把它掰开揉碎，让它显出真实的面目。

此类“悬疑新闻”的一大特色是，往往不会“过期作废”，它一定有“后续报道”，不管“后续报道”是证实还是“辟谣”，对人对事的影响都已经造成了。此类“悬疑新闻”，有的是策划的“幕前戏”，吸引眼球，炒作即将登场的人或事；有的是以讹传讹，刊登网民随意的发帖。对此类“新闻”不可轻信，若加个问号就让它见报更不可取。此类“悬疑新闻”从虚拟网络搬到平面、空间媒体，传播开来，就如同黑钱被洗白，真真假假不好辨分，而且澄清困难。

“悬疑新闻”既有高智商、高设计度的，也有含含糊糊、吞吞吐吐、欲说还休、似是而非的。“假作真时真亦假”，当真的变成假的，假的也就成了真的。真假的转换，如同推磨，无所谓孰前孰后，真中有假，假中有真，转起圈来，令人眼花缭乱的时候，它就要得逞了。

“悬疑新闻”漏洞百出却屡屡得手，让假话传遍天下，就在于抓住了媒体的软肋：你不是要抢时效、抓热点吗？在这类消息中，也会掺杂一时不那么好求证的细节，让你情急之下，头脑一热，就信了它……说到实例，现成的就是2008年地震后发生的所谓“‘范跑跑’被教育部通知吊销教师资格证和解聘”的“佳作”。

对“范跑跑事件”的文本分析

2008年6月16日，广州某报刊发了记者采写的“范跑跑事件”的 则报道，题目是《教师队伍不容“范跑跑”？——范称教育部通知校长取消其教师资格，但至截稿时并未见正式发文》，稿子一开头就这么写道：

昨日，凯迪社区发出最新消息：教育部在“范跑跑”所在学校学生家长的强烈要求下，顶着“广大网民”的巨大压力，取消了“范跑跑”的教师资格。文中还附带了凤凰博主“朱光兵”的14日晚上8时许采访都江堰光亚学校教师的电话记录，表示“范跑跑”已被光亚学校正式解聘。

昨日晚上8时，记者联系上事件主角范美忠和光亚学校卿校长，获悉学校已接到都江堰教育局转达的国家教育部通知，吊销范美忠教师资格证，解除继续聘用，但原因不详。

范美忠表示会捍卫自己的权利和尊严，对发文单位予以起诉。

范称教育部通知校长取消其教师资格，但至截稿时并未见正式发文。

这是记者根据网上消息写的一篇稿件，被广泛转载并演绎成“范跑跑事件”。从事件的发生发展来看，这是一条典型的“悬疑新闻”。不妨逐句解剖一下这只“麻雀”。

开头，消息交代了“新闻源”——“凯迪社区发出最新消息”——说得很明白，这是一条网络消息，其真实性待考。稍具常识的都知道，“凯迪社区”没有新闻采访权和发布权。文中提到的“江湖兽医1”恐怕也不是教育部新闻发言人的网名。教育部的新闻更不可能辗转到一个网站发出来。可见，悬疑新闻往往是“热点新闻”，是受众关注的亟须知晓“内幕”的事件，自然也是各种说法满天飞、人们最容易按照“心理期待”去选择性地接受某种说法的事件。因为是热点人物、事件的新动态，果然勾起了记者的好奇心探究求证。

下边看记者求证部分：

所谓“教育部通知”云云，稿件中有两个说法，一说是“学校已接到都江堰教育局转达的国家教育部通知”，一说是“范称教育部通知校长取消其教师资格”。前说似乎还符合“程序”，是一级一级传达下来的。后说就超出了一般常识。“范跑跑”何许人也？一民办学校教师，他的“资格”需不需要、可不可能由教育部直接“通知校长取消教师资格”？诚然，“范跑跑”的“教师资格证”上有教育部的钢印，不过，给他颁发证件的只能是市、区教育主管部门，吊销这个证件，也根本无须教育部来决定并通知。

不难看出，这篇被记者从网上“挖”出的“帖子”其实充满着悬疑因素。追究帖子发出者的目的是没意义的，它可能是空穴来风，是一点真实性的夸大和演绎。用一句真话，带出来一大串含含糊糊的假话。有趣的是记者在跟进调查中，非常“客观”地将各方说法写了出来。说是采访到了“有关人士”，貌似客观记录，但它所起的作用却是让人相信帖子而不是不信。

我们还要对其中的琐碎细节做个分析。

上述“消息”中说，所谓“教育部通知”，“未见正式发文”——这是符合常理的情节，也是一句真话。但这“真”却是真实的迷雾，暗示你对“正式发文”产生期待而忘记了在心里打一个问号：“这正式的文件会有吗”？合情理的细节成了假事实的迷彩。

据事后报道，“范跑跑”其实没有“教师资格证”，他此前在广东某地任职就是因此原因被解聘的。教育部发言人说法更证实，“范跑跑”的“资格”取消，与教育部无关。教育部“一竿子插到底”直接“取消”一个没有资格的教师的“资格”，岂不是笑话！

“悬疑新闻”之所以悬疑，就是因为它在正式渠道尚不畅通的时候出现，和主流媒体打了个时间差。

也有人说，不管怎样，“范跑跑”被解聘了总是事实。其实，这种“事后证实”的说法，总是靠不住的。媒体不能靠这种事后证实来为自己刊登“悬疑新闻”找理由。结果，急于发稿的媒体“宁信其有，不信其无”的思维，被范根本没有“教师资格证”这一事实嘲笑了。当“新闻”传遍天下的时候，尚没有任何一个机构正式宣布“解聘范跑跑”、“取消资格”之说，更是“虚拟”的。

“有关人士”含含糊糊的说法都明确地把教育部扯出来，这颇有点拉大旗，作虎皮的意思，无形中在架高“范跑跑”的“身价”。从新闻定义的基本概念出发，这样的传言，至多是个“预测性”的“说法”——这下“范跑跑”当不成教师了——而不是什么新闻。媒体在此类传言登与不登问题上，还是应该采取“可登可不登的，不登”的处理方式为好。记者对此传言跟进调查没错，错就错在浅尝辄止，没调查到根儿上：他没和最重要的新闻主体——教育部核实。这一“斩首”式的求证式采访，实际上是把传言放大了，无形中充当了“有力”的“证人证言”。

这条“悬疑新闻”一出，就吸引了很多的眼球。一传十，十传百，连国内权威的新闻网站都转发了。由于各媒体都采用“复制”、“粘贴”的“技术手段”，不改稿，文中的“记者”，让读者看来，只能是“他”出现在哪个报纸就是哪个报纸的“本报记者”——这样一来，似乎各报都做了“独家”跟进追踪。假消息变成了新闻接力棒，你转他的，我转你的，越转越广泛；我相信你，你相信我，应了那句老话，“谎言说上一千遍，就成了真的”。

媒体追热点，无非是出自这样的想法：万一它是真的呢，不登不就放过了一个热点？由此大概可以窥见，新闻竞争中，一些媒体为了抢先而抢先的盲目性，其实已经很严重了。这种“抢先第一、真实第二”的新闻编辑理念，可能就是目前媒体屡屡“先登假的吸引眼球，再登真的澄清”的思想根源吧。

也有媒体在刊登此“消息”时“慎重”地虚化了“教育部通知”的部分，但这依然不能将问号拉直，将悬疑揭开。在此消息中，“教育部”是新闻主体“谁”，“取消教师资格”是“事”，是新闻六要素中的最重要的两个。主体虚化了，被“斩首”了，后面的“什么事”、“为什么”等等还可靠吗？事实上，“教育部”并不能完全被“虚化”。前引“消息”中所谓记者采访当事人所在学校校长说得很明白，是“学校已接到都江堰教育局转达的国家教育部通知，吊销范美忠教师资格证，解除继续聘用，但原因不详”——这是这则“问号消息”的核心部分。现在可以追问了：是记者如实记录了该校长的原话呢，还是该校长有所隐瞒？是记者合理推论了一些情节呢，还是另有隐情？值得细究。不难看出，“悬疑新闻”的疑问不可能彻底真情大白。而我们只要看出其破绽，知晓其假的本质，就应该将之弃之垃圾桶，来个“彻底删除”。

“悬疑新闻”存在一个匿名信息源

被记者大张旗鼓地求证的网络帖子是谁发布的？无从得知。这大概算是个西方新闻理论中所说的“匿名信息源”。按照美联社的规定，对“匿名信息源”的使用，必须满足以下条件：

1.材料是信息而非个人意见和思考，并且材料必须是对整个新闻报道不可或缺的。

2.该信息只有在信息源匿名情况下可以得到，别的渠道都不可得。

3.信息源具有可靠性和真实性。

对照上述三点，“‘范跑跑’被教育部取消教师资格”的“消息”的匿名问题，就真是个问题了。教育部的消息不是“只有在信息源匿名情况下可以得到”的。了解了这一点，这则“悬疑新闻”大致就能从根上判断其虚假性了。这样“出身”的“消息”，居然广为流传，登上报纸的版面，没有一家媒体去找教育部核实，直到第N天教育部才出来澄清。可见，轻信是“悬疑新闻”的通行证。

“先假后真”的“悬疑新闻”并不鲜见。大大小小的此类半真半假、弄假成真的“消息”，让一些媒体找到了“热点”、“亮点”。只是此类热点不断，就像地震形成的堰塞湖涨水，迟早会将新闻真实性这一守护生命的堤坝冲垮，损害的是媒体的公信力和读者的认知。

“范跑跑事件”发生至今，随着他“被北京某校聘请去演讲”被网友披露，又余波不断。但此类消息无一例外地引出各种说法，莫衷一是。可以断定，再有关于他的消息，都会悬疑，都会是谜，都会传播开来，都会出现一些单位或个人的名字让我们“熟悉”起来，其“广而告之”的目的恐怕也算得上是“司马昭之心”了。

信息时代，热点不断，手法创新频繁。对此类热点，媒体有责任一直追踪，给读者一个权威的准确的说法，来不得含糊。转载稿件的媒体在稿件的选择上其实也是应该慎重的。比如，A地发生的事情，B地媒体做了报道（可能也是转载），那么，C地的媒体用谁的稿子呢？我看，还是用事件发生地媒体的“第一手”比较好，可以尽量少地失真。假如事件发生地的媒体没有报道，那我们就该对B地媒体的报道画个问号，而不分青红皂白地追热，则不可取。

总之，此类“悬疑新闻”频频在媒体出现，不仅严重影响了媒体的声誉，也误导了受众。一条新闻，无论真假，都要过编辑这一关。如果编辑对此类“悬疑新闻”——新闻要素不全或模糊、来源不详、自己不熟悉领域的新闻，多问几个为什么，或许就能杜绝此类“悬疑新闻”的出现，也就少了“先报道假的，再去澄清”的麻烦。

期待着，所有的“悬疑新闻”在编辑的最后一个问号的追究下露出马脚——这才是我们应该给读者、观众的真相。

《新闻实践》杂志2009年第4期“多棱聚焦”栏目

口红效应

传媒业的“口红效应”，曾是上世纪以来金融危机下出现的霓虹般的经济现象。当2008年金融海啸漫卷全球时，人们从历史的推演中期待着我国传媒业也会幸运地染上“口红”。这种期待是否能够如期来临——本刊特邀学界和业界资深专家就此进行专题研讨，试图从学理和实践上分别诠释这一深层话题。

眼下经济危机还未见底，“口红效应”到底能否拥抱传媒业，尚待观察。但无论如何，传媒业不应指望谁来给自己搽“口红”，而要提升信心，善谋远虑，从“口红效应”的规律研究中获取思路与机遇，从自身实力的增强中赢得胜于“口红”的强壮筋骨。这也就是本刊组织这一专题研讨的出发点与归宿。

传媒业“口红效应”现实性初探

蔡尚伟 王 理

从整体上看，传媒业的“口红效应”在金融危机中是存在的，但具体到传媒的各行业，其表现可能会有所不同。金融危机对传媒业的盛衰发展并非决定性的，“口红效应”也仅能为传媒业的某些行业发展助力。传媒业作为我国文化产业的重要组成部分，在金融危机背景下有必要利用“口红效应”的经济规律化危为机。

金融危机凸显以来，一个叫做“口红效应（Lipstickeffect）”的经济现象名词悄然走热。

“口红效应”现象最早在美国被注意到。“9·11”事件过后，2001年美国陷入经济衰退，在那个暗淡的秋季，口红在美国的销量增长了11%。雅诗兰黛董事长伦纳德·兰黛随即提出“口红指数（Lipstickindex）”，即在经济困难的时候，口红销量会增加——女士会购买更多的口红，因为它是一个消费得起的奢侈品。很多学者因此推断，在经济衰退时，人们会购买例如口红一类的物美价廉、能带给人心灵愉悦的商品，从而取代昂贵的服饰、珠宝等消费品。有研究机构反观30年代大萧条时期美国娱乐产业的繁荣，认为“口红效应”不仅存在于化妆品业，在其他商业领域也有类似效应。传媒产业由于其类似特征，许多业内人士开始探讨本次金融危机下的传媒产业中的“口红效应”。

传媒产业中是否有“口红效应”存在？如果有，其发生的内在机制是什么，对我们有什么启发？无论是对当下金融危机中的传媒产业经营，还是对以后的传媒产业发展来说，都值得探讨。

史上传媒业“口红效应”回溯

回顾上世纪经济危机中传媒业状况，最令人瞩目的是其在30年代美国经济大萧条、1997年亚洲金融风暴中的表现。

（一）1929年世界经济危机（大萧条）与美国传媒业

这场经济危机使美国进入了长达10年的经济大萧条，其影响比历史上任何一次经济衰退都要来得深远。当时的美国传媒产业主要有报业、出版业、电影业和广播业，下文分别探讨。

广播业危中求机，逆势上扬

由于广播能较为便捷地满足人们获取资讯、进行娱乐的社会需求，因此听收音机成为当时美国民众流行的消遣时间活动之一。

从规模上看，1929年，全美1200万个家庭有收音机。在萧条最深重的1930~1932年间，收音机售价由$90降至$47，购买量共约400万台。随着经济复苏，1934年，60%的家庭恢复对广播的热爱并养成了收听习惯。1938年，91%的城市家庭与70%的乡村家庭至少拥有一台收音机，不少家庭宁愿舍弃电话、吸尘器等家电而购买收音机。1930~1940年，美国收音机数量增长高达100%，仅1939年一年，就售出超过900万台。这次销量井喷，主要是由于广播接收设备的进步为乡村听众提供了便利。到1940年初，2800万个家庭（占总人口的86%）总共有4400万台收音机，达到了历史高点。

从节目类型上看，30年代末，美国广播网开始推出娱乐和益智类的特别节目。CBS从1937年夏天起播出享有盛誉的莎士比亚剧目，NBC则定期播出音乐节目。为确保听众数量，广播网还在无赞助的情况下推出了不同类型的戏剧系列。此后非常流行的“肥皂剧”就在那时出现。截止到1941年12月，听众在9：00~17：00时之间，有超过54种不同的广播剧目以供选择。美国广播史的研究学者将肥皂剧在当时的发展，称为“大萧条十年间最重要的节目现象”。

从行业经营方面看，广播业的经营模式走向跨行业联合经营，赢利模式逐渐以广告为主。广告销售业绩在大萧条中也逐年上升，到1941年，广告收入总规模达到2亿美元。此外，广播广告形式有所创新，广播业技术也取得进步。

电影业蓄势发展

美国电影在大萧条之前是全国第四大产业，1927年有声电影出现无疑使电影产业发展更具竞争力。大萧条时期虽然受影响，但与其他娱乐业相比，电影仍是发展相对比较好的商业娱乐。电影商采取多种措施进行促销，如双片连映、影院博彩等，电影内容大多为逃避现实而设计，有的电影则为了娱乐而拍摄。

出版发行业艰难存活

经济危机给图书界带来沉重打击，新书产量从1929年的将近2.5亿册，下降到了1933年的1亿册略多一点。多数书商不得不降价销售，以满足读者购买质优价廉图书的需求。加上图书馆购书经费的锐减，使得美国图书出版业在大萧条中受到重挫。

杂志则受影响较小，在大萧条中发行量多保持稳定，还略微有所增长。在所有杂志中，纪实故事、爱情杂志、时事杂志和内容丰富的综合类期刊较受欢迎。如《读者文摘》由于多用途合一，成为当时无能力订阅几份不同用途的杂志的家庭首选。大萧条刚开始的时候只有25万订户，到大萧条结束，其发行量接近七八百万份。

报业方面稍优于前两者，其规模稳中有升，经营模式发生变化：除1931年到1935年间报纸在小城市、集镇和乡村社区的流通相对较困难外，大城市报业发展并未受严重影响。小报由于携带方便、价格低廉广受欢迎，从1930年起，其数量在不到6年时间里，由12种增长到35种日报和一种周日样刊。为了加强自身竞争力，报媒多采取了跨行业联合的做法，而兼并与破产使得报刊的数量稳步减少，存活下来的报纸则更具有竞争力。

从20世纪30年代大萧条时期美国传媒业发展来看，在一些行业的确存在着“口红效应”。广播业由于自身技术进步，加上传播优势，获得大幅发展，电台广告也创新传播模式，在危机中反而业绩上升；报纸及内容丰富的杂志由于高性价比而成为经济萧条时人们的阅读选择；电影则作为当时感官享受最丰富的娱乐方式，在危机初始两年得益于“口红效应”，观众大增，但好景不长，随着经济危机的加深而遭遇连年票房下跌，后来随着经济复苏，票房逐渐有所恢复。

（二）1997年亚洲金融危机与各国传媒业状况

1997年亚洲金融风暴对东南亚、日本、韩国等国家和地区的经济产生了严重冲击，这些区域的国家和地区的传媒业也受到不少影响。

1996年、1998年、2000年三年中，韩国受众使用最多的媒介是电视，人均每日电视收看时间分别为172.0分钟、193.6分钟和174.1分钟。其中1998年最长，这同当时金融风暴的蔓延有关系，说明电视在当时更适于消磨时间和消解不良情绪。而这三年人均每日报纸阅读时间（分别为43.5分钟、40.8分钟和35.1分钟）和广播收听时间（分别为72.9分钟、68.3分钟和61.2分钟）逐年减少，这说明人们使用媒介的习惯在逐渐改变；而平均每日阅读杂志时间以1998年为最短（分别为11.8分钟、7.6分钟、10.5分钟），可能与杂志等需要更多注意力接受有关。

据韩国文化观光部的统计，1996年韩国的日报（包括专业性报纸）为116家，1997年为105家、1998年108家、1999年112家，至2000年末，韩国共有116家日报，至此才恢复到1996年金融危机前的水平。

当时，新加坡、泰国、马来西亚、菲律宾以及越南等发展中国家也受到强烈冲击，各国传媒产业表现出一定的不景气，不少报社广告收入大幅下滑，不得不裁员甚至关门。经济受到重创的日本为摆脱困境，积极调整产业结构，将国民经济增长的重点从传统的制造业转向大力发展文化产业，把“文化立国”战略落实成具体的方针政策，传媒产业受益颇多。

在上世纪末这次金融风暴中，传媒业的某些行业同样也存在“口红效应”。韩国受众电视收看时间与其他媒介使用时间相比，不减反增，主要是看电视花费少，方便，内容丰富，而其他媒介在这些方面则不能与之竞争。

本次金融危机中传媒业的“口红效应”

美国的次贷危机演变成全球金融危机，传媒业也是这次危机的重灾区。2008年秋季，美国大部分电视台的收视率就大受影响，ABC、NBC等电视台秋季剧集收视率下降近15%，而CBS电视台由于增加了喜剧，广受担心失业和房贷的观众喜爱，只下降了3%。另外，由于观众对经济现状的广泛关注，电视台新闻财经类节目收视率上升——CNBC经济新闻台创下自“9·11”以来的最高收视纪录，CNN、FOX也有不同程度增长。报业方面，各大报业集团纷纷以裁员计划、停发印刷版、减少分支机构，甚至寻求债务重组、申请破产保护等无奈之举应对危机。据美国报业协会统计，2008年第三季度报业广告收益连续6个季度呈下降趋势。

另据统计，2008年上半年英国广告市场整体支出同比大幅下降，各传媒集团纷纷以挤压员工福利、大幅裁员等方式缩减成本。而由于广告收入大减，西班牙、荷兰等地的免费报纸也面临停刊。俄罗斯媒体行业广告投放总量正在急剧缩减，数百家主要从事广告业务的传媒公司已经破产；韩国KBS、MBC、SBS三大电视台2008年10月的广告收入较2007年同期减少了24.6%，为减少投资，纷纷开始减少电视剧的制播量，并降低演员薪酬。

就中国来说，传媒业正呈现出强劲的产业化发展趋势，传媒产业的多元化发展使得国际市场的波动更迅速更直接地影响到中国传媒市场。众多中国传媒上市公司的股价受到大幅影响，部分传媒公司上市计划也被迫推迟。其次，传媒融资，尤其以网络为代表的新媒体融资困难重重。广告收入也受到影响，2008年前三季度中国内地广告市场投放呈放缓趋势。此外，与金融危机相关的资讯消费需求增加，各类财经类书籍、杂志、报纸和广电栏目、网站的财经频道等，关注率大幅提高。根据中国互联网络信息中心2009年1月公布的统计数据显示，2008年网络游戏用户规模继续保持增长的态势，用户使用比例从2007年的59.3%升至2008年的62.8%，信息检索用于网络求职的人数增长150%，这与当下大学生、农民工就业难的现状紧密相关。

从现有的资料来看，本次金融危机中全球传媒的部分行业有“口红效应”存在，但不大明显。在中国，现实性较强的财经、就业等内容大受关注，这也和中国目前的社会经济形势是一致的。

传媒业“口红效应”应用初探

“口红效应”产生是因为在经济不景气时，人们的支付能力下降，而资讯与娱乐消费的需求和时间有所增加，只能选择可排遣不良情绪、打发多余时间、便捷且价格又低廉的消费方式。传媒业的“口红效应”除了以上特征之外，还与传媒各个行业之间的替代竞争相关，毕竟，同一时间人们一般只选择一种娱乐方式。

（一）“口红效应”在传媒业产生条件分析

从整体上看，传媒业的“口红效应”在金融危机中是存在的，但具体到传媒的各行业，其表现可能会有所不同。结合本次金融危机中传媒业表现来看，其“口红效应”的产生大致与以下几个变量相关。

行业及产品的特性：历史规律显示，“口红效应”明显的传媒产品，一般具有以下特征：受众接收成本低廉，且具有附加价值，尤其是心理安慰作用，并同时可带动周边行业消费。因此不难理解美国娱乐产业在20世纪30年代一度繁盛。

经济不景气的程度：尽管在经济萧条时期，人们时常以知识储备、信息或娱乐消费取代原本用以生产生活和商业社交活动的时间，但传媒业“口红效应”在经济危机刚爆发时，以及经济状况最糟糕的时期并不明显，一方面是因为在危机爆发之初，人们还在寻求就业机会，改善经济状况下降的局面；另一方面，信息与娱乐消费需求毕竟次于基本的衣食住行需求。经济复苏使得人们的经济信心得以恢复，支付能力和强大的消费欲望给传媒业发展带来了机遇。

行业发展状况：唯有行业本身处于积极的发展态势（如技术更新、内容创新等），以及宽松的政策支持和良好的消费氛围，“口红效应”才会作为催化剂促进行业发展；若是行业自身根基不牢，且欠缺外部支持（如政策、资金等），则很难借助“口红效应”化危为机。

（二）探求传媒业应用“口红效应”策略

把握发展时机，迎合“口红”规律

充分把握好传媒业“口红效应”的价格低廉、获取便捷、易于接受和愉悦心灵的几个特点，把握时机，从总体经济走势、行业自身特性和区域发展状况等综合的调查分析出发，制定符合“口红效应”规律的经营策略措施。

创新自身产品，拓展“口红”领域

从传媒产品的创作层面看，经济萧条带来了丰富的创作素材，而物质资源丰富与

否并不影响传媒创作。因此传媒文化产品作为经济不景气时的一道心灵鸡汤，在生产及需求上都存在极大的发展空间。历次危机中获得大幅发展的行业，都因为自身媒介技术进步或节目形式创新而广受欢迎。因此，特殊时期传媒业不仅要稳定原有市场，更要提升创新能力，开发创作适应当前社会环境的传媒产品，激发人们的娱乐文化消费需求。除了稳定原有消费群体外，还要扩充农村、低收入和特殊群体等受金融危机影响不大的人群作为传媒受众，借此形成更广受众市场。

稳定行业现状，创造“口红”机遇

广播电视业方面，在特殊时期，为规避投融资困难及高收视率风险等问题，广电媒体更应及时掌握受众心理，了解特殊时期的市场需求，注重励志性、娱乐性的节目更易成功。出版发行方面，免费报纸及廉价杂志，虽然面临广告骤减的压力，但同时也是抓住受众心理、拓展市场的好机遇。报纸杂志可借鉴20世纪30年代大萧条时期美国媒体的做法，跨行业联合，与广告商合作，以整合营销实现良性循环。网络及新媒体方面，购物网站给予消费者更为便捷与经济的购物方式，成为时下人们节省开支的重要途径；而失业在家的人群将会成为视频网站和SNS类网站数量可观的用户。网络及新媒体广告由于回报周期相对较短，成本较之传统媒体更为低廉，在今后一段时间极易成为企业调整广告投放方式的首选。

金融危机对传媒业的盛衰发展并非决定性的，“口红效应”也仅能为传媒业的某些行业发展助力，其良性发展的根本在于文化娱乐消费氛围以及各传媒机构自身软硬件的打造。传媒业作为我国文化产业的重要组成部分，在金融危机背景下有必要利用“口红效应”的经济规律化危为机，以保证民众文化消费，同时推进传媒相关产业获得跨越式发展。

传媒业如何面对“口红效应”的诱惑

朱春阳　曾培伦

所谓“口红效应”，其有效性的边界十分清晰。这也是消费支出紧缩的大环境下，传媒受众对传媒产品要求更加苛刻的结果。在顺风顺水中快速积累起财富的中国传媒业，如何才能从这次经济危机中享受到“口红效应”带来的“豁免权”呢？在经济危机席卷全球的时刻，仅仅依靠“口红效应”，所起到的作用也是有限的，文化传媒业一枝独秀的空间也相对有限。

金融风暴带来的危机蔓延到了中国的各个行业。在众多的经济萧条的讨论中，“口红效应”无疑是让人为之一振的话题，似乎“柳暗花明又一村”，偏是文化传媒业独领风骚、逆势上行。但是，传媒经济学之前的研究结论似乎并没有显示同样的乐观。

按照传媒经济学研究的一般结论，传媒广告和经济成长状况的起伏呈强相关关系，广告能够放大经济波动的效应。这一特征是传媒产业作为典型的外向型经济所决定的，传媒经济稳定性比较差，受经济波动影响较大。与“口红效应”的乐观相比较而言，似乎两者之间的结论是矛盾冲突的。但是，任何结论都有其合理的一方面，彼此是否有相互启示的地方呢？“口红效应”到底会给中国传媒业带来什么样的机遇？回答这一系列的问题，还需要回到“口红效应”的结论现场。

“口红效应”&传媒经济：是机遇，还是冲突？

在美国过去多次发生经济危机的时候，有人曾发现并总结出“口红效应”这种有趣的经济现象，即经济衰退促使人们放弃购买或消费大型的奢侈品，转而集中消费类似口红这样的小商品，以获得购物所带来的快感。

有研究者总结，要做“口红效应”里的那支“口红”，必须满足几大条件：首先，价格够低；其次，具备心理安慰作用；最后，相比同价位的消费品，它的安慰作用更强，竞争力也就更强。学者郑也夫在著作《后物欲时代的来临》中也提道：“正是在大萧条时代，美国人养成了运动的习惯，养成了读书的习惯，养成了家庭园艺的习惯。大萧条使美国人的休闲方式大大改变。大萧条造成了文化上的进步。”

确实，在经济危机的背景下，我国互联网、电子游戏、图书出版等行业，却有逆境上扬的表现。然而，也有一些数据展示了金融危机给传媒业带来的冲击。作为传媒业主要收入来源，中国广告行业连续10年保持10%增长的速度。但金融危机之后，国内广告收入增长明显放缓。据DCCI数据中心透露,中国广告市场整体年增幅，2009年相对2008年可能在5%至10%左右。

对文化传媒业看好的主要论据是：当金融危机来临的时候，大量人群受到冲击，出现闲暇时间，社会心理出现焦虑、不安等特征。在这样的背景下，文化传媒类产品能够对社会心理起到抚慰作用。无论是电视剧的收视率，还是各类媒体的接触率都会有明显的增加。这一点也符合传播学的相关研究结论，即当社会变动剧烈的情况下，人们对那些能够消除不确定性的信息的需求将会增加。

但是，这却引发了新的矛盾。一方面，传媒产品的接触率会增加；而另一方面，作为传媒业收入主要来源的广告收入却面临衰退。两者之间的矛盾在于：如何将受众对传媒产品接触的愿望转化为新的收入来源，而不是仅仅依赖于原有的广告增长机制——这一良好经济态势下传媒业获得收益增长的模式?

传媒收入结构分析：寻找危机来源与化解方向

解决这一问题，还需要进一步了解传媒收入来源与结构优化的问题。按收入和资讯传播过程的关系来分，传媒收入可以分为两种性质，发行/收视收入属于传播过程的内生型收益，即发生在传媒和受众这一传播过程两端之间的经济往来；而广告收入则是来自于传—受这一大众传播过程的第三方——广告商提供的收益，我们称之为传媒的外生型收益，即广告主作为大众传播能力的消费者而通过投放广告，降低了大众传播过程进入的经济门槛，从而促进了自身发展与大众传播活动的普及。

近代传媒收入以内生型收益为主，经济收入水平成为进入大众传播活动的门槛。这种情况严重阻碍了传媒的普及，使大众传播活动成为贵族和上层阶级的特权。现代传媒经济从根本上来说属于“注意力经济”或“影响力经济”，从而规定了传媒经营的终极目标是对广告市场的广泛占有，形成以外生型收入为主的收入结构模式。例如，报业收入结构一般是广告收入占到70%左右；无线电视业和广播业收入结构100%是广告收入；互联网收入结构一度也是广告收入主导。同时，由于内外产业环境的独特性，也出现了部分以内生型收入主导的传媒。例如日本报业的大部分是以发行收入为主，我国发行量最大的体育类报纸《体坛周报》也以发行收入为主；美国有线电视的收视费占收入结构的4/5；欧洲的公营电台也以收视费为收入来源；近期互联网收入结构中，源于手机传播内容服务业务的信息收入和电子商务收入的比例也增长迅速，其中手机短信息内容服务被称为“拇指经济”，成为互联网二次蓬勃兴起的支撑点之一。此外，部分期刊也是典型的内生型收入结构主导模式。

根据传媒经济收入中两种性质收入所占的比例不同，通常把传媒收入结构模式分为三类：内生型收入主导模式、外生型收入主导模式、内生—外生型收入均衡模式。其中，内生型收入主导模式的主要优势是稳定性强，受外部商业环境的影响较小；外生型收入主导模式的主要优势是收益率较高，在经济环境较好的情况下，有利于快速积累财富。相对而言，前者的优势恰恰是后者劣势，而后者的优势又恰恰是前者的劣势。内生—外生型收入均衡模式，则是综合了上述两种模式的优点，强调传媒在内生收入和外生收入两个方向上提升能力，面对不同的市场环境调节变化收入结构，以保证传媒获取最大化的收益。这一模式是根据外部经济环境而对传媒两种收入之间结构比例优化的结果，也是一种理想状态。

同时，由于受到外部资源和媒体传播特质的制约，单位传媒内部收入结构调整所提供的抗风险能力只在一定范围内有效。因此，为提高传媒抗风险能力，还需要进行复合型的传媒业务单位组合，即在传媒集团层面来实现传媒集团总收入结构的内生—外生实现均衡。这样，不同传媒类型因不同收入结构模式而表现出不同的赢利水平和抗风险能力，大大消解了传媒经济作为外生型收益所承受的波动风险，并提高了传媒对外生资本的吸纳效率。

从上述传媒收入结构来源与结构优化的分析来看，作为以广告收入为主要代表的外生型收入来源是传媒经营受GDP波动影响的根源所在，而所谓传媒经营将面临严峻的局面，其实，逻辑的基础也是将传媒的收入确认为始终是以广告收入为主导的。如果说传媒经济学研究传媒广告收入和GDP之间的关系仅仅是研究传媒经济运行的一个侧面；那么，关于“口红效应”的结论其实为传媒业打开了另外一个分析层面，即广告收入之外是否存在依托于传媒—受众关系的收入类型与模式，以及在广告收入来源中，如果奢侈品广告面临困境，而哪些非奢侈品同时又能满足消费欲望与消费体验的行业是否会带来新的增长（例如“口红类市场”）？

对上述问题的思考与回应，需要在中国已有传媒成长道路与方向上开启新的思路。从1978年以来的情况来看，我国GDP多数以超过10%的速度增长，对于传媒业而言，即便是水涨船高式的增长，也能获得可观的收益。这造成的直接后果是传媒收入结构单一，广告收入成为传媒经营的绝对主力。正如上文所分析的，这样的外生型收入主导的结构类型的抗风险能力相对较弱，这一时刻受本次经济危机的冲击也较多。沿着这种30年行之有效的传媒经验惯性向前滑行，显然无法实现经济危机背景下的“口红效应”。

所谓“口红效应”，其有效性的边界十分清晰。这也是消费支出紧缩的大环境下，传媒受众对传媒产品要求更加苛刻的结果。例如，2008年圣诞节前后，游戏机PSP在日本单周销量超过18万台，周增幅100%。但是作为游戏机的PSP，却并没有促进其相关游戏的销量。日本游戏销量排行前50名中，至今依旧只有3款PSP游戏。

因此，任何脱离实际的乐观推论都是无意义的，唯有将传媒经济的特性与“口红效应”背后的核心价值链接在一个层面，所谓“口红效应”带来的产业创新机遇才是“落地的”，否则，也仅仅是空欢喜而已；而选择错了方向，仍旧单纯沿着之前我国传媒业以广告收入增长为主导的操作经验一路高歌猛进，无异于南辕北辙。

有人喜欢把“危机”理解为“危险”与“机遇”，这其实不是文字游戏。当已有的增长方式所蕴涵的积极能量被释放完毕之后，传媒业的增长面临“拐点”。如果说前几年的所谓“拐点”，因为有体制的庇护，是还带有“狼来了”色彩的规劝，这次的“拐点”有可能是强制性的。这一次，无论是传播技术层面、体制层面，还是传媒运营的微观层面，在经济危机的压迫下，都需要出现大幅度的变革与调整。

中国文化传媒业：如何成就“口红效应”？

那么，在顺风顺水中快速积累起财富的中国传媒业，如何才能从这次经济危机中享受到“口红效应”带来的“豁免权”呢？这里仅提供以下几个方面的建议供参考。

首先是收入模式的调整。既然经济危机导致了广告层面的传媒收入萎缩，那就需要在传媒收入的另一层面扩张，即通过传媒—受众之间的消费关系，实现内生收入的增加。在新传播技术平台之上，传媒收入结构出现的新特征就是内生收入与外生收入的均衡增长。在经济危机背景下，传媒与受众之间的内容交易关系稳定、规模也出现明显的扩张，如果能够采取双方都能接受的方式强化、扩张这种交易关系与交易范围，就使得传媒在广告商之外寻求到了更为广泛的市场支持。手机报、手机电视、有偿资讯服务、铃声下载、网络交易等，都是传媒品牌在传媒—受众关系拓展中获得的新的经济来源支持。这些新的交易类型成本低、方便性高、稳定性强，受经济危机的影响相对较小，也是我国传媒运营在当前面临拐点之后的必要选择。好莱坞、日本动漫与韩国电视行业的崛起，表面上看是满足了当时社会心理需求，而实际上，对于传媒行业而言，其成功的核心原因在于是建立了广告收入之外的新的上升通道。尤其是韩剧的兴起，其在海外市场的强势拓展，是绕开了广告市场，与目标消费者之间进行的直接交易。

由前期以外部性的广告收入为主导向内生收入为主导的传媒收入结构的转型，是当前经济环境下传媒面临拐点而进行选择的关键方向。我们可以看到，金融危机让2009年的网购潮再次升温，中国网友终于实现了“全球扫货”的目标。在淘宝上的“全球扫货”网页上，已经有“中国香港站”、“中国台湾站”、“美国站”、“法国站”、“日本站”、“韩国站”、“澳大利亚站”等不同国家和地区的代购网店，代购的都是女装、皮包、香水、化妆品、手机、电玩等小型物件。类似的操作，为传媒业寻找新的收入支持提供了启示。

其次，是对已有广告业务的整合。尽管伴随着经济危机的深入，工商业的广告投放量会出现一定程度的萎缩，但是，因为“口红效应”的原因，在一些产品领域还是存在着积极的消费力量。就我国传媒业的广告收入而言，排名靠前的广告商多来自于汽车、房地产、医药、化妆品、家用电器等。根据广告商投放行为分析，汽车、房地产等行业的广告投放在成交量下降的时候会出现策略的调整，即更倾向于集中于传媒市场的领导者，而对其他传媒群体的投放量尽可能的压缩。而医药、化妆品、家用电器等日常消费品类广告投放更倾向于面向大众化人群。上述经济危机背景下的广告商投放特征，有助于传媒调整广告业务结构，吸引到合适的广告主。同时，经济形势良好的时候，传媒关注较多的是那些关键客户和核心客户，而对中小广告客户则相对不是太在意。根据“长尾理论”的原理，这些占了客户量80%的广告商所创造的价值，很可能和20%的关键客户不相上下。尤其是当关键客户广告投放量集中收缩的背景下，对中小客户潜力的挖掘，将会带来广告收入的新增长。根据经济学界对“口红效应”的研究表明，生产“口红”性质产品的企业，在中国，更多的属于中小企业。“口红经济”的从业人员都是一些小规模生产、营销、服务的商品经营者，起点低，经营简单，小本生意，在金融危机之下，他们是非常红火、人气更旺的“大众经济”。面向这些广告客户，提供合适的服务类型，将会为传媒度过经济危机提供良好帮助。百度与Google这种面向中小企业开展广告业务的思路可供借鉴。

再次，传媒业作为整个社会的信息系统，其行为不仅具有商业的利益追求，也有更多的公共服务使命。在经济危机席卷全球的时刻，仅仅依靠“口红效应”所起到的作用也是有限的，文化传媒业一枝独秀的空间也相对有限。因此，传媒业的全面繁荣还需要整个经济形势的好转，不能一味唱衰经济，而是要树立信心，传媒业真正的繁荣还是需要整个经济环境的转化。

【基金项目：本文为上海市新闻学重点学科建设项目（项目编号为b106）、国家广电总局重点项目（项目编号GD0830）、复旦大学亚洲研究中心项目的阶段性成果】

“口红效应”究竟能给传媒业带来什么

——金融危机下的传媒业应对之策

郭全中

由于各类媒体自身的特性和“口红效应”对其的影响程度大小不同，传媒业的不同分行业在当前的经济危机下受影响的程度也大不相同。归纳起来，可以从商品属性、替代效应、收入效应、总效应、带来感情慰藉的程度、广告占收入中比例的大小、“口红效应”大小等方面来进行分析。

肇始于美国次贷危机的全球性经济危机愈演愈烈，现在尚未看到好转的趋向。在这种背景下，传媒业毫不例外地受到了很大的冲击，但其中的某些行业却一派繁荣景象。其背后的原因何在？传媒业是否享有“口红效应”，到底应该采取什么样的应对之策？

与传媒业相关的“口红效应”

“口红效应”作为一种经济现象，有其自身的经济规律，其深层次的原因有：

一是替代效应，是指因该种商品名义价格变化，而导致的消费者所购买的商品组合中，该商品与其他商品之间的替代。通俗地说就是当一个商品的名义价格发生变化后，消费者会用另一同类的商品来代替目前消费的商品。例如，当报纸的价格上升时，读者就会更多地使用网络媒体；当影院电影票价格上涨时，观众就会更多地在家租碟看。一般说来，当商品名义价格上升或者收入下降（相当于商品的名义价格上升）时，由于替代效应的影响，该类商品的销售量就会下降，反之就会上升。

二是收入效应，是指在名义收入不变的条件下，因一种商品名义价格变化，导致消费者实际收入变化，进而导致的消费者所购商品总量的变化。简单地说，就是由于商品价格的变化会导致名义收入的购买力发生变化，导致增加或者减少商品的消费。例如，当读者和受众收入下降时，就会减少报纸杂志的订阅数。一般来说，当消费者收入上升或者商品价格下降时，消费者消费的商品量就会上升，反之就会下降。

把两者综合起来通盘考虑就是总效应。一般来说，任何商品都会同时受到替代效应和收入效应的影响。对于一种商品来说，当替代效应和收入效应对其发生同方向影响时，这种商品就是正常商品。随着收入水平的下降或消费价格的上升，这种商品的消费量大幅度下降。当收入效应和替代效应呈反方向对其发生影响，但是收入效应小于替代效应时，这种商品是劣等品，当收入水平下降或消费价格上升时，这种商品的消费量出现小幅度的下降。收入效应大于替代效应的劣等品是吉芬物品，口红就是典型的吉芬商品之一。对于吉芬商品来说，替代效应会使消费者选择更便宜的商品，降低该商品的消费量，收入效应会使消费者增加该商品的消费数量，而且收入效应的绝对值大于替代效应，从而导致消费数量上升。

三是有更多的闲暇时间。在经济危机期间，消费者被动地从紧张的工作节奏中轻松下来，也有更多的时间去进行消费，尤其是有更多的时间去进行欣赏娱乐节目。

四是更需要感情的慰藉，而且文化工作者也能创作出更好的作品。在经济危机下，人就更需要感情上得到慰藉，而且由于生活压力的加剧以及工作机会的难找，就更需要找到一些感情上的寄托，相应地对这类产品的需求也更为强烈。

此外，在经济困难的年代，文化工作者却能更多地接触到生活的实际层面，也能创作出更伟大的作品，因而更能激发文化从业人员的灵感和创造性，作品也更能和消费者的生活联系起来，作品也更能为消费者所接受和喜欢。

“口红效应”对传媒业不同分行业的影响

由于各类媒体自身的特性和“口红效应”的对其的影响程度大小不同，传媒业的不同分行业在当前的经济危机下受影响的程度也大不相同。归纳起来，可以从商品属性、替代效应、收入效应、总效应、带来感情慰藉的程度、广告占收入中比例的大小、“口红效应”大小等方面来进行分析。

文化娱乐行业

在经济危机期间，文化娱乐行业的基本属性是：典型的吉芬物品；替代效应大；收入效应很大；其收入效应远远大于替代效应，所以总效应为正值而且大；能够为观众和读者带来感情上的慰藉和心灵上的疗伤；其主要依靠发行赚钱，广告收入可以忽略不计；“口红效应”大。

出版行业

出版行业的基本属性如下：劣等品；替代效应大；收入效应较大；其收入效应小于替代效应，所以总效应为负值但是小；能够为观众和读者带来感情上的慰藉和心灵上的疗伤；其主要依靠发行赚钱，广告收入可以忽略不计；“口红效应”无。

广电行业

广电行业有较多的娱乐属性，其基本属性如下：吉芬物品；替代效应大；收入效应较大；其收入效应大于替代效应，所以总效应为正程度为中等；能够为观众和读者带来感情上的慰藉和心灵上的疗伤；其主要依靠广告赚钱，广告收入占较大比例；“口红效应”中等。

平媒行业

主要靠发行赢利者：这类媒体有较强的娱乐属性，其基本属性如下：吉芬物品；替代效应大；收入效应较大；其收入效应大于替代效应，所以总效应为正程度为中等；能够为观众和读者带来感情上的慰藉和心灵上的疗伤；其主要依靠发行赚钱，广告收入所占比例不大；“口红效应”小。《读者》、《知音》、《故事会》等杂志是这类媒体的典型代表，在经济危机期间，仍能获得一定程度的发展。

主要靠广告赢利者：目前绝大多数的平面媒体都属于这类，其基本属性如下：劣等品；替代效应较大；收入效应大；其收入效应小于替代效应，所以总效应为负值程度为中等；较少能为观众和读者带来感情上的慰藉和心灵上的疗伤；其主要依靠广告赢利，广告收入所占比例大；口红效应无。

虽然我国平面媒体也遭受了纸张大幅度涨价和经济危机的双重压力，但是由于我国平面媒体的管理水平低下，利润提升空间还很大。因此，只要我国报业未雨绸缪，从粗放型的增长方式转变为集约型的增长方式，加强管理，向管理要效益，向市场要效益，我国报业还有很大的空间可以利用和挖掘。

网络媒体行业

这类媒体有较强的娱乐属性，其基本属性如下：吉芬物品；替代效应大；收入效应较大；其收入效应大于替代效应，所以总效应为正程度为中等；能够为观众和读者带来感情上的慰藉和心灵上的疗伤；其主要依靠广告赢利，广告收入所占比例大；“口红效应”中等。

户外媒体行业

户外媒体的基本属性如下：正常品；替代效应大；收入效应大；其收入效应和替代效应成同方向变化，所以总效应很大而且为负值；不能为观众和读者带来感情上的慰藉和心灵上的疗伤；其主要依靠广告赢利，广告收入所占比例大；“口红效应”无。

根据相关统计资料显示，受金融危机影响，2008年第四季度户外媒体市场整体疲软，增长乏力。排名第一位的商业楼宇市场规模为6.5亿，环比下降5.6%。

移动媒体行业

这类媒体有较强的娱乐属性，其基本属性如下：吉芬物品；替代效应大；收入效应较大；其收入效应大于替代效应，所以总效应为正程度为中等；能够为观众和读者带来感情上的慰藉和心灵上的疗伤；其主要依靠发行赢利，目前广告收入可以忽略不计；“口红效应”中等。当前移动媒体快速发展，逆市上扬就是最好的证明。

平面传媒利用“口红效应”的应对良策

对于平面媒体来说，由于受到经济危机的影响，企业的总体赢利状况将不容乐观，自然就会直接减少广告费用来增加利润和降低亏损，尤其是受经济危机影响较为严重的房地产、汽车等广告大户的广告投放会在较大程度上减少。虽然在经济危机的影响下，主要依靠广告赢利的媒体的日子相对艰难，如果能采取一定切实有效的对策，将能够有效地降低经济危机的影响。

国家应出台相应政策来扶持传媒业和优秀传媒企业的发展

目前，我国传媒业整体呈现小散弱的情况，需要出台相关政策，扶持有实力的优秀传媒集团做强做大做优。其具体方式可以鼓励有实力的传媒集团收购、兼并弱小的传媒企业。在经济较好的情况下，即使是水平低下的传媒单位依然能够苟延残喘，因此很难进行收购、兼并，在经济危机下，收购、兼并就更容易实施和成功。日前，国家新闻出版总署署长柳斌杰指出：要支持一些媒体增加实力，推动其进一步发展。此外，国家也应在4万亿的计划中，拿出一部分来扶持和支持优势媒体做强做大做优。

优势传媒集团应充分利用“马太效应”，积极实施跨媒体、跨区域扩张

越是在经济困难的情况下，“马太效应”就越是明显，优胜劣汰的市场机制就越能发挥作用，在这种情况下，国家应尽快打破制约传媒业发展的区域化分割和行业化分割，致力于形成全国统一的公平竞争的传媒业大市场，并鼓励和扶持优势传媒集团积极实施跨区域和跨行业扩张，打造能和国家大型传媒集团相抗衡的传媒巨头。

平面媒体应认真分析“口红效应”可能带来的机会和机遇，创办一些适合市场需求的媒体

在当前的金融危机下，一方面，读者和受众更需要心灵慰藉；另一方面，口红等化妆品的需求上涨，这些行业的广告投放也会上升。因此，传媒企业应充分利用上述机会，进行科学的读者定位和市场定位，创办出有特色的新媒体。成都传媒集团于2009年 3 月推出了周报《成都女报》，将读者紧紧锁定为23~40岁的主流女性，和市面上其他生活周刊截然不同的是，《成都女报》不是仅仅关注女性衣食住行的资讯需求，更将以宽广的视野和细腻的触角，由城市新闻为主打切入点，“知天下”而“悟成都”。

传媒单位应通过转制改企，建立起“产权清晰、权责明确、政企分开、管理科学”的现代企业制度

建立起现代企业制度之后，传媒企业就能充分发挥制度化优势，辗转腾挪的空间也会更大。例如，通过构建科学合理的人员退出机制，就可以在企业大发展的时候大幅度增员，而在企业面临危机时，灵活采用裁员措施；通过建立起科学合理的薪酬制度，就能增加工资的灵活度；通过建立起“精神激励和物质激励并重，长期激励和短期激励有机结合”的科学合理的激励约束制度，不仅能够吸引到高素质的人才，而且能够促使企业和骨干员工结成利益共同体，增强企业的凝聚力和向心力，也能在危机来临时，大大提升企业抗风险的能力；决策更为快速，对市场的反应更为敏锐，也能提高企业的决策效率和适应市场快速变化的能力。

转变经济增长方式，变粗放型的经济增长方式为集约型增长方式

当前，绝大多数传媒单位采取的是重量不重质的粗放型的经济增长方式，而不是采取注重质的集约型增长方式。主要表现为依靠人海战术，进行量上的大规模扩张和扩版，虽然总盘子很大，但是利润额很小，利润率更低。一般在纸张降价的时候，就大幅度扩版和招人，大手大脚，而在纸张涨价的时候，才开始减版和加强一点成本意识。例如，国外传媒业的销售收入利润率一般为20%左右，而我国却连10%也不到，有的甚至不到5%。当前，集约型的经济增长方式的主要措施如下：一是进行科学的定岗，避免出现人浮于事的冗员现象。二是对信息产品进行深层次开发。传媒单位对信息的开发基本上是一次性使用，其实还可以进行二次加工，用在其他类型的媒体上，如新闻产品在报纸上刊登之后，还可以放在网络媒体和移动媒体上，更可以把信息产品进行综合的深层次加工，满足读者的个性化需求，如财经类媒体可以针对大型企业和个人大客户，提供相关行业的年度分析报告。三是实施跨区域和跨媒体战略，充分发挥媒体的规模经济和范围经济效应。媒体通过实施跨区域和跨媒体战略，同样的新闻内容就能在不同地区的媒体和不同的媒介上共同使用，如同一媒体在不同省份办的媒体可以共用国际新闻和国内新闻，在同一省份办的媒体还可以共用省内新闻。

改变过于依靠广告的单一的赢利模式，丰富和完善赢利模式

目前，国内媒体常常采取非相关多元化的战略，如浙江日报报业集团和湖北日报传媒集团进军房地产业，河南日报进军酒店业和房地产业，都有成功的范例。笔者认为，传媒业在完善和丰富赢利模式时，可以采取如下措施：一是和企业内刊建立良好的合作关系，因为企业内刊在国外被称之为“定制化期刊”，占有很大的比例。国内的南都周刊和东风日产等企业已经进行了良好的合作。二是举办会议论坛，财经杂志

的一个会议论坛每年收入将近1600万元，21世纪经济报道的“金枕头”项目，每年的收入也近千万元。三是延伸价值链条，实施相关多元化战略。例如，湖南卫视利用其强大的品牌优势，借助“快乐购”进入零售市场；利用其强大的娱乐功能，借助“天娱公司”进入演艺市场；瑞丽进入其在广大年轻女性中间的巨大影响力，成立模特经纪公司进入模特演艺市场。四是很多品牌能力超强的行业化杂志，进行贴牌生产和出售其品牌的特许使用权。五是整合其广告经营资源和发行资源，独家代理利润率较高的产品。六是进军文化创意产业。

强化管理，提升每单位投入的产出，向管理要利润，向管理要效益

目前，传媒单位的管理水平低下，只要稍微强化管理能力，就能获得较高的效益。

强化创新意识和创新能力

传媒业属于创意产业，需要不断创新。我国传媒业的发展水平很低，尚未成熟，在这种发展阶段，尤其需要创新取得跨越式发展和跨越式超越。

在经济危机来临时，传媒业还要不断转变观念，树立起危机意识

一是改变重采编、轻经营与管理的观念，进而形成三者之间的良性互动。

二是树立起现金流意识。传媒企业要强化现金流和信用贷款额度的管理。如有很充足的现金流，就能用较低的付出买来超值的现金流断链企业。例如，处于大量烧钱阶段的视频网站，多数陷于现金流断链的边缘。

三是在采编方面，要多去关注民生和普通人的生存状况，能够给这类人提供有效的新闻产品来缓解他们的压力，使他们能够尽快地宣泄内心的郁闷，给予他们足够的感情慰藉。

四是在广告经营方面，一方面应高度关注受益于“口红效应”的行业，如化妆品行业、娱乐业等；另一方面，在经济危机不是特别严重的时候，利用房地产业和汽车业为了迅速出清存货而大量刊登广告的短暂时期，迅速拉回一定的广告。

传媒业应该充分利用这次危机，较好地激发新闻工作者的创造性和主动性，提高媒体整体的创新能力和水平，提升国家的文化软实力，在经济形势转暖的情况下，能迅速发力，提高媒体的整体发展水平。

换个角度看经济衰退下的媒体经营

——媒介行业如何实现“口红效应”

廖秋红

在读者消费能力、广告主投放能力都在缩小的情况之下，传媒企业如何自救、如何自用、如何自处。即使在经济衰退的环境之下，媒介行业也能出现经济学上所谓的“口红效应”，即媒体经营仍然有很多的机会，很多的好消息。对传媒企业来说，应对金融风暴，一在心态，二在积极地看到机会和寻求突破点，以求逆势飘红。

2008年金融风暴源于世界金融中心美国，同时也是传媒行业制高点美国，短短的几个月席卷西方波及全球，投行消失、国家破产、股市下跌，速度之快，来势之猛，超出大多数经济学家的预测。

金融行业受打击、地产业受打击、出口企业受打击、零售业受打击、制造业受打击，传媒行业不可能独善其身。

传媒企业在这般环境下如何自救？如何自用？如何自处？

学者频频进言纷纷讨论全球媒体的大环境，媒体公司的经营数据变化，投资分析师对媒体股票的股价预测和评级……这类资讯看多了，就发现很多案例和数据都似曾相识。

跳开学术圈子，去和真正在搞媒体经营的同行探讨，他们说：“迪斯尼的股价上升还是收缩，路透社在做什么产业调整，这些信息我们只是看看而已。我们关心的是这场金融风暴对我们自己的影响，登广告的企业少了，媒体企业的经济效益下降了，收入就会受影响了。”

在美国过去多次发生经济危机的时候，有人曾发现并总结出“口红效应”的经济现象。作为一种推论，在经济危机的“寒冬”中，媒介行业是否也能够出现“口红效应”？其实，“口红效应”给我们真正的启发是：在经济衰退的环境之下，怎样在危机中看到机会。

理论的意义在于解释现实，同时给实务操作者提供可依循的规律和方向参考。不妨，换个角度去看一看——

在2009年，在今天，在中国，在传媒行业，一个媒体经营者面临着什么威胁和机会。

坏消息，好消息

金融危机带来很多坏消息，说一千道一万，对传媒企业主要是两个方面：

第一，实体经济受打击：实体经济下滑，尤其是房地产行业受打击，“金主”的广告投入预算会减少，媒体经营的一块大蛋糕泡了汤。

第二，消费市场受打击：股市下跌，财富缩水，失业率增加，收入下降，人们预期指数下降，自然会捂紧口袋，媒体经营的又一块大蛋糕也变了形。

这轮金融风暴之下，中国的际遇显然与别国不同，传媒也与别的传统行业显然也有所区别，以“此时、此地、此事、此人”这4个关键词为背景看中国传媒行业，其实也不乏好消息。

先从宏观经济层面也就是媒介行业所处的大环境来看看好消息：

好消息1：经济衰退影响力不同。本轮经济危机不同于1997年的金融风暴，前者以美国为引爆点波及全球，中国受影响相对小，后者以泰国东南亚为轴心，席卷亚洲（东南亚国家货币贬值直接影响出口业务），对中国经济影响相对大。

好消息2：改革开放三十年，放水养鱼三十年，中国民间经济活力已经被带动起来，经济发展一旦形成趋势，很难即时逆转。这个话题不在本文讨论之内，但全球现在最看好哪个国家，不言自明。

好消息3：中国政府积极应对金融风暴，一方面拉动消费，鼓励消费，这对零售、旅游、餐饮等相关行业都是好消息；另一方面拉动内需，一个重要方向就是在农村市场，在很多行业眼中，那不仅仅是“避风港”，更是“肥田”或“战略高地”。另外，拉动内需政策的阳光地带，如家电、钢铁、机械等行业会受惠。

好消息4：历次金融危机的历史数据表明，金融危机之下的也不乏受惠行业，如：“钢性需求”的行业，粮油食品医疗等必需品行业受影响不大，毕竟生活还要继续；中低价消费品、经济型酒店等销售数字反倒会上升——这也是经济学中“土豆效应”的实体反映。而中国恰恰是中低价消费品领域的世界工厂，这个利好消息会部分抵销出口行业受到的打击。

电影市场、游戏、化妆品、心理医生等精神类产品需求会增加——经济学把这一类现象归结为“口红效应”。

在以上宏观层面各种利好消息的影响下，其实传媒企业也不乏各种机会：

宏观政策之下，所有受惠的行业，媒体都是间接受益者。政府出台一系列应对金融风暴的政策，其实也就是对媒体行业扶持政策。

关注度的提升：经济压力之下，人们对特定信息：经济、政治、就业、购物折扣、股票、楼市等信息的关注度和需求量会增加。

消费空间增加：失业了、下岗了、没活儿干了，不用加班在家里待的时间也就多了，上网看电视的时间也变多了——传媒产品的消费空间有所增加。

广告营销机会增加：大批外销企业在外销受阻时，也在战略调整，转战内销市场。这些企业资金实力强、产品设计、生产、品控管理链完整，缺少的就是内销市场信息和在国内市场的品牌打造，对中国内销品牌而言是坏消息，竞争会更激烈。对传媒行业来说，是好消息——也许意味着新的广告主、新的广告预算和新的生意机会。

波澜壮阔的中国经济在制造一个个黑马："王老吉"、"九阳小家电"等迅速崛起并逆势上扬的企业，让媒体看到了什么？

2009年央视广告招标96亿元又创新高，给我们什么启发？

传媒产业结构的变化

中国媒体行业自身的产品结构也在大调整。网民的数字倍增，网购份额占零售业的比例迅速增大，看手机新闻取代报纸的消费者在增加，网络游戏、动漫、3G网络等新媒体还在起步和高增长阶段，而这一部分媒介形成因其与生俱来的特殊性，受经济衰退影响较小，同时也因其广告费用相对低、受众清晰的特点在经济衰退的形势下更容易受广告主的关注。

中国传媒行业的成长空间

中国传媒行业相对发达国家的传媒行业发展，从产品上、管理上、经营成本上、营销手段上还有很大差距和空间可以提升。

因你而变，适者生存

传媒企业也是企业，你面临的问题别的企业也会面临。大环境不好，怎么办？

首先，把自己该做的事情做好。

在大环境不好的时候，一方面要控制成本，保证必要的现金流和运营能力。另一方面，韬光养晦——不是冬眠而是练内功，静待下一个经济周期的到来。

从传媒企业的核心竞争力"内容"上来讲，绝大多数的媒体，无论是传统的报纸广播电视，还是新兴媒体如网络、手机、电子杂志等，做好内容肯定是持续发展的根本，而受中国传统媒体制度的影响，很多媒体在内容生产上或脱离读者或者低级模仿，产品形式比较单一，相比国外的媒体来说有一定的差距。值得大家思考的是每天都在"直击华尔街风暴"的中央电视台，不管是收视率还是该栏目的广告收入，不降反升。

另外，从传媒企业发展的另一重点"营销"方面（包括发行和广告）来讲，传媒企业营销在中国的发展历史较短，其经营管理水平和营销能力相对那些竞争激烈的传统行业（如快速消费品、家电等）有很大的差距。传媒企业刚刚开始操作的新营销手法新理念，很多都在重复传统成熟行业十几年前的历史。（笔者在《像卖可乐一样卖报纸》一文中，论述过这个话题）

诸如利用人民币升值的机会进行境外并购等传媒企业战略结构上的调整，这样的机会对大多数中国传媒企业太遥远，不说也罢。

不景气的时代，淘汰不景气的人，“在别人恐惧的时候贪婪”，向成熟行业学习，向同行业先行者学习，提升产品研发、营销管理能力，在队伍建设、人才储备培养上有所突破，才能积蓄力量，有机会享受下一个经济周期的成果。

不要用“经济衰退了”作为借口，不管经济环境有什么变化，我们寻找自己可以着力的地方，把自己该做的事情做好，才是一个理性的经营态度。

然后才在现在的环境之下，根据传媒行业自身的特点，放大传媒企业的机会，思考一下自己进一步能做的事情。

传媒经营的特殊性在于，它的消费者是读者和观众，但它的金主又是广告主，我们就从这两个角度来看看媒体能做什么。

一是拉读者的选票。二是拉广告主的选票。环境变了，这两位“上帝”也变了。传媒企业要告诉“上帝”：我也正在“因你而变”。

拉消费者的选票

在经济衰退的背景下，消费者的经济能力、消费习惯、关注点有没有变化？传媒怎样因你而变，适者生存。建议传媒企业问自己几个问题：

●我的产品卖给谁？——我目前的消费者是谁？

●我的产品内容是什么，现在应该做什么变化——我们的读者在这个环境之下，生活受到什么影响，他们更关心什么信息？招聘招工？购物折扣？自助旅游？省钱小窍门？心理辅导？喜剧笑话？就业技能培训信息？我要不要突出招聘版面、省钱版面、心理辅导版面？……

●我的产品形式是什么，现在应该做什么变化——他们从什么渠道获取这些信息？我要不要加大网络版的产品开发推广力度去适应我们的读者？

●测算产品内容及形式升级以后的数据变化，校准产品调整的策略。

●我要不要去抓住新的读者群——重复以上问题。

拉广告主的选票

●你原来的广告主都是受灾行业，你要不要考虑转型？经济衰退的受惠行业要不要成为你的目标客户？

●原有广告主的预算减少了，传媒企业要不要“管理”、“干预”引导他们的“广告形式”，要不要传统媒体新媒体形成联盟，打造“广告大礼包”对广告主进行营销？

●经济衰退了，广告主都很着急，那么传媒企业邀请相关专家讲师进行“金融风暴下的广告投放策略”研讨，是不是一种影响广告主决策的手段？

●很多企业都在经济危机阶段削减投入，可因此也会提高广告传播的效率——同类信息的干扰和杂音更小。

●诸多外销企业转内销，这些客户以前不会在国内媒体上做广告，也就是说，这些企业以前都不是媒体广告部的客户名单上，这是一块被人遗忘的蛋糕。我要不要进行目标营销？

●金融风暴下，农村市场是所有行业都在虎视眈眈的“肥田”，所有的行业包括一些奢侈品行业如汽车行业，都把农村市场当做在金融危机时期的一个战略市场，那么传媒企业有没有对农村市场的信息落地能力，你这个能力有没有喊出来，比如：“华南三四级市场第一传媒”，有没有引起广告主的注意（媒体自己也是企业，也需要广告传播）。

细数一下，机会无处不在。

具体到一个传媒企业的经营决策，那是一个此人此时此地此事的话题，可能这家媒体正在考虑要增加新媒体调整自己的产品结构，那家却正在考虑上市融资，那家要境外并购，那家要增加发行队伍做好终端，树立自己的品牌形象，还有一家要压缩成本保证下个月的经营费用。

具体到某一家传媒企业应该怎样做，我想在职的传媒企业经营者会有更多细节和想象力。学术界的很多讨论有坐而论道、隔岸观火的无奈和尴尬，仅供启发，仅供参考，仅供视野开阔。

提醒传媒企业经营者的三个要点

首先，金融风暴已成现实，抱怨无益，一味采取休克疗法也无益，理性一点看自己，还有很多事情等待改善，先把自己该做的事情做好；

第二，环境变了你没有变，钱就越来越难赚。针对这个大环境，分析你目前的广告主的结构和消费者的结构，分析你过去的赢利模式，做出相应的调整，这是必要的工作；

第三，传媒有它的特殊性，经济危机之下传媒面对的坏消息和好消息都很多，抓住这些好消息，放大机会回避威胁，才会“排队死也不会死我第一个”。

尘埃落定之后，盘点战果，相信此轮经济波动中一定有逆势飘红的传媒企业，他们不是强者，不是弱者，而是因时而变的适者。

地球生物几千亿年进化历史告诉我们，适者（而非强者）才能生存——适者生存，因你而变。

《新闻实践》杂志2009年第6期“多棱聚焦”栏目

新闻片面

一阴一阳谓之道，新闻传播之道概莫能外。

然而，新闻这一传媒样式，与生俱来有其“片面”的属性。只有在新闻传媒充分表达的过程中，若干个“片面”之和，才可整合成为“全面”的新闻视野。

相形之下，“片面”的新闻则是媒体内容生产环节上容易发生的人为偏差，以走眼的图解、臆断的取舍和过度的反应为显著特征，借此试图获取单一的“使人昭昭”的传播效果。

这种由于后天失衡而造成的“片面”新闻，与先天的新闻“片面”，似是孪生的症状，甚至难分伯仲。其实在传播动机与效果的比较中，不难发现其间的根本区别和明显分野。

本刊邀请业界和学界人士对这一命题发表各自的观点和见解，意在区分新闻的片面与片面的新闻之异同，以探求减少新闻传播片面性的深入思考和理性作为。

新闻片面与片面新闻之批判

傅剑锋

新闻的片面原本并不可怕，可以在“观点市场”提供丰富的事实、证据与观点后，被最大限度地克服。然而，由“新闻的片面性”进一步演化成“片面的新闻纸”与“片面的新闻媒体”的情况很普遍，从而使呈现给受众的舆情也出现极大偏向与扭曲，易给个人与社会造成极大的误导与蒙蔽。在这方面，商业力量与行政权力起了直接的影响作用。

新闻片面性之批判

以笔者的理解，新闻的片面是客观存在，难以避免。因为任何新闻报道，都只可能做到对某客观事物的某些时间节点与空间节点、某个观察角度的呈现。通俗点说，就是一个记者在采写新闻时，不可能事无巨细，把所有东西都搬上新闻报道，也没有能力搜集到某一事物的所有客观信息。认识与表达的局限性与选择性，同时也就天然地意味着其片面性。而且，每家媒体的版面、时段都有限，只能依靠自己固有的新闻选择标准来选择新闻。只要选择一产生，“片面”就会尾随而至。

再往哲学角度考虑，任何对于外部世界的表达只要形诸语言，就会带有片面性。因为当你想表达的时候，就会不得不对你所看到的事物进行选择然后才形诸语言。这就产生了哲学意义上的片面性。

但是，新闻的片面原本并不可怕。对同一事物，如果有从这个观察视角的报道，也有从那个观察视角的报道，必会使受众看到一个多立面的事物，从而使认识尽可能接近客观真实。就像你要认识太阳这个客观事物，你不但可以从一滴水里看到太阳的光亮，还可以从光谱分析仪里看到太阳的色彩，还可以从天文望远镜里看到太阳的黑子……每一种工具就像每一个报道，尽管只是反映太阳的某一种特性（即是片面的），但最后你通过种种工具（即是报道），将尽可能真实地了解太阳（即是客观事物）。

解决新闻片面的办法，研究言论出版自由的先哲密尔顿很早就说过解决办法，就是形成一个公平竞争的“观点市场”，人类的“理性”会选择“真相”与“真理”，谎言与谬误最后都会在自由竞争中落败。这种方法有其合理性，即多立面的事实与观点，可以让受众了解事物的丰富性，并最终了解真相。但局限性也是明显的，即过度相信人的理性。因为人类的认识史一再证明，有时，真相与真理并不一定会在喧嚣的

“观点市场”中胜出。

在新闻传播中，我们沮丧地发现，有时，胜出的不是最真实与接近真理的知识产品，而是最投受众所好，最符合受众所好的新闻与观点。但从长远来看，我们仍然不得不承认，密尔顿的话是有道理的，真相与真理是可以在“观点市场”的竞争中胜出的，新闻的片面性，也是可以在“观点市场”提供丰富的事实、证据与观点后，被最大限度地克服。

在这方面，最生动的实验样本莫过于“周老虎事件”。当时，网络等新媒体与报纸、电视等传统媒体，对周老虎的报道（此处指广义的信息提供，如博客、网贴等信息发布），因为各受利益影响的不同，各受记者采访能力的局限，在起初对“镇坪发现华南虎”的报道是各异的。如《华商报》在一开始在站在赞同立场，《南方都市》报在一开始是站在质疑立场，网民、专家亦有“挺虎派”与“打虎派”之别。此时，可以说严格意义上的新闻报道都是真实的，但其片面性也显而易见，受众很难明了真相。如果这时上级部门来一纸禁令，要求大家都别争了，或只让其中一家媒体发布信息，那很可能真相至今难明，新闻的片面性永难校正。

幸运的是，主管者很明智地允许让各种报道、观点、论据都在传统媒体与新媒体纷呈，最后，周老虎的真相终被揭开，新闻报道的片面性也得到了有效校正。应该说，这个样本，是对“观点市场”校正“新闻片面性”的一个明证。

如果把“观点市场”的原理上升到哲学高度，其实就是关于“世界需要丰富性”的命题范畴——具有丰富性与多样性的世界，也是最有生命力与自我纠错能力与校正能力的世界。这种终极哲理在自然界有现身说法式的体现，一个只有单一物种的生态系统往往是极脆弱的，而具有多样性物种的生态系统，往往能保持非常好的动态稳定。这物种的单一与多样之于生态系统，就如某个报道的片面性与观点市场的丰富性之于社会系统。

但问题是，尽管我们的媒体市场已高度丰富与繁荣，但“观点市场”却有呈单一与扭曲之忧。由“新闻的片面性”进一步演化成“片面的新闻纸”与“片面的新闻媒体”的情况很普遍，从而使呈现给受众的舆情也出现极大偏向与扭曲，易给个人与社会造成极大的误导与蒙蔽。在这方面，商业资本与行政权力起了直接的影响作用。

商业资本使媒体不停息地追求发行量、收视率与点击率，结果黄色、暴力等新闻泛滥，新闻的片断化、戏剧化、冲突化成为了传播标准，真实世界的镜像反而被降在其次了。即过于地强调媒体的娱乐功能，一切都被用来消费。特别是不少都市类媒体为提高受众注意力，过于集中地报道犯罪新闻，形成信息体系的片面性。

在广州的某段时间，就曾出现过这类情况，广州的实际犯罪率已比几年前有大幅下降，但因为广州媒体大量报道犯罪新闻，结果在舆情调查中，公众却普遍认为广州的治安比以前差了。在这里，我不是说媒体不要报道犯罪新闻、不要监督警方、不要提供环境预警，而是如何相对全面地报道犯罪新闻。例如，在报道犯罪新闻时，也能及时配上广州犯罪率的升降图表，就可以有限地平衡信息。应该说，后来广州警方、媒体对此的纠偏还是有效的。一方面是警方增加信息透明度，对警情的正负面信息加强了发布。另一方面，媒体也在犯罪新闻报道上对总量有了更好控制。

商业资本还使许多媒体对广告客户与潜在的广告客户、各利益集团拼命唱赞歌、做正面报道，结果使新闻信息高度的片面化，媒体甚至在其中丧失了向社会预警的基本职守。

例如，在三鹿、蒙牛出事之前，国内各大媒体对它们都一律唱赞歌，作正面报道，不是它们之前没有负面报道，而是金钱指挥了媒体。对房地产业的报道亦如此，房地产广告成了不少媒体的衣食父母，在很长一段时间里，各都市类媒体对房地产业都是一片赞歌。除了一些零星的产权纠纷之类的房地产“负面新闻”能见诸报端外，其他对于地产商的问题报道极少。在笔者的阅读印象里，那时也只有《南方周末》调查“碧桂园零价拿地内幕”一文，算是与其他众多报道不同的一篇了，也是孤独的一篇，因为此后连转载都极少。诸多媒体为商业利益而忽视乃至屏蔽地产“负面信息”的做法，实际上误导了公众，肥了媒体自身与地产公司，对房地产泡沫起了推波助澜的作用。

商业化使中国的许多媒体站起来了，但另一方面，商业化也在扭曲媒体。对此，不是几句书生意气的批评可以解决问题的，但媒体中的人们，并不能因此回避反思。我想，长此以往，被商业高度扭曲的媒体不但不会成为推动中国发展的进步力量，反而会成为各利益集团鼓噪谋利的工具，媒体的正义性会丧失殆尽。故而，如何限制商业化对媒体公共功能的侵蚀，应成为媒体自律与媒体管理的重大议题。

不只是商业力量，计划经济时代遗留下来的行政权力导致的新闻片面性问题也依然存在。大跃进以来至“文化大革命”时期，那时的新闻产品已经不是片面性的问题，而是假新闻的问题了。此后，“文化大革命”虽已结束，而报喜不报忧的行政惯例在某些官员头脑中并未消失。某些人对一些事件、企业、政策的事报喜不报忧，导致新闻的片面性严重加剧。这方面最明显的例子，就是在三鹿事件爆发前，国家质监总局有意限制国内媒体报道“美国宠物吃中国含三聚氢胺的饲料而中毒”的事，相反，诱导媒体报道的却是三鹿公司的奶粉又获了什么奖。这种报喜不报忧的习惯，使新闻的信息传递出现了严重的扭曲，预警功能丧失掉了。这是极端的个例，在其他许多报道中，行政权力的干预，导致经常出现新闻选择上的片面性问题也比比皆是。

对解决这一问题，笔者认为习近平副主席最近在中央党校的讲话，说到了点子上：“要提高同媒体打交道的能力，尊重新闻舆论的传播规律，正确引导社会舆论，要与媒体保持密切联系，自觉接受舆论监督。”如果各级官员能按这样的要求来做，也许滥用行政权力而导致新闻片面性的情况将大为减少。

片面新闻之批判

如果说，新闻的片面性是产生于选择做“这个新闻”还是做“那个新闻”之时，那么，片面的新闻是产生于用“这个采访素材”还是用“那个采访素材”之时，且是产生于不恰当地、片断化地选择采访素材的过程中。如果说，新闻的片面性是无法完全避免（只能减少与限制）的哲学性难题，那“片面的新闻”只是一个技术性难题，通过技术手段与职业操守，是可以避免的。

在日常报道中，我们可以发现大量片面的新闻，如一个利益冲突激烈的事件，只采访了一方当事人，只有一方当事人的观点，这是片面的新闻；如一个事件发生，只说其结果，不说其发生的过程，让受众对结果造成误解的报道，这是片面的新闻；如一个报道，只报道最具冲突性与戏剧化的片断，而对该事物的全局与核心不提片言，这是片面的报道……

片面报道的形成，有来自于商业的力量，如对新闻戏剧性与冲突性的过度追求；也有来自于行政权力的力量，如某些官员对某些报道的空间进行限制与规定，导致所有的相关报道都成了片面的报道。但笔者认为，还有一种力量，就是媒体从业者的技术操作不够规范、职业操守不够坚定直接相关。也是在这个意义上，片面新闻是有很大的改进空间的。

以笔者策划、编辑的犯罪新闻报道——2009年3月25日《南方周末》头版的《牢头狱霸之治》为例，来分析一下如何防止片面的新闻。

首先在宏观判断上，我就非常警惕。近段时间牢头狱霸报道很多，是不是就马上可以得出近期看守所管理混乱的结论？如果不是历史地看待这个敏感问题，很有可能导致片面报道，并引来政治风险。于是，我让记者去采访已出狱的诸多牢头狱霸以及警方人士等。同时，也查阅相关资料，问询公安部的高层人士。结果发现，公安部从1988年开始整治牢头狱霸，20余年来从未停歇，牢头狱霸打死人的情况，近年来其实是有所下降的。只是近年来媒体报道口径放宽，才使问题被集中暴露，也易给公众造成近期“管理变差”的假象。所以，在全面了解牢头狱霸的问题后，一开始就把选题的目标定位在去解剖一个绵延多年的痼疾，从而寻找制度之因的价值追求上。

在具体的操作上，为了使报道具有样本价值，我让记者选择了最有代表性、戏剧性、典型性的已出狱的“牢头狱霸”讲“牢中生死录”，并且全部使用口述体的方式。但这样的问题也是明显的——很容易成为片面的新闻。因为这样的报道只有一个当事人，在新闻要素上不够全面。所以，为了平衡这种片面性，我又让记者找了长期研究看守所管理问题的学者，与管理看守所数十年的一位前看守所长谈牢头狱霸问题。这样，新闻信息组成了一个各立面的报道体系，片面新闻就被较好地克服了。

这个案例里，显然是用了历史分析、信息平衡等防止片面新闻的采编技术。其实，许多其他技术都为媒体中人耳熟能详，如对一个核心信息的确证，最好有利益双方和中立方的三方印证；如对一个复杂事件的采访，一定要尽可能多地寻找信源，尽可能去寻找核心信源，不要浅尝辄止（我过去做一个相对复杂的调查新闻，采访的人常常要在20人以上）；对主动的信息提供者与利益当事方提供的观点与证据，一定要多角度分析与印证，不要轻易取信……做到了这种种技术规范，我想，片面的新闻是应该可基本避免的。

当然，人的认识本身有极大局限性，并且，一个原本复杂的事件，记者常常要在几天甚至几小时内就搞清楚，这难免会出现一些了解片面甚至有差错的情况。故而，媒体还应建立良好的纠错机制，如设立“有错即改”栏目，如必要的追踪报道。所谓真相，常常不是一蹴而就的，不是静止的，而是不断自我纠偏的动态的认识与报道过程，只要媒体有追求真相、尊重真相的良好操守，片面的报道是可以被有效纠偏的。

故而，综上，新闻的片面与片面的新闻这两类问题，我更担忧新闻的片面性在中国的解决困境——历史残留、商业资本与行政权滥用的外部力量很难在短期内得以解决，就使对新闻片面性的校治变得坎坷曲折。唯有寄望于媒体中人任重道远，上下求索，从职业道德重建上、从媒体体制改革上谋取出路。

新闻偏见与客观真实的博弈

——新闻片面与片面新闻之辨析

张 培

新闻报道仅仅在立场、倾向和意见层面存在片面性，没有割裂、扭曲、破坏新闻事实，可称其为“新闻片面”。而“片面新闻”的根本特性是新闻事实的片面，没有反映出事实的本质真实和整体真实，那么这也间接反映出媒体在选择、描述、反映新闻事实上存在着片面性，进而导致新闻失实。

如果问新闻报道能否不带任何偏见地做到纯粹客观与真实，就形同是在问地球是不是圆的。新闻报道有失偏颇，不能充分践行客观性与真实性原则，进而导致新闻失实甚至出现虚假新闻的现象由来已久。无论是将客观主义奉为信仰的西方媒体，还是尊崇新闻客观真实性原则的中国媒体，都难以回答上述强词夺理式的刁钻质疑。麦克卢汉也曾有言：“报纸是偏见的产物，小报是坦诚的偏见，严肃报纸是曲折的偏见。”尽管那是资本主义报业时代对报刊片面性的论断，但时至今日，在这个媒介多元化的信息时代，依然不可否认其现实意义。

近年来，西方媒体不断抛出带有偏见的甚至失实的报道，如美国CNN对中国“3·14”拉萨事件的歪曲报道等，让新闻偏见的话题重又升温，并引发人们思考西方媒体对中国的片面性报道到底用心何在。

与此同时，上述事件也警示我国媒体反观自省。转头再看国内，奉新闻真实为生命的新闻媒体，是否就能完全做到客观、真实、准确地报道事实？实事求是地说，未必都那么尽如人意。

新闻是“偏见”的产物？

带有偏见的新闻报道，是指不客观、不公正、不平衡甚至带有误导性的报道。偏见，可以说违背了新闻的客观性与真实性原则，对新闻而言是一种变相的践踏和损伤。但是究竟会对新闻客观与真实造成多大的损害？这就要具体考查新闻报道的偏见，是仅仅停留在立场、倾向、意见层面，还是已经干扰到了新闻事实本身；只是具有误导性而没有割裂、破坏、扭曲事实，还是已然在倾向性过分强烈的基础上造成事实的扭曲乃至彻底失实。

关于带有偏见的新闻或新闻偏见，业界还流传着另外的说法，一说是新闻片面，一说是片面新闻。那么二者之间除了都强调新闻带有片面性这层共性的含义之外，还有没有具体所指上的差别？二者究竟是怎样一种关系？

一、新闻片面与新闻倾向

片面，首先与全面相对。西方学者最早在19世纪末提出新闻客观性原则，强调四方面含义：一是客观陈述、反映事实；二是要平衡报道，平等反映对立双方的意见；三是保持政治立场的中立；四是事实性信息和评论性信息要分开，也就是新闻与评论要分开。与新闻客观性相对的新闻倾向性，主要指的是报道过程中所持有的立场和观点，决定着报道行为与内容的片面性。

新闻倾向性与新闻客观性总是相伴相生，新闻报道过程中不免要流露出一定的倾向性，但与此同时又总是要尽量避免报道立场和观点倒向一面而忽略另一面，在选择报道事实时不够平衡，以及在事实中掺杂过多的主观意见，避免新闻报道在立场、倾向、意见层面流于片面，甚至损害到新闻真实性原则。

那么，新闻报道仅仅在立场、倾向和意见层面存在片面性，没有割裂、扭曲、破坏新闻事实，可称其为是“新闻片面”。作为一个主谓短语，后者的“片面”是用来陈述前者“新闻”的，也就是说，在新闻片面这个概念中，构成新闻的新闻事实这个根本属性是前提，报道的事实本身是存在的、真实的，片面性是新闻在真实事实的基础上具有的一种特性，指的是新闻报道中掺杂着主观意见和倾向性，也就是事实信息与意见信息的混淆，进而导致新闻在接受上存在被误读和误解的可能。

然而，新闻事实的片面性不会只停留在立场、倾向和意见层面，片面性会影响甚至决定着新闻事实的描述、反映和选择。是否能够如实、客观地反映新闻事实，不带倾向性、毫无偏见的、平衡的选择并解释新闻事实，往往决定着新闻的真实性原则能否实现，是否会导致新闻失实乃至虚假报道的出现。

二、片面新闻与新闻失实

片面，也与真实相对。片面新闻，从语法结构上来看，是偏正关系，新闻是中心语，片面是修饰中心语的形容词，片面新闻的根本特性是新闻事实的片面性，而非纯粹的立场、倾向和意见上的片面，也就是说，新闻事实作为新闻的根本属性在客观性和真实性上遭到质疑，片面新闻依据的新闻事实不客观、不全面甚至是失实的，违背了新闻的真实性原则。

从表现形式上来看，新闻真实既有现象真实和本质真实，又有具体真实和整体真实。如果新闻报道只停留在现象真实和具体真实层面，而没有反映出事实的本质真实和整体真实，那么这也间接反映出新闻报道在选择、描述、反映新闻事实上存在着片面性，进而导致新闻失实。

首先是具体“真实”而整体不真实。也就是某个点是真实的，但是将点集合成面却未必真实。镜头所拍摄的画面本身是事实，反映的局部、具体事实是真实的，但只是点的真实，而非面的真实，是局部的真实，而非整体的真实。以CNN在2003年伊拉克战争时的新闻报道为例，美英联军的报道铺天盖地，而饱受战争涂炭的伊拉克人民的画面却很少出现。西方媒体已对新闻事实进行了片面的筛选，刻意放大了对其有利的事实而弱化了战争不合理的一面。虽然没有捏造事实，但由于没有还原事实全貌、对新闻事实进行了不平衡报道，致使媒体传递给受众的信息与真相相距甚远。

其次是现象“真实”而本质不真实。事物发展都有阶段性，一开始呈现出来的现象不代表事物将来的发展方向，也不代表呈现出来的就是事实的真相；此外，事实本身具有层次性，虽然现象是本质的反映，但是现象是极易变动的、多样的、复杂的，能多大程度地反映事实真相不好说。因此，仅仅停留在现象层面的真实也只是表面的、暂时的、可感知的真实，这种真实有可能就是事实真相，但也有可能是扭曲了的真相或者根本就是假象，进而导致新闻报道失实。

“片面”缘何与新闻同在？

新闻带有片面性，并非都是有意识的主观行为，来自外部的客观因素也会间接干扰新闻事实的客观与真实。那么，片面的致因也可由此分为如下两种：

一、非故意性片面

所谓非故意性片面，是指新闻媒体及其从业人员，由于自身意识、偏见和能力的内在局限，或是外在客观因素有限所间接造成的对新闻事实的扭曲，这种无意识行为需要依靠行业自律来改进。

1.时间和空间上的局限。事物发展的阶段性和地域性，决定了新闻事实在不同的阶段、不同的政治经济文化空间内有着不同的表现。而新闻报道往往是即时的，不可能等到事实发展成熟后再进行报道，再加上地域环境的局限，很难在短期内、局部地区内充分反映事实发展的真实面貌。

2.新闻技术手段的限制。一方面，新闻采访报道硬件自身存在一定的缺陷，无论是传统媒体还是新媒体，都会因技术、呈现方式的不完善，对事实的反映流于片段化、表面化、感性化；另一方面，新闻传播机构及从业者的策划与采访报道能力也是有限的，对新闻事实的调查研究能力的不足也会让新闻事实的报道流于片面。

3.传播者认识能力有限。新闻从业者在新闻报道中因经验、视野的局限以及职业角色的束缚，无法准确、客观地认清事态发展的阶段和趋势，进而对新闻事实做出了主观臆断甚至是适度想象，进而曲解了新闻事实。

二、故意性片面

所谓故意性片面，是指新闻从业机构及其从业人员内在私利或是外在压力而有意识、主动歪曲事实，这种行为要靠行业自律、法律制约及社会舆论监督来加以控制。

1.媒介市场竞争和市场利益驱动的结果。在大众传媒时代，在媒介产业化进程中，媒介发展都毫不避讳地唯发行量、收听收视率马首是瞻。以广告收入为主要赢利来源的大众传媒，不可避免地要将迎合市场、迎合受众作为主要的发展目标。因此，媒介为了应对竞争，抢夺有限的市场份额，不得不将吸引眼球、打造最大规模的受众群体放在生存发展的首位。于是，逐利的要求也就为媒介市场滋生不良竞争提供了机会，进而出现对新闻的过度加工和渲染、刻意凸显甚至制造噱头、以猎奇为主而忽视新闻价值、以负面报道为主甚至是策划制造虚假新闻事实等违背新闻职业道德的各种不良行为。不仅是对新闻事实本身具有的真实、客观、公正原则以及新闻价值的损害，同时也是对受众的一种误导，甚至影响到媒介市场的正常良性竞争以及媒介自身的形象和公信力。

2.媒体的立场与价值倾向所致。首先，从西方媒体对中国事件的新闻报道来看，其报道立场和倾向仍带有强烈的冷战思维意识，从差异化的文化背景与意识形态出发来设置媒体报道议程，选择新闻事实，决定报道取向。CNN在报道“3·14”拉萨事件时，把不法分子袭击军警的部分截掉了，只留下警车开进拉萨的画面。这形同于截掉了新闻事实发生的“因”，只留下了事实的“果”。虽然这一事实本身是真实的，但只呈现了局部、具体的事实，而相对于事实的整体而言，这些片段根本不足以说明问题，带有明显的误导性和欺骗性，是整体、全局的失实。

其次，从我国媒体对弱势群体事件及其社会问题的报道来看，媒体的政治立场都是从大众利益出发，新闻报道本身不存在政治倾向性及其偏见。但因社会转型期社会阶层分化并日趋复杂化，价值观向着多元发展，使不同阶层公众在政治、经济和信息文化资源的占有与社会地位上出现优劣对比，进而影响到不同阶层公众在媒体乃至舆论环境中发言权的强弱。

媒介虽然对精英阶层之外的其他各阶层公众有所关注，不乏对弱势群体及引发的相关社会问题的报道，但仍然是精英阶层公众充当舆论领袖引导主流舆论，弱势阶层公众在媒体和舆论中的声音却十分微弱。媒体的报道对象虽然是弱势阶层及其社会问题，但更多的还是从主流精英阶层的话语方式出发，带有强烈的精英色彩。从某种意义上说，这也体现出媒体在相关报道上存在着价值观与话语权的主流意识倾向。

如何扼制“片面”在新闻的蔓延？

2009年4月，甲型H1N1流感从墨西哥向世界范围蔓延。在5月11日四川确诊一例之前，中国只有香港一例，内地一直是零病例记录，而新华社4月29日报道，之前就有境外媒体称我国福建省福清、长乐等个别地方发现一些死猪，声称甲型H1N1流感可能源自中国。随后我国相关部门对此进行核查，发现当地个别违规丢弃的死猪感染的是常见病，与这次流感无关，以事实驳倒了类似的不实报道。

基于文化背景、意识形态和政治观点上的偏见，诸多带有片面性的新闻报道仍然频繁在西方媒体上出现。这让我们认清其真实用意的同时，也应督促国内媒体更加及时、客观、全面报道国内事件，把握舆论主导权，以应对西方媒体报道偏见的冲击，增强对西方不实报道的辨别力，进而避免不必要的误解。

此外，媒体也应该适时地反观自身，加强自律。既要从主观上克服各种外在因素对事实的割裂、歪曲或是误解，又要加强自我监管，务求客观、公正、真实、平衡地反映事实的全貌和真相，避免倾向性话语、主观推测以及人为斧凿的痕迹出现在新闻报道中，务求新闻报道实现向客观真实原则的回归。

“片面”才是好新闻

张小乐

新闻作品是对新闻事实在把握全局真实前提下突出重点的“片面”深刻。本文力图从生产型文本的角度理解“片面”的深刻含义，并努力从文艺美学的视野探究“片面”报道的新闻实践意义。

什么是成功的新闻作品？入职之初，报社有位老师就曾教导我说：“‘片面’就是好新闻。”当时不解其意。经过一段时间以来的反复操练，越来越能体会到此中所蕴涵的道理。

“片面”的含义

这里所指的“片面”并非一般意义上的以偏概全。真实性是新闻的生命。“新闻的真实性是指新闻报道与所反映事实的相符程度。新闻报道是客观事物在传播者头脑中的反映，通过某种符号向受传播者发布的物化产物。这种认识的外化物（认识主体的产物），必须同报道对象（认识客体）完全一致，否则就是对被反映的客观事物的歪曲，就是假报道或失实报道。”（童兵：《理论新闻传播学导论》）一般意义上的片面是指在所反映事实或观点中，放大局部，而违背于事实或观点整体意义，产生误解或歪曲。就此而言，新闻的真实性与片面水火不容。但笔者所言指的“片面”是在保证新闻真实性基础上，在周密考虑整体意义前提下，在报道中择取其中最有闪光点且最能体现事实本来面目的报道方式。

新闻理论普遍认为，新闻的真实性来源于对客观事实全面而整体的客观描述与记载。然而，新闻实践却往往不是如此。现代社会信息膨胀、受众接受信息的行为习惯，决定着全面而翔实的报道无法在短暂的阅读时间内抓住受众。因此，通过对客观事实整体“提纯”，突出其中最有代表性的某个片断，反而能够达到传播效果。

实现“片面”的前提，是基于对新闻真实性的准确把握。童兵认为，把握真实性，首先必须做到事实真实，即每一个具体新闻报道中的事实，都要做到完全合乎客观，准确无误，持之有据。其次，必须做到总体真实，即新闻报道的全部事实与实际生活中的同类事实，在客观规律上完全一致。再次，争取能够通过实施的报道而揭示该实施发生发展的原因及其本质。笔者所体会到的“片面”不是机械地截取事实中的客观片断，而是在做到上述新闻真实性把握基础上的“提纯”，抓住最能够体现事物本质特征的突出特点，加以放大，从而以点及面，由表及里。在新闻实践中，最讲求突出重点。这就是典型的“片面”报道。

试举一反例。日前，在某金融论坛上，某专家表示，如果我国IPO制度不作有效改革，其融资功能将丧失。该专家谈话的旨要在于阐述我国证券市场IPO制度改革的必要性和紧迫性，“融资功能的丧失”是一种有条件的假设。而某媒体在处理时，有意突出假设的结果，标题为“中国股市IPO融资功能将丧失”。文章断章取义，将专家让步假设的前景，作为了必将发生的事实。虽然达到了吸引眼球的传播效果，但扭曲了新闻事实的本来面目。

从“生产型文本”理解“片面”

一篇成功的新闻作品，必不可能是面面俱到的。新闻的特点决定了一篇作品只能反映事物的重要特征，而非全貌。所谓“管中窥豹”就是这个道理。从战术的角度来说，就是“攻其一点，不及其余”。如果从“生产性文本”的角度来理解，这样的新闻写作是非常有理论依据的。

每一篇新闻作品都是一种“生产性文本”。生产性文本的概念是美国传播学者费斯克从意大利学者艾柯和法国结构主义学者罗兰·巴特的有关文本理论中引申出来的。艾柯把文本分为开放和封闭两种，开放的文本蕴涵多种含义，是允许丰富而复杂地阅读的文本，要求阅听人参与，而封闭式文本则相反。巴特则把文本做了可读文本和可写文本的区别，前者吸引的是一个本质上消极的、接受式的、被规训了的读者，这样的读者倾向于将文本的意义作为既成的意义来接受，是一种相对封闭的文本，易于读者阅读，对读者的要求甚微；相反，后者则不断地要求读者去重新书写文本，并从中创造出意义。费斯克认为，可写文本“凸显了文本本身的‘被建构性’（constructedness），邀请读者参与意义的建构”（约翰费斯克：《理解大众文化》）。费斯克认为，电视文本既有可写文本的开放特点，又有可读文本的易懂的特点，是种生产性的文本。这种文本“为了满足多种多样的观众，它必须允许阅读中存在大量的文化差别，因而必须在符号中留出相当大的空白，以便亚文化可以用来协和，来形成他们的意义，而不是发行人想提供的意义”（约翰·费斯克著，吴士余主编：《大众文化研究》）。这也是电视文本能够流行的一个原因。虽然费斯克的生产性文本概念指代的是电视，但对于传统新闻来说，也有理论上的契合性。

新闻文本同样要面对文化层次不一的受众，受众的差异性决定了新闻文本必须允许阅读中的文化差别和选择差异。所以，在新闻文本的建构过程中，必须留有相当大的空白，以便读者能够参与其间，利用自身意义体系，进行“填空”，完成意义的生产和解读。如果新闻文本本身的意义的完满的，势必排除了读者在传播和解读过程中的主动地位，新闻变成了纯粹说教，而非信息和意义传达的综合体。

“片面”报道的实践意义

从受众的角度而言，新闻文本的生产性特点，正契合了文艺美学中受众“阅读视野”和“期待视野”的相互交织。

所谓阅读视野，是指受众阅读到的文本及作者建构文本的意义本身。“期待视野”指接受者由先在的人生经验和审美经验转化而来的关于艺术作品形式和内容的定向性心理结构图式。它是审美期待的心理基础，是德国接受美学的代表人物之一尧斯提出的。期待视野大体上包括三个层次：文体期待、意象期待、意蕴期待。这三个层次与艺术作品的三个层次是相对应的。简单地说，“期待视野”就是接受者以往鉴赏中获得并积淀下来的对艺术作品艺术特色和审美价值的认识理解。

文艺美学理论认为，完整的作品是读者期待视野与阅读视野的重合。伊塞尔在《文本的召唤结构》中指出，作品的意义，只有在阅读过程中才能产生，它是作者与读者相互作用的产物。他认为，文学作品是一个充满未知和空白的，并需要读者在阅读中来加以填补的未定结构，文本唤起读者的阅读期待并在阅读中使之不断更新。接受美学根据读者阅读的条件与经验提出了“第一文本”、“第二文本”之说。接受美学认为，作品在没有示人、没有读者之前只能是作品本身，是“第一文本”，一旦通过读者阅读、理解、感悟才是“第二文本”。阅读的意义即在于“第二文本”的发生与发展。

阅读视野与期待视野的重合使文本成为作品，是意义产生的过程，同时也是读者阅读快感产生的过程，这是对于文艺作品而言。就新闻文本来说，阅读视野和期待视野的完全重合反而是新闻作品的末路。新闻作品与文艺作品不同，新闻是“易碎品”，具有意义的片断性，单一新闻作品无法达到文艺作品所具有的丰富内涵。单一新闻文本意义的不完整性，取决于新闻自身时时更新的特点。从另一角度而言，文艺作品强调意义的完整性，而新闻作品贵在相同作品之间的意义的连续性。读者阅读新闻作品的快感不在于单一作品，而是连续阅读。这也为新闻的不断跟进，提供了条件。

笔者曾写过一篇关于上海首家小额贷款公司成立的稿子。见报后第二天，有读者来电询问了一些没有在报章上披露的问题。仔细想来，每一新闻文本都是受众的一个“阅读视野”，这一“阅读视野”由记者、编辑生产，意义具有不完整性。换言之，是具有生产性的，需要受众的参与和意义构建。而读者在阅读之前，都有一种期待从中发现符合自身意义体系的意愿，即“期待视野”。如果两种“视野”能够重合，即小额贷款公司一文如果能够解决所有读者的疑惑，使之得到满足，则其作为新闻的意义就不存在了。新闻贵在这种“生产性文本”所造成的“阅读视野”和“期待视野”的不完全重合，使受众产生了再次或继续阅读，积极参与意义建构的主动意愿。正是因为小额贷款公司一文，没有能够解决读者“如何贷款”、“什么人可以贷款”等问题，才形成了读者主动来电的局面。因为其两种视野没有能够重合，阅读的快感没有得到满足，从而形成了对“生产性文本”意义进一步探究的渴求。

作为生产性文本的新闻作品，只有“片面”，即受众在意义生产过程中，自身意义的期待无法得到有效满足，才能产生继续阅读的主动意愿，因此它才能是一篇成功的作品。如果在一篇新闻作品中，读者能够完全得到意义的满足，那这篇作品对读者的吸引力相反是打折扣的，读者对该文的继续阅读是兴味索然的。从另一方面来说，意义若是得到完全满足，文本必定是面面俱到，缺乏特点的。

所以，“片面”才是好新闻，之所以是好新闻，是因为“片面”而深刻。

拍手未必真喝彩

——从成就报道的片面效应说开去

王瀛波

本意唱赞歌的成就报道却引来“喝倒彩”，这就是业界所说的正面报道的片面效应。真理多跨出一步就成了谬误，成就报道靠拔高，结果让人敬而远之。像赏月什么时候都行，而赏日只能等到日出日落，让人对光线适应才行。光芒太强，人们受不了。

在剧场看演出曾经碰到这样的场景，演员卖力地吹拉弹唱，台下的观众却不领情，嘈杂的拍手声往往不是喝彩，而是表达不耐烦、不认同的意思。在我们平时的成就报道中，这样的情景也能看到。

比如报载“农民喝上矿泉水”的新闻，读者却看出真相，实则是当地水源污染，自来水没法入口；再比如“沿街机关的洗手间对路人开放”的新闻很抢眼，却是引发读者对城市建设规划的疑惑：公共厕所的设置在川流不息的街道是怎么缺失的？本意唱赞歌的成就报道却引来“喝倒彩”，这就是业界所说的正面报道的片面效应。

尽管“全息摄影”、“多极报道”、“双向反馈”等等新术语，让媒体应接不暇，热点难点报道、突发事件报道、舆论监督报道等多有突破，但是，正面报道特别是成就报道的手段、方法和效果，有点像行船前滑落进水里的“剑”，似乎还留在原地，一些充斥“拷贝”化和标签化的所谓成就报道甚至造成群情哗然，宣传效果往往适得其反。

新闻传播效果是一切新闻传播活动的出发点和归宿点，是评判新闻传播质量的最重要尺度。新闻的片面效应可以这样定义：由于单元的新闻理念而引发的传播者主观上不期待出现的负面效果。

片面新闻的弊端和渊源

从宣传效果上归纳，新闻报道的片面效应主要有以下几类：

一是主观臆断的“正面报道”新闻，与受众的实际感受和实际接受程度背道而驰，反而昭示了另一种“极端”；二是主观效果虽然基本达到，但因为逻辑上的形而上学，而让受众产生不符合主流导向的负面联想；三是受众因为对某一正面报道多有质疑，由于“晕轮效应”进而对媒体其他客观报道产生怀疑印象。

值得注意的是，有些新闻报道反映了事物的现象，却并没有真实地反映事物的本质，甚至与事物的本质大相径庭。因为在某些情况下，事物的现象和本质之间存在着一定差距，甚至是相背离的。这时，现象仅仅是一种假象。如果把假象当做真相、当做本质来报道，就可能构成隐性失实。

唯物主义辩证法告诉我们，矛盾是对立统一的，认识事物要一分为二，而在成就报道中不恰当的由果溯因，就容易留下片面效应。

新闻报道所揭示的“因”应该确能解释“果”。然而，某些新闻在由结果探寻原因时，往往进行简单归因或不当归因。如一个地区的经济面貌发生变化，应当是诸多原因共同作用的结果。可是常常有这样的报道：“某路一通，经济变样”、“外资进来，经济腾飞”、“一个能人救活一方经济”……当然，记者在对事实进行报道的时候，完全可以也确实应当精选角度，有所侧重，而不能面面俱到，但上述“简单归因”式的报道是不是把复杂的事情看得太简单了呢？是不是也会引导受众以简单化的思维方式去看待新闻事实呢？

抢夺第一手新闻，一直是媒体竞争的制胜法宝。但是，把这一“法宝”用到极致，也就会使记者竞相攫取那些容易获取的表面性事实，而对于需要花费一定时间、精力、成本的深层报道弃之不顾。盲目追求及时性，还会使部分记者满足于官方提供的现成材料和数据，到一两个“样板”点上转一圈，就当成了“全面”的事实来报道。

面对信息时代产生的大量信息，一位欧洲政治家这样说：“不要告诉我发生什么事，而要告诉我发生的事意味着什么。”面对今天信息传播的几何级数的增长，媒体仅仅追求及时性是不够的，因为受众不仅要知道发生了什么，还想知道为什么发生，怎样发生的。他们不仅需要客观的信息，还需要媒体能够对纷繁杂乱的信息进行梳理整合之后的传播。

在成就报道中，因失度而产生片面效应的现象比较突出。不仅批评报道要把握度，正面宣传如果不讲究“度”也会产生片面效应。比如为了攻克某个科研课题，一连十几天不睡觉。人如果这么长时间不睡觉岂不是玩命吗？真理多跨出一步就成了谬误，成就报道靠拔高，结果让人敬而远之。像赏月什么时候都行，而赏日只能等到日出日落，让人对光线适应才行。光芒太强，人们受不了。

通常说新闻用事实说话，就是按新闻真实性的要求报道事实（“用事实”说话），此其一；其二，在真实报道事实的过程中隐含报道者的某种判断、意图（用事实“说话”）。如果新闻事实只能用来说明局部的、某一方面的情况，那么就不用它来涵盖全局和进行全称判断；如果新闻事实只能用来说明偶发的情况，那么就不用它来揭示必然性；如果新闻事实只能用来说明非常特殊的情况，那么就不用它来推及普遍性的结论；如果新闻事实只能用来说明事物发展过程中某一个阶段的状况，那么就不用它来指称全过程。

恰如其分。记者在报道新闻事实的时候，有必要也有权利对新闻事实本身及与此有关的素材进行取舍。取舍的依据主要有两条：一是新闻价值标准（看事实是否具有新闻价值，能否满足和能在多大程度上满足受众的新闻需求）；二是社会价值标准（看事实是否具有较高的社会价值，公开披露以后对人们的社会生活有利还是有弊）。舍去不符合新闻价值标准和社会价值标准的内容和素材，是完全符合新闻规律的，不会有片面之虞。

但有的记者却在报道中对某些内容进行了不恰当的舍弃而造成片面效果。初看并无问题，但其真实性经不起仔细推敲。例如，在典型报道中，出于树立人物良好形象的考虑，常常对人物内心世界的矛盾作简单化处理，省略了他们心路的曲折历程和丰富内涵，让人觉得不真实。其实，在一些重要关头，先进人物其实面临着痛苦的选择和严峻的考验，只要是活生生的人，在精神世界的深层次，会出现相应的复杂乃至微妙的心理活动内容。

事实是“中性”的——一个人服了某种药物是好是坏，尽可由人们去争论——但“服了药物”这个事实是无可争论的。记者所应提供的，就是这种无可争论的、中性的事实。美国一位新闻学权威曾经这样评价《纽约时报》：“你可以不同意它社论版的观点，但不能不相信它新闻版的报道。”笔者以为，这恰恰是一家严肃的新闻媒体应努力达到的境界。

避免“片面”效应的路径

无论哪一种类型的新闻报道，它的进步都是内生和慢慢积累的，但会有一些进入的路径。笔者归纳了五个“有”，来探讨如何有效规避成就报道的片面效应。

心中“有”数

所谓心中有数，一是指要有大局观。一位名记者曾经把成功经验归结为三种眼光：“俯视的眼光、透视的眼光、环视的眼光”。这既可以理解为是一种新闻敏感能力，也可以看做是一种深入采访的思维和方法。俯视的眼光，就是站得高，看得远，高瞻远瞩的大局观；透视的眼光是一种透过现象看本质的深入思考的能力；环视的眼光是通过比较去抓住事物和人物的特色。这三种眼光，体现的是全方位的、变动的、辩证的思维方式。

心中有数的另一层意思就是学会用数字观察新闻。但是要警惕数字陷阱和数字迷信，因为任何科学数据在消费产品中的出现，都会诱惑或者吓跑消费者。比如，绿色食品、抗辐射手机、纳米冰箱、纳米食品等等。在新闻报道中，还要警惕数字极大化与极小化的倾向。所谓极小化是对事态的低估。例如，为了强调400万个硬币数量不大，记者可以写道：这些硬币可以装进一个每边为6英尺的方盒子里。极大化是对事态的高估，强调问题的严重性。为了政治或商业的利益，采用线性测量的方法评估新闻事件。比如，为了强调400万个硬币数量的惊人，记者可以写道：这些硬币可以从海平面一直铺到珠穆朗玛峰峰顶。

目中“有”人

曾获普利策奖提名的伊丽莎白女士在与清华大学新闻学院学生座谈时讲过这样一件事：《纽约时报》当时的总编辑也是名记者，其人性格内向，不爱说话，也不爱交际。她有些奇怪，性格内向的人怎么能成为一个好记者呢？后来发现，原来这位总编辑是很好的倾听者。而善于倾听，是成为好记者的很重要的素质。她因此认为，“好记者”首先是个“善听者”。

善听者就是善于寻找“核心信息源”的人，就是善于从接触的人中去寻找新闻的参与和制造者，而不仅仅是信息发布者。因为很多时候，新闻事件的主角是隐藏在背后推动事件发展的人，而有时核心信息源甚至并非事件参与者，而是各方信息的交集点。这些高难度对好记者的素质要求就是能够敲开别人敲不开的门。

小中“有”大

不要放过每个细节，从某种意义上说，新闻记者要有“福尔摩斯”的观察力。新闻现场往往有很多关键细节能反映出新闻的本质，找到它，并挖掘下去，就能把事件的脉络捋出。有时候一个细节的加入，能使一个普通突发事件多了一层人性的深度。以小见大的写法关键是要找到一个合适的恰当的“小”，也就是有代表性、有典型意义的细节、故事、形象，不是什么“小”都可以见出“大”的。从“小”到“大”的逻辑要清楚，有必要的铺垫和渲染，不能生拉硬扯。

言之“有”物

这里所谓的“物”，不是说要有内容，而是说要有独特的、令人印象深刻甚至过目不忘的形象、情节、故事。外省青年李鸿谷进京，在“三联生活周刊”的编前会上开口就说，“记者最大的梦想是做独家新闻……”结果引来哄堂大笑。在信息时代，媒体想做到通常所谓的独家的可能性越来越小。但是，做新闻的挑战正在于此——没有独家，但有独特，寻找别人没看到的。言之有物，也就是即使面对曾被报道过的事件，也可以从“新材料”和“新方法”两方面找到武器。言之有物，也就是要“寓理于物”、“寓情于物”。

你中“有”我

也就是由此及彼，要学会逆向解析现象，很多现象，从正面看平淡无奇，但反过来向源头一追踪，却能发现重大选题。

事物之间存在着多种形式的联系。有些事情看似毫不相干，但仔细琢磨，其中也许还有相通、相似的地方。记者的眼光不宜局限于一时一事一地一人，要善于从不同的事件中寻找连接点。以前的“两会”报道比较简单，主要的报道形式是人物专访，设计一个题目，找到一个采访对象，谈完了就写。但现在，越来越多的“两会”报道尝试把不同的人、在不同的场合、发表的不同观点糅合起来，组装起来，围绕一个主题，构成一个有机体。文章看起来是散的、漫不经心的，实际上是通过了精心的构思，形散而神不散。有效地传达了主题和观点，顺理成章地得出了结论，令人信服。

《新闻实践》杂志2009年第7期“多棱聚焦”栏目

副刊变局

在我国近当代新闻史上，副刊被视作报纸的“灵魂”或“面孔”。至上世纪八九十年代，传统媒体追求“一报在手，全知天下”的改革，又是以各类副刊的再度繁荣为主要特征。当时有报界前辈说过：“报纸耐看不耐看，主要看副刊”。

时至当下，副刊在报纸激烈演变中出现了命途乖张的大变局。当报纸全线倚重“新闻纸”功能之时，副刊被毫不怜惜地在改扩版之际当做“鸡肋”弃之；当厚报应对分众化需求之时，副刊又突然被赋予神奇，衍生为五光十色的“专刊”；当遭遇网络“海量”信息包围之时，报纸与其抗衡的优势似乎只剩副刊那种“后主流”的文化气息，因而重新包装，扩充定位，甚至提出“以副压正”的办报策略……诸如此类的变局，或称为“突围”、“坚守”乃至“衰落”，引发了业界和学界的诸多争论。

其实，副刊的变局直接反映了报纸在网络时代无法回避的变局。副刊作为报纸“附张”以附属地位存在时，无法改变它是媒体的闲散资源空间的事实。那么，只有在报纸生存竞争背景下来审视副刊的走向和趋势，才可获得比较务实而理性的价值取向。

报纸副刊“突围”的适应力和竞争力

操　慧

辩证地看，报纸副刊“式微”之征兆，正是孕育其新的发展机遇的催化剂。如果说“适应力”更多的指一种生存能力和快速反应力的话，那么报纸副刊的竞争力就是在此基础上构建的吸引读者、影响读者的能力与实力，当然这也是报纸自身文化扩散和品牌构建的有效途径。

我国报纸副刊从“补白”的“副张”，发展到当下形式多样的专刊、导刊甚至“主题刊”，伴随报业的跃进愈加凸显出作为文化信息载体的现代性特征。从精英特色走向大众化，从精耕细作的约稿组稿，走向大众参与的平民讲述和公共表达，在大众文化的多样传播与即时消费下凸现“何去何从”的压力与竞争乏力的“困境”，突围势在必行。

报纸副刊突围的适应力

报纸副刊的现状既有其传统经营模式“式微”的媒介呈现，也凸现出必须正视和研究其所处的传播语境的迫切需要。目前报纸副刊所出现的“式微”趋势，并非简单意义的走下坡路或滑落。传统的文艺性副刊读者的骤减，既有新的媒介文化消费的分流，也有读者多元文化需求不能得到满足所使然。《都市报》在适应传播语境中推出市民市井副刊，就是意识到了当下以技术迅猛发展为支撑，受众的多元文化需求、多元自主选择的技术文化、互动文化以及民主文化胶合的媒介文化语境；并且也深知，受众对文化的需求以及满足以“速读”为表征，以“平等对话”为纽带，媒介消费不求系统深刻，但求即时回报、快乐轻松与休闲。

与此同时，网络媒体的巨大冲击迫使报纸必须着眼于对未来读者的培养。一些报业集团利用“报网联动”方式，将相对静态的副刊内容借用多媒体传播方式延展了读者的阅读参与，如借助网络的交互平台推出同一作者的网络文学作品，既扩散了报纸副刊的传播范围，又开发出新的年轻读者群，使副刊阅读的方式多样化。

传统报人在埋头“精耕细作”文化副刊园地之际，更现实和迫切地应对不是如何“耕作”，而应该先放眼观察洞悉传播的“生态”，及时调研把握时代的“需要”、社会的“需要”、读者的“需要”。上述的一些应对，虽然也起到了一定改善和改良作用，但是从系统、长远、根本上讲，还停留在“隔靴搔痒”、“零敲碎打”的阶段，副刊突围的“适应力”构建，需要有审时度势、精心部署、创新实践的系统工程。

“适应力”是生存的基本能力，也是发展提升的保障和前提。与报纸新闻、评论、广告相比，报纸副刊作为文化信息的主要载体，在当下就是社会文化的“交流场”、“共建场”和“共享场”。美国著名文化人类学家M.米德在20世纪70年代就提出了“后喻文化”的观点，其要义就是人类文化传承的代际传播方式会随着技术进步和现代化推进而发生巨变，前辈要向年轻一代学习。“后喻性”也就意味着我们当下的传播内容和形式都要适应年轻化的需要，“新鲜”、“实用”在人们的信息诉求中比以往更加强烈和重要。

近些年来，很多报纸的副刊走向了系列化专刊，如《北京晚报》一周推出五个不同主题的专刊，以“知本周刊”、“E周刊”、“财富周刊”等为代表，突出了知识性、实用性和服务性；而传统的文艺性副刊也并没有完全消匿，而是转换为大众文学、市井文学以及网谈博客类的参与式副刊。这些副刊将读者视为与编者平等地位的伙伴，重视他们的言行与生活的感悟，精英类的传播内容转向亲近、亲切和日常化的文化社区园地，传统副刊特色中的地域色彩得到了加强，标题制作的方言化以及叙事文风的贴近性，都使报纸副刊的地方味凸现从而提升其本土传播的效果。如《华西都市报》在创刊之初推出的“街坊”副刊，就是上述特色的典型代表。

但是我们也不应忽略，副刊传播的地方化走向也会客观上使文化传播的丰富性打折，即使是那些钟爱副刊的读者，他们也更愿意阅读有时代感、民生性的“多棱镜”式的副刊，这既不是单纯地迎合读者就能解决，也非主观“推想”或“猜想”就能对路的。“适应力”意味着不是固守不动就可以维持，而是必须主动出击才会有出路。副刊虽然是报纸的四大要件之一，但也是事关报纸整体布局与生存问题的有机组成，报纸副刊的突围是报纸迎难而上的重要课题之一。

“适应力”是适者生存的基本生存能力，却不是“免疫力”。它是在新旧交替阶段的激烈冲突中所需要的一种快速反应力。它需要我们依托原有基础与优势，在生态分析中适时调整和提高。今天，报纸副刊的经营已经出现了分化，有副刊传统和传播优势并拥有一定读者群的报纸仍然在坚守。据调查，我国入围世界报纸发行量前100名的党报、晚报、都市报都保留着文学副刊，有的还都具有较高的知名度与美誉度。

同时，有些报纸针对读者的“后喻性”特征与需求，侧重传播现代性、知识性、实用性的内容以及借鉴多媒体融合的传播方式，在减少甚至取消文学性副刊之后，着力于报网互动，对时尚话题、都市新风、世间百态做日常报道，也吸引了新老读者。当然，我们关注到在副刊“雅俗共赏”的目标下，有些报纸以“俗”为出发点，使副刊的格调变味甚至丧失。

报纸副刊要以优秀的民族文化、传统文化和社会主义核心价值体系为主导，这就是其“适应力”的方向和成效检测的衡量指标。从这个意义上讲，报纸副刊的“式微”是相对意义和比较意义上的“式微”，是与之前大规模喜闻乐见和持续性繁荣发展相对的。辩证地看，“式微”之征兆正是孕育其新的发展机遇的催化剂。

报纸副刊突围的竞争力

如果说“适应力”更多的指一种生存能力和快速反应力，那么报纸副刊的竞争力就是在此基础上构建起的吸引读者、影响读者的能力与实力，当然这也是报纸自身文化扩散和品牌构建的有效途径。

“式微”论者认为，一方面传统副刊经营的精英化取向难以吸引大众，走“曲高和寡”或者“孤芳自赏”之路会难以为继，名家的作品连载、评论赏析或者文娱动态，不足以从深广两个维度满足读者更加多元化的文化需求；另一方面，报纸的市场化加速了报纸经营中“利润最大化”的规划，副刊要满足经济社会中读者日益增长的“实利化”诉求（即传播内容的实际利益满足的功能），就必须转化传统副刊经营的理念与运作策略，重新打造副刊的“注意力经济”。而前述某些报纸的不当竞争，正如香港报纸副刊历史上曾经出现的“文、武、娱、秘、淫”，是这种两难境地中媒介责任担当缺失和实现经营独立尚需能力提升的写照。

报纸副刊的竞争力是一种科学的传播决策力，即报纸管理者和副刊从业人员的判断和决策，在其操作层面是一种选择，即对自身媒介定位、副刊走向、目标读者的选择，即对传播什么和如何传播的选择。这一系列选择建立在充分调研的基础上，我们既需要调研国内外报纸的整体生态和读者需求，也需要深入考查文化传播在报纸竞争中的实际作用，还需要问症作为文化产业经营的可能，副刊如何成为多形态的文化产品并且更深入地服务于大众的生活。选择建立在知己知彼的调研上，建立在专业化的中外比较上，更建立在担当民族文化传承和创新的社会责任的自觉上。

目前我国副刊竞争不仅是同业竞争，还有跨媒体竞争，如新华网的“新华副刊”。我们需要在传播视角新闻化、传播内容信息化、传播方式服务化中，找寻报纸发展空间和特色经营的差异之路。

领悟老一代副刊报人的办报理念，如新民晚报老社长赵超构先生对晚报特色的“短、广、软”总结，对当下报纸副刊突围仍有启示。“短”指篇幅短小，可借用来强化精品意识，以满足现代人“速读”中的求实；“广”指内容广泛，可借鉴来拓展副刊的信息容量，提供丰富的“文化大餐”；“软”指传播方式亲近平易、文风有趣有味有格调，可借此传承并创新副刊的文化内涵。

尽管网络媒体对传统报业造成巨大冲击，但是在地域传播和文化传播的双重诉求空间中我们还是会觅到生机。以新华网的“新华副刊”为例，它在时效性和传播形式上有优势，这是国家级通讯社的时效优势和网络技术保障赋予的，其内容有时代气息，但是与报纸副刊比较，尤其是与地方报纸副刊比较，它缺少内容的有序版块、缺乏地域独家的贴近、更没有情感亲近的归属，而这些是我们不同类别的地方报纸副刊经营的优势与可为空间。

与20世纪90年代末期我国报纸副刊改版的高潮相比，目前报纸副刊进入了发展的“滞缓期”。以《华西都市报》的“社会文化”副刊的兴起为代表，副刊在贴近普通人、关注民生、提供实用信息的过程中，渐进打破着传统副刊“精神绿洲”的褊狭界限，其表现出来的版块化经营、栏目频换以及大杂烩组合，使大众参与、大众表达和大众共建无序和杂乱，市井性的拼凑文化加剧了读者阅读导向的“审美疲劳”。

纵观如今副刊参与社会生活貌似“面广而力弱”的“蜻蜓点水”，或者“雅俗失衡”的“不伦不类”，这种形式上有而传播效力上若有似无的尴尬，更加促使我们的报人要以文化传播的自觉和责任，从差异化需要出发，从特色经营入手破局或突围。它与我们新闻传播自上而下倡导的“三贴近”相辅相成，唯有如此，才会在传播中真正满足读者之需，达成多重满意，从而构建起副刊突围的竞争力。

差异化的比较优势的确立和扩散，是报纸副刊文化传播功能在信息资源高度共享实况下的竞争力构建内涵。借由新闻价值高的由头组织策划社会参与的活动并非副刊的专利，但是副刊以貌似“边缘化”的姿态和“文化育人”、“文化化人”的特定浸润，呈现社会生活，干预社会生活，导向价值判断，则能大力提升其竞争力。

报纸副刊从业者的前瞻意识和协作型学习意识的自觉提升，是报纸副刊突围的主体和创新核心。这体现在注意吸纳借鉴其他媒体的“易读”传播方式，在话题策划、文化服务的日常采编中多关注未来发展的趋势，提高科学知识的传播质量，化“陶冶情操”的静态为“精神家园共建”的动态。与新媒体受众参与的广泛性和交互性相比，报纸副刊营建的是一个相对实在的对话空间，建立在报纸本身可信度基础上的副刊传播，依托以文字为主的符号系统，帮助读者文化审美能力的提升。

协作型学习是当代创新能力培养的模式之一，报纸副刊从业人员应有较强的语言功底和文史哲学科基础。历史上很多报纸副刊编辑，同时又是知名的作家、诗人或史学家，如今更需要这支队伍加快协作型学习，而协作型学习是自觉与创新的有效方式。

报纸副刊从业者的专业素养和学养，体现在副刊传播的质量上和读者反馈的有效性上，他们要善于和报纸、电视、广播、网络等业界同行交流探讨，同时也要注意更新和完善自己的知识结构，在与相关领域作者和专家长效沟通的基础上形成自我创新的传播机制。在副刊经营的实践中优化传播结构，以独特的吸引力竞争、精神文化的归属感竞争，力争最佳传播效果，从而变被动应对为能动创新，变突围为最终引领。

近年来，对国民阅读能力下降趋势的普遍担忧，也赋予报纸副刊在此领域有独特的功用和特殊的使命，也以此使得报纸副刊的竞争力构建富有长远的文化竞争力构建的责任。若是从这样的民族文化传承与创新的战略要义上规划副刊发展的竞争力，我们对以报业文化扩散与征服市场的前景充满着期待。

报纸副刊“变局”现在进行时

何　龙

不管怎么说，报纸的辉煌正在过去，副刊的危机正在逼近。因此，作为副刊编辑，我们要思考的是，怎样才能延缓危机的行进脚步。其实，内地报纸副刊目前所做的改良，走的大都是香港副刊的路子，比如副刊专栏化、小品化、时事化等等。资深报人金庸在办《明报》时，曾写下《副刊之五字真言》，贴在编辑部供大家参考：短、趣、近、物、图。

用“腹背受敌”、“四面楚歌”来形容当下报纸副刊的生存状态并非夸张。一个有电光声色可以愉目怡情的电子时代，必然导致印刷阅读物的“式微”。在以新闻为主导的报社，副刊要么成为点缀，要么在逐渐远离它的本原定位，要么干脆从报纸上消失。

具体而言，当今报纸副刊都在经历着如下前所未有的阵痛。

正在消失的地盘

在薄报时代，副刊尽管被调侃为“报屁股”，但它仍然不失为丰满的“肥臀”，有的甚至占有将近半壁江山。《羊城晚报》在1980年复刊时，总共只有对开四版，副刊却占了两个版：一个是文学副刊《花地》，一个是综合副刊《晚会》。现在，《羊城晚报》版面扩张到40多个版，但除了星期六外，属于真正副刊的只有两个版。这个比例对《羊城晚报》而言显得少了，但对许多根本就没有纯文学副刊的报纸来说，《羊城晚报》还总算有文学副刊的一席之地。

伴随着“物理地盘”的缩窄，副刊的体裁地盘也在窄化。过去的杂文往往是副刊的主力之一，但随着各个报纸都开辟了时事评论版，并开出了比副刊杂文高得多的稿酬，使得过去的杂文作者纷纷转投时事评论，副刊杂文急剧减少。过去在副刊中盛极一时的报告文学和纪实文学，如今也被长篇通讯和焦点新闻逼得退避三舍。

时下的大部分报纸还与广告部门联合开发了新闻与副刊的边缘产品——专版或专刊。这种专版或专刊从时尚、家庭、休闲、美食、旅游到汽车、电器等等无所不包，它们也在抢夺综合副刊的内容和版图。

正在丧失的主力

传统副刊的主力作者无疑是作家。由于报纸的影响远比杂志广泛，许多作家通过在报纸副刊发表作品扩大他们的影响，有的作者本来就是通过在报纸副刊发表作品而成为作家。广东著名作家陈国凯至今都不讳言自己是从羊城晚报《花地》副刊写出名气来的。

在上世纪七八十年代，文学作品的轰动效应此起彼伏，著名作家就像现在的娱乐明星，他们无论是作品还是本人都经常引起人们的关注。有这样一个真实故事：一位男作家发表了一部作品后，收到了数以百计的读者来信，其中还有女读者把自己的头发剪下来夹在信中寄给作家，有的来信中还依稀可见读者的泪痕……那时，许多人也像现在的追星族那样追文学之星，现实中也不乏通过在报纸副刊上发表作品而找到工作、找到配偶和得到提拔的例子。

关注导致参与，参与带来关注。文学的魅力增加了副刊的魅力，副刊的魅力引发人们的阅读和参与。这就是那个年代副刊兴盛的前提。

但这都是只供凭吊的昔日辉煌。如今，写给明星作家的信件已经改寄娱乐明星，投给报纸副刊的稿件也大部分改发在自己的博客里。在副刊编辑部，我们仍然会收到许多稿件，但那些通过古老邮差蹒跚而来的手写稿件，我们不用拆开都能判断，作者大多与邮局一样“古老”。

失去读者的热情，必然也提不起作家的热情。作家们现在有的去学书画，有的改写剧本，有的热衷炒股，有的另谋他就。副刊作者无论主力还是后备军都形成“前仆后不继”的格局。

正在变形的内容

在传统观念中，副刊总是以文学副刊为正统。这决定了小说、散文、杂文、诗歌、报告文学、文艺评论等在副刊中的主流文体地位。在今天的副刊里，除了杂文被时事评论版夺爱之外，诗歌据说“写的人比读的人多”而不被重视，文艺评论也过于阳春白雪而纷纷“下架”，报告文学的生产周期过长，不符合新闻的时效特征，华丽的文笔比不上通讯的粗糙速度，因此也渐渐被淘汰出局。现代副刊最受宠的文体莫过于随笔，不少报纸的副刊也只剩下了随笔。

副刊的窄化衍生出副刊内容的泛化。许多副刊编辑意识到，作为新闻的寄生品，副刊的新闻化也许就是一条出路。于是在许多报纸的副刊中，我们随时可见“记者作品”——以记者采访的方式观察分析社会文化现象。这种“记者作品”渐成副刊的主流，以至于广东省副刊研究会在最近两届评选年度副刊作品时，多家主流报纸选送的都是这类“作品”，使得评委不得不要求改送正宗的文艺作品。

正在游移的目光

众所周知，中国正在面临着社会转型和技术转型。

在社会转型期，人们的价值观念和思想观念都处于外扰与内乱状态。外扰来自物质挤压和物欲追求，这是诗意丧失的动因。思想“内乱”缘于价值失衡和观念混战——既要追逐物质享受，又要维护文化体面。这种矛盾既排挤思想又产生思想。对副刊而言，这是阅读的斥力，也是思想的动力。

在发达国家，由于技术的高度发达，电子媒体已经凸显其排他性的强势，印刷媒体在下坡路中也就越走越快。中国则不同，目前还处于广播电视、报刊杂志、网络手机等媒体势均力敌的时代，也就是说，还处于技术转型期。只要印刷媒体与电子媒体还在拉锯战，作为传统媒体的报纸就仍然在坡上行走，同时，作为报纸副刊也仍然有生存空间。

在转型期，中国读者的目光在电子媒体与印刷媒体中游移，报纸总编的目光也在副刊的坚持与放弃之间游移。

正在进行的改良

不管怎么说，报纸的辉煌正在过去，副刊的危机正在逼近。因此，作为副刊编辑，我们要思考的是，怎样才能延缓危机的行进脚步。当然，我这里所说的副刊，主要是指文学副刊。

1.寻找注意力

在少报和薄报年代，读者的阅读方式是循序阅读，可以从头版的第一个字读到末版的最后一个句号。在厚报年代，读者的阅读方式是跳跃阅读：先看标题，选择感兴趣，不对胃口的就哗啦啦地翻过去；对过去处于报“屁股”、现在处于报“脚跟”的副刊，有的读者翻到这里，也就翻到耐心的尽头。何况对年轻读者来说，在他们翻阅报纸时，电视里的明星正在出镜，MP3里的歌声正在播放，电脑里的QQ正在闪动，手机里信息正在嘀嘀作响……除非你的副刊具有强磁般的吸引力，否则他们就要和你说“88”。

美国北卡罗来纳大学新闻与大众传播学院教授菲利普·迈耶（philipmeyer）五年前就对报纸的生存忧心忡忡，他在《正在消失的报纸》一书中说：“在拥挤不堪的信息市场，信息本身因不再紧缺而价值降低，公众的注意力已经成为稀缺商品。”“为了获得这种稀缺的注意力，职业信息传播者正在进行一系列的尝试……一种尝试是尽可能使内容显得古怪和骇人听闻。另一种是使信息以极快的速度刊出、播出或上网，甚至都来不及核对事实。还有一种是将新闻编辑稿与广告或公关材料结合得天衣无缝，以致消费者意识不到他们在接受商业推销。”

寻找“稀缺商品”注意力，更是副刊的第一着力点。这一着力点的第一“穴位”是标题。

在速读时代，标题是留住读者注意的第一道亮光，它是一篇文章最最关键的关键词。在博客里，有个作者写明星们买房子的事情，作者用了《明星们的房事》的标题，就引来50多万的点击。副刊标题的命名，同样可以运用新闻要素：冲击性、显赫性、接近性、奇异性、规模性等等。《羊城晚报》纪实版上有篇文章的原标题是：《毛泽东为何对广东土改“怒气冲冲”》。作者怕“怒气冲冲”有损伟大领袖的形象，坚持要去掉“毛泽东”与“怒气冲冲”。但编辑认为，“毛泽东”具有著名性，“广东土改”具有接近性（广东的报纸），“怒气冲冲”具有冲突性，这个标题具备三大要素，不能去掉其中的两个。最后经过协商，改为《广东土改为何惊动毛泽东？》，仍然具备三大要素，略为遗憾的是更为重要的要素“毛泽东”不是排在第一位。

2.寻找趣味性

美国旧金山州立大学新闻系教授罗兰·德·沃尔克（Roland.De.Wolk）曾指出：

“记者有责任增加新闻的趣味性。”过去我们一谈到趣味，就联想到“低级趣味”，似乎我们是不苟言笑的人之异类。副刊作为报纸文化的制高点，传播思想文化是它的使命之一，但不是唯一，而思想文化也不是板着脸孔的教导主任，完全可以用更有趣味的方式来传播思想。在新媒介语境中，传播过程已经不能像老套作家那样只重表达而不重传达。表达而不传达，实际上是无效传播。

趣味性既指副刊文章的内容，也指文字表述的幽默和风趣。

3.寻找公共性

作者大都以自我为中心。他们往往认为自己喜欢的别人也一定喜欢。他们把自己看成名人，似乎事无巨细，别人都有兴趣分享。因此，在以往的报纸副刊里，我们经常看到许多应景应事文章，牛年说牛，马年说马；春节一定除旧布新，“六一”必有“祖国花朵”；亲人去世，一定深切怀念；朋友离别，必然无限怀想……

应景文章看似叙写公共经验，但那只是尽人皆知的寻常经验；应事应人文章除非能像朱自清的《背影》那样把个人经验提升到公共经验，否则一般读者无法参与和分享。因此，《羊城晚报》“花地”副刊明确规定，对那些到哪里旅游就写篇“到此一游”之类的空洞文字，对那些老套的个人叙事，对那些纯粹的个人抒情等都不予采用。我们宣称偏爱叙写现实生活、社会问题以及抒发能够与公众对接的情感文章，我们倡导不落俗套的清新文字和幽默语言。我们不拘一格用头条，同时也不拘一格开稿费。

4.寻找易读性

当我们阅读西方著名通讯社和报纸新闻时，都会发现无论通讯还是报道，行文都十分简洁，段落都十分简短，文字都十分通俗。他们的文风，都在追求“易读性”。

在报纸最为发达的美国，编辑学被提到“哲学”的高度。罗伯物·G.皮卡德与杰弗里·H.布罗迪在他们合著的《美国报纸产业》一书中概括“编辑哲学”是“取悦读者的编辑哲学和指导读者的编辑哲学”。他们说：“（美国）全国报纸发行量下降和报纸渗透率没有得到提高。在主编和报纸发行人中间产生一种恐慌，即在计算机时代，新闻能够同时在全世界广播，信息可以通过在线网络立即进行传播，报纸将成为落后于时代的产物。因此，报纸主编和发行人正努力确保为报纸准备的稿件便于读者使用、利于读者理解，并能够符合读者的兴趣和需求。”

“易读性”要求文章短，文句短，段落短，语言浅显，排版简洁。在铅字植入年代，文本编辑存在技术障碍。但在电脑编辑时代，文本编辑是一件轻而易举的事情：作者和编者只要常用删除键，篇幅就由长变短；只要勤敲回车键，段落就化繁为简；只要勤加标点，电报式文句就产生了。至于对付那种为了显示自己是“活字典”而爱用偏字僻字的作者，汉语中也有足够的文字可供替换。

作为与新闻连体的报纸副刊，许多对新闻的要求同样适合于副刊。

其实，内地报纸副刊目前所做的改良，走的大都是香港副刊的路子，比如副刊专栏化、小品化、时事化等等。资深报人金庸在办《明报》时，曾写下《副刊之五字真言》，贴在编辑部供大家参考：短、趣、近、物、图。其中，“近”就是时间之近与空间之近：接近新闻，接近读者；“物”就是言之有物；“图”则指使用图片、照片、漫画等。

台湾报纸副刊沿袭大陆报纸传统副刊的老路，追求文学性与思想性，同时举办各种文学奖，著名的《联合报》副刊就是代表之一。而这种通过文学活动营造文学氛围的办“刊”思路，也被《南方都市报》部分地效仿。

历史是无法回头的，报纸副刊的鼎盛时光也不可能“回光”。然而，在新闻同质化日趋严重的今天，副刊将因为其“异质”而获得生存空间。同时，速度时代也需要一些驿站，让人驻足消停，摸摸胸口，舔舔伤口，想想过去，看看现在，瞧瞧未来……而副刊，就应该是这些人生驿站里的“席梦思”。

“晚潮”潜涌下的独白

赵力行

文学并未落“潮”，副刊仍受欢迎，之所以我们会有报纸副刊“可有可无”的错觉，是因为我们自己抽身在外，又缺少深入调研的缘故。为何一批批新的文学爱好者接踵而来？我觉得，这要从人的精神需求谈起。一是交流的需求，二是求知的需求，三是共享的需求。

副刊落潮之我见

读书既多，年龄渐长，光阴日迫，不再想看报纸上的纯文学作品了。细析原因，大约有三：一是眼格高了，二是闲暇太少，三是阅历深了。现今的流行作品即使是一些名家写的，读来也觉得不解渴。

或许有我这样经历、感受的人不在少数。所以，放眼报业，特别是一些新兴的都市类报纸，不少都缩减了副刊版面，有的干脆就取消了纯文学的副刊。说起来，人们都振振有词，不认为这样做仅是自己的偏好，而是顺应时代潮流的所为。

4年前，我从报社领导岗位上卸任后，恰巧我们《钱江晚报》“晚潮”副刊编辑缺少，我就客串每周为其编一个版。结果，深入“晚潮”编务，却颠覆了我对报纸副刊的固有看法。

接手之初，我想现在大家都在为生计忙碌，谁还有闲心来写副刊闲文，因此十分担心稿源缺乏。为有备无患，我采取了两个措施：一是在版面上公布了我办公室的地址和电子信箱号码，欢迎来稿；二是预先向报社内的几位同仁（有的是编过副刊的前辈、有的是擅写散文杂文的高手）约了稿件，以确保开头两期稿件的数量、质量无虞。

事情的进展出乎我的预料，我编辑的版面见报后，来稿的数量一天比一天多，起初是每天近百篇，现在是一周上千封，几天不打开处理，电脑邮箱就要爆满。

作者来自天南海北，甚至有旅居海外的侨胞也通过国内的亲友发来稿件。从作者的名字判断，女性似比男性略多。而作者的身份，更是五花八门，有民工、有教师、有军人、有公务员、有公司白领……而学生则从小学生到博士生，各层次的都有。细看来稿的内容，有写婆媳关系的；有写家庭生活的；有的逢节怀人，缅怀自己的亲人或师友；有的借物咏志，抒发自己的情感和抱负；有的抨击时弊，位卑未敢忘忧国……总而言之，以讲述自己的经历，叙述自己的感受，表述自己的观点的散文、杂文居多。

作者如此，读者反响又如何？编了4年副刊，对此我有切身的体会。

发了一篇好文章，当天或第二天我就会接到赞扬的电话；所刊稿件中发生了文字差错或事实失误，马上就有读者来电来信纠正；有人一稿多投，有人抄袭剽窃，更是会遭到很多读者的谴责；而打这些电话写这些信件的人，大都和我素不相识。有位作者发了一篇有关“寻找古琴”的文章，一家电视台看到了，专门约他去北京，做了一档实地“寻琴”的节目；有的作者因在副刊上发了文章，而被几家出版社看中，出了专著；而“晚潮”上所刊发的不少佳作，曾被其他报纸杂志转载；有位作者发的一篇杂文，还被发行量逾百万的《读者》选作了卷首文。

事实证明，文学并未落“潮”，副刊仍受欢迎，之所以我们会有报纸副刊“可有可无”的错觉，是因为自己抽身在外，又缺少深入调研的缘故。

涉水试“潮”后的几点思考

副刊需求永远存在

为何一拨拨人远离文学而去，又有一批批新的文学爱好者接踵而来？我觉得，这要从人的精神需求谈起。人，除了温饱等物质需求外，还有很多精神层面的需求。约而言之，至少有三方面是与文学直接有关的。

一是交流的需求。人生世上，辛苦遭逢，所见所闻，所感所悟，真的是五味杂陈，如鱼饮水，冷暖自知。但人非草木，又是最富感情的，且有交流这种见闻、情感和思考的需要。二是求知的需求。一个人要在这纷繁的世上立足生存、谋求发展，没有学识是断不可行的。而人非生而知之，不管是自然、社会乃至哲学方面的知识，都要通过各类媒介传而播之，学而习之，才能掌握。三是共享的需求。人类文明，很多东西，说穿了是做给别人看的。如果说原始人披挂兽皮，主要是为了御寒；那么文明人穿锦着丝，恐怕大半是为了“夺人眼球”，锦衣夜行没人欣赏那是白搭，只有回眸频频，才算靓丽有型。

就报纸而言，上述这些精神的需求，如果具有社会性时效性的，或许可通过新闻的形式来实现。但很多需求事涉个人，诸如个人的情感宣泄、人生体验、所见所闻、所思所悟，读了一本好书意欲推荐，写了一篇美文愿人品赏……大约只能通过副刊来表达。

鉴此，虽有一拨拨“过来人”阅尽人间沧桑，远离文学副刊而去，却总有一批批“新人”满怀好奇、憧憬和热情，奔向这块文学“伊甸园”而来。

副刊要兼容并蓄，与时俱进，面向未来

副刊既有这样广泛且多样的需求，那么办刊就一定要兼容并蓄，与时俱进，面向未来。兼容并蓄可从两方面来理解。首先从作者的队伍讲，包容性就一定要尽可能的大。各式人等，无论贫富贵贱，无论男女老少，都有精神层面乃至述诸文字的需求。我们一定要坚持开门办刊，切忌只用身边小圈子熟人同仁的来稿。其次从稿件内容来说，办刊取稿，一定不能仅凭自己的爱好，只用合自己口味的稿件。作者不问出处，坚持择优用稿，这是不带任何偏向的组稿原则。如果也有偏向，我觉得那应是“与时俱进、面向未来”的组版倾向。文学是人学，而“人事有代谢，往来成古今”，从某种角度看，世界的未来在青年，文学的未来也在青年。想当年，我们都是“文学青

年”，如今我们这代老了或渐老，对文学的兴趣消了或渐消，但一定要看到，前辈中，有人与文学结缘终身而不悔；更要看到，晚辈中，仍有一批批新的“文学青年”在成长。网络上的“博文”风靡一时，作者以年轻人居多，虽与副刊著文表现形式不同，但热爱文学和热衷写作，实质是一样的。打个不恰当的比方，作为过来人，千万不能自己结过婚或离了婚，就看不得隔壁老人续弦、邻家小青年谈恋爱。多用朝气蓬勃、感情充沛的年轻人的稿件，兼用底蕴深厚、与时俱进的中老年作者的来稿，只有这样，才能使我们的副刊既源远流长，又引领时尚，切实与“二十一世纪城市主流报”相匹配。

副刊要让人“开卷有益”

兼容并蓄绝非好孬不问，副刊的选稿还是应该有标准的。我编“晚潮”副刊，自定的标准是“开卷有益”。具体来讲，心中有这样一个标杆：不管什么来稿，要么你说的事情，对读者有所借鉴；要么你抒的感情，能引起读者共鸣；要么你讲的观点，对读者有所启发；要么你写的美文，能使得读者愉悦。而要做到这些，关键是要有真情真感，真知真见。

我一周编一个“晚潮”版，虽然每次只能用四五篇稿子，但来稿每天三四百，读稿多了，我发觉大部分作者热情可嘉，但所写稿件的质量，却亟待提高。“晚潮”副刊的来稿，以叙事记人的散文为主，但大多记叙的是身边的亲人和生活的琐事。不是说这些人与事不能写，问题在于仅仅与一己有涉，太零碎、太肤浅、太婆婆妈妈。而一些议论文，不少缺乏新意，或老生常谈，或引经据典，或端着架子训人，隔靴搔痒，说不到点子上。至于一些游记之类的“美文”，描写一下风景，抄一点有关景观的掌故，往往写成了导游式的说明文。读者读这类文章，难以得到情感的熏陶、知识的拓展、观点的启迪和感官的愉悦。当然，百里仍至千里挑一，总能找到相对较好的佳作。

副刊要服务到位，成为温馨的精神家园

从某种角度来说，报纸也是一种服务性行业，副刊要办好，就一定要服务到位。精心编辑，减少乃至杜绝差错，是一种服务；及时、足额地向作者发稿酬，也是一种服务……但我觉得，对于副刊编辑来说，公平公正地选用稿件，是对读者或作者是最好最重要的服务。

古人用才，讲究“外举不避仇，内举不避亲”，要的是“任人唯贤”。我们今天办副刊选稿件，情况虽然没有选用人才那么要紧，但原则是可以参用的，那就是“用稿唯优”。

一期“晚潮”副刊仅四五篇稿件，如果做人情，新闻圈内兄弟姐妹的来稿用用就足够了。如果攀高枝、约名人，重酬之下也未尝不能办到。这样的同仁报、名人刊，过去有过，现在也依然可以见到。

不是说同仁、名人的稿件不能用，质量好的，要用；有示范引领效应的，更要突出处理优先刊用。但凡事都有个度，同仁名人的稿子，质量也并非篇篇上乘。如果一味做人情重名声，副刊的质量就会下降，读者作者的兴趣就会转移，开门办报的宗旨就会落空。

我编“晚潮”，熟人的用稿量一般控制在25%~30%之内，腾出大部分版面，留给自发来稿。现在行业风气不正，有的作者以为报社也这样，因此会通过各种途径来跟编辑打招呼、套近乎。碰到这种情况，我总会向他们解释，本副刊用稿的原则是“好中选优”，只要你来稿的质量好，面孔熟不熟不在乎。而事实上，“晚潮”采用的稿件，大部分是自发来稿。

现在电脑处理稿酬，作者姓名地址填过一次，便有存档。而无数次，我在开稿费单时输入作者姓名，电脑的提示却是空白，说明这个作者是第一次见报，所发稿件于本报还是“处女作”。我这么说，有人还将信将疑，待到3月底晚报全面改版，我编的那期“晚潮”版面处理衔接有误，竟把头条作者的工作单位“安徽省芜湖县实验学校小学部”也印了上去，这才相信偏远地方素不相识的作者，在晚报副刊也能上头条。

择优用稿，不但使读者能开卷有益，不致浪费宝贵的时间；而且使作者能公平竞争，见报的有机会扬名取酬，落选的也能从阅读胜出者的稿件中，看到对方的长处和自己的不足，从而改进今后的写作。这样，读者、作者、编辑通过版面得以沟通交流，报纸才有可能真正成为公众的精神家园。

都市报副刊盛衰之间的瓶颈突破

——对《南方都市报》“城市笔记”创新尝试的思考

陈小瑾

“城市笔记”曾是《南方都市报》最具影响力的副刊之一。然而从2000年到2006年的版面和文章数量表明，“城市笔记”正走向衰退，至2008年其发展之势才略有抬头。本文分析“城市笔记”衰退的原因，并通过分析2008年160篇文章样本，思考“城市笔记”的创新探索，提出其发展与革新的方法。

1997年，“城市笔记”作为副刊伴随着《南方都市报》的创刊而诞生，以“老百姓写、写老百姓、老百姓读”的理念，短小精悍、完全口语化的文风以及有感而发的整体风格，形成了对传统副刊纯文学“名家写，写名家”或者“名家写，写大家”的模式的颠覆，引得国内媒体纷纷效仿。然而，从2000年到2006年，“城市笔记”的版面数量、作品数量逐年减少。2008年情况似有改变，经笔者粗略统计，这年平均每月有版面6~7个，全年刊登在周一版面的文章就有160篇。

本文对2008年周一“城市笔记”的160个文本进行分析，探讨其所展示的一些创新元素，并尝试提出其持续发展的几点建议。

“城市笔记”衰退的原因

“城市笔记”的征稿要求是850字以下的反映民生百态的叙事性笔记小品：城市味、生活气息浓厚；拒绝抒情散文、议论性杂文等文学类文章，也拒绝《故事会》式的传奇故事；在真实的基础上，力求幽默性、讽刺性。由于其现实的、都市的、时尚的、生活的选材视角，明快、流畅的行文风格，少抒情、少议论、少写景、少文学、相对简单直白的细节描写手法，再加上风趣幽默中带点人间温情，形成了特有的“笔记体”。

“笔记体”作为与纯文学作品相对的副刊作品形式出现，吸引了以市民、知识分子为主的广大读者群。由《南方都市报》开创的这一文体，如今仍被上海、海南、河南等地报刊沿用，甚至直接采用“城市笔记”的栏目名称和形态。然而，在各种“克隆体”在全国各地风靡一时之后，其生存状态也令人担忧。笔者对其衰退的原因略作分析。

1.厚报时代读报方式改变，翻报渐成习惯

厚报时代的到来是读者的需求多元化的必然结果，呈现有选择性阅读、分阶段阅读和阅读“小众化”的特点。这些阅读习惯有一个共同特点：“翻报”成为一种读报习惯。于是，副刊由于不具有时效性和服务功能，成为在广告版面以外最容易被“翻过”的。“城市笔记”虽由于其对于纯文学的颠覆具有适应现代生活节奏的优势，但是章法改变了，在报纸中的功能地位仍没有改变。读者往往在获取信息（新闻、咨询）、参与舆论（评论）之后，才愿意花点时间读点带有小情趣的文字，寻找些生活中的感情共鸣。

2.报纸杂志化，读者目光向其他版面转移

报纸杂志化的一个重要体现是专刊增多。在价值趋向多元化，新闻专业主义和消费主义并存的今天，没有哪一份副刊能够成为“报纸的女神”。在这种情况下，文学副刊并无绝对优势，尽管有局部的革新，总体版式、内容等难有突破性的变革，在爱“尝鲜”的读者面前，难免黯然失色。单从《南方都市报》的文娱副刊来说，也有娱乐、城市笔记、白话广州游戏、每日专栏、大家、漫画联盟等栏目，“城市笔记”虽然是屹立十年的招牌版面，但它也仅仅是副刊的组成部分而已。在分众化日趋明显的今天，图个轻松可看看漫画，品位高雅可读“每日专栏”、“大家访谈”及专门发表的名家作品。这也是“城市笔记”日渐式微的原因。

3.博客兴盛，“笔记体”不再新鲜

“城市笔记”的“笔记体”章法，体现小文章、小感觉、小抒情、大感慨，它记录事件的方式更像是写日记，读来轻松也亲切。“笔记体”的成功，笔者认为部分原因是对于以前只在个人日记里出现的文字见诸报端，全民共享，共同感慨世态，抒发感情，尚属新鲜。而随着网络文章的日益繁荣，尤其是博客的出现和兴盛，那种有意识的公开的随笔写作，与本身日记式的轻松的行文风格，与“城市笔记”的“笔记体”不谋而合。而且，博客超链接的方式也使网民们可能在短时间内阅读大量日志。这就对以“笔记体”为特色的“城市笔记”产生了威胁。

“城市笔记”的创新尝试

本文选取2008年每周一的“城市笔记”版面进行分析，旨在找出其创新之处，分析利弊，探索更好的发展策略。

1.栏目添新意

从2008年周一160篇文章的栏目设置来看，在保留了“都市百态”、“街头陷阱”、“人在江湖”、“小民有难”、“尴尬人生”、“啼笑皆非”、“两性战争”、“有友如斯”、“微妙性情”、“真情人生”、“办公室趣”、“我的大学”、“花季雨季”、“童言无忌”、“阴差阳错”、“芸芸众生”、“荒诞人生”、“语言景致”等传统栏目外，新增了“有车一族”、“房奴时代”、“网虫风月”、“空姐手记”、“刘言非语”、“一言堂”、“情义广东”等栏目。下面对新增栏目略作介绍。

新题材：反映新时代新生活的栏目。

“有车一族”、“房奴时代”、“网虫风月”是顺应现代人经济生活、休闲娱乐生活焦点的转移而设置的，真正体现了版面的民生性，一切以百姓的生活为主，用百姓的声音发言，抒发现代生活所感。例如，“网虫风月”的一篇《网赚难赚》，平铺直叙略带夸张，读来却让人对网络时代网上交易之疯狂深有感触，正是现实生活新出现的“怪现象”的写照。

新形式：以专栏出现的栏目。

“空姐手记”是“玲儿专栏”的系列短文。同一作者，从生活中的点点滴滴写自己对人生、工作，或偶发事件的思考，有叙事性的文字，也有哲理性的文字。“空姐”的身份在这里只是载体，作者写出的是对生活方方面面的感受，例如，《空中没有范跑跑》是作者对职业道德的思考，《空姐暮年》是作者对人生哲理、年龄问题辩证的思考。这一专栏的特点是不追求刺激和夸张，不刻意幽默，平淡中谈生活，正如生活杂文，以专栏形式出现，自成风格。

“刘言非语”是“刘原专栏”的系列短文。该专栏的特点是语言风趣幽默，不刻意追求道理，自由行文，自由取材，多为对某一细节或现象的调侃。例如，《像燧人氏一样御寒》由回到南方遇到最冷寒冬的沮丧引出取暖方式的调侃；又如，《情人节的革命意义》中，作者对在各地过情人节方式进行了“设计”，同样是调侃式的笔调；再如，《像过节一样活着》，作者同样对自杀的现象进行了一番调侃。

专栏形式的出现，能够保持读者阅读的连贯性。“空姐手记”是读者“感觉和感情”的连贯，“刘言非语”是语言风格的自成一体，适合培养此口味的读者的忠诚度。专栏并不稀罕，在“城市笔记”上的出现则可谓创新。如果专栏办好，还能吸引不少高端读者群。

新章法：“一言堂”的以句成文。

这部分内容将在后文陈述。

新思路：重视本地化的栏目。

报纸副刊内容应该本地化。只有与本地区相关的内容才能更加引起读者的共鸣。“情义广东”栏目虽然文章不多，但可谓不错的视角。《房东“变脸”》写了雪灾时期的小故事，作者以返乡受阻的农民工身份，感受雪灾中的浓浓温情。更多的本地题材的文章，将更能挖掘“草根性”的、贴近生活的文字.

2.视角偶现新闻性

2007年，“城市笔记”编辑余少镭接受采访时这样描述副刊：它应该是以新闻为主打的报媒的必要补充，相对于新闻的“硬”，副刊应该是偏“软”的，如果说,新闻让人焦虑、愤慨、神经紧张，那么，副刊就应该让人轻松，给人带来阅读快感，让神经舒缓下来。笔者认为，副刊文字区别于新闻文字，并不排斥选取时下的新闻点为视角的文字，和当下新闻热点联系紧密的文字更能引起共鸣。2008年“城市笔记”的部分文章就进行了这方面的尝试。当南方遭遇特大雪灾时，2月1日的“城市笔记”把整个版面，留给了两位客运司机的“记者笔录+当事者自述”。

3.形式创新“一言堂”

“一言堂”是“城市笔记”的新栏目，紧贴社会新闻选题，且多是花边小新闻，引述“一言”，介绍“言论背景”，而后点评。这种形式让人耳目一新：

老爸，2008年中国GDP的增长是11%哟，你就算不多给，至少也要与GDP同步吧！——女儿

言论背景：武汉一大三女生退回父亲压岁钱，称其未与GDP同步。

点评：也难怪，2008年每公斤猪肉的饲料成本都增加了2元呢。

形式创新在“一言堂”中略有体现，更多的新形式还有待开发尝试。

综合上面三个方面的创新，笔者认为，2008年“城市笔记”在创新上积极探索，取得了一定成果。但是，创新拘泥于栏目、题材的再开发，在形式上没有根本性的突破。“城市笔记”要生存并且更好地发展下去，进行突破性的改革是必然。

对“城市笔记”发展的建议和探讨

综上，笔者对“城市笔记”副刊的持续发展，提出两点建议和一点思考：

建议一：用新闻性凸显思想性

3年前，面对副刊发展的瓶颈，已有学者提出副刊作为“延伸物”的概念。副刊与正刊同饮“一泉水”（新闻源），都要重视新闻性和贴近性，不同的是表现形式。正

刊是直接报道、现场描述；副刊是艺术反映，注重表现心灵感应。新闻讲事实，时评讲观点，副刊讲感情。正刊新闻以实动人，评论以理服人，副刊以情感人。副刊与正刊的连体关系正逐渐被重视，且副刊在这种关系中找到恰当的位置是可能的——其作为感情载体的定位并不偏离其根本性质。

《文汇报》副刊编辑朱大路先生说：“报纸的传统副刊在衰落，主要是指声音的衰落。对副刊来说，敏锐的思想和深刻的见解就是声音。声音首先由杂文来表达。现在副刊的杂文越来越少，名存实亡，或表面上热闹，其实不痛不痒。这些文章缺少对历史的反思、缺少对大众关注的热点问题的深层思考。总之缺少洪亮的声音。而读者对副刊的声音是有期待的。”在这种描述中，我们看到朱大路先生所呼吁的正是报刊的思想性。这种思想性必须靠大众对热点问题的深层思考来体现。

对于“城市笔记”而言，笔者认为，沿用“城市笔记”一贯的风格，作为新闻事件的感情载体在2008年的文章中已有所体现，但对热点问题的深层思考，对于《南方都市报》来说，评论版和“大家”的专栏已较为成功地承担了此项义务。但笔者仍然赞同朱编辑的说法，希望看到“城市笔记”的文字也能具有较强的思想性。这种思想性的体现，笔者认为应切合新闻热点，更好地利用“城市笔记”讽刺、调侃、幽默甚至夸张的语言特点在含蓄中启发人们对新闻热点的思考。

建议二：收集热点问题组织专题策划

“城市笔记”全部文章来自向读者征稿，编辑除了“把关人”的作用之外，还应主动“议程设置”。但此类专题应不仅限于灾难性事件，各领域的热点都可以策划征稿，文章形式不应拘泥单一，让读者们在文化中体味所感所思。

一点思考：是否要回归纯文学

“城市笔记”的读者是想体味这些“身边的故事”的人。但是，在消费主义文化盛行的今天，许多人在寻觅精神家园，纯文学被一些喜爱阅读的中产阶级重新加以重视。在以“高雅文化”为名被逐渐摒弃的纯文学副刊文字，是否因特定受众的需求而逐渐被重视，应该引起业界人士的思考。

笔者认为，“城市笔记”作品原来的品牌栏目，“笔记体”的优势还应该继续发扬，但可穿插较少篇目的纯文学作品，真正做到雅俗共赏。

“城市笔记”要谋得生存和发展，必须在新闻性和专题策划上下工夫，这是学界近年来提出的副刊生存状态的策略，而“城市笔记”在这方面的创新又有其具体的操作要求，立足巩固品牌特色，结合具体形态寻求发展，这有其必然性和可能性。

《新闻实践》杂志2009年第8期“多棱聚焦”栏目

网络推手

网络舆论往往被人们认为是无序、芜杂和自发的草根表达，在许多人心目中像是一个“童话王国”的嬉笑怒骂。然而，随着络绎不绝的网络话题、网络事件、网络人物遁现社会现实，这才开始刮目相看网络舆论场的“中国特色”。

事实上，很少有人察觉到这个平台和数据库的混合体的背后，蛰伏着各种“隐身”的网络控制力量，把一个看似“乌托邦”的网络舆论场搅得风生水起。这就是所谓的“网络推手”。

从最初出人意表的策划事件、话题或人物起步，网络推手已不再满足于纯粹的自娱冲动。在网络舆情制衡尚缺“补丁”的条件下，越来越多的网络推手涉足商业利益的“职业”，且“劳”而有获，这就刺激了这一群体必定在网络舆论中争夺话语权。如此看来，网络的民意表达会不会遭遇前所未有的新一轮危机与挑战？网络舆论的主导趋向会不会触及诸多网民的认知底线？

本刊组织“网络推手”研讨的题中应有之义，乃是期待从现代传播学理论的角度，深入关注和探求网络舆论场特殊的内在规律，寻求其区别于传统舆论场的反馈机制和疏导路径。至少，在策划“报网互动”、“对话网民”等一系列节目的时候，对“寻常看不见”的网络推手能有一个清醒的认识。

网络推手及网络信任危机

祝兴平

国内网络推手已逐渐走向组织化、规模化。据业内人士估计，现有的网络推手或网络策划人至少有数万人，但是素质参差不齐、鱼龙混杂。他们所扮演的议程设置角色，一定程度上决定了网络传播的“把关”质量；他们所扮演的意见领袖角色，在相当程度上引导着网络舆论的趋向。然而，其职业道德更多的是商业道德，其伦理意识更多的是受商业利益的影响。

网络推手又名网络推客、网络策划师，他们活跃于网络新媒体，懂得网络推广，网络传播技巧，能把网络事件、网络明星、商业产品进行策划、包装、推广直至传播出来。网络推手这个称谓的诞生，是和“芙蓉姐姐”、“天仙妹妹”、“二月丫头”、“流氓燕”、“封杀王老吉”、“iPhone女孩”、“北外香水女生事件”等一系列网络红人和网络事件联系在一起的。随着这些网络红人和网络事件的走红，作为幕后策划者和操盘手，网络推手这个潜伏于互联网的角色渐渐浮出了水面。

网络推手及其运作方式

从未接触过网络的“天仙妹妹”一夜之间便蹿红网络，一年多时间实现合同经济收益200多万元；二月丫头仅以几张写真照片和几篇泼辣文章就掀起网络狂潮；禧玛妹妹以一篇《妈妈,下辈子我要做您的妈妈！》的文章，跻身十大网络红人行列；汶川地震后一篇主题为“王老吉太狠了，封杀它！”的帖子，发出3小时，百度贴吧关于王老吉的发帖超过14万个；北外“香水女生”一篇《外语绑架了中国人的一生》的博文，上传仅一天点击率超过10万，引起广大网友共鸣。

这些隐身网络的草根王者，一次次引爆互联网，引领网民集体狂欢。其实他们最初都是一些普通的网络编辑和网络版主，并非专业从事新闻信息采编的专业人士。他们为了赚取网络点击率，想方设法包装和推出网络红人和网络热门事件，后来在炒作过程中发现了隐含其中的商机，便逐步把重点向企业和产品的整体营销和推广转移，开始追求商业利益，慢慢发展成为带有职业特点的营销人员和策划推广机构。

因此，网络推手并非什么新型的职业，只是具备策划人和营销人的基本特点，只是工作的平台从现实空间转移到了虚拟空间。因此，他们作为公共事件和公众舆论专业操纵者的特点并不明显，而是更多地具有网络营销者的特质。

不过，由于长期接触互联网，网络推手一般都手握多种可资利用的手段和资源，通晓网络操作规则，熟谙大众接受心理，非常善于策划、选择包装对象和炒作方式。通过网络炒作，他们可以在极短的时间内让市井平民、草根人士和名不见经传的产品“麻雀变凤凰”，红遍网络空间。

其炒作推广的操作方式和基本路径是：首先选择和寻找炒作对象，利用受众的同情心和普遍一致的某些情感，将准备推红的主角包装成容易得到大家同情和认同的一类对象，或针对网络世界反权威、去中心化、自主性、个性化、互动性、追求新奇和刺激的特点和媒介接受心理，通过一些出位的“恶搞”，在短时间内激起广大网民眼球的关注和集聚，形成网络舆论关注和讨论的焦点。在此基础上，出于选题策划和吸引受众的需要，报纸和电视积极参与和介入，以网络话题作为线索，制作专题，组织焦点访谈、深度报道，然后由网络再大量转载传统媒体的报道和评论加以推波助澜，进一步扩大影响力和舆论声势。

借用这种病毒传播式的推广手法，只要网络推手把“病毒”按钮启动，公众的参与度和积极性就成为决定其传播效果的关键和驱动马达。当策划和包装的人物、事件在网上达到足够的传播力和影响力时，网络推手再把某具体产品、企业或品牌，及时地推出和传播，把受众的注意力出售给企业主和广告商，实现其真正的商业价值和营销目的。

网络炒作与网络信任危机

为了吸引眼球，网络推手大多通过精心策划和编造的令人“感动”、“震惊”或“愤慨”的情节，来诉求于大众简单的同情心和正义感，刺激他们的情绪性反应，以达到“群情激昂”的轰动效应，引发网民“声援如潮”或“强烈反响”。

比如在“北外香水女生事件”中，“香水女生”出场靠的是指责和质疑目前的外语教育制度而获得广泛支持，因此受到“退学”惩罚就更具有了强大的道德优势和舆论支持。其发表的博文《妈妈，我被北外强制退学了》引起无数网友的关注和同情，一时间对北京外国语学院老师的质疑、批评、攻击如潮汹涌。然而，事情的真相竟然是“一家经纪公司许诺与她签约出书，并帮她炒作出名”！

汶川地震后，在由多个部委和央视联合举办的赈灾募捐晚会上，王老吉捐款1亿元。随后，《让王老吉从中国的货架上消失！封杀它！》的帖子就出现在各大论坛：“王老吉，你够狠！捐一个亿！为了整治这个嚣张的企业，买光超市的王老吉！上一罐买一罐！”“封杀”王老吉的帖子发出3小时，百度贴吧关于王老吉的发帖超过14万个。次日，更多有关王老吉的帖子在QQ、MSN、手机短信以及各大论坛、门户网站中出现。不过，细心的网友发现，很多赞美“加多宝”（王老吉公司名称）和王老吉的跟帖，其IP地址都是重复的。显然，这又是一宗网络推手制造的炒作事件，其目的只有一个，就是制造舆论旋涡，像一个强大的磁场吸引人们对这一品牌的“强烈”关注。而要进行这样的推广，网络推手及其机构必须拥有丰富的网络资源。

比如，必须拥有多个网络论坛的注册ID、多个博客，拥有大规模的专职、兼职发帖、跟帖队伍。一般说来，网络推手进行网络炒作和推广，必须装备7种常用的“武器”：新闻网页、贴吧、网站论坛、博客、QQ群、聊天室、网络视频。其中，论坛推广是一种很有效的方式。如若就某一话题进行推广炒作，一般先由编辑发主题帖，在论坛发布；再编辑炒作论坛跟帖。专职或兼职推手团队（层次较低的推手）每天的任务就是根据要求，在各种论坛上通过不同的注册ID号，就某一帖子进行点击、评论或故意争吵、相互攻击，营造出某话题受到成千上万网民关注的假象，就像地产商花钱雇人排队制造购房热潮一样。

作为回报，兼职写手发一个回帖一般可赚五角到一元钱，原创性的炒作帖一篇可得一二百元。由于善于分析和把握网友的喜好和接受心理，在网络推手的精心策划和推动下，大众会不知不觉跟随推手们一起转帖、讨论，不自觉地被网络推手“牵”着鼻子走。

因此，网络推手在一定程度上扮演着网络空间“意见领袖”的角色，而且很可能在多个圈子内富有名气。作为网络议程设置的主体，凭借“意见领袖”的特殊身份，他们炒作网络红人、策划网络媒体事件，使其成为某一时期的主要网络议程，吸引网民注意，最后把这种注意力卖给企业主和广告商，将网络人气变为金钱，变成商业利益。

至此，在经过一系列“炒作案”后，人们发现不少网络热点新闻其实是在忽悠大众，有些网络推手制造的火暴消息往往是一场骗局。推手们的网络炒作，更多的是基于对网民的一种欺骗式的人气利用，是一种急功近利的以牺牲公信力为代价的短期行为。网络媒体自由度高，“把关”作用弱化，网络炒作必须符合人们的价值尺度，真正为公众和社会利益服务，才能产生社会效益和经济效益。基于忽悠、煽情、刺激手法的“营销”，只能成功一时，随着网络传播市场的成熟，最终必被淘汰出局。网民经历过这些事件，会逐渐变得成熟，提高信息真伪的判别能力。当大众变得理性后，网络推手还能否左右大众的眼球和心理?

随着越来越多的网络推手浮出水面，人们知道了事件背后存在着无形的操纵之手，热情将大大减弱，很难潜心投入网络信息。在炒来炒去的网络新闻中，公众变得更加精明和理性，特别是自己的情感和信任遭到蒙骗以后，对网络信息逐步有了戒备之心。这就意味着，网络推手策划炒作新闻的难度越来越大，他们的策划手法必须更加高明和更具技术性，也越来越感到需要有一个道德的底线。也就是说，尽管网络推手最终的目的是要将网络人气变为真金白银，但并不意味着要将平民化的网络变成商业化的“陷阱”。

网络推手的现状及发展趋势

从信息传播的角度来看，网络新媒体的出现对传统的“把关人”和“把关”作用构成了一定的挑战。传统媒体的记者、编辑是受过职业教育和专业训练的，但是在网络媒体中一度缺失“把关人”概念。首先因为网媒的把关人，最早只是一批只懂得计算机和网络技术的技术人员；其次，互动性、去中心化和反权威的网络将一部分传播权利由少数人手中转移给广大网民。这么一来，政府和媒体“把关人”的角色和功能分散并弱化。

在此情形下，网络推手所扮演的议程设置角色，一定程度上决定了网络传播的“把关”质量；网络推手所扮演的意见领袖角色，也在相当程度上引导着网络舆论的趋向。然而，从这一职业的发展历程来看，其职业道德更多的是商业道德，其伦理意识更多的是受到商业利益的影响。

其实，在国外并没有网络推手，它在我国的兴起是由特殊的社会心理环境所造成的。当下中国正处于社会转型时期，社会变迁带来人心浮躁、跟风追逐新潮、害怕落于人后，传播学的“螺旋效应”极易发生。出身草根的网络红人正好是新鲜话题，可以满足大众猎奇、宣泄、平等参与、凸显个性和自我实现的心理需要，只要策划得当，炒作到位，便可成功。网络推手在制造媒介事件时，正是利用大众心理，启动舆论生成的“沉默的螺旋”，让事件在有利的时间和媒体上传播以引起网民关注，继而把传统媒体拖拽下水，引起更多人们的关注，从而达到滚雪球般的传播效应。

目前，国内网络推手已逐渐走向组织化、规模化，尤其是一些博客和论坛，信息发布的随意性，使传媒业传统的“把关人”功能大打折扣，网络信息的主观性大于客观性，扭曲事实真相的几率大为增加。网民对网络媒体和网络信息的信任和真实感，一次次被网络推手破坏和颠覆。人们不由担心，多次“狼来了”的呼喊，是否会导致某一天真的“狼来了”，却不再有人施以援手了呢？

最近以来，网络推手几乎成为网络空间人人喊打的对象。“维客”就公开宣称，不再允许网络推手输入内容，因为他们制造了大量有偏向和误导性的资料。网络推手现阶段的无序活动，也给学术界和网络监管部门提出了一个严肃的课题，即在既没有职业标准、法律法规又没有职业道德自律的情况下，如何监管网络推广，这成了一个非常棘手的问题。

据业内人士估计，中国现有的网络推手或网络策划人至少有数万人，但是素质参差不齐、鱼龙混杂。由于不需要太高文化，也无须太多投资，且赢利相当可观。由于入行的门槛很低，不含策划、包装工作的普通小“推手”，只要会发帖顶帖就行，这就导致了从业者良莠不齐、脑力和体力劳动并存的局面。跟这种小“推手”相比，策划能力较强的网络推手，如能接到企业大单，一笔推广费就能达到2万元至50万元。因此，“网络策划师”的称谓，应该更适合这些有文化、有头脑、有创意的网络新锐，兴许将来可能发展成为知名企业的网络营销策划师。

面对网络推手日渐职业化的发展趋势，更多的人希望成立相关的行业协会，确立行业规范，提高从业者素质。网络的飞速发展对网站管理者和网络推手提出了更高的要求，他们必须紧密地和法律结合，严格自律，规范道德，才能获得更好的发展。尽管如此，网络推手要想真正成为一个全新的规范化的职业还需假以时日。因此，在今后一个较长的时期内，网络推手将会成为商业运作的有机组成部分，被吸收到广告策划、公关、营业推广等商业营销部门，而不仅仅是一个独立的新职业。

网络编辑何以成为另一种推手

孟德华

网络编辑对于网络民意的控制每一天都处在失控的边缘。上一分钟的网络民意到了下一分钟可能就变成了道德审判；上一秒钟的有力质疑到了下一秒钟就有可能变为暴力讨伐；一个略失公正的标题就有可能引发人肉搜索而殃及无辜；一个稍显过度的推力也许就会导致民意的决堤而产生不可想象的后果。对于网络编辑来说，每一天都是“戴着镣铐跳舞”，稍有不慎，便会铸成大错。

如果可以把那些捧红“芙蓉姐姐”和“天仙妹妹”的幕后高手、把那些在毒奶粉事件中帮助问题企业做“搜索优化”的网络公关者称作网络推手的话，那么，我们就不该忽视另一批更强力的网络推手，那就是网站的内容编辑。

为什么这条新闻会出现在这里?

在此之前，所有的网友都必须要了解一件事，那就是网站内容的推广。举例来说，当你打开搜狐首页看到页面上最顶端的那条字体加粗的新闻时，你是否想过它为什么会出现在这里？它的字体为什么会加粗？它为什么排在第一条而不是排在第二条？要知道这条新闻并不是无缘无故地出现在这里，它的字体也并不是被无缘无故就加粗。这里的问题，同样适用于"天涯"、"猫扑"这样的论坛和各种各样的博客网站。

事实上，这些都是网络编辑决定的。门户网站首页和各频道首页的新闻、论坛首页的帖子和博客网站首页的博文，无一不是由网络编辑决定放在那里的。换句话说，网友看到的这些信息，是网络编辑想让他们看到而"故意"放在那里的。网络编辑不想让网友知道的信息，绝对不会将其放在一个显眼的位置上。

那么我们就可以想到，无论是"芙蓉姐姐"还是"天仙妹妹"，无论是"抵制家乐福"还是"封杀王老吉"，如果没有网络编辑的推广处理，那么在浩瀚的网络世界中它们永远都只是无序流动的信息而已，它们永远无法自然地朝着某一个方向汇集起来而形成一种所谓"舆论"的力量。正是"天涯"的编辑某一天将芙蓉姐姐的S造型放到了头条位置来推广，正是"搜狐"的编辑某一天将一条"抵制家乐福"的新闻放在了新闻首页的头条，才形成了后来的这一切。毫不夸张地说，每一件"网事"的沸腾都离不开网络编辑的操作和推广，每一波"网络民意"的汹涌都是网络编辑推波助澜的结果。

互联网发展到今天，网络编辑早已不是人们脑海中想象的"剪切复制加粘贴"，他们早已有了令人惊讶的信息处理能力，可以熟练地采集和处理网络中纷杂无序的海量信息。他们对于信息的敏感程度可以及时地掌握网络民意的动态。他们可以通过各种手段来放大一个事件，进而影响网络民意的形成、发展和走向。伴随着互联网的发展，中国的网络编辑，特别是新闻编辑和论坛编辑们，已经成为一种隐形的舆论领袖。藏身于Ctrl+C和Ctrl+V背后的网络编辑已不再是单纯的话题制造者，他们还是话题的有力推动者，甚至有可能是定性者。

技术性推广：位置、标题与专题

网络编辑对一个事件进行推广、从而让事件影响力扩大的手段通常有以下几种：位置推广、标题推广、专题推广。这三种手段基本上都建立在网络所具有的先天技术条件上。

所谓位置推广，即网络编辑有目的地将一个新闻事件放在位置较高、较显眼、较容易被网友看到的地方，例如页面的头条、页面的焦点图等。一般来说，新闻的位置越高就越容易被网友看到。附加在这一手段上的方法还有给字体加粗、加红、变黑等等。如果网络编辑想让网友关注一件事，他就会在该新闻的文字上做出尽可能吸引人的变化来，以最大限度的吸引网友点击观看。

标题推广，这个其实很容易理解，其实就是在网络中曾盛行一时的“标题党”。在那信奉“点击率就是生产力”的网络发展狂飙期，最能提升点击率的就是一个让人“不得不”点击的标题。所有的球迷都曾经或多或少地痛骂“新浪体育”的咋舌标题，可是回过头来想想那些拟定标题的编辑又是何其的笔下生花。而如今网络已成为颇有影响力的媒体，各大门户和论坛已将品质和口碑作为自身的首要追求，点击率依然重要但已经退居其次，所以一个好标题的作用也脱离了单纯追求点击率的低级阶段。网络编辑拟定标题的手法已经越来越多样化，制造冲突、表现矛盾，在不偏离事实的情况下尽可能地放大事件的严重性，在表面客观的字眼中暗示和挑逗网友的情绪，从而在悄无声息之中将网友的情绪汇集成“网络民意”。

在“杭州飙车案”的网络报道中，编辑普遍拟出类似“富家子飙车撞死浙大学子”这样的标题，将这类对比强烈、极具身份差异的词语前后搭配，矛盾冲突之感便跃入眼前。这一事件的初期报道中网友曾出现严重的仇富情绪，这与新闻标题中隐藏的身份冲突不无关系。其实，这一标题的事实表述并不很准确。类似的例子还有“农家女被公安局政委女儿冒名顶替上大学”。

在技术性推广中，专题推广是最强力的推广手段。所谓专题，即赋予一个热点事件一个或几个单独的页面来展现。在专题里，事件的前因后果、发展脉络、最新进展以及各方反应、分析评论等，都可以得到充分呈现。网络编辑甚至可以在专题中鲜明地表达自己的观点和态度。如果网络编辑对一件事情的看法可以通过专题这个载体直言不讳地表达，那么网友情绪的大肆宣泄也就顺其自然。以“搜狐新闻”为例，在罗彩霞事件中，编辑用一个新闻专题来全面跟踪事件发展，又以一个观点类的策划专题来表明所持立场。在杭州飙车案中，“搜狐”的编辑又以一个新闻专题和一个策划专题的同样手法来进行大力推广。更为重要的是，编辑利用优越的位置来推广专题，以优质的标题来链接专题，使网友点击后直接进入一个完整的专题页面而不是单篇新闻，这就使得该专题在某种程度上成为了网络民意的聚集地。网友在这里可以集中地发表意见，而有了这个意见的集散地，观点接近的看法就会以此为平台聚集起来，形成网络民意。

网络编辑通过以上三种推广手段的综合使用，悄悄地推动了网络民意的形成，以常人不易觉察的方式成为强力的网络推手。

非技术性推广：调查与辩论

除了以上三种技术性的推广手段之外，网络编辑手中还有两种非技术性的小手段：调查和辩论——当然，这两种方式也是建立在互联网技术之上的——所有的网络行为无一不建立在互联网技术之上。但之所以把他们称为非技术性推广手段，是因为绝大多数情况下这两种手段的操作属于网络编辑的即兴发挥，或者说非常规发挥。也就是说，调查和辩论这两种手段，通常是采用一种封闭的、目的性明确而狭窄的选项，将网民对该事件的意见引向特定的方向。

在这里，编辑的个人主观因素就体现得更为明显。编辑试图用限制性的思维方式来“规定”网友去怎样想。在这一过程中，网络编辑几乎完全主导了网民的思维过程，推动网络民意朝特定的方向行进。所以，这类调查的实质根本不是“调查”，而是网络编辑希望得到某种结论而故意设置的一个步骤而已。

不妨来看下面这个小例子：在新闻“大学生扶摔倒妇女遭索赔”中，搜狐编辑在文章中设置了以下调查：

遇到别人危难，救还是不救?

——不救，打死也不救。

——打110，远距离打，打完就走，绝不回头。

——救，救人一命胜造七级浮屠。

从这个调查可以看出，面对这种令人沮丧的社会现象，编辑企求的是“遇到别人危难却不敢上前救助”这一结论的，所以设置的三个选项统统都具有强烈的暗示意味。“不救，打死也不救”，是直接的表态；“打110”，表面上是救，其实还是不敢救；“救，救人一命胜造七级浮屠”，说是救，但却没说怎么救，完全是一句大空话。所以无论网友怎么选择，最后的调查结果都可以得出“不敢救人”的结论。

辩论的设置也有异曲同工之妙。与调查的多选项相比，辩论给网友选择空间的更加小，只有“是”和“非”两个选项。通过辩论，网友对该事件的观点会被强化成是或非两种概念，被无形中分成对立的两派。所以“是”或“非”代表的两种网络民意就会不断被加强，最后的结果要么两派旗鼓相当，要么一派胜出。而无论怎样，网络编辑都通过该手段得到了想要的东西。

隐形的舆论领袖需在谨慎中前行

不可否认，网络媒体的影响力越来越大了。从周老虎到周久耕，从“冒名35位警察举报贪腐”到“彭北京下决斗书与法官决斗”，一些人淹死在网络民意的潮水中，另一些人借助网络的力量使自己的诉求得到了申张。许多人都在赞美简光洲的勇敢，却无人知晓网络编辑的坚持。如果没有简光洲，那么打着民族企业旗号的无良企业将继续草菅人命；而如果没有网络编辑们的无畏坚持，被曝光的毒奶粉案则极有可能被扼杀在官商勾结的黑手之中。许多人都说，网络在舆论监督方面发挥着越来越重要的作用。没错，在这个传播能力前所未有的强大的平台上，正是网络编辑对民意的选取、汇聚和推动，才使得汹涌的网络民意成为舆论监督的重要一份子。

然而我们也必须冷静地看到，网络编辑对于网络民意的控制每一天都处在失控的边缘，上一分钟的网络民意到了下一分钟可能就变成了道德审判；上一秒钟的有力质疑到了下一秒钟就有可能变为暴力讨伐；一个略失公正的标题就有可能引发人肉搜索而殃及无辜，一个稍显过度的推力也许就会导致民意的决堤而产生不可想象的后果。这绝不是夸大其词。在当下的中国，当“民意”只能以“网络民意”的形式来表达时，就注定了这些“民意”是畸形和不健康的。这其中必定包含着太多的对社会不公的抱怨，包含着大量的仇视与对正常诉求渠道阻塞的失望，甚至包含着暴力与挑衅。对于网络编辑来说，每一天都是“戴着镣铐跳舞”，稍有不慎，便会铸成大错。

那么，网络编辑应该怎样恰当地运用自己的“权力”来推动网络民意从而进行有效的舆论监督呢？笔者认为，最重要的一点就是网络编辑要尽量恪守客观公正的原则。有句话叫做“记者应该有一颗最热的心和一双最冷的眼”，这句话同样适合于网络编辑。

推动网络民意进行舆论监督，引导网络民意推动社会公平，这是那颗“最热的心”；而恪守客观公正的原则，遵守新闻道德，不欺骗、不误导网友则是那双“最冷的眼”。恪守客观公正的原则，意味着作为隐形舆论领袖的网络编辑要引领网友关注真正的社会热点，而不是毫无意义的恶俗炒作事件；意味着网络编辑要尽自己最大的努力让网友知道这个世界的真相是什么，而不仅仅是一个粉饰太平的宣传机器。恪守客观公正的原则更意味着网络编辑在告诉网友真相的同时还要传递正确的价值观，甚至在必要的时候发出领袖一般的呐喊。

笔者相信，网络编辑和报社、电视台新闻记者一样，可以成为推动社会进步的那一类人。尽管在目前，网络编辑的自身素质还普遍不高，而相关主管部门的管理也比较生硬和欠缺，并且在法律层面上也缺少制度规范，但这并不是限制网络编辑成长的理由。相反，我们应该相信网络编辑能够准确把握越来越强大的舆论领袖的力量，还有他们推动社会发展的力量。

网络推手能否主导网海暗流

——沙丁鱼群体行为研究在网络舆情控制中的仿生应用

马　松

不论有无目的、主动与否、愿不愿意，任何网络源头信息的提供者，都是网络推手。网络推手的意义，在于发源，并不一定需要成功。与其在网络舆情控制的研究中过度重视推手，不如重视那些最善于第一时间对信息源做出反应、最善于表达自我意见和最善于策动其他网民后继连锁活动的人群。

与人们常见的雁南飞等候鸟迁徙活动一样，生活在海洋中的沙丁鱼也有洄游的习性。每年6月，数以亿计的沙丁鱼组成巨大的洄游团队，蔚为壮观地向有着更多浮游生物的温暖水域涌去。笔者试图以沙丁鱼群体行为研究在网络舆情控制中的仿生学应用，来分析“网络推手”的特征及其一些规律性的现象。

信息纯度影响群体行为一致性

在洄游时，成千上万尾沙丁鱼会自动聚拢成直径几米到几十米的球形“鱼团”，科学家称之为：诱饵球。其实，引发每一尾沙丁鱼个体行为的直接因素来自于水流信息。一条沙丁鱼游动所产生的水流波动，被其周围的同伴感知到，并迅速做出有利于自己的反应。这群鱼引发的新的水流信息（与原始水流信息叠加），进而传播和影响另一群鱼……如此几何级数形式的传播速度，保证了一个即使由上万尾沙丁鱼组成的诱饵球也能在很短的时间内完成一次全员信息感知并做出整体协调一致的反应。

从信息学角度分析，怎样保证一条信息在数万甚至更大规模个体数量的集群中有效传播？传播速度是最重要的决定因素。而在传播速度基本确定或难以再有较大提升空间的限制下，信息纯度就变成了影响其有效传播的首要因素。

所谓信息纯度，是指生物对自然或社会现象进行抽象时所保留的关键要素的数量，数量越少，则信息越纯，反之，则称为杂质过剩。纯度越高的信息，其所包含的信息量就越少，越便于传播和处理，在传播速度既定的前提下，大规模甚至超大规模群体对这样信息的反应速度则越快。

如今，单一的个人在处理和应对事务时，往往同时动用了能力判断、知识判断、社会判断等多个领域的信息处理机关，这样的多机关联合运作最终导致了个体人类的行为在整个生物界最高智慧级别的特性。而在群体行为领域，正由于人类行为的这种多通道信息影响机制，特别是前述的社会判断这个要素，最终导致了人类在实现群体行为协调一致性的时候遇到了巨大的障碍。

作为第一步的努力，对信息进行提纯是个有效的办法。事实上，信息提纯在某些时候就是找出那些公共认可和接受的行为法则，有了这些法则的约束，人们在对其周围信息进行抽象提取时尤其重视某些少量要素而自动舍弃一些杂质。事实上，一方面，人类在日常生活中所能遇到的群体行为机会并不多，而网络却是个群体行为发生率很高的场所。另一方面，人类日常行为的面对面很类似于大型生物在草原上的奔走，其相互行为看得见、摸得着；而网络中不见面的特性则更像深海境地，小小沙丁鱼的视力几乎不足以使其看清楚鲨鱼的整个面目，甚至连一个诱饵球中的两尾鱼，也未必相互“认识”。因此，沙丁鱼在海洋中的处境和行为与人类在互联网中的处境与行为有很大的类似性。

谁是鲨鱼

在网络世界，极端到你死我活程度的对立却并不常见。如果我们把夺命追逐当做绚丽的动作片来欣赏，则可以将鲨鱼和沙丁鱼群视为演对手戏的合作伙伴，鲨鱼策动了对沙丁鱼的群体运动，沙丁鱼则担纲精彩纷呈的演绎。网络推手和响应者群体也是类似的一对。作为舆情策动人，网络推手就是网海中的鲨鱼。值得注意的是，与鲨鱼和沙丁鱼天生的角色定位不同，每一位网民都有可能在不同的网络事件中分饰推手和响应者这两个不同的角色，甚至在同一事件中随时变换。与鲨鱼天生残暴、沙丁鱼渺小柔弱的生物特性不同，网络推手和响应者也并没有显著的性格或其他生理特质上的倚偏。

曾经成功推红“天仙妹妹”的老浪，他的案例带有明显的目的性和策划性痕迹；善于自爆的芙蓉姐姐张扬而近乎怪诞的行为则为自己博取了很高的知名度；而“铜须门”事件中那个令人同情令人愤怒的丈夫，则处处暴露出其阴暗孤僻的性格。这三个自发或不自觉成为网络推手的人物，或老谋深算、或个性张扬、或唯唯诺诺，已经使如今的人们很难定义出哪些或拥有哪些性格特质的人更容易成为网络推手。

因此，不论有无目的、主动与否、愿不愿意，任何网络源头信息的提供者，都是网络推手。网络推手的意义，在于发源，并不一定需要成功。

谁是“第一条沙丁鱼”

笔者认为，与其在网络舆情控制的研究中过度重视推手，不如重视那些最善于第一时间对信息源做出反应、最善于表达自我意见和最善于策动其他网民后继连锁活动的人群。和第一条引发水流波动的沙丁鱼一样，他们是一次群体行为过程的真正领导者。鲨鱼对诱饵球的具体攻击位置存在不确定性，而当“第一条沙丁鱼”做出躲避反应时，就决定了整个诱饵球后面的行动状况。

网络中的“第一条沙丁鱼”，就是目前业界所定义的“意见领袖”。对具体网络事件而言，意见领袖往往并不只有一个人，而是由意见相同或趋于一致的一群人组成。在前述案例中，他们或海量转发天仙妹妹的照片，或疯狂炒作芙蓉姐姐的怪诞言行，或狂批滥炸不忠者的龌龊行为，正由于这群强势“鱼儿”的行为主导了网络海洋的水流环境，其他的网民最终选择了跟随或缄默，不同的声音渐渐低落直至沉寂。

一个近乎反面的例子似乎更说明了意见领袖的重要性。笔者在前文描述沙丁鱼诱饵球躲避鲨鱼进攻时使用了鱼儿“选择最适合自己的逃生方向”的说法，意在强调沙丁鱼的行为并非直接决定于水流信息，而是其对水流信息进行加工和处理后自己主观选择的外在表现。正常时候，正常的鱼儿不会出大错。现在假定，如果“第一条沙丁鱼”在遭遇攻击时因为紧张游错了方向直奔鲨鱼而去……

有没有“岸上人”

作为对水中生物行为的一个外部影响，也是笔者最希望读者重视的部分，这里提出“岸上人”的概念。所谓岸上人，是指可以从外界对水环境进行干预进而影响水流信息的群体，向水里捅竹竿的顽童就是其一。现实生活中，岸上人即指主流舆论，更具体的，即传统媒体。

事实如此，直至目前，哪怕在已有近3亿网民的中国，主流媒体在某些方面的力量仍很高于网络。岸上人一竿拍击的力量，比几百条鱼儿产生的水波厉害更多。“芙蓉姐姐”的行为可能并不比某位在网上播放自己裸照的女教师更出格，但聪明的她或许深谙传统媒体的游戏规则，“芙蓉姐姐”可以上报纸，“竹影青瞳”则不可以。因为传统媒体可以打低俗的擦边球，却不会接受裸体。于是，有了岸上人的推波助澜，“芙蓉姐姐”真的红了。在上海网络编辑从业资格培训班的一次讨论会上，学员们直言“管好传统媒体，也就管好了网络媒体”。

网民的水流信息是什么

网民自我主观意愿是决定其言行的重要因素。一定区域一定范围内网民群体的受教育程度、政治信仰和行为习惯等往往具有同质化倾向，其结果是网民对诸如民族宗教、国土完整、战争历史等“大是大非”问题的意见容易出现一边倒的局面。而在其他领域，尤其是参与社会事务的讨论中，网民一方面会根据自己的情绪爱好、知识学历等个人背景主观地投入其中；另一方面由于事实上个人的能力不足以应付每个讨论话题，一些人则尝试先学习后表态。

所谓先学习后表态，就是网民在参与自己所不熟悉领域的话题时首先观察别人的言论，通过信息积累加深对话题的认识，并不自觉地接受了部分他人意见，然后表达出自己几乎现学现用的思想观点。这样的情况在一些热门话题的大范围传播和讨论中经常出现，与那些单纯的起哄者不同，这些先学习后表态者往往有一定的学习和议事能力。而需要注意的是，“水流信息”已经在不自觉中，被他们感知并开始影响他们下一步的言行。

由此，我们可以看到，对普通网民而言，已经存在或正将成为趋势的主流意见作为网络海洋中的“水流信息”将对其行为产生很大影响。因为网民几乎习惯以网络作为全部信息来源的唯一渠道，一旦占主导地位的舆论场已经形成，后继者的判断依据将很难有所改变。环境造就了人类，网络环境的力量不可小觑。

舆情控制的可选手段

放（鲨）鱼、培养意见领袖、利用“岸上人”和提高信息纯度，是管理者对网络舆情进行控制的四个可以选择的手段。

著名的鲶鱼效应是放鱼手段的一个实际应用。事实上，沙丁鱼本是生性慵懒的动物，渔夫为了让海鱼一直存活到轮船靠岸卖个好价钱，会在货舱里放几尾爱吃沙丁鱼的鲶鱼——有了捕食者的追逐，沙丁鱼们被迫在漫长旅行中时刻保持逃命的运动状态，自然就不会死亡了。平日看似平静的网络海洋，其实暗藏着千万有着自主判断力的个体。如何有效调动这些资源对有益的信息进行传播和扩大，放鱼就成了事半功倍的办法，网络推手作为舆情策动者，在这个环节的积极作用由此体现。

如前文所述，意见领袖的诞生意味着一个网络舆论场的初步形成。和推手不同，不是谁都有能力甚至有资格成为意见领袖。一般而言，意见领袖需要有着鲜明的观点却以并不咄咄逼人的态度展现出来，才可以争取到更多的拥护和追随者。意见领袖的培养，或将成为各地网络管理层未来需要重点关注的方面。

相对意见领袖培养的不易，“岸上人”这个媒体催化剂则作用更直接，使用更方便，但它却是一柄双刃剑。首先，网络之存在于世尽管已超过30年历史，但其广泛性特点难免为其带来了草根意识这个副作用。很多“网事”和网络人物，渴望得到主流大众特别是主流媒体的注意。所谓主流媒体注意，不管是正面报道还是负面批评，对其而言都是肯定的表现，关注即肯定。然而，一部分现实状况却是传统媒体没管住，网络媒体更散乱。原本只在很小范围成为谈资的芙蓉姐姐，被西北和北京的各一家传统媒体说成是“每天5000人同时在线等待浏览她的网页”，媒体的这一掺和，竟成就了一位满足大众审丑审异类需求的名人。在“周老虎事件”上，传统媒体的言辞反复更直接导致了原本并不纷扰的事实变得扑朔迷离。

关于如何提高网络世界信息纯度，正如笔者前面所说，这是件很有技术含量的工作。在此，仅以当下很流行的互联网实名制争论简单讨论之。就提高网络信息纯度而言，笔者是实名制的坚决反对者。如前所述，现代人在处理事务时往往需要进行能力判断、知识判断和社会判断等综合评价，其中社会判断方面更包含了社会价值和社会关系等与个人利益密切相关的内容。网络实名制的推行，无形中增加了网民在投身网络事务时信息杂质的成分，以前在保护面具下可以随意吐露的真性情，在身份公开的背景下开始变得有所顾虑。设置怎样的游戏规则，既保证网络信息的纯度，又便于控制管辖，将是各国网络管理机构未来面临的一项重要工作。

网络舆情不等于民情

作为本文最后的观点，笔者旨在引起读者注意这样一个事实，即在现阶段以及未来很长一个时期，至少在我国，网络舆情与民情之间还并不能简单地划个等号。我国有大约20%的人口是网民，但不等于已经有20%的农民是网民，也不等于只有20%的高级知识分子是网民，更不等于强势群体中只有20%的人参与网络。因此，必须承认，网络舆情只是我国国情社情民情的一部分，而不是全部。

商业“推客”是对网络推手的一种改良

刘丽群　郑　璇

网络推手和商业推客都是活跃在互联网上的网络策划者，他们的策划对网络舆论产生了重要的影响。从网络推手到商业推客的转变，体现了以人为本、尊重受众的互联网传播价值核心。本文在分析二者影响网络舆论的成功因素与负面影响的基础上，提出网络舆论引导的新思路。

网络推手虽然对网络舆论产生重要的影响，但由于其往往采取暗箱操作、伪装欺骗、哗众取宠等推送手段，因此被网络受众所唾弃。商业“推客”的出现是对网络推手的一种改良，他们将推荐权交给广大网络受众，推送方式真实、透明，得到了网络受众的认可。从网络推手到商业“推客”的转变，体现了以人为本、尊重受众的网络传播价值核心。本文据此提出了进行网络舆论引导的若干思路。

网络推手影响舆论的成功因素与负面影响

关于“网络推手”，目前尚没有一个统一的学术定义。知名网络推手阿任认为：“网络推手，又名网络策划师，懂得网络推广并能应用的人。推广的对象包括企业，产品和人。网络红人离不开网络推手，他们让现实中的普通人以极快的速度红遍网络。”

毋庸置疑，网络推手对网络舆论的形成与发展有着巨大的影响力。网络推手的成功离不开一些因素，如了解网络传播特点、了解受众心理、掌握一定网络资源。但是，网络推手虚构事实、左右舆论、操纵民意的一些行为也引起网民和媒体反感，带来极大的负面影响。

1.成功因素

（1）把握并利用网络传播与网络媒体的特点

网络传播具有开放、匿名、交互及信息海量等特性，网络推手十分注重利用这类特性取得良好的传播效果。在传播载体的选择上，网络推手注重选择人气最旺的BBS等虚拟社区，并根据目标受众群的特点有针对性地选择交流板块。在传播形式的选择上，网络推手用吸引人们眼球的方式“包装”传播内容，或强调草根精神、或赋予情感内涵、或猎奇、或俗艳等。在传播方式的选择上，网络推手利用大量宣传人员伪装成普通网民，不断发帖、转帖、回帖，营造出热烈的讨论氛围，吸引真正的网民参与讨论。在传播技巧的运用上，网络推手注重精心策划，力求富含新意、出奇制胜；网络推手也注重平衡网络舆论，促使围绕该话题的讨论逐渐升温。

（2）把握并利用网络受众的心理

网络推手十分注重分析推送对象——网络受众的心理。我国网络受众的心理表现为求知、逆反、交流、宣泄、消遣娱乐、猎奇、自我实现等多元化的特征。网络受众同现实社会中的受众一样，也有审美、同情弱势、跟风从众等心理趋向。网络推手在充分把握网络受众的阅读心理和习惯的基础上，通过结合热点事件和抓取公众眼球的图文策划，巧妙渗透要传达的商业信息。

（3）与媒体合作掌握网络资源

网络推手往往与一些媒体记者、网站负责人保持着良好的关系，在一些网络策划中取得后者的配合，推动自己的策划行为。例如将帖子置顶在网站（论坛）首页，对帖子进行“加精”、“推荐”等操作。大部分媒体负责人也乐于与网络推手合作，借助后者制作的消息内容吸引更多网民参与网站（论坛）活动，提高网站（论坛）知名度和活跃度。

2.负面影响

网络推手在“网络造星”行为中尝到甜头，看出操控网络舆论的巨大利益空间。他们的一些行为如欺骗受众、操纵民意、发布与民心相悖的观点等，引起网民和媒体的强烈反感，带来极大负面影响。

一些网络推手制造虚假事件欺骗、利用网络受众，“别针换别墅”就是其中一例。网络推手还伪装成普通受众参与评论，通过发帖、回帖制造“伪口碑”，误导其他网民。知道事件真相后，很多网民斥责网络推手的欺骗行为。

还有部分网络推手推送的内容宣传色彩浓郁、灌输性强，常常引起网民反感。他们通常以普通网民身份讨论热点问题，生硬、千篇一律地发布与其自身或利益团体思想一致的评论。由于他们发布观点的形式僵硬、教化和灌输意味浓烈，往往令网民反感，不能起到甚至恶化了舆论引导作用。

从网络推手到商业“推客”：口碑推荐，真实推送

继网络推手的一系列炒作事件后，互联网上出现了商业“推客”。他们主动帮助商家推荐、推广商品并按照成交效果获得佣金。本文提到的商业“推客”，有别于以Twitter服务为技术核心的推客网站，后者吸引用户将自己的最新动态和想法以短信息的形式发送给手机和个性化网站群。

商业“推客”与网络推手目的类似，都是利用各种网络传播手段推广某商品或服

务。在推荐内容、推荐渠道、推荐方式上，商业“推客”改变了“网络推手”暗箱操作的推荐模式，受到广大网络用户的支持。

首先，商业推客的推荐内容来自网络用户。在推客网、阿里妈妈网等商业推客网站，网络用户自己选择产品进行推广，用户的选择可能源于自身喜好、使用经验或朋友建议等。商业推客的推荐内容是一种口碑营销，完全有别于“网络推手”以商业利益为导向的“伪”口碑推荐。

其次，商业推客的推荐渠道更为透明。网络推手利用手中掌握的网络资源，让推荐内容出现在网站（论坛）的重要位置或业内意见领袖的博客上。其拥有的渠道优势在一定程度上误导了受众，引起受众反感。而商业推客们在专门的推荐网站或自身网络平台上推广商品，网络受众可以根据自己的判断来选择是否阅读。相比之下，商业推客充分尊重网络受众，把阅读的自主权交给网络受众。

最后，商业推客的推荐方式更为真实，杜绝了欺骗行为。网络推手往往使用伪造身份、伪造舆论、伪造内容等多种欺骗手段来吸引用户注意。而商业推客来自用户，单纯推荐商品，正大光明地做广告，杜绝了虚构夸大、隐性渗透、生硬灌输、左右舆论等让用户反感的推荐方式。

网络舆论引导值得借鉴的思路

当前媒体论及发挥网络舆论引导作用，大多强调传播主流声音，坚持正面引导，并提出相应的舆论引导措施，例如加强网上舆情跟踪、增强网上评论力度、营造网上正面舆论等。为政府从事着网络舆论引导的这部分人员，实际上就是在做着与网络推手类似的工作，但是他们引导措施的实现形式往往带有教化、灌输、僵硬、单一等色彩，产生的舆论引导效果非常差。

我们不能把传统的舆论控制方式照搬到网络世界。结合前文对网络推手与商业推客的解析，本文提出以下网络舆论引导的思路。

1.保证真实性、及时性与主动性

网络推手制造的虚假信息能短时间内吸引受众的注意力，但被拆穿后会引发受众反感，起到相反的舆论引导效果。可见，信息的真实、透明和共享，是民心稳定的基础，能从根本上遏制网络谣言的滋生、保证舆论引导的效果。

网络传播具有传播迅速、信息海量、受众广泛、匿名讨论、意见多元等特征，也是滋生谣言的温床。对影响社会稳定的流言、传闻，应及时予以澄清。舆论引导者应及时、主动地公开信息、与网民互动交流，让公众放心安心，而不能在一些负面舆论形成之后才去设法屏蔽或生硬地引导。

2.选择有效传播载体，提高舆论引导的针对性

网络推手和网络推客都重视分析目标受众、选择相应的传播载体进行有针对性的传播。不同的网站（社区）往往有着不同的定位和模式，吸引不同年龄层次或职业、爱好、地域的网民群体。一个网站（或虚拟社区）的不同板块也有不同的用户群。

在进行网络舆论引导前，需要分析传播载体及其受众构成，尊重该传播载体的规则及受众的特点，利用相应的传播技巧，进行有针对性的传播。如果不尊重网站（社区）规则发帖，或者在所有网站都按照一种模式发帖，很可能起不到预期的传播效果，甚至造成垃圾信息泛滥。

3.重视策划和创意

网络推手影响网络舆论的一大法宝就是精心的策划与新鲜的创意。“封杀王老吉”这一策划事件正话反说，吊足网民的胃口，起到了预期的舆论传播效果。推手和推客们擅长利用精美的电子杂志、flash、视频与图片等形式呈现其创意，满足网民审美与休闲娱乐的心理需要。

网络舆论引导者应借鉴这一思路，以网民易于、乐于接受的形式来呈现相关内容。撇开专业的策划、新鲜的创意与生动灵活的形式，只是盲目地发帖，将很难发挥正面的舆论引导作用。

4.把握网络受众心理和习惯

深谙网络受众的心理和习惯，是网络推手成功引导舆论的要素。舆论引导者充分把握网络受众的心理和习惯，能提出更好的传播策略，提供符合网民需要的信息产品和服务，兼顾社会效益和公共利益，最终实现正面的舆论引导效果。

例如，针对受众的信息焦虑心理，舆论引导者要注重把握报道的量。信息量如果超过受众的需要和接受能力，会加剧受众的信息焦虑、引起受众的反感和不信任。针对受众的逆反心理，舆论引导者要尊重受众独立思考和独立判断问题的意愿，注意报道的客观、平衡与公正。针对受众的审美与娱乐心理，舆论引导者需要注重版面的编辑、改进报道的呈现形式，吸引受众阅读和接受信息。针对受众利用网络的务实习惯，舆论引导者必须充分尊重受众需要，尽量满足受众需求、服务公众。总之，针对网民的各类心理和习惯，采取适当的传播策略，让舆论引导发挥最大的作用。

5.重视网络舆论的平衡

网络推手陈墨称，在炒作网络红人的过程中，他们十分注重平衡网络舆论。针对批判言论较多的负面人物，他们会组织写手发表正面评价；对正面人物则发表一些批判性意见。姑且不论其中组织写手评论的虚假与欺骗性质，这种平衡舆论的思路值得我们借鉴。

重视网络舆论的平衡，意味着提供更为客观的报道、允许多元化的意见并存；重

视受众的批判性意见，了解批判背后的深层次原因。在保证导向正确的前提下，舆论引导者应采用客观报道的方式，既报道事情的正面，也报道事情的反面，让受众了解事件真相，作出自己的判断。面对批判性的网络舆论，不能一味地删除、封杀，而要探寻批判背后的深层次原因，有则改之、无则加勉，给公众一个交代。因此，重视网络舆论的平衡，方能起到良好的舆论引导效果。

综上所述，只有注重以人为本、尊重受众的互联网传播价值核心，才能使舆论引导工作真正深入人心，产生积极的效果。

《新闻实践》杂志2009年第9期“多棱聚焦”栏目

新闻“纠错”

由于媒体信息处理加工特点所限，谁都无法保证永久的“零”差错。据新近检查的结果，全国省级党报平均文字差错率超过国家规定要求的4倍。党报尚且如此，更何况“快餐式”的诸多媒体。但这多数是技术性差错，只要对症下药，减少出错是完全有可能的。令人担忧的是，新闻失准失实之后的更正缺失，却已成为彼此心照不宣的“牛皮癣”现象，也是长久以来一直讳莫如深的隐忧。

假如说“新闻是历史的草稿”的话，那么，当下媒体除了理所当然地要确保受众知情权的完整以外，更要对若干年以后的历史记录负责。尽管事后的“更正”，难以完全改变留给受众的既成印象，但毕竟为未来校正“草稿”立此存照，不至于遗讹未来。

判断现代意义上的传媒的标准之一，应该看其是否具有自身校治、纠偏和内省的能力，是否能够清醒而理智地看待内容生产中的纰漏，理直气壮地把新闻纠错作为持之以恒的日常规范，有错即改，“鞠躬”取信。兴许这正是从“媒体本位”向“受众本位”自觉转变的一个不容漠视的标志，不必等到某种行政压力之下才开始正视这一艰难的嬗变。在当前新闻界“三项学习教育”活动中，可否把新闻纠错的制度建立作为一个立竿见影的突破口？

新闻纠错为何难以成为媒体常态

阮占江

要想更为有效地减少与遏制媒体的出错，关键还在全面整合此前媒体纠错的各类经验，尽快将其优化、升级到一种相对更为统一、权威的制度层面，从而让更多的媒体真正感受到制度硬化后的现实威力。

由众多具体个人构成的媒体，难免会在采编校的过程中出错。尤其是进入互联网时代之后，媒体越来越多地面临信息庞杂、信源不确定等现实因素的困扰，未经证实与审核的消息层出不穷，频繁出现一些以讹传讹的消极现象。

知错就改，善莫大焉。可是当某些媒体刊发的新闻最终被证明为虚假新闻时，很少有公开更正与道歉的，似乎与己无关，高高挂起。这种有错不纠的状况，着实让人困惑和担忧。因此，媒体纠错制度化确已到了亟待重视与解决的阶段。

媒体纠错，无论从新闻传播学，还是从法律的角度来看，都是一种必要的内省行为。不仅是挽救与维护媒体社会公信，有效减少与及时消除错误、失实报道造成的消极社会影响的需要，而且也是有效增强媒体从业人员责任心、减少自身法律与经济风险的需要，不失为一种有效降低与化解法律风险与经济损失的自我保护手段。

媒体纠错的“前世今生”

媒体纠错在我国经历了一个较为漫长而曲折的过程。虽然早在1906年，清政府颁布的《报章应守规则》中就已明确要求“记载有错误失实，经本人或关系人声请更正者，即须速为更正。”（刘哲民：《近现代出版新闻法规汇编》，上海学林出版社版）但直到现今，国内媒体才有《新京报》、《南方都市报》等一批新锐都市报在身体力行。目前，媒体纠错主要有三种形式：

第一种，是相对较为分散、临时与突发性的纠错，即媒体对于某一个具体的信息内容专门进行临时性的纠正。其主要形式有“更正”、“更正与致歉”、“更正声明”等，其主要特点就是对包括人名、地名、职务、单位、数据、配图在内的各种差错，以一错一纠的方式进行，一般包括文字性差错的纠正。目前这种形式，在全国各类媒体尤其是机关报中相对较为普遍。

第二种，是专门设置相对较为固定的栏目或版面，定时定期对媒体错误、失实的内容进行纠错。目前这种模式主要在一些都市报中较为流行。比如《新京报》从创刊的第二天起，就在第二版的左侧条位置，开辟了一个“更正与说明”专栏；《深圳晚报》从2001年起就开设了“记者道歉”的常设栏目；《南方周末》则每期在第二页不固定的位置上有一个“有错即改”的固定栏目，每一条都刊登发现并更正这个错误的读者姓名及其单位。

第三种，是综合式的纠错方式，即不仅有较为固定的版面与栏目，也有一些突发性、临时性的纠错。这其中较为典型的就是北京的《法制晚报》。对于一般性差错，《法制晚报》往往以总编辑的名义及时刊登“更正与致歉”栏目，该栏目固定在A3版，“就以上差错向广大读者和相关人士致歉”。对于失实的稿件，则以编辑部的名义及时在一版刊发“更正及致歉”或“郑重致歉”。

媒体为何忌讳纠错

虽然媒体纠错在我国正在逐步进行，但对比其他国家的媒体纠错现状来看，依然没有得到全面的普及和广泛的应用。

其一，如今许多媒体，尤其是传统主流媒体依然很少主动对自己的错误、失实的内容信息进行更正或道歉。此前，虽然不断有一些很有社会影响与关注度的报道，后来被证实为严重失实甚至根本错误，但人们却始终很少看到有正式的、正规的更正或道歉，最终不了了之。

其二，纠错行为本身也相对不够规范不够到位。比如大多把更正与道歉声明放在不甚显眼的位置，比如大多只是一些错别字、数字与人名差错的纠正，不仅总是给人一种羞答答的感觉，而且总是处于一种相对浅层与低端的阶段。

其三，一些媒体更习惯于发一些“否定之否定”式的新闻来表达更正或道歉。经常是前几天刊登了一则失实消息，过几天在自己的版面上又刊登同题报道，仔细的读者才能读出个中差异，那就是对失实部分进行了改写，谓之“否定之否定”。虽然也是一种补偿，其实却是媒体对自身责任的一种弱化乃至放弃。因为这种只刊发纠错新闻而无专门更正的做法，很难让人看到媒体应有的责任感，久而久之，只怕难免会让民众越来越不相信媒体的社会公信力。

综合各方面的因素来看，如今大多数媒体之所以普遍不愿意主动、积极纠错，主要有以下几方面的原因：

1.不少媒体尤其是一些传统主流媒体，对自己报道的失实和差错,始终缺乏自曝其“短”的勇气，将此看做“家丑外扬”，自找难堪。实际上，在以前那个集中读报、收听广播的时代，主流媒体被当做一种政治教化的宣传品，自信不可能出错，更不允许自我纠错。

2.社会各界对于媒体纠错的没有完全达成共识。如今不少人倾向于认为，媒体纠错可能更多时候是一种小题大做。因为对于那些微不足道、读者一眼就可以看出的错误，公开更正意义不大。媒体人自己把错误消除在出版之前就可以了。而对于那些造成严重后果的报道，即使及时更正，只怕也不管用，最终还得法院相见，对簿公堂。

3.媒体纠错本身缺乏一种相对统一、权威与硬性的外部制度约束。应该说，对于媒体纠错，此前我国相关部门其实曾有过一定程度的制度化努力。比如1984年，中宣部转发的《〈全国新闻真实性问题座谈会纪要〉的通知》明确提出：“凡属失实报道，一定要改正。新闻社错了，新闻社更正；报纸错了，报纸更正。”随后，以新闻更正制度为核心的媒体纠错开始进一步被纳入到一些行政法规和部门规章中。比如2005年12月1日实施的《报纸出版管理规定》，就分别对媒体发布虚假新闻的行政责任，以及补救、惩罚措施，作出了比较详细、具体的规定。

遗憾的是，目前这种要求媒体纠错的制度，不仅法律位阶相对较低，而且相关的制度约束条文也较为原则与抽象，缺乏具体可操作性，尤其是缺乏必要的责任追究与惩戒制度。这就难免会让其本身的制度效力大打折扣，难以对媒体起到制度应有的震慑与约束作用。

媒体纠错亟须资源整合与制度优化

要想更为有效地减少与遏制媒体的出错，关键还在全面整合此前媒体纠错的各类经验，尽快将其优化、升级到一种相对更为统一、权威的制度层面，从而让更多的媒体真正感受到制度硬化后的现实威力。

在外部制度优化升级的同时，媒体自身切实守好第一道关口，正是有效减少与消除虚假新闻、捍卫新闻真实性的第一步。对于所有真正负责任、有担当的媒体来讲，面对网络信息时代，确实必须采取更为系统、严格与周密的措施，建立健全更为稳定、根本的长效机制，以加大对虚假、失实新闻的预防、治理和惩戒力度。

1.媒体应严格要求自己的记者，必须深入群众、深入基层、深入实际进行采访，不能虚构事实，无中生有，不能刊发捕风捉影的小道消息；要求记者在新闻稿件的写作中，尽可能避免倾注过多的个人情感与主观好恶，以免使报道从一开始就失去应有的客观性与公正性。

2.媒体应该严格要求自己的编辑，必须对重要的新闻事实进行核实。一般来讲，除人民日报和新华社等重要媒体的稿件外，转载稿件必须向原载媒体核实，必要时向当事方核实；对通讯员、自由撰稿人的稿件要派人核实，编辑过程不能损害稿件的真实性；标题制作要文题相符，不能以夸大的标题误导读者；版面和时段编排要注意符合总体真实，把握平衡。尤其需要强调的是，不得随意刊播、转载网上发布的稿件、图片、音频、视频等新闻信息。

3.媒体应当引进与扩大社会的有效监督。受众的眼睛是雪亮的，他们遍布于社会的各个角落。因此，媒体完全可以考虑聘请各行各业的人士，担任“咬文嚼字”的监督员，横挑鼻子竖挑眼，通过民意调查、读者反馈等方式，有效减少虚假、失实新闻的产生。同时，新闻媒体还可以公布举报电话与信箱，鼓励受众举报假新闻和造假者。事实证明，这种方式不仅能加大社会各界对新闻从业人员及新闻媒体的有效监督，也能使新闻工作者及媒体严格要求自己，促进媒体业本身的健康、可持续发展。

4.媒体必须在内部建立健全一整套更为周密、严格与有效的处罚、惩戒制度。对于提供虚假、失实与错误信息内容的，不仅必须向社会公开更正和道歉，而且应根据信息内容的错误、失实程度与主客观状况，对相关人员进行相应对等的责任追究与处罚。

媒体互纠：不可或缺的校治路径

无须否认，如今一些媒体彼此之间确实存在着一种日益激烈的竞争关系，甚至出现了恶性竞争的消极现象。但从客观上来说，媒体彼此之间的这种相互监督、相互挑剔乃至相互“较劲儿”，未尝不是一种现实、有效的纠错方式。毕竟，一个竞争对手每时每刻瞪大眼睛寻错找茬的现实环境，要比一家独大、垄断话语权的舆论局面，要更来得生动活泼、更充满新闻质量比较的平衡。

实际上，一家媒体今天刊发如此这般的新闻，而明天就有别的媒体迅速刊登证实前者差错的校正新闻。这显然不失为一种直接、有效的现代媒体纠错方式，但只有在舆论充分表达的前提下，才有可能实行这样的民主纠错。

但是，从各方面的情况来看，这种纠错的作用本身还是相对有限。如今媒体之间，还是讲究情面，不想、不愿也不敢彼此搞得太僵。兴许今天你纠了别人的差错，明天就逃不过自己被人家反诘。说到底，还是忌讳更正的心理在作祟。

因此，在这种情况下，不仅要积极鼓励媒体间的相互监督，媒体行业之间也应该进行一种协会或行业性的监督。目前，我国已经建立专门的新闻协会与新闻团体组织，有足够的条件按照自身的职能定位，主动地对新闻媒体进行全面而必要的监督，对那些被发现刊登了虚假与失实消息内容的媒体进行通报与处罚，而不再仅仅只是媒体自己的约束与政府部门的管理。

认错纠错应当成为媒体的基本品质

——从《新京报》系列纠错栏目谈起

王爱军

马克思曾指出：“只要报刊有机地运动着，全部事实就会完整地被揭示出来”。其实，我们还可以这样理解：因为报刊在有机地运动着，差错也一定会被揭示出来，隐瞒是不明智的；而报刊在有机地运动着，也为报纸纠正差错提供了便利，纠错将变得轻而易举。报纸公开认错纠错，尤其是读者的挑错被媒体采纳发表，无疑是在保障读者的表达权，同时也是对读者知情权和监督权的保障；而编辑部和读者之间的制度性的沟通互动，形成了“开门办报”的格局，实际上也保障了读者的参与权。

“对报道中的每一个字负责”

创刊于2003年11月11日的《新京报》，在其创刊号的《开版致读者》中，公开宣示“作为一份严肃的媒体，《新京报》愿对报道中的每一个字负责。”这样的宣示，不是像有的媒体那样作为一种广告宣传，而是一种对采编员工的自我加压，是对读者的一种庄重承诺。既为承诺，就要有明确的机制体制、以“看得见”的形式兑现。

为此，除了出版前对采访和编辑流程严格把关之外，《新京报》还设立了“更正与说明”、“社论批评”、“来信”等栏目，对报道中出现的差错进行公开认错纠错，接受读者监督。

1.“更正与说明”栏目

创刊当日的《新京报》，在A2版突出位置设立“更正与说明”栏目，至今，报纸已出版2100多期，该栏目从未间断一天。在此栏目里，“事实纠错”、“文字更正”的子栏目对《新京报》前一天或近日出现的事实错误和重要文字差错进行更正，对报道中一些价值理念和操作方式上的不妥之处进行检讨；“解释说明”则对读者有疑问或者容易让读者产生歧义的问题进行解释和说明；同时还“就以上错误和疏漏向广大读者和相关单位、人士致歉”。

栏目实行问责制，同时将有关责任人（记者、编辑和校对员）的名字公开见报。根据性质的不同，执行相应的处罚。发生严重失实的报道，则由报社决定对责任人的处理意见，直至除名。

栏目设置专业编辑，公布挑错热线，安排专人收集读者来电来函的“挑错”；同时聘请5名专业人士担任社外审读，专门挑出当日见报差错。

“更正与说明”第一时间认错并纠正，开创了中国报纸的先河。

2.“来信”栏目

《新京报》的“来信”栏目内容广泛，可以谈新闻、说感悟，小到身边趣事，大到国计民生，实则是和读者交流沟通的桥梁。其中还有一个重要的功能，就是刊发对本报新闻的评论、对本报办报的建议与批评意见。

读者来信每篇大约四五百字，这一类批评往往比“更正与说明”栏目的自我纠错来得更详细、更深刻、更尖锐。对有些具体的批评，相关的编辑还会在信后附上回复，直面回应。

3.“社论批评”栏目

还是在A02版，《新京报》设立“社论批评”栏目，专门请读者对《新京报》的社论提出批评或补充的看法。

众所周知，社论是媒体的“发言人”，宣示报纸的立场。在过去一个时期里，报纸社论是不能出错的。要么很少出现，要么只说一些大话、套话和无可挑剔的废话，回避对具体事实的判断。即使是有错，也绝对不会直言“我的社论是有错误的”。

而《新京报》明示“我们不追求话语霸权，不谋求一锤定音。尊重读者的思考，给读者发言的机会。”开办“社论批评”栏目，第一次在国内的报纸上告诉读者：社论是可以批评的；而栏目的固定化，也等于在告诉读者，我们每天都在等着你对社论的批评。

有专家评论说，《新京报》“社论批评”栏目“正视和容忍对社论的批评，固然在一定程度上动摇了社论原来的‘权威地位’，但同时也在一定程度上还原了社会作为意见传播的本质规律。意见就是注定会带来不同乃至相反的意见，有价值的意见更是如此”(马少华语)。

以真诚取得谅解，拉近和读者的距离

现代传播信息海量，没有哪家媒体敢说不会发生任何差错。过去有“无错不成书”之说，实际上“无错不成报”倒是媒体面临的现实。若是讨论媒体的公信力，笔者更愿意放在“权力”与“权利”这样的大背景下分析它。

尽管我们并不一定认同所谓的“第四种权力”，但公共传媒实际上有着一定的权力属性，媒体的公信力必定就是建立在对权利的尊重和保障的基础上。

如今，公民权利意识的觉醒和蓬勃兴起，已经融入社会的方方面面。这些基本权利包括知情权、表达权、参与权和监督权。当然，这些权利落实于公共传媒领域，兴许还有不小的距离，多数媒体没有认识到如何面对与保障民众的这些权利，而且关于媒体的法律制度的缺失，也没有对媒体提出这样的义务和要求。所以具有现代传播意识的媒体，只能呈现出一种自我反省、自我约束、自我评价、自我善后的状态。

对读者而言，除非有关报道严重侵害到个人的利益，会以“名誉侵害”、“经济受损”等理由提起索赔甚至法律诉讼，但大多数情况下，尤其是面对公共议题，没有直接的“受害人”，如此导致一些错误的报道和观点往往无法进行公开纠错，结果是读者“用眼投票”，用是否订阅和遥控器来表达对某个媒体的态度和看法。

报纸公开认错纠错，尤其是读者的挑错被媒体采纳发表，无疑是在保障读者的表达权，同时也是对读者知情权和监督权的保障；而编辑部和读者之间的制度性的沟通互动，则形成了“开门办报”的格局，实际上也保障了读者的参与权。

媒体在第一时间的新闻更正，也使得当事人由于报道失实、观点偏颇而遭受的伤害减少到了最低限度，往往能取得当事人和读者的谅解。

“更正和说明”栏目曾刊登这样一则文稿：

“5月20日A11版《表演吞剑刺破肚皮》一文，受伤的秦老师是男士而非女士，且事故原因并非表演吞剑所致，而是秦老师在魔术彩排中发生意外被电锯所伤。造成如此重大的事实出入，是由于记者未去现场采访，也未采访当事人，而是听信目击者一方之言所致。对于本报记者因为采访作风问题而导致报道失实，本报向当事人和广大读者致歉。同时，本报将对当事记者进行严肃处理，并认真改进采编工作。”

据悉，因为有了这样主动的更正、公开致歉和严肃问责，报纸差错很快取得了当事人的谅解。

“读者来信”栏目还发表过一位北京大学生的来信，题为《称呼当事人应保持价值中立》，信中说：

“昨日《新京报》对一名男子挟持人质的系列报道中，犯罪嫌疑人的称呼多次变换，我认为对不明身份的人最好别使用‘歹徒’和‘劫匪’的称呼。在警方未给出案件的结论之前，如果用‘不明身份的男子’的称呼会更准确。”

实际上，读者来信提出的问题常常是一些细节，某个词语不准确、某张照片不适当，等等。这些细节在有些媒体看来，或者不值一提，或者轻描淡写地在内部提醒一下。但是，从制度的严格而言，这些细节差错背后显示的是办报理念的问题——比如把“不明身份的人”在司法机关没有确定其罪行之前就称之为“歹徒”、“劫匪”，显然有悖于“以人为本”的人文理念。

《新京报》曾发社论《企业纳税情况不应该成为秘密》，隔日就有读者提出反诘，于是在“社论批评”栏目上刊登这位读者针锋相对的来信《企业税收状况不宜全部公开》，其中写道：

其实，恐怕许多人都知道，造成“企业有税不收、缓收或大征‘过头税’等诸多怪象”的根本原因，不在于企业纳税情况是否公开，而在于相关的法律法规是否真正得到落实，监管措施是否到位。如果“征税机关的一些人”刻意去“人为调节”税收进度，公开了企业税款又有什么用？由此看来，全面落实与税收工作相关的法律法规，尽快加强和完善税收征管工作的制度化建设，才是防止“违法违规征税现象的发生”的根本所在。

像上述的新闻更正，实际上也是培育民众现代公民理念的启蒙。许多司空见惯的说辞，可能蕴涵着不当甚至错误的东西，媒体的纠正也是对这种思想观念的一次“刷新”。

认错纠错，媒体公信力不减反增

毫无疑问，公信力是公共媒体的生命。如果这个媒体登的、说的东西，别人都摇头质疑，实际上说明这个媒体已经死亡。

为了保护公信力，媒体形成了一套内在的“职业戒律”，但是，常常有意无意忽略了一个重要方面：认错改错。确实，以“家丑不可外扬”为信条，我们缺少公开认错改错的传统；而长期以来媒体高高在上的自我定位，一言九鼎，认为认错改错是一件“耻事”，除非上级批示或者法院判决必须刊登道歉启事，否则对差错就是习惯性地选择藏而不报。

2009年6月3日，《新京报》发表一位北京市民的来信《请慎发“吞云吐雾”照》，批评《新京报》“无烟日”刚过的6月2日版面上，刊发某体育教练“吞云吐雾”抽烟的图片。信中说：

相信可供媒体刊用的照片很多，不必非要刊发吸烟照片以暗示人物的身份。体育运动员、教练吸烟的画面，屡屡出现在报纸、电视等媒体上，这与体育运动的健康形象反差巨大。难道表示忧虑、失落，吸烟是最佳表现手法？因此，作为公共媒体，希望《新京报》慎发吸烟照片。

如上述“吸烟有害健康”的理念人人皆知，读者看到这样的照片难免会产生疑问。如果报纸不做更正，读者会怀疑你是否对“禁烟”还持不同态度——这恰恰在一个细节上损害了媒体的公信力。

实际上，一家媒体出错想掩盖几乎是不可能的，媒体之间的竞争化格局，使得新闻真相在不同媒体的报道中互相印证并显现，自己不认错就会被别的媒体之“镜”照出。更重要的是，读者的认知水平和追寻真相的能力在显著提高，辅之以发达的网络平台，掩盖差错几乎成为妄想。

与此同时，全球讯息的多渠道传播，也让媒体从“字字珠玑”的“圣坛”回归民间，受众把媒体出错纠错看得越来越平常，反而，一个从来不承认差错的媒体一定是隐瞒了差错。由此可见，主动、公开地认错纠错，正是治愈公信力“溃疡”的一剂良药。

媒体内省是认错纠错的有效动力

公开认错纠错，让读者知情、表达、监督和参与，也为媒体的内部约束和激励产生动力，尤其是在新闻制度相对缺失而自我约束成为媒体公信力保障要件的当下。

《新京报》的纠错栏目中，标注有责任编辑、责任记者、责任校对等相关责任人的名字，坦陈出错缘由。每一项纠错，对全体采编校人员都是一个警示。

《新京报》有这样一则“个人史系列”稿件的更正：

在对梁启超之子梁思礼的采访中，《仇袁、和袁、倒袁》一文提及蔡锷在梁启超先生组织的“反对袁世凯称帝”活动中“被刺杀”的陈述有误。蔡锷将军在“倒袁”胜利后，因为积劳成疾，赴日本就医，不治逝世。该文发生的常识性错误，虽然与梁启超先生儿子的记忆有误有关，但记者、编辑不加核实而原话照登，有违《新京报》“负责报道一切”的理念。

这样的更正，不单单是纠错，而是再度提醒了媒体从业人员必须坚守“对报道中的每一个字负责”的媒体理念。

《新京报》的系列更正栏目，已经形成一套卓有成效的运作机制，在报社内部逐渐形成了敬畏感。编辑记者每天打开报纸，往往先读二版的“更正与说明”等栏目，看看有没有被曝光，它事实上已成为锤炼从业人员严谨作风的“安检门”。

综上，现代社会应是“责任社会”，无论是政府、公共机构、公民个人，还是媒体，都要为自己的一言一行承担相应的行政责任、法律责任和道德责任。负责，也应该成为现代媒体的基本理念，就是要对报道的每一个字(图片、观点)负责。而媒体履行这样的责任，也要有制度来保证，并把它体现在面对受众的载体上，以“看得见”的形式实现。

马克思曾指出：“只要报刊有机地运动着，全部事实就会完整地被揭示出来”。其实，我们还可以这样理解：因为报刊在有机地运动着，差错也一定会被揭示出来，隐瞒是不明智的；而报刊在有机地运动着，也为报纸纠正差错提供了便利，纠错将变得轻而易举。

如果承认我们面临着一个权利意识蓬勃兴起的时代，那么，媒体就不可以固守对自己的差错“装聋作哑”的传统。任何一个媒体，只有对读者的基本权利充分尊重，以真诚负责来面对自己的每一篇报道、每一个观点，才能为自己的发展壮大而奠基。

网络时代媒体纠错的困境与前景

郭乐天

新闻纠错目前尚没有完全成为媒体组织制度、编辑制度的组成部分，集合网友力量去伪存真，成了网络新闻纠错的最大特点。博客这个完全个人化的话语阵地，参与媒体“纠错”，正在成为虽然无奈却是次优的选择。其中包括公众人物利用博客对大众媒体的新闻报道进行澄清、辩白和纠错，“这将有助于促进媒体做更负责任的报道”。

纠错，对于媒体人其实并不陌生。不过，那仅限于编辑部内部：由于出版流程的疏忽，错别字出现在正式出版的报刊上；还有就是由于记者的疏忽，一些新闻事实没有核实，于是出错了。对前一种的错误，内部的处理比较简单，而对后一种情况的出现，编辑部在经过调查核实后，会在报纸刊登一则更正启事，以示对读者的负责。对出错的记者的处理就比较严格了，轻者扣发奖金，重者纪律处分。但这种纠错，从行为上来看，大多在主观上不存故意，只是采编流程中出现的失误。

而今的媒体纠错很难说清楚其主观的作为了。随着互联网的兴起，网民获得资讯渠道的通畅，又因为互联网传播错误虚假信息的增加，错与纠错大有一种呈现全民参与的“竞赛运动”。

由于博客等个人化媒体的风行，大众对关注点和获知信息门槛的大幅降低，加上网络工具功能的增强（谁都可以使用网络发布信息），社会多元思想的约束“纠错”就时常走向失控。

“很黄很暴力”、“俯卧撑”，是网民对主流媒体的质疑。而动辄人肉搜索，又常常使得个人的权益受到侵害。一方面远距离地采用网络新闻补版面（地方报纸常用的方式）；另一方面网络编辑为提高点击率而参与一些事端的制造，日益成为媒体吸引读者和网民的技巧。

把关防错是避免出错的必要前提

在多元思想与多种媒体共存的时代，作为一个媒体人，时常会遇见这种尴尬：就网络媒体而言，当某一相当“雷人”的信息同时在你的论坛和别的论坛（民间）出现的时候，为了核实其信息源的准确性，新闻网站往往会先是沉底或延后。而结果是这一“雷人”信息是真实的，因为你的延后使得发布的时间滞后了，你这新闻网站就开始受到网民的嘲讽。假如这“雷人”的消息是假的，网民会宽容播报虚假信息的论坛。理由很简单，网站是没有义务对信息准确性进行核实的，于是网站的“把关人”很难不浮躁。

类似的问题在纸媒上也有出现。更为尴尬的是，网络上各种各样的说法早就有了，你想把这事件说得更明白，则是不让你说。偶尔抢先了，结果偏偏是与事实不符。久而久之，出错变成是正常的，没出错的媒体几乎不存在了。

其实，错是有大小之分。媒体如何做到不出错或不出大错，与媒体的责任意识有关。

一是主观的不作为。也就是说，没有把坚持公信力、媒体对信息采集、处理的权威性放在首位。这需要编辑部上下形成共识，完善内部规章制度。这是当前避免媒体出错的最重要的环节。

二是提高对舆情研判的能力和社会责任。大众媒介要对依赖它们而获知信息的公众、团体负责。不管传媒监管是来自新闻机构本身，还是来自外部力量，媒体的责任都是存在的。举个案例：2008年，温州网一网民在论坛上发布信息，还出现了化验的数据指标，称温州各大超市的品牌酱油均不合卫生标准。他自称找到一个有化验室的朋友，将超市的9种品牌的酱油全部买来作了化验，发现所有的酱油的指标没有一个合格。

当时正值“三聚氰胺”事件沸沸扬扬时期，温州网及时与发帖网民沟通，并将这一信息告知质监部门。质检部门按照网民提供的信息，迅速对超市所有的酱油进行质量安全检查，结果发现只有一款产品不符合标准。为此，温州网将网民发在论坛的信息编成新闻，置于首页的头条位置，并做成专题，将质检部门检测结果一并发布，从而化解了一场酱油引发的食品安全危机。

三是对那些十分“雷人”、“抢眼”的信息要确定止损点。互联网信息庞杂，假如你准备采用“雷人”、“抢眼”信息的话，就要确定其信息发布后可能会出现的后果，特别是对社会和所涉个人的危害程度。凡涉及民族、宗教的内容，不管有多“雷人”，坚决不上传；凡容易引发群体事件的个案，要做好续后的引导预案；凡涉及青少年犯罪和个人隐私，要考虑公众的接受程度，避免由于媒体的炒作而使得事件更加复杂化。

四是借鉴BBC新闻原则。尽管BBC在针对中国的有些报道受意识形态的影响，也因主观因素出现过错误，但相对来说，其对新闻的处理原则还是值得借鉴的：“不偏不倚”（以平衡及不偏颇的方式反映各种不同的看法）、“准确及真实性”（核实消息，查找和利用各种资料来源）、“公平及隐私”（公平对待所有提供资料人士，尊重人与文化）、尊重（为我们的受众提供制作庄重的节目）、独立性（不受任何政治或商业利益的影响）。

新闻纠错应该纳入媒体的“编辑手册”

从新闻行业相对发达的其他国家的通行做法来看，媒体纠错不仅是一项新闻道德规范，它也成为一项公认的新闻职业规范，许多媒体将它写入“编辑方针”。例如，《纽约时报》就把对于新闻事实错误的更正当做是一种正常的作业，该报延续近半个世纪的“更正”和“编者的话”栏目，构成了独特的“自我纠错”（self—correction）的编辑制度。这些新闻纠错制度在《纽约时报》是作为铁律写入《时报的风格与用语》的小册子，要求记者编辑日常对照。

在我国，新闻纠错制度其实也有悠久的历史，从已知的资料看，起码可以追溯到一个世纪前。1907年，《大清报律》第八条规定：“报纸记载失实，经本人或关系人申请更正者，或送登辨误书函，应即于次号照登。”

当下媒体竞争激烈，新闻报道要“又快又准”，已越来越难以一次静态地完成。在尽量减少差错和失误的前提下，正视差错，勇于纠错，对原先不准确、不客观或者不公正的报道进行更正，体现了媒体尊重事实，尊重受众的工作要求，符合新闻传播的运作规律。从这个角度来说，媒体纠错是新闻真实性的具体体现和要求。

但遗憾的是，媒体只有当发生了重大的错误或失误时，害怕舆论压力，才被迫进行更正。前段时间闹得沸沸扬扬的方静“间谍门”事件，曾有那么多的媒体刊登了这一失实报道，但是事情真相出来后，却没有一家媒体对以前的报道错误作出公开的澄清和坦诚的道歉。

网络媒体的新闻纠错模式

在《新京报》等新锐媒体的带动下，新闻纠错制度逐步为国内媒体所接受，并付诸实践。就连央视“新闻联播”节目，在频陷网友“纠错门”后，也坦诚表示将建立完善的评价体系，接受专家学者和受众的评价和纠错。值得关注的是，网络媒体的新闻纠错更显出其技术基因与发展前景。

一是网络媒体互动式纠错。集合网友力量去伪存真，成了网络新闻纠错的最大特点。搜狐网曾在2003年推出有奖网络纠错活动，在每一条新闻的标题旁和正文下都设置了“我要纠错”的链接，网友直接点击链接就可即时指出错误，畅所欲言。对每一条纠错信息，网站编辑及时作出回应和处理，随纠随改，最大限度地缩短了错误在网页上停留的时间。人民网在2005年5月开通开放式纠错平台，截至目前已经收到3000多条纠错信息。这些信息有指出新闻内容的事实性差错和常识性错误，也有对新闻报道中的疑点进行质疑，甚至有网友拿出第一手材料和编辑核实。对整个网络媒体来说，树立媒体公信度是个漫长的过程，而新闻纠错则是这个过程中不断自省自律的重要环节。

二是公民博客纠错。新闻纠错不仅仅是媒体的事。由博客主导的个人媒体时代已经崛起，其客观性、价值点和视角化，不仅直接影响着传媒本身的公信力和影响力，而且也颠覆了公众获取信息的被动局面，同样也体现在新闻纠错这一领域。利用个人媒体对大众媒体的新闻报道进行澄清、辩白和纠错，在文化名人中似乎已蔚然成风。韩寒、易中天、余秋雨、李银河等这些社会关注度高的名人明星，都曾通过自己的博客进行自我表白，以回应媒体对他们的报道。如作家周国平的博客设有“纠错媒体”栏目，他说：“媒体对我的报道，常有不实或不准确之处。为了不误导读者，我决定在我的博客上开辟这个栏目，适时作必要的澄清。”

当前，新闻纠错尚没有完全成为媒体组织制度和编辑制度的组成部分，于是通过博客这个完全个人化的话语阵地进行“纠错”，成为公民虽然无奈却是次优的选择。正如周国平所言“这将有助于促进媒体做更负责任的报道”。

三是借助工具实现媒体纠错。作为网上百科全书，维基百科把Web2.0的精神和功能发挥到极致，它通过遍布全球的义务工作者协同工作，使得全世界不同国籍、不同阶层、不同年龄和身份人都有机会和可能参与进来。这部“人人可编辑”的百科全书，是如何纠正错误，确保信息的权威和准确呢?

维基中内含的“基于代码的管理”（code-basedgovernance）而不是传统的基于“管理者的管理”（manager-basedgovernance），是维基百科总是能把正确的信息呈现给读者的秘密所在。维基百科的成功证明了，只要有正确的工具，从被破坏的文本中恢复（维基百科的“恢复”功能），比蓄意破坏文本（Vandalism）更为容易。

由此可见，网络媒体以前屡出差错饱受诟病，而今媒体自省自律的内在压力，正在“压缩”出错的空间，以主动纠错、开放纠错的态势来实现“大浪淘沙”的时代进步。

《新闻实践》杂志2009年第10期“多棱聚焦”栏目

传媒悖论

独独这么一座海珠桥上，屡屡发生跳桥事件，而且“秀”的意味越来越直露，将一开始就趋之若鹜的媒体陷于左右为难的境地，也就是落入了传媒伦理悖论的怪圈。

由此可见，随着民众利益公平意识的觉醒与强化，越来越多的民众企求直接表达自身利益的诉求。然而，我国正处在社会转型期，社会公众利益并不总是一致的，当不同的社会群体的不同利益诉求不能均衡时，在一定的舆论作用下便会引发社会矛盾；而当利益群体类别越来越多、差别越来越大时，媒体单纯追踪“热点”的职业惯性往往产生“按下葫芦浮起瓢”现象，也就反映了传媒伦理自身研判的二律悖反。

传统媒体思维习惯于“非此即彼”、“非黑即白”的伦理判断，事实上，现实利益冲突过程中很多的事情是很难迅速界定的，就像苹果削皮吃卫生还是连皮吃有益健康那样难判优劣。尤其是在媒体传播的扩大效应作用下，某一利益群体类别得到强化和利益倾斜时，必然会存在另一个或几个群体类别的利益损耗，反之也如此。这是一种此涨彼消、此盈彼亏的现象，容易导致社会公众利益系统的效率低下，最终损害整个系统的利益均衡。

从“跳桥秀”报道看传媒悖论困境

范以锦 刘 杰

在面对利益主体自己炒作的新闻时，不论这个利益主体是政府还是企业、或是弱势群体里的一员，媒体都应保持客观清醒的立场，还原当时场景即分析具体事实，然后根据公众性原则——是否体现社会公共性，判断利益主体策动的事实能否成为新闻。同时更应该将这样的有争议性的事件放入大的历史背景里去考量，去启发引导受众，完成传媒应有的功能。

记得敬一丹在《声音》一书里，曾发出“为何许多百姓遇到法律纠纷时，不找政府、不诉诸法律而偏要找记者”的疑问。现实确实如此，社会转型期矛盾冲突的确越来越多，而一些职能部门缺位、推诿或者不作为，因此蒙受不平的民众想依赖传媒曝光解决问题的现象也愈来愈多。

“跳桥秀”里的主角们正是这种思维的典型代表。他们就是以跳桥或者试图跳桥的方式进入舆论的“聚光灯”下，借助媒体的报道放大个人的诉求，吸引公众的普遍关注，形成舆论压力，迫使政府部门重视，以达到问题有效解决的目的。

跳桥者一般来说处于弱势地位，位卑言微，之前已经屡屡碰壁，在“走投无路”的境遇下才爬上了桥，就像古时百姓拦轿“告御状”，祈求“青天大老爷”的恩准，只不过如今想通过舆论关注，才有可能改变自己的命运。而对于传媒来说，追逐这样的报道就能吸引公众的眼球，刺激受众的阅读率，亦能体现媒体“为民代言”的亲和形象。

但是随着事态的发展，越来越多人仿效这一极端方式来维权，过度透支了社会的同情，使得一部分城市受众已经对“跳桥秀”这种行为麻木甚至产生了怨言。受众的态度对媒体来说至关重要。如果“跳桥秀”不再吸引受众反而引起受众的反感，那么也会淡出媒体的视线。于是，有些媒体人就表示：不再报道此类事件了。

然而，也有评论者担心媒体对“跳桥秀”的信源一旦“疲劳”了，那么谁来为他们伸张正义？也有法律专家指出，此种借媒体伸张正义，是因为司法等渠道的无力。但这非本文所要探讨的问题，笔者要探讨的是媒体在处理类似报道时面临的伦理困境。

离谱的“跳桥秀”将媒体陷于二律悖反

广州海珠桥自2009年4月1日起，在51天内接连发生12起“跳桥秀”事件。4个多月后，也就是在8月26日，海珠桥上的“跳桥秀”演绎了异常离谱的一幕：当两个人爬上桥之后，桥下伙同而来的20多人在为“跳桥秀”呐喊助威。更有甚者，当日，广州海珠区上冲村的招工栏竟出现了这样一则“招聘”广告：“一日万元，急招跳桥秀。”据了解，这是当事人由于某些诉求未达到，想借此广告引起人们的关注。

面对“跳桥秀”手法的层出不穷和不断升级，媒体所面临的直接困境就是：今后这样的事件是否还要报道？如果要报道怎样做？要解答这个问题，就要以传媒伦理为出发点，探讨这其中的悖论困境。

一般来说，跳桥的主角走到这一步，有着迫不得已的复杂原因，自然有其值得同情的一面。对于新闻媒体而言，立足维护社会公平正义，奉客观报道为金科玉律，为无助的弱者、权益的受损者表达合理的诉求，本是无可厚非的。尽管两者的动机与诉求都是无可挑剔的，都是符合大众基本利益和道德认知的，却为什么导致了与客观效果相背离的结局呢？笔者认为，如此的媒体困惑,可以归结为一个二律悖反的问题。

所谓二律悖反，是指双方各自依据普遍承认的原则建立起来的、公认为正确的两个命题之间的矛盾冲突。简单讲就是，两种规律并行不悖，从表面上看，两者都是正确的却相互冲突。“跳桥秀”主角说，为了维权无可奈何不得不这样做；传媒站在弱者立场上伸张正义公平，在道德上也没有错误；而因“跳桥秀”备受堵车之苦的民众，吁求正常的社会秩序不受扰乱，也是起码的要求。然而，它们之间却已出现矛盾，不可能同时都给予满足。因此，只要在报道“跳桥秀”此类问题时，研究分析一下传媒伦理的悖论，就可以发现，过度关注事件过程、忽视手段与方式而产生的南辕北辙，由此带来一些与初衷相反的新的社会问题，并产生受众对新闻道德的质疑。

不仅如此，在媒体的日常报道中还可以看到此类二律悖反的现象，比如城管与摊贩冲突的报道，也涉及传媒伦理。众所周知，双方存在的理由都是“充分”的，城管整治乱摆乱卖行为是为了维护城市秩序，而小贩为生计奔波，沿街叫卖也是本分的“小本”生意，属无奈之举。但是在相当多的媒体上，一直把关注的重心倾向于小贩身上。因为小贩是处于弱势地位的，而城管却是强势的执法者。当双方冲突酿成新闻事件之后，传媒往往展示城管“暴力”的形象，不分青红皂白，抹煞是非曲直，剩下的就是这个小贩的“悲惨家世”之下的谋生无门。当然，城管人员执法中的问题的确不少，是需要监督和批评的。但如果媒体立场总是一边倒，就容易陷入二律悖反的怪圈。当媒体面对一些小贩占道经营造成的道路壅塞、假冒伪劣商品坑害市民、污水横流给街头带来困扰等问题，媒体又怎么来呼吁社会秩序的回归？城管执法的柔弱是否意味制度的健康呢？特别是一些不良小贩纠集围攻城管执法人员、屡屡发生群殴甚至殴打致死事件，我们的媒体是不是觉得已经尝到有失偏颇的苦果？

与其说媒体在民生新闻报道中抱有同情弱者的心理，倒不如说已经市场化了的大众媒体需要发行量、需要收视率，恰恰认准和迎合了受众同情弱者的阅读心理，因此不停地演绎“以强凌弱”的煽情故事，而这些故事中的传媒伦理却被束之高阁了，客观报道传递真实信息的使命被淡化了。

一种是以传媒正义为名站在媒体人认为的弱者立场说话，一种是坚持客观公正的报道，给受众展示一个整体真实的世界。这两种传媒理念看上去都没有错误，却造成了媒体人在新闻实务中的伦理困境——如何确定一个新闻事实能否被报道，以及如何报道。

媒体伦理困境是怎样造成的

由单纯的跳桥维权发展成为“跳桥秀”，传媒是继续报道还是不报道，或是有选择地报道——这样的一个进退维谷的困境，表面上看是传媒正义原则在具体操作中与客观报道的冲突造成的。但是笔者认为，传媒追求自身发展是一个重要原因，也就是说媒体自身的发展是其中的主线。如果传媒正义原则是有利于媒体自身的，那么就按传媒正义原则办事；如果客观报道符合媒体利益，那么传媒则倾向于选择客观平衡报道，不轻易显露立场。

1. 媒体正义原则与客观报道的冲突。所谓有正义一方，必然有对立的非正义一方，但是事实上在存有争议的事件中是很难辨出哪方是正义的。如果最初凭借常识尚能辨出正确与错误，但是报道后所造成的传播效果就很难讲了。而笔者这里指的正义原则，便是指一个媒体整个系统下的正义。比如对乞丐的报道，传媒的本意可能想借助报道唤起公众对乞丐的关爱，而那些被打残行乞的孩子报道最初的意图应该是让公众对他们产生同情，但是却并没有产生更多人对他们救助的效果，相反普通群众甚至认为他们是骗人的，反而不对他们施舍了。事实上并不是所有的乞丐都是骗人的，没有这样的客观做前提，便造成了相反的传播效果。

2. 媒体如何追求自身利益。在本文开篇已经论述了为何传媒对待跳桥者前后态度不同，笔者认为始作俑者是媒体追求自身利益的逻辑。因为市场化媒体高度发展的今天，争取受众就是争取自身的发展。从判断一个新闻能否刊登到是否该做大，受众是否会喜欢，已经成为了一个重要的指标。但是怎样才能追求到自身利益的最大化，就是众说纷纭的话题了。比如最近网络热炒的云南“裸女”事件，此人借发裸照申诉冤情，而到底冤情为何，并没有传媒真正地报道出来，公众与传媒关注的皆是“裸”这个最能吸引眼球的事实。对于严肃媒体来讲，如果没有真正地涉及当地政府失误等能反映出问题的冤屈的话，“裸女”事件不会被热炒，甚至忽略。因为对严肃媒体来讲，哗众取宠的报道是不合时宜的。但是对于市场化的媒体，竞争非常激烈，如果自家不报彼家报，会感到非常被动，因此就有可能选择报道。

这样的报与不报，媒体人既要面对伦理困境，又要考虑自身利益，那该如何冲出这样的困境呢?

从容应对传媒伦理困境

首先，传媒伦理困境反映在采编操作中，往往便是报与不报的问题。笔者认为，应该首先判断事实是否是与公众利益有关的事情，而且在报道中应运用客观报道的手法。比如“跳桥秀”、城管执法等问题，不是不报道，而是把握一个传媒伦理之下的平衡。因为谋杀、意外、战争及自杀，都是这个世界上确实发生着的事情，隐藏这些东西只会给读者关于社会世界的错误认识。但这并不意味着传媒报道时可随意煽情。一味地迎合受众，并非现代传媒理念所提倡的，相反传媒应在某些领域引领公众，保持对公众的独立性，即不盲从，不媚俗。

其次,在面对利益主体自己炒作的新闻时，不论这个利益主体是政府还是企业、或是弱势群体里的一员，媒体都应保持客观清醒的立场，还原当时场景即分析具体事实，然后根据公众性原则——即是否体现社会公共性，判断利益主体策动的事实能否成为新闻。

最后，对于媒体人来说要谨慎使用手中的权利。很多媒体人认为客观性是一个理想，但即使传媒只是客观地呈现事件，现实中却是报道已经介入了事件，不可能纯粹地置身事外，肯定有倾向性的立场。舆论的力量是强大的，而有些时候公共舆论中存在严重的非理性，却并没有得到新闻界的正确反映。当媒体人面对诸如“跳桥秀”等新闻的具体操作时，应尽量准确地把握具体的背景和事实，防止出现报道偏差。同时更应该将这样的有争议性的事件放入大的历史背景里去考量，去启发引导受众，完成传媒应有的功能。

不然，就会出现这样的困境：个案可能很快解决了，但是曝光不到的地方和场所则情形照旧，维护社会的公平正义初衷也没有达到。而且也有可能照顾到了当事人个体的利益，却忽视了公共利益和大多数人的利益。就“跳桥秀”而言，对公共资源的消耗和对大多数人的利益的损害是显而易见的，公众已从最初对“跳桥秀”的同情演化成强烈的反感。值得肯定的是，现在许多媒体人注意到了这一问题。

如8月26日广州海珠桥上再次发生“跳桥秀”事件后，《南方日报》报道了警方的呼吁：民众在反映诉求时，要循合法途径解决，切勿采用非法极端的方式。《南方都市》报在副题中标出“导致交通瘫痪1.5小时，警方疲于奔命，市民不堪其扰”。《羊城晚报》的眉题是“海珠桥昨上演25人跳桥秀”，主题是《两“演员”被拘留》。文中报道了一位路人对"跳桥秀"的指责:"你们这样一闹,堵塞了交通,又要警察、消防员、救护车出动,浪费了多少公共资源啊。非但解决不了问题,还要被拘留,值得吗?"这就明白告诉跳桥者上桥不能达到自己的预期目的,而且会损耗公共资源,妨害公共安全,不应选择跳桥这种影响社会公众的方式来表达诉求。

我国传媒既是政府喉舌,又是赢利工具,二者可以互相促进,但也存在相互排斥性,处理不当就会造成传媒的"人格分裂"。尤其是当今中国正处于社会转型期,各种各样的矛盾突显出来,传媒在操作一些选题时势必遭遇伦理困境。在具体的新闻操作中,必须不断更新传媒理念,在遵循传媒伦理与维护公众利益中做好新闻传播工作。

"跳桥秀"报道引发传媒伦理二难语境

杜安娜　肖欢欢

媒体逐渐意识到:无论是单纯为跳桥者"喊冤",还是矫枉过正批判跳桥者,都不是解决问题的根本之道。媒体的主要职责不仅仅是关注一个个的"跳桥秀",而是对上述问题进行深层次的调研与剖析,利用舆论监督的力量来促使问题的解决或者缓解,从而在根源上防止"跳桥秀"的屡屡发生,也使媒体摆脱二律悖反的伦理困境。

近年来,"跳桥秀"在广州呈愈演愈烈之势。仅2009年4月至6月初,在海珠桥上就先后发生13起跳桥事件,甚至还出现"推人下桥"的事。广州的海珠桥人流量大,每小时平均通行1.6万车次,"跳桥秀"造成的交通秩序紊乱和严重经济损失,确是有目共睹。

在这期间,众多媒体对"跳桥秀"跟踪报道的基调发生了S型的转变:从一开始对

“弱势无助者”跳桥者一边倒的同情，变为与跳桥者对立、批判“跳桥秀”现象，再到对公众道德的考量、社会仲裁缺失的拷问。

事实上，当地媒体在“跳桥秀”事件中自始至终处于焦虑之中：要不要报道？选择怎样的视角？“跳桥秀”接踵而来，媒体报道如何保持平衡？媒体在此类报道中究竟该担当怎样的角色？这些问题至今都还值得媒体从业人员反思。

“跳桥是跳桥者的通行证”

自杀本应是生命的博弈，却演变成了一场闹剧。“跳桥是跳桥者的通行证”，高频率的跳桥事件，最终使得多数市民的同情似乎消耗殆尽。从媒体报道呈现出来的效果看，跳桥事件终成“黑色幽默”，公众也开始变得“麻木”甚至“残忍”起来：“谁见过海珠桥跳桥秀死成了的？”当那位“见义勇为”的大伯将跳桥者一把推下，化解了持续4小时的交通堵塞，居然还引发围观者的阵阵掌声。

纵观媒体的报道，“跳桥秀”的前身应该是作为“跳楼秀”出现的。从2002年开始，媒体开始关注系列“跳楼”事件。当时跳楼的主体主要是讨薪无门的农民工，爬上高楼以生命为代价进行一搏。通过媒体快速反应的报道，引起了社会关注，进而解决了欠薪问题。由此，越来越多的讨薪农民工发现了这条“捷径”，通过“跳楼秀”迅速改变自身的弱势状况，解决问题。这一招屡试不爽，除了追薪讨薪外，还有其他“冤屈”的利益诉求也演变成为“跳楼秀”，以致后来“跳楼”不成而升级为“跳桥”。

那么，媒体对跳桥事件的报道经历了怎样的传播观念演变？回顾广东媒体这些年对类似事件的报道，不难理出大致脉络。笔者试图拆解“跳桥秀”事件本身的四种角色：跳桥者、公众、媒体和政府职能部门。随着事件的发展与推移，这些角色之间的关系也在发生微妙变化。

在起初的阶段，2004年之前媒体对跳桥、跳楼事件的报道属应激反应。媒体充当着“工会调停”的角色，为跳桥者伸张正义，促使解决难题。毋庸讳言，此时的跳桥者与媒体之间是一种相互利用的关系。跳桥者利用媒体的影响力，寻找诉求方式，吸引社会关注，并解决问题；媒体则利用跳桥者的不寻常举动来吸引公众眼球。

在这期间，只要有跳桥或跳楼的新闻事件发生，媒体记者必到现场，并且通常是连篇累牍地报道。报道立场无一例外地倾向于跳桥或跳楼者，极力谴责欠薪的老板或包工头。如《无良老板欠薪一年半，3工人爬上××桥讨薪》、《爬上××桥，只为讨回血汗钱回家过年》。

其时媒体报道的观念是，同情弱者，伸张正义。而且，媒体与公众都和跳桥者站在了一起，因此政府职能部门则往往能“特事特办”，迅速解决问题。虽然跳桥、跳楼事件在人力、物力、财力上带来一定的消耗，但基本上还能得到社会理解和容忍。毕竟任何一个正常的人，不是在走投无路的情况下，谁会拿生命作代价去“秀”一场？学界也对媒体帮助农民工讨薪持肯定态度，认为“代民工立言是媒体的社会责任”。

“跳桥秀”将媒体推入传播伦理的悖论

2004年以后，媒体对“跳桥秀”的报道立场发生微妙的逆转。公众开始对屡屡发生的“跳桥秀”滋生反感情绪，媒体与跳桥者之间也慢慢地出现松动，在报道立场、角度上都不再一边倒。媒体将越来越多的类似事件冠以“秀”字，逐渐转向对跳桥者的动机和效果产生质疑和反思。与此同时，相关部门也出台一些政策制止“跳桥秀”。广州警方表示将依据治安处罚条例，对跳桥当事人作出拘留15天以下的治安处罚。

这就是笔者所认为的第二阶段。最初的国内媒体的标志性报道，是2004年3月6日《扬子晚报》发表的《听民警讲跳桥的故事》：一是直指跳桥目的不纯。跳桥者爬上南京长江大桥桥栏后却拿出手机，先联系上新闻单位，然后又要派出所所长亲自开车来接她。二是认为跳桥者中真正“不想活的”只占一成。2003年发生“跳桥”事件83起，2004年前两个月发生了16起，把属地派出所弄得精疲力竭。三是认定“跳桥”是严重违法行为。

这则报道似乎让媒体找到了“跳桥秀”的另一个视角，媒体的立场也逐渐集体变形。而随后3月23日的央视“法治在线”播出的专题片《塔吊救生》，无疑强化了这一视角：重庆某建筑工人因打架被开除，于是爬上施工塔吊准备轻生。警方一阵忙乎，救生气垫铺好后，这个工人却打消了轻生念头。至此，主持人话锋一转，评论道：“工人被救了下来，但有关部门为此耗费了大量的人力物力。这类扰乱公共场所正常秩序的自杀行为属于违法，应受到经济处罚。”

需要指出的是，在这一阶段，“跳楼秀”事件已使媒体陷于传播伦理的悖论之中，相关的报道也是在深深的焦虑中尽量寻求平衡。

第一，“跳桥”作为有张力的突发新闻，是媒体的重要“报料”。而媒体本身又具有客观报道社会变动的职责，从媒体的职业要求来讲，媒体是“希望”有“跳桥秀”发生的。但媒体的职业操守又要求媒体从业人员要有悲天悯人的情怀，服务于构建和谐社会，媒体又不希望有“跳桥秀”发生。

第二，对“跳桥秀”事件到底要不要报道，媒体也处于两难的矛盾中。虽然媒体报道“跳桥秀”，能帮助解决“这一个”问题，体现了媒体的社会责任，不至于在需要彰显媒体作用时“失声”，但是媒体传播具有巨大的放大效应，对其他身处类似境遇的人，客观上产生了不良的暗示效应。

所以，对“跳桥秀”的新闻到底要不要报道，媒体通常处于摇摆之中。在绝大多数时候，即便“跳桥秀”者以跳桥之举行相胁之意，媒体也只能站在“宁可信其有”的立场，心甘情愿地被“跳桥秀”者利用。

“跳桥秀”事件中的媒体理性回归

如今，媒体对“跳桥秀”的报道，呈现出多元化的新闻传播格局。既体现出新闻传播的人文关怀，又蕴涵着对促进制度建设的反思，兼顾大局，呈现出“中规中矩”的态势，在总体的把握上是有建设性地促进问题的解决。

“跳桥秀”成了麻烦的制造者，也挑战了多数市民的道德底线。2009年5月之后，广州众多媒体一度在“跳桥秀”的报道上达成“集体联盟”，并形成了“内部规则”：跳桥事件各媒体若报道的话均同时报道；若爬上高桥再打电话给媒体、单纯是利用媒体的，一律不予报道；若有人再跳海珠桥，也一律不予报道；不仅要报道跳桥者的遭遇，也要报道跳桥带来的影响，还要报道对跳桥者的处理情况。

媒体对“跳桥秀”的报道不再“千媒一面”。2009年5月21日，在广州引起巨大轰动的“海珠桥推人下桥事件”，再一次在真正意义上对媒体提出了考验。《广州日报》连续一周对此事做了连续报道，在报纸上先后探讨了“老人将跳桥者推下桥摔成重伤为何有人鼓掌？”、“对跳桥者该不该采取处罚？”、“海珠桥频频有人跳，谁的责任？”、“还海珠桥平静，我们该做些什么？”等话题。

确实，媒体也逐渐意识到：不论是单纯为跳桥者“喊冤”，还是矫枉过正批判跳桥者，都不是解决问题的根本之道。譬如不少“跳桥秀”是由于欠薪而发生的，但是欠薪问题的根源又是错综复杂的，有现行劳动力市场制度的缺陷，有预警机制的不完善，有建筑市场的“三角债”拖欠而连累民工，有劳资纠纷处理的缺乏效率，等等。上述问题不改变，“跳桥秀”还会继续上演。也就是说，媒体的主要职责不仅仅是关注一个个的“跳桥秀”，而是对上述问题进行深层次的调研与剖析，利用舆论监督的力量来促使问题的解决或者缓解，从而在根源上防止“跳桥秀”的屡屡发生，也使媒体摆脱了二律悖反的伦理困境。

媒体应秉持怎样的传播观念

不难看出，这些年媒体对“跳桥秀”的传播伦理观念一直在不断扬弃和调整中。其中，至少有三个议题值得考量：媒体在“跳桥秀”报道中如何才能保持平衡？应当反思一些什么？媒体在此类报道中究竟该担当怎样的角色？

媒体不能放弃社会责任，“瞭望者”仍要时刻在岗

广州不少媒体跑报料热线的记者都曾抱怨，最怕碰到跳桥的报料，常常让人焦虑不堪：去吧，很多时候都是去看去等，最后空跑一场；不去吧，又怕真有点什么事发生，出现“漏稿”。这种状况下，记者为了抓突发新闻，往往会在“跳桥秀”报道过程上做足文章，力求出新出位，吸引读者眼球。然而，读者看完了整个报道之后，才醒悟过来，原来是被“调侃”了一把。

因为记者关注的不是农民工的维权难题，而是关注“跳桥秀”是否从桥上跳了下去，无意识中也对其冠以有些冷血的词语，一种绝望的呼声被媒体描述成为了一场可笑的“表演”，媒体关注的不再是事件和问题本身，而是事件中能够迎合读者兴趣的“卖点”。

的确，媒体应该反思自己应承担的社会责任，视角更开阔一些。作为社会的“瞭望者”，要时刻在岗。

首先，有不少“自杀秀”的行为不是偶然现象，背后还有一些社会原因。记者只有在社会背景中找到“自杀”的原因，才能恰当地作出判断。当前我国正处在社会转型期，很多社会矛盾和社会问题都集中体现出来。只有政府才能解决的公共问题越来越多，公众的心理也会随着问题的解决而可能出现波动，而解决过程中又涉及不同阶层的利益格局。如果政府解决公共事务的手段不力，或者兼顾各方利益不周全，就容易激化部分民众与公共部门的矛盾。所以，媒体绝不能简单地以“跳桥秀愈演愈烈”一言以蔽之。

其次，经过30多年的发展，我国的市场经济体制正趋于完善，但由于社会保障体系还未同步配套完善，作为个体的人，其生活压力和社会风险却在不断增加，个体也自然有更多利益诉求需要通过社会渠道来释放。从这个角度看，跳桥事件增多其实不足为奇。当然，媒体应当让无力者找到更多的路，而不是“爬上一座桥”。

选择“公共视角”来把握报道

理解到了这些，媒体在此类新闻报道中，至少可摆正自己的位置，从而选择“公共视角”，即客观公正的报道，推进问题的建设性解决，推动制度的建立与完善。在报道中，媒体应该呈现出这样的理念：一是维护弱势群体的正当权益，全社会都应鼎力相助；二是建立和巩固通畅的维权渠道，让正当的利益诉求转向正当的轨道，更是政府部门的职责；三是不公的待遇应该得到合理纠正，某些特定群体的声音应该得到真实反映；四是化解矛盾、解决问题，让公众看到温暖和希望。

首先当一个事件发生时，我们可以把它看做个案，但是当一类现象反复出现时，我们不能单去指责个体，应该寻找社会原因，类似的问题才会得到解决。笔者认为，

若是按某些媒体的观点，似乎跳桥者只有真的跳下去才能获得“正果”，否则就有可能违法，应当受到制裁。媒体的本意可能是好的，但想通过报道来“吓唬”作秀的人，是否得当还有待商榷。

其次，记者在质问或者揶揄跳桥者时，忽略了跳桥者在危难中接受救助的权利。在报道中记者将自杀分为“不想活”和“作秀”两类，也有些武断，忽略了作秀者未必觉得自杀光荣的心理。

最后说“跳桥”是严重违法行为，似乎也显得太无情。“跳桥”的确给社会带来很多不便，个别人应该在事后接受处罚，但把质问作为舆论重点，不但解决不了问题，还会使很多轻生者感受不到社会的温暖，不利于构建和谐社会。

讲新闻价值，更要讲传媒伦理价值

——“跳桥秀”报道之我见

黄　瑚

从“跳桥秀”这一现象反映出的社会不公和维权制度缺陷等问题，新闻从业人员当然有责任进行报道。但是，就“跳桥秀”这一现象而言，这些值得报道的东西已经同那些不宜报道的自杀行为黏合在一起了，把我们的媒体逼入了一个两难境地。虽然我们不该把脏水与婴儿一起倒掉，但也不能把脏水与婴儿一起留下。至于解决这一两难问题的方法，其实也不很难：把脏水与婴儿分离，脏水倒掉，婴儿留下。

社会新闻报道因其贴近群众与生活、富有新闻价值和生活情趣而在媒体上大放光彩。但是，社会新闻具有广泛性、交叉性和边缘性等特点，因而其负面效应则比较难以把握。有关“跳桥秀”的报道就是一个比较典型的案例。

“跳桥秀”，是指意欲通过跳桥自杀的手段来达到其个人目的、并为媒体所炒作的一场“演出”。在行为方式上，“跳桥秀”与跳桥自杀者无异，因而每当有“跳桥”这类事件发生时，出于对生命的珍视，警方往往动用大量警力和救援设备紧急抵达现场，至于众人围观、交通堵塞、市民正常生活和社会正常运转受到严重影响等伴生景象自不待言。但是，在动机与目的方面，“跳桥秀”者并不真想跳桥自杀，而是摆出一副跃跃欲跳的架势，采用“劫持大众”、“绑架社会”的手段，以“死”相逼，迫使有关部门为救人一命而“特事特办”，从而达到他们的个人目的。

这类“跳桥秀”报道，如果仅从社会新闻报道业务上进行考量，可以说都是很吸引受众眼球的“好”新闻。因此，在“跳桥秀”现象初起时，不少新闻媒体的报道热情十分高涨。一旦发生“跳桥秀”事件，各路记者、包括扛着摄影机的电视记者蜂拥而至。殊不知这已经把我们的媒体逼入一个两难境地，以致发展到“跳桥秀”成风的程度，媒体才意识到这一问题的严重性，据说同城媒体为此达成了一个“守住口风”的内部协议。这虽然反映了媒体已经意识到“跳桥秀”报道的悖论，但还只是从媒体自身利益来看这一现象，还没有把“跳桥秀”事件上升到传播伦理角度、站在社会公共利益的立场上进行考量。

那么，我们究竟应该如何看待“跳桥秀”现象？新闻传播媒体究竟应该如何报道“跳桥秀”事件？从原则上说，可以一言以蔽之，就是要以社会公共利益为准绳。所谓社会公共利益，就是最大多数人的根本利益。具体而言，可以从“跳桥秀”的行为方式和动机目的两个方面进行考量。

首先，该不该报道跳桥自杀行为？根据各国新闻职业道德及其建设的现状，自杀报道在一般情况下不宜报道。挪威、丹麦、德国等不少西方国家早已在各自国家的新闻职业道德准则中作出规定。挪威的《挪威新闻职业道德准则》（Code of Ethics of The Norwegian Press）第4条第9款规定：“自杀事件和企图自杀事件，在一般情况下不予以报道。”丹麦的《全国新闻职业行为准则》（The National Code of Conduct）第2条第2款规定：“自杀事件和企图自杀事件，在一般情况下不该报道，除非出于公共利益的需要。即使在这种情况下，有关自杀的报道也要尽可能缜密无弊。”德国的《公共宣传原则（报业准则）》（Publicistic Principles）第8条第4款中要求：“报道自杀事件,特别是公布自杀事件中的人名和描述有关自杀的细节，必须严加限制。除非该事件具有历史意义和公共利益时才有理由作例外处理。”2007年8月1日，英国报业投诉委员会批准新修订的《新闻职业行为准则》（Code of Practice），其新增的第5条第2款就是有关自杀报道的规定：“当报道自杀事件时，注意避免过度报道自杀使用方法的细节。”还有其他不少国家的新闻职业道德规范中，也有类似的规定。

这些国家之所以制订出这些职业行为准则，是因为新闻媒体具有强烈的社会导向作用，正如负责起草《新闻职业行为准则》的英国报业投诉委员会成员莱斯·欣顿所说的那样："我们有令人信服的证据……证明媒体关于自杀新闻的报道常常导致（读者）模仿自杀。""媒体报道自杀者因过量服用扑热息痛而死亡可能是合适的，但说明自杀者服用了多少片可能就过分了。"

在我国，现行《中国新闻工作者职业道德准则》虽然没有明确提出自杀报道问题，但第二条准则中明确要求新闻工作者造成"有利于人们分清是非、坚持真善美、抵制假恶丑的舆论，有利于国家统一、民族团结、人民心情舒畅、社会政治稳定的舆论。"而对"跳桥秀"事件的炒作，显然与这条准则的精神完全相悖的。

至于进一步考查一下这些"跳桥秀"者的动机目的，我们不难发现他们只是假装跳桥自杀而已。不可否认，有些"跳桥秀"的个人目的也是无可非议的，确实是因为含冤受屈并投诉无门而走此歪路，这些"演出"的背后往往还有一个好长好长的动人故事。但即便如此，我们也完全有理由不报道这类不宜提倡的反人性行为，以免将民众导向错误之途、造成罪恶之果。事实上，前些时候对这类事件的过度报道已经产生了不少恶果。

因为新闻媒体应为公共利益服务，不能成为满足那些"跳桥秀"者个人利益的工具。即使是以某一个人为主角的新闻报道，似乎是在叙述一个人的故事，但为什么要以这一个人为主角、叙述这个人的故事，是因为在这个人身上反映出一些社会公共利益问题。当然，在"跳桥秀"者中也有人确实是因为有冤无处投诉而采取了这一成本低、收效快的极端手段，而这一现象从一个视角反映了当今的社会不公和维权制度缺陷等问题，具有一定的、有时还可能是很大的新闻价值和社会现实意义。从这一点看，"跳桥秀"事件似乎应该报道，至少这些反映社会不公和维权制度缺陷等问题的"跳桥秀"事件不能弃而不顾。

但是，就"跳桥秀"这一现象而言，这些值得报道的东西已经同那些不宜报道的自杀行为黏合在一起了，把我们逼入了一个两难境地。虽然我们不该把脏水与婴儿一起倒掉，但也不能把脏水与婴儿一起留下。因为以社会公共利益为准绳，那些反映社会不公和维权制度缺陷等问题的内容确实应该予以报道，但跳桥自杀这一行为则是不该报道的。对于这一两难问题，我认为解决的方法是：把脏水与婴儿分离，脏水倒掉，婴儿留下。"跳桥秀"事件一旦发生，新闻从业人员应该前去采访，但不是为了去报道自杀这一行为，而是为了去发掘这一行为背后的根源。对于某些纯然是为了追求个人私利而毫无社会意义的"跳桥秀"事件，新闻媒体当然是弃而不顾。对于确实反映出某些社会问题、具有社会现实意义的"跳桥秀"事件，应该把跳桥自杀这一行为或"演出"与其背后的根源剥离开来，只报道跳桥自杀这一行为或"演出"背后的那些具有社会意义的东西。

此外，前一时期“跳桥秀”报道在新闻媒体上泛滥成灾，不能仅仅归咎于那些“跳桥秀”者利用了新闻媒体。事实上，新闻媒体也乐于被利用，因为毕竟这些“跳桥秀”报道可以为自己争取到不少眼球。因此，掌握报道权的新闻媒体决不能滥用这一权利，不能只顾自身的发行量或收视率等事关媒体自身经济效益的指标，而要时刻记住自身的社会责任，讲新闻价值的同时更要讲传播伦理价值，以社会公共利益为准绳，将社会效益置于媒体经济效益之上。

总之，“跳桥秀”只是社会新闻报道时遇到的一个悖论现象，与跳楼、跳河等类似的两难问题一样，只要我们把握社会新闻报道要以社会公共利益为准绳这条原则，我们就可能比较正确地处理好这类现象，不管它们在什么时候、以什么形式出现。

传媒伦理研判为何“按下葫芦浮起瓢”

童颖骏

媒体在报道“两难”新闻时，应具有开放性的眼光和气度，不应仓促妄下是非结论。随着社会转型进程的推进，人们对于公民权益、个体尊严的诉求越来越强烈。单纯回避矛盾或是掩盖矛盾，倾向矛盾一方或者全盘否定矛盾各方，都容易使问题更加激化。因此，必须给受众以充分的知情权，通过真实、客观地展示各个层面的真实信息，让公众自己来对新闻事件中蕴涵的伦理纷争进行分析和判断。

“跳桥秀”已成为“百度百科”的一个词条，被定义为“指以跳桥为手段，宣传炒作为最终目的，吸引大家眼球的‘演出’”。

从广州“跳桥秀”事件的演进始末不难看出，媒体最初介入报道是出于对民生情怀的考虑，“跳桥”的背后往往隐藏着被侵害、被凌辱等个人问题。但是，媒体最终以集体“守口如瓶”来应对，正是因为舆论报道影响力，无意中刺激了“跳桥秀”的频繁上演。与“跳桥秀”相类似，在诸如城管与小贩、丐帮和医患之间纠纷等报道中，媒体都面临两难尴尬。

这是因为，职责和公德在含义上就存在分歧，构成媒体伦理冲突的内在根源，而在日益多元化的价值取向中，公众对于媒体角色的多重认定，造成了媒体职能与伦理之间不可避免的矛盾。要解决这样的二律悖反的矛盾，必须运用统筹兼顾的方法，综合考虑媒体介入将会产生的诸多社会影响，并且加强制度设计。

媒体伦理二律悖反的内在起源

在“跳桥秀”事件中，媒体关注民生、满足受众知情权的职业价值观与维护公平、法律尊严的社会责任，无法同时得到实现，就在事实上构成了媒体伦理的二律悖反。

日常生活中我们经常遇到这样的左右为难的事，比如喝着凉茶吃火锅是上火还是降火，拿掉在地上的肥皂洗东西是脏还是不脏，纵欲是排遣了欲望还是助长了欲望，等等。而在媒体的新闻实践中，民生情怀的职业导向和公众利益、法律尊严等等的伦理倾向都是需要重视的命题。但是，在不同的情景下却需要作出不同的选择，尤其是职业精神和社会公德之间无形产生的矛盾和冲突，使得媒体在进行伦理研判时，经常遇到“按下葫芦浮起瓢”的尴尬。

一个典型的案例是，关于高考舞弊案的媒体批评介入，就曾引发广泛的争议。批评者认为，记者在接到举报后，应及时通知有关部门以避免舞弊行为的发生，而不是为了拍摄镜头的需要而错过检举的机会，从而使许多无辜的考生受到牵连。支持者则认为，发现并报道事实，是记者的天职，不应让媒体背负起过多的社会职责。

争议产生的根源，在于对媒体职能不同角度的考量。首先，职责或者说职业精神是社会对某一职业行为的基本要求，是从业者在职业行为中必须遵循的道德规范和行为准则。例如，在揭秘“职业丐帮”的报道中，客观反映其生存状态和背后的帮派特征，就是记者职业精神的基本要求。其次，记者卧底体验式采访，发现对方是劫持未成年人行乞的职业丐帮后，是否需要举报，建议有关部门予以关注和取缔？记者对职业丐帮的细节描述，是否会影响公众的心态，使得后者不愿意去帮助那些因贫因灾所迫而真正需要帮助的“落魄乞丐”？这些都是需要考虑的道德命题。

从理论上讲，职业精神应符合社会公德，但由于道德的内涵比职责丰富，外延又很宽泛，而且随着社会的发展，道德伦理也非一成不变，因而在实践中，情况要复杂得多，并不是非此即彼那么明了。

媒体职能的“取用”将加剧现实矛盾

对媒体角色的认定，西方一般称之为“第四权力”，认为明达的舆论是法治政府的基础。虽然所处的政治文化背景不同，但媒体对于社会发展和公众生活的影响，在我国同样受到重视。

然而，公众对媒体角色的误读，往往导致其对媒体职能的部分“取用”，这便在一定程度上助长了媒体职责与社会伦理之间的冲突和矛盾。

的确，媒体作为职业具有某些特殊性，如舆论监督权和优先知情权等。在一些人眼里，媒体似乎无所不能，无所不包。笔者在业界工作接听新闻报料电话的过程中就曾发现，不少读者以为引起媒体的关注就能解决实际问题，因此遇到各类现实困难，往往不找相关的政府职能部门，而是直接将问题诉诸媒体。

公众对于媒体职能的过高期待，事实上加剧了媒体伦理悖论的发生几率。这也是“跳桥秀”报道由热转冷的深层原因所在。

其实，在现代法治社会中，记者只是普通的社会公民，媒体也只是传播信息的一个社会机构，其作用和功能，不宜被无限放大。这也是譬如在法制报道中，媒体不应当过度介入以避免无形中扮演“预判者”的角色。

“当我们呼唤记者去做分外之事时，其实反映了社会其他功能的缺失，也是对其他社会责任者的放纵。”这样的观点，正是说明随着社会分工的日益精细，人们对各类职业的理解日渐趋于理性。媒体的“神秘面纱”被揭开后，社会功能得到正确认定，将在客观上对化解媒体伦理悖论产生正本清源的作用。

媒体伦理的多维取向与矛盾

在近些年的媒体报道中，我们还是可以发现诸如此类的传媒伦理二律悖反现象：

（一）坚持道义论，还是功利主义。道义论认为，一个行为只要具有内在的道德正确性，我们就可以据此去行为，即为了义务而义务，而并不用考虑这样做是否会产生好的结果。而功利主义认为，道德评判的标准在于行为产生的后果如何，只有能够产生符合最大多数人最大幸福的行为才是道德的。媒体的一些采访报道方式是否可行，就涉及此类现象。如募捐行动中的媒体点名，曝光公众人物或企业对慈善不作为，虽能促进扶贫济困的社会氛围，但是道义论者则认为，慈善本应是个体的自主行为，而媒体的点名把个体置于“道德烤架”之上，侵犯了公众人物或企业的自主性。

还有，记者偷拍和卧底式报道揭露了事实真相，功利主义者认为此举可行，而且，涉及偷拍、暗访的报道大多是重大的民生题材。从偷拍和暗访所产生的传播效果来看，这些行为在道德上是应被允许的。而从道义论看来，偷拍等行为未经当事人允许就将相关信息公布，可能损害了当事人隐私。同时，如果允许了偷拍，一些并不利于社会正义的偷拍行为就可能大行其道，侵犯个人权利的偷拍事件就可能层出不穷，因此偷拍在道德上是应被禁止的。

（二）简单地同情弱者还是客观中立？普遍的道德原则要求媒体对所有行为人的相同行为持不偏不倚的态度，同等对待。然而，人道主义则认为对弱者的保护是社会更重要的责任。这种争论在有关“跳桥秀”的报道和评论中得到了凸显。无论你出于什么目的来选择跳桥，造成长时间交通堵塞、严重妨害市民正常生活，都是不值得原谅的。而认为对于“跳桥秀”需要进行伦理反思的一方，则是出于保护弱者的人道主义考量，认为跳桥出于生计所迫而想讨说法，这都与公民个体的生存相关，与公民的生存底线相关，更与整个社会的生存伦理相关。在这样的前提下，纯粹从经济角度衡量“跳桥秀”的功过是非，是对弱者生存伦理的剥夺，也是对整个社会道义的背叛。

在城管和小贩、医生和患者的纠纷报道中，“同情弱者还是客观中立”表现得更加明显。网帖“国外媒体对中国城管的全面报道”，集中体现了公众对于“强势城管”和“弱势商贩”的主观认定，这便使得一些关于城管被流动商贩殴打之类的消息，显得微弱缺声。

而在医患矛盾的媒体视野中，近些年发生了耐人寻味的价值取向变迁。过去的相关报道都把关怀的目光投向相对处于弱势的病人，最近的有关职业医闹等题材报道，则将同情的口吻用于描述医生的尴尬处境上。笔者认为，在这种微妙的变化中，《中国青年报》的《温情远去的白大褂》值得关注。文中写道：“在看病这件事上，我们往往简化为医生和病人两个人之间的事，而忘记了医患身处的医疗环境。我们能看见的只是医生，医生是代表医疗机构露脸和我们面对面的那个人。但不应将患者对医学、医疗、保险体系的不满和怨愤，统统转嫁到医生身上。”

（三）职业竞争力与道德伦理之间的取舍。从日趋激烈的媒体竞争来看，渴望抓到新颖、轰动、有价值的新闻，是每家媒体从业人员的强烈愿望。但是，如果独家新闻的获得与伦理规范发生冲突，又将如何选择？批评报道的外部压力与媒体责任，满足受众知情权的职业价值观和保护特殊群体如未成年人的仁爱原则，以及传播者的忠诚对象选择等，其实都隐藏着媒体伦理的二律悖反问题，值得引起我们的关注和深思。在2009年纪念汶川地震一周年的报道中，许多媒体理性地完成了这一挑战：尽可能不触动刚刚愈合的心灵伤口，只是通过观察、追思，来记录感人的震区重建的故事，赋予新闻报道的人性关怀。这与地震发生初期记者“采访干扰抢救”的质疑相比，媒体一年来在传媒伦理研判方面的深思，无疑让记者素质逐步走向成熟。

此外，一些新闻可能对报道对象产生某种利益，如荣誉、知名度乃至经济利益的提升，同时也可能对另一些报道对象带来某种伤害，如精神、名誉或隐私的受损等，这就导致了“新闻受益遭遇新闻伤害”的伦理矛盾。以笔者报道过的“全国首家‘摊贩公司’落户温州”为例，新闻事实涉及城管、摊贩公司、流动摊贩三方主体，而三者之间又各有不同程度的利益冲突和关联。笔者在采访中了解到，部分媒体在之前的报道中偏袒城管和摊贩公司的立场，忽视了迫于生计的流动摊贩的利益需求，因而造成公众对媒体公信力的质疑。

用系统论来考量“两难”困境

媒体的伦理研判如何避免“按下葫芦浮起瓢”？笔者认为，应引入统筹兼顾的系统论方法，对媒体伦理的各个维度进行综合考量，由此作出符合绝大多数公众利益的价值判断。

首先，媒体在报道“两难”新闻时，应具有开放性的眼光和气度，不应仓促妄下是非结论。随着社会转型进程的推进，人们对于公民权益、个体尊严的诉求越来越强烈。单纯回避矛盾或是掩盖矛盾，倾向矛盾一方或者全盘否定矛盾各方，都容易使问题更加激化。因此，必须给受众以充分的知情权，通过真实、客观地展示各个层面的真实信息，让公众自己来对新闻事件中蕴涵的伦理纷争进行分析和判断。如在“丈夫拒不签字手术导致妻子难产死亡”的新闻中，不少网络媒体就在链接相关分析性报道的同时，设置了“你认为谁应该对此事件负责”的读者调查。

其次，媒体对传媒伦理的研判，应当对新闻当事人各方利益诉求抱有宽容、包容的心态，不应愤世嫉俗地急于“打板子”。最近，教育部提出：“班主任在日常教育教学管理中，有采取适当方式对学生进行批评教育的权利”，引起了社会的争议。事实上，老师批评学生未尝不可，为何要以相关规定加以“保障”？由此可见其间教育新闻报道中的“两难”：网络时代的学生心理问题层出不穷，而教师传统思想教育手段乏善可陈，两者之间爆发的矛盾若归结为“学生难教”的议论，媒体在报道时又该如何“站位”？无论如何，对着学生与老师“各打五十大板”都不是媒体客观公允的态度，而应客观分析师生双方在转型时期所背负的文化使命和社会压力。

再次，媒体可以提供具有互动性的公共交流平台，不失为寻求化解两难矛盾的办法。在“跳桥秀”的报道中，就有媒体采用了同时呈现多方观点和立场的报道方式，让跳桥者、劝阻者、拍DV者、警察、过桥的行人，还包括传播学者一起来分析这一现象。笔者所在的浙江日报长期设有“报网零距离”版块，目的就在于建立一个采编读的交互平台，就纷纭复杂的热点问题，如“就业促进法能否破解女性就业难”、“红绿灯读秒器该不该关”等展开充分的讨论，在质疑与激辩的过程中分清“两难”的轻重缓急，不再“头痛医头，脚痛医脚”。

关键在于，是否能在制度设计上，为化解传媒伦理悖论提供更多的可能途径。如韩国在自律规定方面就有《新闻伦理实践纲要》，对采访准则、报道准则、对被采访者的态度、保护儿童等方面做出了详尽的规定和要求。于是，关于传媒伦理二律悖反的思考与讨论，让我们对正在修订中的《中国新闻工作者职业道德准则》有了更多的期待。虽然制度不能包治百病，但是如果通过制度刚性的约束，可以让媒体在面临伦理冲突时，多一份公心，多一份思量，就能更加从容地走出冲突和矛盾的困境。

《新闻实践》杂志2009年第11期“多棱聚焦”栏目

“三名”难产

培养与造就名记者、名编辑、名评论员与名主持人，在媒体是一个经年累月的话题却又是鲜有突破的课题。除了少数主持人尚可一夜成名之外，名记者、名编辑与名评论员（简称“三名”）的出生率、存活率很不理想，即使人为的“捧红”也未必不是匆匆过客的光环。

那么，“三名”的培养，在网络新闻大行其道的媒体现实中，究竟有多大的可操作性，是投票推荐还是指名培养，抑或走到前台来表现自我，靠“秀”出名气？不少媒体试图在专项部署中探求成名成家的培育路径，因为人才确实是不可多得的媒体品牌，但到头来还是感到人才难求、“三名”难产。

然而，也由此产生诸多质疑：记者、编辑与评论员是不是非要出名不可，成名与成家是不是一回事，名声是否被视作媒体从业人员的职业诱惑、成才目标或成功标志，而一旦成名又如何把握名声对媒体从业人员的正副作用？

培育与造就高素质的媒体人才队伍，从中自然而然地产生名记者、名编辑与名评论员以及名主持人，是现代媒体执意追求事业持续发展的“蓝海战略”的必然结果，是媒体构造核心竞争力的有机组成部分，绝非一种“为名而名”的单项竞赛，其中的“共生”、“优生”、“竞生”的人才理念，何不值得反思和探求？

论"三名"难产的水土缺失因素

马笑虹

与新时期媒体发展形成强烈反差的是，报纸的名记者、名编辑、名评论员（以下简称"三名"）却是千呼万唤难出来。这是多种原因复杂交织的结果：既有对所谓"名"的理解误区，又有当代中国媒介生态现状的缺陷，也有人才发展利益驱动减弱和报业品牌意识淡薄等因素，使得"三名"因水土缺失而难以脱颖而出。因此，必须完善孵化"三名"的制度安排，探索记者编辑的多元化个人发展道路，并与传媒业的品牌经营密切结合起来。

进入新时期以来，新闻改革稳步推进，传媒业实力日益强大，但又不得不无奈地面对一个事实：国内新闻传媒缺少名记者、名编辑和名评论员，真正算得上"三名"的屈指可数。问题究竟出在新闻从业人员的无所作为，抑或传媒机制以及体制缺乏"出生率"的水土条件？

"名"是知名度和影响力的结晶

何谓名记者、名编辑、名评论员？显然，这里所说的"名"不是职务，也不是职称，应该理解为名声或名望。在媒体理直气壮地鼓励"成名"的今天，"成名"并非庸俗的一己私利，而是一个新时代对媒体从业人员的"职业设计"。不过，在操作层面上无法设置统一标准，也就难以列出硬性指标。

原人民日报副总编梁衡在《一个记者的责任与成功》一文中提出了名记者的四条标准：第一，有一篇或数篇在社会上产生了广泛影响的代表作；第二，熟悉某一领域的报道并有权威性，所谓资深记者；第三，有一定的新闻理论修养或其他相关的理论修养；第四，有一本以上的专著。笔者认为，名记者的内涵不仅在业务层面，还必须有精神层面。名编辑、名评论员，亦与此同理。

由此可见，这种"名"，不仅是指名气和知名度的一种评价，同样也是对其影响力——工作业绩、功底素养和历史贡献的一种评价。所以，名记者、名编辑、名评论员不是自诩的，也不是由某个组织评选的，更不能由某个机构"钦定"，必须由人民来评判，由历史来认定，如范长江、邓拓、穆青等：一是检验作品，二是检验人品。

从一定意义上讲，名记者、名编辑是因其作品而闻名，就像"名角"是因其剧目而闻名。而检验记者人品，主要看职业道德。由于新闻记者被社会赋予了相应的特殊权力，如公众舆论的导向权、社会百态的臧否权和大众媒介的操作权，因而新闻记者就面临着重重考验。借用老一代报人邵飘萍的话来说，新闻记者“以品性为第一。所谓品性者，乃包含人格、操守、侠义、勇敢、诚实、勤勉、忍耐及种种新闻记者应守之道德。”

“三名”难产的三道“坎”

既然“名”应该是知名度和影响力的结晶，那么当今时代为什么没有出现许多让人留下深刻印象的名记者、名编辑、名评论员呢?

业内专家曾经打过比方：以前作家出一本书就容易出名，而今出了很多书的新作家到底有多少是著名的? 那么，新闻界是不是存在相同的怪圈呢? 于是，有一种说法甚至认为：老报人之所以名垂青史，凭借的是一种敢作敢为的勇气。他们可能文化素质并不高，却靠一身正气成就了自己的名望。然而，如今新闻从业者大多数是科班出身，应试教育留下的性格烙痕使得他们更惯于“奉题作文”，而非“语不惊人死不休”。

不过，这只是“三名”难产的某种表层现象。如果我们把眼光放宽，把这个问题放到当代中国传媒业宏观背景下审视，就会有新的发现。

第一道“坎”，是当代中国媒介生态的缺陷。改革开放以后，新闻事业发展迅速，不过由于种种原因，记者编辑出于“安全系数”的考量，对“报喜不报忧”的惯性运作习以为常，使得施展才华的空间更显狭窄。再加上一些媒体的诸多条条框框，“自塑菩萨自烧香”，批量生产平庸，久而久之形成了一定的惯性思维，只是把新闻采访、写作、编辑当做“流水线上的某道工序”来完成。而且，一些媒体在一项重大报道来临时，往往把组织数量众多的采编人员投入为“大手笔”，显示“大声势”、“大规模”，无形中却埋没了记者的个性进取，抹杀了采编水平的差异。试想，如果当年穆青也照此办理，跟着十几个媒体一哄而上，几十个记者同时采访上级既定的典型报道，那么就不可能在自主采访中发现线索，挖掘出焦裕禄这个人民心中的好干部，更不会因个性化的深入采写而成为名记者了。

不可否认的是，而今新闻评价体系的不同话语系统，在评选“名家”的流程中形成了价值取向的差异。作为计划经济体制下的荣誉生产方式，评奖名额按照地区、媒体类型的比例层层下达，有如“排排坐，吃果果”，具体到某一家媒体也只能“矬子里面挑高个”。如此产生的“获奖者”，虽有“光环”耀眼于世，确实带来了一定的知名度，但在业界内部、特别是在广大受众看来，却未必有相应的认同度。反而那些立足民生、为老百姓说话、为老百姓喜爱的记者编辑，连同他们的佳作，倒是在受众中有口皆碑。

第二道“坎”，是“名而优则仕”的机关化体制。现代媒体中人才济济，藏龙卧虎，可一旦拱土而出之后，很容易被提拔为独当一面的负责人。笔者并非简单地反对具有“三名”潜质者为官，事实上，这也是媒体无可回避的用人选择。若“三名”担纲主要专业岗位，则是媒体的大幸。问题是他们为官后，从此陷身于机关化运作的文山会海之中，久而久之荒废了专业追求，磨耗了激情与才智，使得本可出类拔萃的苗子在通往“三名”的道路上中途而废。而且，一些年轻记者编辑出于利益诉求而乐得走仕途，陷入“今天拼命写好稿，为了明天不写稿”的怪圈。这样，理应产生“三名”的金字塔底座就失去了坚实的基础，青年人才培养的指向也同时出现了偏差，所谓的“三名”目标也就不过是供人瞻仰的“空中楼阁”。

第三道“坎”，是媒体“竭泽而渔”的急功近利心态。大批媒体走向市场之后，都在想方设法利用自身的资源来参与报业竞争，而这种物质资源却是有限的、可耗散的。那么，可持续的发展资源则是由“三名”领军的媒体人才团队，这是媒体核心竞争力的内核，可是这种资源的培育亟须“慢火”、亟须耐功、亟须潜移默化的文化浸渗。因此，急功近利的媒体恰恰缺乏长久的人才培育规划，打造名记者、名编辑、名评论员也就无从谈起了。

不可否认的是，“三名”是一家媒体的“脸面”，是传媒品牌塑造的重要一环，甚至超过了报社对外宣传自己是一张什么报的重要性。我们可以发现，“三名”是依赖于媒体的发展而成功的，需要几年、十几年甚至更长的时间的内在修炼和外在培养，而媒体在一定条件下也有赖于“三名”的出色表现，来赢得市场竞争的优势。这种相互依存的关系，正是说明一流的戏班要靠名角担纲，一流的报社也要有“三名”来担当品牌形象。像当年徐铸成那样的名记者,用“自己的墨水喂大了”文汇报，人以报传，报以人名，说起文汇报，就会想到徐铸成，在当今的这么多报社里,这种联想兴许极为少见了。

机制手术为催生“三名”松土

分析“三名”难产的原因，既有内因，也有外因，并非记者、编辑“水土不服”，适应不了媒体环境，而是培育“三名”的土壤中缺少了必要的元素，比如机制方面的、体制方面的。记者、编辑个人需要练好“内功”，具备过硬的素质、能力、操守等自不必说，要解决这个问题，所在的媒体也应从自身实际出发，为名记者、名编辑、名评论员的脱颖而出而松土锄草。

首先，训练“内功”是出“三名”的首要条件。

纵观过去和现在，大凡有成就的记者，都是深入群众，作风踏实，“为民立言”。

正因穆青“堂堂正正，别无所求”，历史才把“名记者”这种最高的荣誉给了他。在传媒界流行浮躁喧哗的今天，媒体更应当倡导崇尚精神理想的追求，鼓励新闻从业者深深扎根于人民群众之中，排除嫉贤妒能的各种噪音，赋予一种心无旁骛、脚踏实地的心境，在默默无闻的积蓄中修炼文品与人品，这才具有若干年之后“一鸣惊人”的几率。

如今，“一文成名”的现象不算少，有一些难得的采访机会，譬如南极，譬如探险，譬如国际上的一些硝烟纷飞的战场，如果记者能够去现场采访了，就会产生很大的效应，但是，毕竟，这只是柴薪点火，要锤炼成碳，还需时间和火候。如果后续火候跟不上，就会昙花一现，成为流星。很可惜，如今每家报纸都有一些有影响的文章流传，只是由于条线的分割和机会分配的原因，个体的能量后续积淀不足，难以经受时间的考验，持续发光发亮的概率不高，最终只是“流星闪烁”。

固然，在媒体融合的时代，“三名”的产生是一个动态过程，不是一劳永逸的，即使一时有了名气，还须深造修炼，更新知识，再立新功。尤其在当今媒介既讲融合又讲竞争的现实环境中，富有远见的媒体要提倡潜在的“三名”苗子走出去，在不同新闻媒介之间与新新媒体中多作纵横交流，致力于培育复合型高端人才，兴许这就可能集“名记者、名编辑、名评论员”的名分于一人。譬如，报纸的记者、编辑、评论员在电子媒体、网络媒体上出文章，有声音，露形象，多种传播介质合力培育，在现代信息开放的环境中，应该是必须走的路了。

其次，完善孵化制度安排是出“三名”的必要条件。

新闻媒体曾被有些人认为是“有术无学”的行业，尽管这一观点尚存质疑，但不管是术还是学，无不表明新闻从业者未必是简单重复的“大工匠”，而均须一定的造诣空间，也就说明媒体应当构建行之有效的人才培养模式。大气的模式可孵化“大家”，小气的模式只是诱生“小家”。现在媒体普遍采用的“工分制”考核办法，其数量定额虽有其合理性和可操作性，但局限性也不少，最大弊端是以一种机械刻板的算计方法来代替新闻产品的评价体系。眼下暂时可以改善的途径，就是要让“准三名”及其苗子摆脱这种“扒分”竞争，量身定做合理的个人平台，成为未来“三名”的孵化器。

当今国内一些媒体尝试的首席记者、首席编辑制度，就是一种有益探索，减缓“工分制”量化压力的一种变通。如解放日报报业集团的首席岗位制已经在解放日报和新闻晨报试点。“首席”是媒体内的关键业务岗位，在岗位工作上不受部门内条线限制，主要参加有关重大新闻报道和重要稿件、重要版面的策划、组织、采编，起到领头羊的示范作用与“老母鸡”的孵化作用。

第三，力促“成家”，是出“三名”的题中应有之义。

通常情况下，记者、编辑与评论员的出名，是凭借所在传媒的载体而实现的，一如报纸记者是在报道和版面上的出彩而获得喝彩。但是，由于媒体的信息处理与传播的职业特性，使得许多岗位不可能跳到“前台”来露脸，更不允许记者无厘头地为扬名而搞“表演秀”。笔者认为，在一定意义上说，媒体从业人员的成家比成名更为切实可行、更具现实途径。

曾有一些高层领导和专家期待，希望能在国内外的高端学术论坛上，看到有我们的记者编辑比肩专家学者的同台演讲，而不仅仅记录发送消息。也就是说，记者编辑长期从事某一领域的新闻采编，只要深入其内，用心用功，厚积薄发，同样可以成为研究这一领域的专门家。例如上海东方早报的吴晓波长期从事财经新闻报道，著有多种研究国内外经济事件的畅销书，还屡屡亮相于全球经济高峰论坛的讲台。

事实证明，记者、编辑与评论员完全有条件“成家”，而且“条条大路通罗马”，一旦成家也就离成名不远了。况且，“三名”的本质要求也是“盛名之下，其实亦符”，若是徒有虚名而缺乏扎实的造诣，想必是徒有空名。

任何事物都有两面性。“三名”的追求也会产生一定的负面作用。如果记者不分场合地争名而变为“表演”角色，用戏剧界的行话说则是“抢戏”。由于工作性质，记者是与新闻现场、新闻人物、公众人物距离最近的人，只消对新闻表述稍有放大，或者“稍有动作”，就很容易使自己成为新闻人物，获得广受社会关注和成名带来的好处。而从新闻职业的社会分工和职业伦理而言，记者就是公共信息传播者和重大事件记录者，没有任何“越位”自我炒作的理由。

电视媒体“三名”的几率失衡与对策

崔 艳

从电视媒体人员构成比例来说，主持人仅仅占了很小的比例，更多的是节目生产一线的专业采编人员。他们是电视媒体运作的主体，也是核心竞争力的主干力量。对于如此众多而庞大的群体而言，是否具有成才的环境、成名的几率、成家的愿景，也就是说有无可能成为“三名”，就显得尤为重要。这种培育人才的机制，实则是有效的竞争和激励体制，有利于电视媒体打造出具有影响力、竞争力和品牌优势的电视采编队伍。

名主持人在屏幕上屡见不鲜，但是，培养和推出电视媒体名记者、名编辑、名评论员（以下简称“三名”）却不尽如人意，被人称为“难产现象”。那么，电视媒体到底需不需要“三名”，难产原因何在，如何切实有效地推进“三名”的培养工作？本文欲对此进行粗浅的理论思考。

电视媒体到底要不要“三名”

在业内以及学界有这样的观点，纸质媒体的记者、编辑、评论员的工作相对独立，各管一摊，可以在文字稿、照片说明、专栏题头等，署上记者、编辑、评论员的名字，有的纸媒还有以个人名字命名的栏目，并且配发照片。一些热心的读者就会寻“名”而读，成为“三名”的忠实粉丝。但是对于电视传媒来说，独有的“线性传播”和声音画面稍纵即逝，使受众很难记住在节目最后滚动播出的一长串播职表的名字，而所能熟悉的是在节目中出声露脸的出镜主持人。所以，有人认为在电视媒体中有“名主持人”足矣，没必要再推出“三名”，甚至是一个无法运作的“伪命题”。

笔者认为，“三名”的培养和推出，是电视传媒数字技术发展的需要，是塑造电视媒体综合形象、增强竞争力的需要，更是建立有效激励竞争机制、建设优质采编队伍的需要。

随着便携式摄录设备和数字卫星传输技术的发展，电视节目同步性大大增强，特别是重大新闻事件的现场报道，使记者的出镜采访报道、编辑的同步剪辑、评论员的直播评论成为电视新闻的常态。从央视新闻频道的最新改版可以看出，新闻节目中记者的出镜率明显增加，而且高频率地在节目中引入评论员来对相关新闻话题进行点评。这不仅对记者、编辑、评论员提出了更高的专业要求，也为电视“三名”的成长提供了崭新的平台。

时至今日，电视主持人仍是节目的参与者和完成者，也是节目、栏目、频道乃至电视台的形象符号和识别载体，各家电视媒体都把打造出优秀主持人队伍，作为衡量媒体竞争力的重要标志。但是，随着电视媒体频道的进一步改革，单靠几个主持人独撑屏幕的格局已经发生变化。央视评论员白岩松就曾说过：“打造名主持人时代过去了，现在是打造名记者的时代”。因此，为了满足观众的不断增强的信息需求，应对海量网络视频的挑战，电视台应该像重视主持人培育那样，把名记者、名编辑、名评论员作为其形象资源和实力资源进行统筹投入，造就台前幕后各个环节的“珍珠链式”运作模式，从而培育和形成配备合理、各尽所长的人才结构。

其实，从电视媒体人员构成比例来说，主持人仅仅占了很小的比例，以央视为例，截至2007年底主持人仅有331名，而近万名从业人员中，更多的是节目生产一线的专业采编人员。他们是电视媒体运作的主体，也是核心竞争力的主干力量。对于如此众多而庞大的群体而言，是否具有成才的环境、成名的几率、成家的愿景，也就是说有无可能成为“三名”，就显得尤为重要。这种培育人才的机制，实则是有效的竞争和激励体制，有利于电视媒体打造出具有影响力、竞争力和品牌优势的电视采编队伍。

电视媒体“三名”难产的原因何在

既然“三名”在电视媒体中有着举足轻重的重要意义，可为什么他们不能和名主持人一样，被大家熟知而获取名声？笔者认为，这主要来自以下几个方面的影响。

1. 专业岗位界定不清，操作层面把握不准

电视媒体较之纸质媒体来说，在节目的采制中涉及到多工种的合作，特别是随着电视媒体频道化与节目多样化，电视媒体分工从传统的电视编导、摄像、编辑等，出现了更细的分工，比如策划、外联、录音、统筹、主编、嘉宾主持、评论员等岗位，而在具体节目制作中，各工种之间也常常存在交叠。所以，很难给电视台的记者、编辑、评论员作一个明晰的界定，也难以将这些工种归并起来，给一个明确分类。正因为对这些岗位的定位不清晰，导致对“三名”的评选、培养、奖励等方面缺乏明确的标准。于是，在上级下达荣誉评比的机会来临时，运气的因素就很可能占有较大的成分，有的由于出镜率较高、在观众中有知名度；有的“碰巧”在某个重大新闻突发事件中“秀”了一把；有的是领导主观评价，凭个人好恶来“点鸳鸯谱”；也有的干脆让抓阄、投票。这种评价与评比的随意性，对“三名”的培养带来操作层面的困难。

2. 过分倾斜的单一机制，成才激励的动力失衡

在电视媒体人才培养上，过于强调主持人的影响力，夸大主持人的品牌效应，往往对“名主持人”采取优势资源倾斜的政策，甚至在管理上打破中心、频道和栏目界限，全部的人力物力都围绕主持人展开。而对“三名”的培育与使用，往往局限在固定栏目，时段、经费、工作量考核等方面都没有优惠。记者、编辑和其他电视工作人员一样，承受核定“工作量”的压力，从事“标准化的生产作业”，又要担当“好节目”、“精品节目”的生产指标。电视节目的出彩要靠投入，电视记者的出名同样要靠投入，有时为拍摄一期节目需要花费很长的时间。如央视《焦点访谈》记者曲长缨为拍摄《追踪矿难瞒报真相》，历时一个半月，走访了3个省，调查取证矿难的死亡人数。如果在常规的节目组，按照一个月平均拍摄1.5个节目的工作量要求，又怎么能够完成这样的好节目?

多少年来，电视传媒界有特定评选主持人的“金话筒”奖，而没有名记者、名编辑、名评论员的奖项。早在2002年，国家广电总局就要求全国各级广播电台、电视媒体推行“首席”制度，并对有关人才进行奖励，首席播音员、首席主持人名列其中。随后，央视和东方卫视、武汉电视台等地方电视媒体，首席主持人制度完成了初步尝试。央视评选出的十佳播音员和主持人，每月可获得1万到1.5万元不等的特殊津贴。但是对于其他“三名”却没有明确的激励机制，而是笼统地以“优秀工作者”来作为荣誉评选。

3. 契约式劳动关系，培育管理机制松懈

作为电视媒体微观运行的重要组成部分，其人事制度的主要变化在于从事业编制职工的单一构成到多重用工制度并存。在多种用工制度体制下，相对于传统的人身依附和行政隶属关系，员工和电视台之间已经形成了一种实质上的契约关系。这虽然激活了人事机制，但由于利益分配不同，一部分职工属于短期性存在，持有完成工作量、不被淘汰的心态，而电视台普遍存在“只使用，不培养”的短视做法，即使培训也是“粗放式”的，因而也缺乏向心力、凝聚力。这种管理状况，显然不利于“三名”的成长和发展。

随着全球媒体竞争的加剧，专家型人才、复合式人才已经成为发展的重要需求。“三名”的脱颖而出，期待更新知识结构，开阔视野。为此，电视媒体需要具有发展的长远的眼光和宽阔的胸怀，把培养“三名”作为整体打造媒体的重要组成部分。

4. 从业雇佣意识误区，缺乏内在进取冲动

对于电视媒体中一线从业人员来说，由于受到编制、体制、行业竞争等因素的影响，往往缺乏为“三名”而努力的目标和动力。有些采编从业人员，特别是编制内人员把实现“三名”当做向制片人、部主任、中心主任等职务过渡的阶段，认为只有站

在领导岗位才是一种成功。事实上，“三名”与管理者共同服务于电视媒体，而且有的业务骨干丢掉自身专业优势，从事复杂琐碎的行政工作，其效果反而适得其反。白岩松曾在栏目组任制片人，后来坚决辞掉，一心从事编播工作，并用大量的时间来补充自己，目前已经成为“名评论员”。还有一些从业人员期望“逆势成名”，单一地看重“名主持人”的影响和作用，希望从“三名”走上“名主持人”的岗位，可以成为“国脸”、“名嘴”等。这种明星化的思想导致了一些记者为了“出镜”而出镜，不管节目如何，先混个脸熟；有的淡化对新闻事件的报道和关注，不顾节目是否需要而突出自身形象；还有的靠炒作新闻事件或者新闻人物，来“秀”出自己的名气。

把“三名”和主持人的培养放在同样的高度

如何让电视媒体的“三名”确立起来呢？应该说，这是一个系统工程，需要电视媒体和从业人员的共同努力，而最重要的是观念的转变，要把“三名”的培养和主持人放在同样的高度。

在工作中，要给记者、编辑、评论员更多的锻炼机会，强化“三名”的风格定位、形象设计、品牌塑造、宣传推介等，提高他们的出镜率和品牌认知度；在预告宣传片中，突出“三名”形象；充分利用屏幕之外的资源，比如自身网站、报纸等对“三名”的宣传推介等。

同时，要积极参考借鉴国外电视媒体的“三名”与名主持人的培养模式，比如美国三大电视网的名主持人都来源于名记者、名编辑、名评论员。在他们成为名主持人之前，都必须经过长期的一线采编评训练，平均都有10年以上的记者编辑从业经历。而我国电视媒体的名主持人，很多是从播音员的岗位上成长起来的，缺乏一线采编训练与积累，容易产生“花瓶”主持之嫌。

电视媒体还要对“三名”采取激励机制，保持他们的工作热情，激发他们的创造力。对于“三名”在薪酬上包括个人岗位工资、绩效工资和栏目绩效工资，可采取分级管理的方式，比如中央电视台经济频道在2006年底对一线人员绩效管理改革方案中，对各个岗位按照工作经验、专业水平、能力水平，分为助理、一级、二级、三级、资深、首席等级别，然后与相应的绩效指标挂钩，实现一线人员绩效管理的科学化、规范化与精细化。在荣誉激励方面，可以建立岗位“首席制”如首席记者、首席编辑、首席评论员等，这有利于破除电视媒体内“官本位”的陋习。

对从业人员来说，要从社会责任和自身职业发展，思考“三名”的实现条件与可行设计，对“名”的理解不是单纯突出个人的“出镜率高”，而是将自己的“小名”和媒体的“大名”结合在一起，通过自身出类拔萃的工作业绩来赢得名誉，在个人价值的实现中对受众产生良好的精神引领作用。

事实上，电视媒体的“三名”并不意味着一定要走到“台前”来。由于电视影像的传播特征，记者、编辑、评论员出镜表现时，会有外在形象、语言表达等因素的条件约束。因此，在一定意义上说，成家比成名更具现实的可行性。如果在长期倾心的工作领域有所发现，有所创新，厚积薄发，举重若轻，成为特定领域中的专家型、学者型人才，这应该也是培育“三名”的题中应有之义。

自媒体时代的“意见领袖”呼之欲出

——对“三名”难产的一点看法

冯雪梅

信息无所谓好坏，选择和判断却有优劣。洞见的深浅、视野的远近、内涵的宽窄、情怀的高下，将造就传媒的影响力，孕育新闻名人。同时，中国社会的快速转型、利益群体的不断分化、价值观念的逐步多元、公民社会的雏形初现，也让意见表达成为必须。未来的“三名”，很可能就是这些“意见领袖”。

翁达·拉塞尔曾经是一个生活堕落的酗酒者，“奥普拉脱口秀”让她改邪归正、面貌一新。不仅戒了酒，还花钱为自己和亲友订了几份奥普拉主办的杂志《奋斗不止》，以从中汲取力量。

每天，有700万电视观众被“奥普拉脱口秀”所吸引，《奋斗不止》更是在全球拥有2200多万读者。如果我们说传媒界已经不存在“领军人物”的话，奥普拉肯定会给你致命一击。可以想象，美国电视台要是没有奥普拉，收视率会是怎样一番境况？

一个人决定一个电视台的生死，或许还只能当神话来看。但是，如果没有吴小莉、窦文涛、闾丘露薇这些主持人，可能就没有凤凰卫视的知名度和影响力；同样，对于报纸而言，某个版面或专栏时常是读者阅读某天报纸的唯一理由。你不能说“名人”的存在毫无意义。

我们还会提及一些著名新闻名人的名字，张季鸾、范长江、邹韬奋、普利策、李普曼、法拉奇……只是他们的存在过于遥远，不足以对现实产生作用，而“关照”我们生活的新闻人，似乎没有谁能拥有业界前辈的感召力和能量。即使有一些算得上“知名”的新闻人，相对于整体新闻从业人数而言，少之又少。

在一个资讯快速传播、传媒竞争越发激烈、受众分化越来越严重的信息时代，在一个人人都拥有麦克风、拥有话语权的网络时代，媒体从业者的个人影响力和权威性日渐减弱，一呼百应成为梦想；与此同时，由于资讯的浩如烟海、信息的杂乱无章、观点的众说纷纭，又需要独具慧眼的“意见领袖”为公众指点迷津。这种看似矛盾的舆论生态，恰恰是今天的新闻人或者说“三名”（名记者、名编辑、名评论员）生存与成长的土壤。

媒体权威性弱化，新闻人脱魅

在中国，以报纸为代表的传统媒体，相当长一段时间里是政府的代言人，被赋予相当的权威性，掌握绝对话语权，在一定程度上是政策法规法纪的化身。报纸上的评论文章，毫无疑问是党的声音；一篇报道，可以对事件一锤定音。这种因“政治”而来的权威性，给了媒体至高无上、毋庸置疑的地位，连带着新闻人也享有某些“特权”——几乎没有人对记者的报道、评论员的评论提出疑问，他们被神圣化了。

此时，媒体与受众之间是教导与被教导的关系，传播方式是单一的纵向式传播；受众是靶子，媒体发布的宣传子弹无一不命中目标；受众以恭敬、仰视的态度看媒体。人民日报的一篇社论，可以被几亿人学习乃至背诵。但是，绝对的权威往往又是去个性化的，因而，在那个媒体备受景仰的时代，并没有出现多少有着浓厚个性色彩的名记者、名编辑、名评论员，公众记住的可能是某个“名篇”，而非“名人”。

上世纪80年代，是媒体回归自身规则、追求个性化的开始。其时，新闻的市场化运作尚未真正启动，党报党刊占据了相当大的读者市场，舆论环境的相对开放和市场的相对垄断，为“三名”的产生创造了条件。这也是新闻理论探讨、新闻写作方式创新最为集中的一段时间。标准的“新华体”被个性化的表达所替代，典型报道的“高大全”形象被复杂的多面性颠覆，一批影响深远的新闻作品（包括报告文学）随之诞生。凭借自己独特的表达方式、敏锐的观察力和预见性，艾丰、王安、张建伟、郭梅妮等新闻人，在业界脱颖而出，被公众所知晓。立体深度报道、批评监督性报道等新闻样式，至今仍对媒体的新闻写作产生影响。

90年代之后，都市类媒体的兴起，新闻的市场化运作，让媒体在贴近受众、服务受众的同时，完成了自身角色的归位。单一纵向式的传播方式得以根本改变，媒体和受众之间，不再是教导与被教导、接受与被接受的关系；媒体不再能简单“操控”读者，新闻人不能不在三种力量——意识形态的导向、新闻自身的传播规律、读者的需求之间寻求平衡点。

专业操作规范的逐步确立，确定了记者“社会记录者”的定位。媒体不再有特权，不再有一呼百应的能量，一身“烟火气”的从业者们也不再神圣崇高，受人敬仰。权威被颠覆，市场竞争所带来的娱乐化、低俗化倾向，让曾经笼罩在新闻人头上的光环黯然失色。

独家新闻日渐消失，记者很难一鸣惊人

十几前年，媒体还津津乐道于独家新闻，“独家”既成就了一张报纸的发行量，也让“披露者”备受瞩目。抢新闻是传媒竞争的必要手段，也是一篇报道成败的关键。如今，传媒业快速发展，网络、手机、移动电视、分众传媒的兴起，让信息垄断几无可能，独家新闻的概念随之淡化，近乎消失。

我们可以看到，现在几乎没有哪家报纸存在所谓的“独家新闻”或内幕消息。并且，在信息的容量、传播的快捷、互动的便利上，以报纸为代表的传统媒体没有多少优势可言，名记者、名编辑、名评论员可以施展身手的空间，变得越来越有限。

以2008年的奥运报道为例，有哪一家媒体敢说自己是独家（除非买断比赛的转播权）？关于赛事的种种消息，几乎全部是公共信息，只不过，不同的媒体根据受众的不同，选择不同的报道视角和方式而已。再以2009年国庆阅兵为例，“十·一”之前各类媒体几乎将阅兵的种种内幕翻了个底儿掉，某个媒体的某个版面或者某篇报道，与其他媒体的版面和报道并无本质差别。资讯的获取上，个性化的差异被“趋同”所替代，作为公共消息的发布者，新闻人俨然没有多少可以“一鸣惊人”的机会。

同时，新闻职业操作规范的完善成熟，也让新闻报道的表达方式少有创新空间。客观、中立、公正的专业要求，制约着新闻人的“即性发挥”，类似报告文学之类的个性创作，被剔除在新闻之外。

受众的选择却愈发多样化。任何一家媒体，只能拥有特定的受众群，而无法涵盖“大多数”。消费者市场的细分，决定了每个新闻人只能成为部分人的“粉丝”，在有限的范围内施加影响、释放能量。全民明星的消失，使其知名度的减弱成为必然。

自媒体时代“意见领袖”的产生

以前，你有记者证，才算一个记者，才能采访；而现在，媒体的信息来源，更多的可能是网络、论坛、博客，在那里，人人都是信息发布者，意见的表达者。人人都有麦克风的“自媒体”时代，网络触发了媒体革命，公众获取信息途径以及资讯的传播方式，发生了根本改变。作为传统媒体的从业者，不得不思考：与新媒体相比，自身的优势在哪儿?

恰恰在于传统媒体迫于有限容量的“选择”。互联网带来了信息分享的快捷便利，也制造着垃圾和陷阱。在铺天盖地、真假难辨、稍纵即逝的资讯汪洋中，受众需要的已不是单纯的信息，更是看法和见解，选择和判断。人们需要知道的不只是事实本身，不是一件事是什么样，而是它为什么这样，意味着什么，未来会变成什么样?

众说纷纭之中，受众需要有专业素养，能作出选择判断、指点迷津的“意见领袖”。信息无所谓好坏，选择和判断却有优劣。洞见的深浅、视野的远近、内涵的宽窄、情怀的高下，将造就传媒的影响力，孕育新闻名人。同时，中国社会的快速转型、利益群体的不断分化、价值观念的逐步多元、公民社会的雏形初现，也让意见表达成为必须。

受众需要“站在凳子上演讲的人”，时评这种新文体随之兴盛与繁荣。传媒竞争中，一个突出现象是，各种报纸，不管是党报还是《都市报》，都有各种各样的言论版；广播节目也出现了诸多的新闻评论栏目；备受关注的央视改版，其最大动作之一，就是加大了新闻评论，特约评论员在新闻栏目中频频出镜。时评以及渐成规模的新闻评论人群体，开始承担起“意见领袖”的角色。

未来的“三名”很可能就是这些“意见领袖”。他们要具备三种能力：

一是掌控信息的能力。能够提供新闻的“附加值”——也就是说，他所知道的不是普通的公共信息，而是更多的内幕或者独家资讯。这一方面源自在某一领域的日积月累和人脉资源，一方面源自对信息的深度挖掘和探本求源，甚至是突破框框的勇气和技巧。在这一点上，“跑口”记者具备明显的优势。

二是透视信息的能力。以专业的视角对信息进行整合、鉴别、分析和解读，从而作出权威性的判断，洞悉事件的来龙去脉，预测其未来走向。某一领域的专业知识，是其必备的“工具”。

三是鲜明的个人风格。时事评论员比新闻播音员受人欢迎的重要原因，在于前者独具风采的人格魅力和个性化表达。

特别需要指出的一点是，传播手段的多样化，让各类媒体间的合作互动越来越充分。“意见领袖”的号召力越来越多地倚赖于不同媒体的协同运作。传统意义上的新闻人，将借助网络转载、广播电视的读报、连线、博客、微博、QQ群、手机报等多种方式，强化传播效果，拓展自己的影响力。

《新闻实践》杂志2009年第12期“多棱聚焦”栏目

寓言新闻

现代传媒格局的急速激变，催生了易读、悦读的传播新趋向，也促使媒介文本更具模糊性、融合化，某一种文本往往兼有两种或者多种文本的特征。于是，寓言新闻的文本在国内媒体悄然流行。

有人说新闻是“历史的草稿”，觉得每天写的都是“传世之作”；有人说新闻是“隔日即逝的易碎品”，那是批量生产“扫街新闻”的理由。而“寓言新闻”文本理念的创新，是从“传世之作”与“易碎品”的两极之间孕育的符合受众信息消费的内容形态，反映了大众传媒新闻产品的新的价值取向，是传统媒体在网络时代的文本变革。

借鉴文学体裁的寓言并不意味着可以虚构，寓言新闻只能从新闻事实中提炼与概括韵味深长的喻理性、象征性、箴言性。这一新闻文本的兴起，可以削减与冲抵“新闻策划”的人为痕迹，使得新闻采编的着重点放在开掘、梳理、提炼上，注重记者“个体生产”的洞察力、发现力和表现力，从社会诸多现象的透彻观照中，寻求寓言新闻的言之有物，言之有理，但又不直白说教，寓理于事，含蓄隽永，耐读耐看，把易于民间口口相传当做新闻二度传播的圭臬。

寓言新闻：怎样讲“钻石故事”

蒋 蕴

摈弃那些沉重的表达，避免评论、说理和抒情，而将新闻视觉化、形象化，用故事和细节建构叙述。寓言新闻的出现，树立了一种新的写作方式，这样的文本变革，成为传统媒体报道理念上的一大突破。寓言新闻不仅擅长讲述哲理性的人生故事，更加注重在文本中传递独特的价值观，寓理于事、含蓄隽永。同时，因为它本身丰富的思想内涵，在受众当中天然具备传播的价值。

一种文本的革新

这是一个“人人都有麦克风”的时代。

手机加博客，给了普通的公众最便捷的信息发布渠道。而传统媒体的压力在于，经过了从现象到文本的重组和解读，怎样用符号制造一种“缺席的在场”，引起受众的思索和共鸣。

我们先讨论一种探索性的文本形式：《华尔街日报》的记者James Hookway最近写的一篇很有意思的经济报道《泰国的山寨货币》。

讪滴戌村位于泰国北部一处阳光明媚的平原，十年前亚洲金融危机爆发后，该村村民便开始自行印制货币了。

钞票上的图案是当地儿童绘制的水牛和寺院。

如今，随着泰国的经济再次大幅放缓，这种DIY货币又开始流通起来了。

与其说是新闻，这更像是一个故事的开头。接着，当地银行“行长”出面解释：“我们现在比以往任何时候都需要自己的货币，泰国的形势日益恶化，人们需要的是信得过的东西。”此后出场的是曼谷的一位经济学教授。直到这里，这篇报道才有了一些传统财经新闻的影子，然而，记者又开始了大段的描述：

去村子的早市看看，这里交易活跃，有很多新鲜蔬菜，还有两个屠夫在忙着切割牛肉。顾客们手里攥着描有当地乡村景象的临时货币，一边跟摊贩讨价还价，一边唠唠家常。

如今银行仍然就是间小屋子，里头有一个保险柜，堆着成摞的当地货币，谁要有兴趣看，村民们都会很乐意为你打开保险柜。

文章的结尾是，当地的碾米厂开始收这种钱，村民们喜出望外。“碾米厂是我们当地经济的中心。”

“经济困难时期如何应对信用危机”，并不是一个容易表述的话题。以“发行自己的钞票”为解决之道，也许只是一种个案式的参照，但未尝不会给读者和研究者一种独特的启示。

没有枯燥的数据，没有冗长的背景，经济新闻也可以写得这么有趣。而其背后蕴涵的道理，通过故事本身的表现力，为读者预留了自由思考的空间。这样的表述方式，与我们熟悉的寓言颇有几分相似。

“刻舟求剑”、“买椟还珠”、“掩耳盗铃”……这些都是我们所熟知的寓言故事。通常所说的寓言，指一种含有讽喻和劝诫意义的故事。而通过浅显的故事，寄寓深奥的道理，从一个或多个独特的角度来解读事件，《泰国的山寨货币》参照寓言文本样式的写作方法，为新闻从业者带来一种启发。

可以说，这种“寓言新闻”借鉴了我们熟悉的“《华尔街日报》体”故事化的表现方式，在文章的开头展示所涉及的人物或故事，通过气氛的渲染，将受众带入新闻发生的现场，如临其境，如见其人，如闻其声。

从传播心理学的角度看，这是将受众极度“向现场拉近”。读者看到的不再是干巴巴的事实罗列，而是真实的生活。在当前的新闻写作中，寓言新闻的应用已经有了较为广泛的尝试，值得我们深入研究。

摈弃那些沉重的表达，避免评论、说理和抒情，而将新闻视觉化、形象化，用故事和细节建构叙述。寓言新闻的出现，树立了一种新的写作方式，这样的文本变革，成为传统媒体报道理念上的一大突破。

寓言新闻的特征

1. 应用“个体视角”，依赖记者的观察和发现

网络新闻的信息传播，因为其开放的来源和动态生成的特性，其文本形式更显碎片化。在这一点上，传统媒体似乎有了可乘之机——用“钻石故事”本身的张力，在传播中彰显其释放性的功能。

因为有受众参与文本生产，网络新闻在接近现场的能力上先天胜出一筹。而寓言新闻的文本兴起，弥补了传统媒体报道在这一方面的不足。

美联社社长兼首席执行官汤姆·柯里说，文化和经济已经随着数字时代技术而发生了变化。这些变化是如此的彻底和深入。“数字之桥”另一侧的受众似乎正乐在其中——他们除了阅读新闻外还通过Facebook和朋友联系、通过LinkedIn进行社交、写博客以及追寻Twitter上有趣的人物、场景和事件。所以，“相比关注网站，用户开始更关

注彼此”。

于是，寓言新闻采用有别于传统金字塔型新闻模式的“个体视角”，以普通人的口吻来写作。它更多依赖作者的观察和发现，并不侧重于说理或议论，极易使读者产生共同的感受。它建立起了当前媒体报道的一个写作范式，成为传统媒体应对网络时代挑战的突破口。

笔者曾经在几年前写过一则通讯，题目是《露露是条狗》。报道的主角，是聋哑人朱巍家里的一只京巴狗，因为没有办证，被打狗队员带走，主人千方百计将它寻回后，却发现它染上了重病，只好忍痛让其安乐死。后来，朱家又认养了一条新的小狗，才重新找到了生活的幸福。

文章的主旨通过结尾处显现：“朱巍的妹妹说，这段时间以来，她明白了一件事——有些东西失去了，你才会觉得它珍贵。21岁的她，现在是家里的支柱，她肩上的担子很重，她要努力工作，让妈妈、哥哥、嫂嫂和小狗生活得开心、幸福。”

《露露是条狗》所表现的主题，有其独特的人文内涵，为了表现人类与动物之间的纯真情感，普遍的爱，笔者希望用一种白描的手法，来平淡地叙述一个故事，让读者体味其中的人生启示。

2. 适宜二度传播，成为公众解读社会生态的范本

2009年10月发生的呼和浩特越狱事件引起了全国媒体的关注，报道的角度也各不相同。除了对事件本身的持续追踪之外，大家更希望探讨此类事件背后的东西。这其中，《南方都市》报的一则报道《越狱者：80后的他们如何走上不归路》独树一帜：

四个方向的青年和少年，他们曾经爱家人，也爱别人。他们不同的人生道路上，却又有着那么多的相似之处：来自乡下、迁徙、漂泊、父母离异、家庭变故、辍学、懵懂入世、走上不归路。他们的人生从此错位。

新闻和故事，曾经被认为是完全不同的两回事。尤其是寓言，更是文学体裁的一种。其实，优秀的新闻报道就应当是生动的故事。寓言新闻的本质，秉承一种非虚构的写作标准，依然要求新闻的真实。

它与其他形式的报道的区别，只是在于从新闻事实中提炼与概括了一些喻理和象征性的意义。同时，这些意义又都是一些力透纸背的东西，而不再是近似废话的无意义言说。

《越狱者：80后的他们如何走上不归路》分别对四位越狱者的人生经历进行了探访和调查。通过寻找他们成长的轨迹，讲述其人生故事。正如文章开头所说的，“检索他们曾经的青葱岁月，沿展他们相似的命运轨迹，我们希望带给世人更多的警醒与思考。”

事实加上喻理，寓理于事，是寓言新闻的基本框架。所以，这样的报道方式，不

仅讲求“讲故事”的技巧，更讲求“讲故事”的内涵。由此可见，寓言新闻不仅擅长讲述哲理性的人生故事，更加注重在文本中传递独特的价值观。同时，因为它本身丰富的思想内涵，在受众当中天然具备传播的价值。

与寓言故事一样，寓言新闻具有适宜二度传播的特性，经过民间的口口相传，成为公众解读社会生态的范本。

面对技术革命对传统媒体的挑战，很多新闻媒体自身人士表示，新闻机构不能仅仅凭借以往的报道方式生存下去。寓言新闻在摆脱了传统新闻报道的平铺直叙，给读者以细腻的感受和情感震撼的同时，提升了纸质媒介的可读性和影响力。

“钻石故事”从哪里来

在2009年的世界媒体峰会上，英国广播公司全球新闻总裁理查德山姆布鲁克说，在一个日益交融而彼此依赖的世界中，媒体比以往任何时候都与受众密切相关。

怎样“相关”？——从叙述路径上，寓言新闻要寻找一个极具代表性的个案来表现新闻的主旨。而人总是构成这一新闻事件的主体，文本中表现人与自然，人与社会，人与人之间的各种关系的变化。对于受众来说，人和人的生活具有最高的心理上的接近性，因此也极易产生情感共鸣。

所以，相对于“《华尔街日报》体”，寓言新闻更加注重“讲故事”的技巧。它的故事文本内涵更加丰富和多样，从不同角度可以参透出不同的价值和意义，更适合称其为“钻石故事”。

1. 关注结局，更“看”到事件的全部

寓言新闻更注重把新闻报道的着力点放在材料开掘、梳理、提炼上，体现记者个体生产的洞察力、发现力和表现力。

寓言新闻在《中国青年报》的“冰点”栏目中，有过不少的尝试。记者郭建光的《粉丝的世界》，走进选秀明星背后的粉丝们的生活，展示了一种共同的社会心态。粉丝的经历，是一个个人生的寓言。

记者董月玲的《拒绝当一个标准产品》，讲述了“一个非常普通的高考轧路机下面的小草的经历”。在被内地众多高校拒之门外之后，追求个性发展的主人公被香港浸会大学录取，“原来以为打不开的门，开了。”

记者从玉华在报道《熊的解放：人的救赎之路》里则这样写道：

墓地不算大，只有半个篮球场大小，轻轻踱上20步，就能从这头走到那头。在距离成都市区26公里外的龙桥黑熊救护中心，墓地只占据了一角。

每一头埋葬在这里的熊，人们都为它们取了名字，哪怕是在它们入土前的最后一刻。

这些描述，就像一部电影的场景，引领受众深入其中。

因为寓言新闻要有细节，形象化、立体化，有能够再现人物、现场和事件的精彩片断。而且，这样的细节不能由记者口里“讲”出来的，而应让读者“看”到的。

美联社资深记者布鲁斯·德希尔瓦曾经说过，如果把新闻报道看做故事，而不只是通讯稿，那么可以找到许多可写的东西。眼下，国内很多媒体也很多尝试了这样的报道手法。

《21世纪经济报道》的一则报道《“没老板”买地记》开头这样写道：

“煤老板”没了煤矿之后，就成了“没老板”。李志刚（化名）不得不盘算，到那时自己该干什么。9月18日，李志刚在山西临汾参加山西能源企业转型座谈会时遇到了一件事，让他对今后的出路有了一个更大胆的想法。

随着民营中小煤矿被兼并或关闭，高达3000亿的资金将在这轮大赎买中被释放出来。很多人关注，这3000亿将去往何方？记者并不直接揭示问题的答案，而是通过一个人的经历，来表现这场时下全中国最大的资产流动。

透过个人命运，观照一个时代——寓言新闻很适合表现这样的题材。德希尔瓦说，“在报纸上刊登的新闻大多只是事件的结局部分，而不是全部。对于诸如大选、审判、企业破产之类的事件，我们往往只报道结果。但事实上，这些事件的背后还有许多更加精彩的内容。”

2. 立足事实，捕捉“冲突”中理解人性

与简单的事实罗列不同，寓言新闻要求作者有从错综复杂的事件中找到线索的能力。只有那些具备一定的普遍性和代表性，最好有一定的戏剧性或悬念性的人或事，才能既自然地过渡到新闻主题，又能引发读者的兴趣。

只要看《越狱者：80后的他们如何走上不归路》是如何讲述故事的，就可以体会到寓言新闻的特征性文本叙述路径。

殊途同归。他们却最终选择了不归路。当4个80后的年轻人从不同的故乡出发，沿着不同的路径，在历经了不羁青春之后，他们，在内蒙古呼和浩特第二监狱相遇。几年后，他们一起上演了一场中国版的“越狱”活剧，66小时后，剧情戛然终止。一人被当场击毙，等待着其余3人的将是严厉的审判和多项罪名。

为了突出其独有的箴言性，寓言新闻尤其强调两大元素：“冲突”和“人性”。

冲突是指新闻事件发生过程中，情节发展的起伏，当事人观念的碰撞。在寓言新闻中，报道者运用大量戏剧性细节材料，交替串联起新闻事实和背景。新闻事件的戏剧冲突往往蕴涵于人物的言谈举止中，冲突故事表现越多越激烈，新闻报道就越具有吸引力。

其次更为重要的是“人性”的主题。新闻报道的主角是人，几乎所有的伟大的故事中，都有一种人性的展示。因为借助了寓言新闻的表现方式，它对人文主义的诠释往往最形象、最具体，而这种诠释往往暗含了报道最核心的主旨。

于是，对于寓言新闻的作者，最大的挑战是在众多的事实材料中，选择最有意义的内容，然后加以分析、概括。用1999年美国最佳新闻写作奖得主德宁·L·布朗的说法，这就是揭示"神秘"——"所有的报道都应该有某种神秘的东西。为了吸引读者，报道中必须有一些像金子般闪闪发光的信息，引诱读者去探索。我的任务就是将他们一点一点地告诉读者。"

3.巧妙回应，含蓄的结尾是隐蔽的提示

"编筐编篓，全在收口"。寓言新闻里，作者是不站出来讲道理的，因此结尾的处理就相当重要。文本本身要起到提示受众的作用，提醒人们体会新闻事件的内在含义，而且这种提示必须是间接、隐蔽的。

《熊的解放：人的救赎之路》这样收尾：

在她创建的黑熊救护中心内，几乎都是水泥路，唯有通往那块黑熊墓地的，是很长一段弯弯曲曲的泥巴路。那里树木葱葱，遮天蔽日，踏在落叶上簌簌作响，就像走在真正的森林里。

对于每一头被送进墓地的黑熊，这是它们一生中最后的路途。

它们大多数时候苟活在铁笼子里，而现在，它们终于可以安息在一片"森林"里，像一头真正的熊一样。

再度让开头出现的人物或故事亮相，使结尾与导语相互呼应，是一种聪明的做法。一篇好的新闻作品是具有对称美的，它既要有好的导语，也要有一个有力的结尾。好的开头平稳流畅地过渡到文章的高潮，结尾呼应篇首则避免了传统的说教式拔高。

而其他的做法是，借助一段文字进行情感的回应，给读者一些想象和思索的空间，从而深化新闻报道本身的意义。

就像《露露是条狗》的结尾："任何一条生命的消逝，都是一种无法弥补的痛楚。哪怕，它是一条狗。"这是一种场景片断的延续，以一种画面感和情节的推进，帮助受众加深对新闻故事的印象。

在寓言新闻中，由于记者不充当事件解说者，而是让读者通过文本中细节和不同观点的诠释和交锋得出结论。因此，记者要巧妙激发读者的兴趣，引导其进入寓言式文本的叙述状态，自行推导出其中逻辑哲理。

阐发这个时代的寓言属性

徐百柯　林晓莺

这是一个产生寓言的时代。寓言可以作为观察世相的方式之一，也是记录社会的方式之一，更是理解这个时代的有效途径之一。“冰点”周刊看重新闻报道的认识价值和文本价值，这样的特稿操作其实正体现了新闻和寓言的融合。寻找这个时代的一个个经典意象，把它们放大，进行形象的解读，这样的新闻产品当然就应该被视为寓言。

如果要选择一种文体来表征我们这个时代，寓言也许是不错的选择。寓言既有能力描述万花筒般纷繁的世相，又有一种特殊的定力，足以呈现这份繁复背后的实质。

文学性、虚构性的寓言自有其价值。但就记录时代、穿透现实的锐度和力量而言，非虚构性寓言更值得关注和研究。作为非虚构写作的首要载体，新闻报道如果能自觉并合理地借鉴寓言的核心品质，将使自身获得极大提升。

寓言的根基当然是故事。但故事可能是随意飘荡的，只有那些有“定力”，也就是说有其确切附着的认知、判断乃至理念的故事，才能构成寓言。

追根溯源，寓言与对话有关。这意味着，寓言的写作实际上是一种讲述，需要有明确的对象意识，而绝不会成为空洞的自我表达。这一点反映在技术层面，即寓言要求有精巧的结构。

本文试图通过分析《中国青年报》“冰点”周刊近来的一些新闻实践，为寓言新闻写作勾勒一个粗浅的轮廓。

“冰点”曾刊发了一篇特稿，题目叫《赎罪》，讲一个年轻人先做假冰棍，又做假湾仔码头水饺，最后良心发现去工商总局自首的故事。

造假的具体过程——那当然会是一个吸引眼球的故事，但那只是一个故事。整个这件事情，其实包裹着一个时代寓言，尽管有肮脏，但能见到人性中向善的力量。所以最后呈现的稿件，内容重点和写作逻辑并没有放在造假上，而是放在这个人内心挣扎的过程，力图写出一则关于自我救赎或者说“赎罪”的寓言。

这则寓言新闻有一个充满现场感、又带着点儿黑色幽默的开头。自首从第一步就受挫，想象和现实不对位，“要不是拿着登记表的工作人员前来接访，这个下午，刘曼带着他那箱速冻饺子和一颗赎罪的心，根本不知道何去何从”。他设想的，对他的惩罚会立即变为现实。他已经做好了准备，被移送到公安机关，并经历三五年的牢狱之灾。出门时，他像是和妻子诀别。晚上回家，妻子坐在那里，没有做饭，因为根本没有预料到他还能回来。

通篇结构上，大致可以有3种选择。最简单的是按时间顺序，稍微复杂点儿的，是倒叙。但这两种方式都不足以把这则寓言的张力表现到极致。最后报纸上看到的，是一种多次倒叙的结构，即不断回到当天下午自首的场景。或者说，叙述的主线是当天自首，造假和造假后的内心挣扎被处理成一个个的横截面，不断有力地切入进来。

经典的直接引语在从故事到寓言的“进化”中可以起到画龙点睛的作用。比如这篇报道中，“卖你的吧，新闻里都不播”，一个造假同行用这句话鼓励刘曼继续干下去。这句话在文中非常醒目，其含义极丰富，表达了对整个社会，包括违法风险、监管机制、舆论监督等等方面的一种讽刺性判断。“湾仔码头简直是为了我们创出来的”，有一次，刘曼兴奋地对同伴这样喊道。寓言是现实的投射，现实中食品造假这样一个完整的链条，其猖狂，其普遍，充分投射到了这句直接引语中。

周刊主编杜涌涛为“冰点”概括了8个字：矜持态度，精致阅读。这既是价值观，也是操作法。“冰点”周刊不是简单地披露信息——寓言从来就不是为了讲述这个故事本身。“冰点”周刊提供一种观察世界不太一样的视角：触动社会神经，波动大众内心，点燃人性——尽管并不拘泥于“文以载道”，但相信讲一个寓言式的故事必定会传播超越这个故事本身的丰厚内涵。

“冰点”周刊看重新闻报道的认识价值和文本价值，这样的特稿操作其实正体现了新闻和寓言的融合。寻找这个时代的一个个经典意象，把它们放大，进行形象的解读，这样的新闻产品当然就应该被视为寓言。

“冰点”周刊曾刊发了一篇写汶川特大地震后二炮部队在四川灾区修路的特稿，题目叫《羌道难》。选题缘起只是见到一条小消息：筑路官兵受困泥石流，已修路段不断被冲毁，又不断重修。编辑立刻被一种意象击中。筑路者面对的，是一种希腊神话中西西弗斯式的困局，这里面一定有关于“天意”摧毁和人类勇气之间的故事。勇气，尤其是在一场大灾难后的勇气，是一个多么值得书写的题目！出发去采访之前，编辑和记者的沟通很明确：写出一则寓言来，关于灾难后人类的勇气。

最后呈现的稿件中，确实能见到这样蕴涵强烈冲突的意象：

6月，只差5公里就修到冒火山了，泥石流把80%的路段冲毁。

7月，擂禹路第二次被暴雨和泥石流冲毁。修路的起点再次回到擂鼓镇。

8月，暴雨连绵，只有7个工作日是晴天或者阴天。

9月，特大雷雨引发特大泥石流。先前已修完的约20公里路基，仅有约800米基本可用。

路，又修回原点。

“羌道”这个意象，既是这则寓言的内核，又成为它的结构。而对精巧结构的追求，还可以从这篇报道所运用的设问笔法中略窥一二。为什么一条路，修了断，断了修，要一直修下去而不干脆放弃掉？这是文章开头埋下的伏笔。行文至中段，抖了第一个包袱，因为如果不修这条38公里的路，就要绕500公里。这使得记者“看到一点希望，就像北川峡谷里难得一现的阳光，似乎接近我要找的答案了”。结尾处，又抖了第二个包袱，指挥官说：“我来的时候，修路是任务，可修着修着，就只想着为老百姓做点实事。这条路，连着北川关内12个乡镇，6万多老百姓啊。这路不通，我们能撤吗？”真正的答案，是勇气和责任。

另一个关于寓言新闻写作的例子，是特稿《拆迁时代的典型样本》，这是“冰点”周刊对重庆“最牛钉子户”事件的深度报道。

重庆杨家坪深坑中的拆迁小楼的图像，冲击力之强烈，提供了比任何文字描述都来得犀利的关于拆迁的一个具象。“冰点”周刊一直想做一篇拆迁之痛的报道，而特稿属性正要求从具体而微处切入时代大背景，这次显然是一个机会。

理想中的特稿是围绕杨家的家庭史与这栋小楼之间的关系来写。也就是说，要采访到数十年间发生在这栋小楼里的种种故事。写出一户人家在其私房里的生活、劳作、繁衍，远比从学理上呼吁公民私有财产不受侵犯要来得有质感，也更打动人。然而这样的采访计划很快被证明行不通。

此时，见到照片时的强烈冲击就变得极有启发意义。孤岛小楼无疑是一个好的意象、一个象征符号，那么，能否将围绕它所发生的事件视为一个样本来加以考查和分析？这是成立的，因为十数年来中国城市拆迁浪潮中的矛盾冲突与社会关注，均在此事件中达到某种极致。写好了这层意思，就是写出了一则关于我们这个时代一大痛点的寓言。

最后呈现出来的报道，包括了这个“样本”的几乎所有要素：拆迁户、开发商、行政主管部门、司法机关、公众、专家学者以及媒体。

除了事件性新闻，以寓言写作的角度来观照状态性新闻，同样颇有启发意义。比如“冰点”特稿《在城市的屋檐下》。

北京城郊一个叫皮村的地方，聚居着大量打工者，这里发生着各种故事，有着各种记忆，甚至有人建立起一座“打工博物馆”。这个题目天然就是一则好寓言，它涉及城市化、户籍制度、30年改革开放史，最关键的是，它是人本的、人性的，有着普通人生活的温度。

寓言应该通过特殊的故事调动起普遍的经验。这篇特稿有意味的环境描写做到了这一点。皮村拥有鲜明的细节：“走过13元的火锅店、18元的皮鞋城，绕过喧闹的台球桌和熙熙攘攘的电话亭，孙恒把来访者带进这个迷宫般的小村。在北京每一个城乡结合部，你都能找到类似的‘城中村’。”这种鲜明，恰恰能调动每个读者个体的经验。这样的景象，北京有，中国无论哪个城市都有。

同时，这样的环境被赋予了某种隐喻性：“皮村就在城市和农村之间，孙恒说，就像打工者所处的位置。”这种对位的隐喻性在文中一以贯之。“尽管周边已盖满楼盘，房地产商却从未觊觎过这片土地。因为皮村就在飞机航线的正下方。每隔10分钟，就会有飞机从头顶上方飞过。巨大的声浪轰鸣，把2米之外的人声迅速淹没，以至于孙恒不得不提高嗓门说道，打工者作为一个庞大的群体，主流文化对他们视而不见，他们没有自己的文化，没有自己的声音。”

这样的描写，既具有表现的价值，又具有结构上的功能性意义，呈现了寓言写作的良好状态。

我们注意到，除“冰点”周刊外，寓言写作的特征也在越来越多的媒体和报道中显露出来。不管是否以此命名，它所涵盖的理念追求和文本追求，都正在获得越来越多的认同和践行。

我们这样的时代本该催生伟大的小说，然而遗憾的是，至今没有。非虚构写作能担起这份责任、填补这份空白吗？答案是乐观的。起码，新闻人在孜孜不倦地写出与时代合拍的报道，其中，令人惊喜的是一些隽永的寓言。

这是一个产生寓言的时代。寓言可以作为观察世相的方式之一，也是记录社会的方式之一，更是理解这个时代的有效途径之一。

有探索价值，但不易流传

——浅析“寓言新闻”文体

范以锦　霍　慧

现实中也的确存在很有意义的真实故事，其本身具有寓言意境，无须虚构或组合就可成为“寓言新闻”。然而，这种情况毕竟不多。因此，我们可以承认这种文体存在的价值，可以借鉴寓言表达方式进行新闻的写作和文体的探索，在报道新闻的过程中尝试更大限度地将现实和思想结合起来，达到“掩卷而思”的水平。但不要将根本算不上“寓言新闻”的报道随意冠名，出现标签滥用的现象。事实上，真正的“寓言新闻”是少之又少，是很难作为一种文体广为应用流传的。

时下所谓的“新闻寓言”或“寓言新闻”，在纸媒中崭露头角。推行者试图借用传统寓言的表达方式，创新新闻文体，强化读者阅读的兴趣，这无可非议。我们在认可其有存在价值的同时，需要弄清传统的寓言与新闻有什么联系和区别。只是借用寓言的表达方式推进新闻写作方面的改革，还是完全可以创新一种新的文体即“寓言新闻”？创新这种文体的难度有多大？弄清这些问题，我们也许就会觉得这种有价值的东西，其实广为应用流传实属不易。

“对牛弹琴”与“音乐与猴子对话”的大相径庭

“对牛弹琴”是人们耳熟能详的成语，它从寓言演绎而来，先是口口传播，然后再成为成语。因此，寓言一定是好听的故事，一定是隐含深刻的含义，一定是能广为传播，经久不息流传下来。如果这则寓言讲的完全是真实的故事，假如还有时间、地点等新闻的几个要素支撑，可称得上“寓言新闻”。再回到我们的日常报道中，如果我们的新闻报道用这种方式去反映新近发生的事实，而且真正达到了“寓言”的水平，无疑就是“寓言新闻”。如果我们一定要给“寓言新闻”下定义，可表述为：以寓言的表达方式去报道新近发生的事实，并实现了类似寓言的表达效果。

但是，我们的新闻报道哪怕是很精彩的小故事，要达到“对牛弹琴”这样高要求的寓言，其实不易做到。

最近某论坛里转载了新华网的一则《用音乐与猴子“对话”研究揭示猴也有乐感》的新闻，转载时在标题后面加了“寓言新闻”小注。文章大致如下：

美国科学家通过研究猴子在焦急、放松等状态下的不同叫声，为它们量“声”定做乐曲，结果发现猴类也有乐感。研究人员期待从灵长类动物的音乐偏好入手，对人类拥有的音乐赏析能力追根溯源。

播放带有情感的乐曲时，棉顶狨表现出较少活动和社交行为并进食更多，这表明它们放松警惕。而播放人类用来放松或提振精神的音乐时，棉顶狨则几乎没有反应。

斯诺登在研究报告中写道：“棉顶狨寻常对音乐毫不敏感，但在听到有它们声音的曲调后情绪出现明显变化。”

这一研究成果刊登在最新一期《生物学通讯》上。

这项研究显示，探寻人类的音乐鉴赏力需要穿越漫长的进化过程，追溯至人类与猴的共同祖先。

现实生活中，不同音乐会引起人们不同的情感回应，比如使人镇定或令人振奋。这个特征其实与其他灵长类动物听到同伴呼唤声时的反应方式相似。

这则被称为“寓言新闻”的报道，与“对牛弹琴”相比,虽然素材相似，但因其“寓言”味平淡而显得大相径庭。

再举一则“买椟还珠”的寓言，试图说明这样的道理：不能像郑人那样只重外表而不顾实质，或者顾此失彼重点不分做出舍本求末的不当取舍。在现实中，也有这样一篇谈“顾此失彼”并标有“寓言新闻”的新闻《梅花鹿回归自然万亩苗林被毁农夫只能看不敢动》：

“5·12”大地震，安县千佛山景区梅花鹿园被毁，人工驯养的梅花鹿回归大自然后，因繁殖数量增加，食物短缺，去冬以来，原鹿园周边数以万亩的经济林成了它们蹄下的“重灾区”。

村民人工种植的云南杉等经济林木快速生长的时候，野性十足的梅花鹿仗着“国家一级保护动物”的身份，将村民们辛劳种植的杉树、培植的竹笋等经济林，当成了它们的免费美食。面对这些“强盗”，村民只能望鹿兴叹。

保护动物不能让我们吃哑巴亏……“土办法”护林不起作用……“假如让梅花鹿就这样无拘无束地繁殖下去，千佛山上又没有它们的天敌，那还得了，几年过后，千佛山还不被它们啃光了！”

就千佛山梅花鹿祸害经济林一事，记者18日电话采访安县林业局野生动物保护站站长颜永碧。她说，梅花鹿是国家一级保护动物，不管是野生的，还是人工驯养因地震等特别原因转化成野生的，都不能捕杀，捕杀就违法。

颜永碧告诉记者，这些梅花鹿是某公司在大地震前驯养的，地震前是83只，地震当天全部逃到野外去了。野保站也多次接到村民的投诉，他们也及时跟这家公司联系，主动提出愿意提供围捕技术，将梅花鹿回归人工驯养，某公司允许想办法，尽快回复，但“7·17”洪灾后，他们和某公司失去了联系。当日记者试图和这家公司取得联系，但未成功。

从新闻的角度看，这篇新闻写得不错；但从寓言的角度看，称得上“寓言新闻”吗？

“寓言新闻”产生的背景与积极作用

作为媒体人（包括自己上网发文章的自媒体人）对一种文体进行探讨，尽量将一些有新闻价值的生活故事寓言化，使得更多的人关注自己的文章，是可以理解的。同时，对冲破新闻文体的“八股化”也是有帮助的。

为了更好地分析理解，我们先从定义上简单了解一下。寓言，即用假托的故事或自然物的拟人手法来说明某个警世智慧或道德教育的文学作品，常常带有讽刺和劝诫的性质。从认识论的层面讲，新闻是主体感知到的，或是用符号传播并为受众所接收到的客观事物变动的重要信息。寓言作为一种文学作品必然是对客观世界抽象的反映，具有虚构性；而新闻则是对客观世界信息客观的具象的反映，具有真实性客观性。当真实的新闻有了寓言式的启示意义的时候，这种“寓言新闻”便呼之欲出了。

从微观角度看，新闻作为一种信息之于受众之间的关系在发生很大的变化。在农耕社会，人类物质生活水平低下，传播工具落后，信息传播停留在口口传播和群体传播。此种情况下，道德教育与警世智慧大都以神话故事、寓言故事、民谣、笑话等俗文学形式出现，并且因为其内容的精辟智慧以及故事情节的趣味性在信息匮乏的时代隽永回味，流传了下来。

但在信息革命后，纸媒、广电传媒乃至新媒体呈现蓬勃之势，受众的地位得到了前所未有的提高，新闻报道中民生新闻发展并逐渐达到了鼎盛。无论是传统媒体还是新型媒体无一不在民生新闻上大做文章，渐渐的，新闻报道在贴近民众生活的优点下却逐渐流于表面化、琐碎化、同质化、平庸化、媚俗化，新闻价值随之走低。受众面对如此铺天盖地的信息泛滥轰炸也变得日渐麻木，媒体有责任挖掘典型新闻背后的东西，以寓言的解读方式去引起受众麻木神经关注，引导舆论。

从宏观的角度讲，新老媒体竞争激烈，鲜有独家新闻，对新闻的报道基本大同小异，竞争逐渐放在了新闻报道技巧上面。新闻不仅仅要求客观报道，而且要求媒体提供给受众解读的视角，于是就顺其自然地有了“寓言新闻”，即基本的主体还是一则新闻，只是记者在报道写作中暗暗地以一种寓言式的解读方式提供给了受众，并希望受众以此进行思考，更好地接受处理信息。

寓言与新闻的联系与区别

寓言与新闻都是人主观地反映客观世界，二者最大的区别就是新闻是主体客观的具象地反映客观世界，而寓言则是主体主观地抽象地反映客观世界。“传播的起源及最高境界，并不是指智力信息的传递，而是建构并维系一个有秩序、有意义、能够用来支配和容纳人类行为的文化世界”[1]。寓言的流传和新闻的报道都是信息传播的一种方式，然而，将二者置于文化世界的大背景中，我们可以一目了然地看到，寓言作为文学的一种重要形式，不仅仅传递着智力信息，更包容着特有的宏观的人类行为文化世界，而新闻则多流于表面客观事实信息的传递。

从文本构成的结构要素看，新闻这种文体强调六要素：谁，在哪里，什么时候，干什么，为什么，怎么样。其中，谁、在哪里、什么时候是非常重要的，这是新闻真实性的一个前提。不仅如此，它的内容也必须是客观的真实，这是由新闻的社会功用决定的。寓言强调的是干什么、怎么样和为什么，它的人物时间地点是完全可以虚构的，处于一种边缘化的地位，内容只要可以组合说明所要表达的寓意即可。

寓言和新闻都是一种语言形式，新闻遵循的原则是客观忠实地记录，但是寓言更是一种艺术表现形式，作为一种艺术表现形式，它必然是忠于现实世界又超于现实世界的。新闻是就事论事的，坚决排斥虚构和造假，是有别于文艺的真实的。寓言则是把现实世界肢解之后，找出内在关系的相关成分，再进行组合。由此我们可以看到寓言具有一定的虚构性。因此，“寓言新闻”在给予受众一种寓言式思考的时候，要防止寓言式的篡改或者有意无意地省去事情发展的情节。比如“买椟还珠”的寓言，并不是要告诉我们楚国人和郑国人会不会做买卖的问题，而是放一个隐喻在珠宝和放珠宝的盒子上，然后通过郑人的取舍启示我们。现实世界中有很多选择，选项之间总是与珠宝和盒子一样有类似的内在关系。而关于梅花鹿的这则新闻恰恰就是公民、社会、政府在面对动物保护与经济发展之间的选择。

寓言作为一种表达的方式，是通过对美的表象的破坏，自我批判达到现实性和真理性的统一，比如所有的寓言故事都要说明一个道理或者是教训，而且，寓言的内容是吸收了时代的限制性和物质局限性的，所以可以流传至今。而新闻这样的一种表达方式，是为了及时地传播一种信息，于是乎这种信息具有明显的时代局限性，而且很容易被局限在就事论事的圈子里，是否可以流传变数颇大。一则寓言不是为了告诉我们什么时候发生什么事情，而是要启发思考，如果发生类似这样的事情究竟对不对，该怎么办？新闻则是强调告诉我们世界上刚刚发生了什么事情，对我们有什么影响，退而其次才是再进一步引读者思考为什么、该怎么办。从这个角度讲，上文提到的梅

[1] 詹姆斯·W.凯瑞：《作为文化的传播》，华夏出版社2005年版，第7页。

花鹿新闻其含义有一点寓言的成分，但写作上没有艺术张力，终究与寓言无缘。

从社会功用角度讲，新闻、寓言都是通过信息的传播起着引导人们思想的作用，但是二者的方式侧重点有所不同。寓言的意象存在于语言中形象之事物与抽象之思想之间的张力，通过一个细节表现出来，一般简明扼要又出人意料，精辟地点出。“对象通过一种寓言作用直接地达到概念的高度，同时其方式又把这种概念非概念化为一种叙说。这样，实际事物的具体性的多层次、难以归纳的意义，连同它们自身固有的异质性和相互间的强烈对比，以一种无可回避的姿态呈现在意识面前”[1]。简言之就是通过对形象材料和隐喻的运用，将形象性和思想性结合，发人深思，是一种艺术的震撼。

比如“买椟还珠”，前面对盒子的描述平淡无奇，但是最后买走了盒子却不买里面的珍珠，让人大跌眼镜，引人深思。新闻的意象立足于对事件客观的叙述，探究该事件背后的深层原因，而非隐喻，无法达到寓言所特有的艺术表现张力，无法达到同样的隽永。平常的新闻，倒金字塔结构居多，通常把最重要的放在前面讲，越到最后信息关注度越小，更不要提到隽永了。

“寓言新闻”很难成为广为流传的文体

我们听说过许多寓言故事，但细想一下也不是大批量的。而且这些难得的寓言是经过多少年才锤炼而成并广为流传的。我们现在的传统媒体与新媒体很多，如果大家都在做“寓言新闻”的话，一定是大批量的。这可能吗？要不就是滥竽充数，批量生产出变了味的“寓言新闻”。

“寓言新闻”之所以被冠以寓言的修饰，从新闻报道来看，需要一种类似于寓言的形象性和思想性之间的张力，来更好地达到信息传播效果，使受众在接收到信息之后深省，并通过字里行间语言符号组织中带有的倾向性引导舆论。但在实际操作中，却与我们的期待有距离。借鉴寓言的表达方式，将新闻做得更有可读性和内涵，是可以做到的，而要真正做出“寓言”味，成为名副其实的“寓言新闻”难度极大。许多标明了“新闻寓言”的文章，有多少可以成为传统寓言那样的广为传播直至成为成语经典？几乎都达不到这种境界。为什么很难成为一种文体广为流传？

首先，我们要看到现在仍在流行的许多传统寓言，基本上都是过去信息不发达的时代通过口口传播逐步形成的，当今从如此浩瀚的信息中要筛选出精华流传成为“寓言”，实属不易。

其次，寓言一般是以一个浅显的生活小故事用隐喻的方式将大智慧呈现出来。新闻报道也可以利用这样的方式，但是在新闻选材上一定至少是事例具有典型性，所要说明的问

[1] 张旭东：《本雅明的意义》，北京三联书店1989年版，第16页。

题具有普遍性而且社会意义影响深远，比如环保。时下网络媒体中出现了很多标有"寓言新闻"标签的报道，明显思想深度不够，社会影响有限，大有噱头的嫌疑。

还有，寓言是一种文学方式，寓言的创作是在现实基础上的提炼、虚构、组合，以一个细节突出一个大智慧，将现实和思想非常有张力地结合起来，达到警醒的效果；新闻是不能等同于文学的，其真实性客观性是判定其是否为新闻的重要准则，在对新闻事实的报道写作中，决不能为了达到张力的效果而一味选择性提炼组合甚至虚构。如果这样，新闻报道就失去了最基本的意义。

尽管有以上的理由，但现实中也的确存在很有意义的真实故事，其本身具有寓言意境，无须虚构或组合就可成为"寓言新闻"。然而，这种情况毕竟不多。因此，我们可以承认这种文体存在的价值，可以借鉴寓言表达方式进行新闻的写作和文体的探索，在报道新闻的过程中尝试更大限度地将现实和思想结合起来，达到"掩卷而思"的水平。但不要将根本算不上"寓言新闻"的报道随意冠名，出现标签滥用的现象。事实上，真正的"寓言新闻"是少之又少，是很难作为一种文体广为应用流传的。

作为"概念股"的寓言新闻

张涛甫

寓言新闻是一种新的新闻理念，这种理念是对表象新闻的扬弃，开启了写作者的主体性空间，允许新闻写作者介入合理的判断以及意义。寓言新闻是一种灵活的表达策略，它既遵守新闻的规则，也在规则的背后设有伏笔，因此是一个一箭双雕的策略。我们在这里提出用寓言新闻的概念，是试图开启新的新闻表达空间，尝试一些新的新闻表现手法，为新闻实践探索一些新的可能性。

寓言新闻是一个新概念。它最先是由新闻实践的人士提出的。在新闻理论的词条中，还没有出现这个概念。但理论是灰色的，生活之树常青。鲜活的新闻实践向理论界提出问题，不断对理论产生刺激，激发理论界的思考。既然寓言新闻已经成为一种现实概念，并在实践中引起了业界人士的不小兴趣，理论之思就应该跟进，哪怕它是一个临时性的新概念，对其也不能视而不见，应怀着好奇心，做一些追问和思考。

催生寓言新闻的因由

狭义的寓言新闻，属于社会新闻的一种。主要是指一种民间性、故事化的新闻叙事，这种新闻故事带有或多或少的讽喻、劝诫的意味。狭义的寓言新闻是一种比较特殊的新闻体裁，它在中国新闻部类中，属于边缘性的品种。

新闻历来就对夹风带雨的说教心怀芥蒂，新闻是新闻，观点是观点，彼此泾渭分明，不能捆绑在一起。但新闻远离劝诫、讽喻的情况并没有歇息。它不是新闻中的主流，但在当下中国仍然有一定的市场。近年来，甚至还出现活跃的迹象。如何解释这种新闻叙述的“返祖”现象呢？我认为有以下几个方面的因由：

首先，在中国的农耕文明传统中，一代又一代人的接受“史传”文化的叙事习惯。在历史叙事的背后，夹带史家的见解和道德判断。流风所及，也影响到当下人们的阅读和收视习惯。今天，仍有相当多的受众在接受新闻的时候，喜欢把故事和观点一道收下。只不过，与故事搅拌在一起的观点，不是那种空洞的政治说教，而是带有民间智性和德性色彩的劝诫或讽喻。

其次，寓言新闻的兴起，也是媒体竞争造成的。在如今新闻信息严重过剩的媒介景观中，人们很容易产生新闻的审美疲劳。虽然从单个新闻故事来看，都有或多或少的新意。但是，每天从各个方向涌来的新闻信息，拥挤在一起，我们就会发现，很多新闻存在很大的同质性。大多新闻在重复着相似的故事，在人们的日常经验和社会认知范围内，循环复制似曾相识的新闻故事。于是，人们期待更“新”的故事。寓言新闻的出现，在一定程度上满足了人们喜新厌旧的心理。

最后，为了满足分众时代的部分目标受众的需要。如今，受众市场分众化趋势越来越明显。受众市场总体规模很大，但是受众结构比较复杂。既有高端受众，也有低端受众。不同目标受众的新闻偏好是不同的。寓言新闻即是为了满足一部分目标受众需求。在当下中国，还有不少这样的目标受众。他们不是严格的新闻原教旨主义者，他们用一种朴素的新闻经验接纳新闻。而这经验中，就包括对故事以及“道”的眷恋。

寓言新闻与文学寓言是两个不同的概念。文学寓言作为一种文学现象，是一种普遍现象，古今中外都有，但表现指涉各有差异。有研究者认为，西方所谓的寓言实为“寄寓之言”，即寄托一定寓意的故事，偏重文学体裁的意义；而中国古代的寓言，却是“寄寓于言”，偏重于文学创作手法的意义，因此中国古代的寓言文学，是一种广泛意义的“泛寓言”体式。[1]作为文学的寓言，本质的特征就是虚拟性。文学寓言即便言之凿凿，也不能把它作为事实来信任。寓言新闻中的寓言，应是一种修辞策略，即借用寓言的形式表达一种新闻事实，依托新闻故事，表达一定的道理或哲理。新闻关涉的内容即便很玄奇、离谱，也是以事实为归依，以经验为基础。寓言新闻反对虚构，虚拟是新闻的禁忌。因它是新闻，其叙事规则必须贴着新闻共同体长期坚守的客观性传统；否则，它就会被视为异类驱逐出境。在寓言新闻中，“寓言”只是一个修饰词，其中心词是“新闻”。狭义寓言新闻所运用的修辞策略，主要继承的是中国寓言文学的修辞传统，不是西方寓言传统中的修辞策略。

寓言新闻的广义理解

广义的寓言新闻，是指在故事化、细节化的新闻叙述的背后，寄寓新闻的意义和判断。广义的寓言新闻就是要尝试一种新的新闻表达可能性。广义的寓言新闻即要告别那种自然主义、经验主义的新闻写实观，彰显新闻写作主体的识见以及洞察力。这种洞察力就是伽达默尔所说的“判断力”。这种判断力是一种“把一个特殊事物纳入到一个普遍事物之中，把一些东西认知为某个定理的表现”的能力。[2]具有这种能力，发现新闻、表现新闻就不是一个线性的、平面化的过程，而是一种发现、探险的过程。这种探险不仅仅表现为披荆斩棘的新闻信息求索过程，还表现为一种新闻智性的探险过程。

如今的新闻生产，存在着一种畸形的繁荣。在我们的生活中，到处充斥着大量碎片化、表象化的新闻信息，新闻信息泛滥成灾。在喧嚣、湍急、繁复的信息流面前，我们失去了方位感，迷失在泥沙俱下的信息迷阵之中。我们既往的新闻理念是建立在经验主义基础上的。我们习惯地认为，只要充分占有事实周围的经验材料，就能够抵达事实真相。在这种观念的驱动之下，我们过于信任表象经验的可靠性。殊不知，缺乏逻辑的表象堆积，并不能建立起立体的事实。表象是真相的建筑材料，但是，没有结构的建筑材料堆积，是一堆表象的流沙。我们常常会发现，一些表象经验，即便可以给我们带来暂时的感觉真实，也是不能持续的，它在某种程度上造成事实真相的遮蔽。

[1] 张群：《中国古代“寓言”理论及文体形态》，《黄冈师范学院学报》2007年第4期。

[2] 伽达默尔：《真理与方法》，辽宁人民出版社1987年版，第9页。

寓言新闻需要告别那种追求表面真实、客观的新闻理念，追求新闻故事背后的意义、表象真实背后的价值判断。只不过，这种背后的意义和判断，不是直奔主题的观点宣示，也不是赤裸裸的劝服、宣传，而是深藏不露的启示，是呼之欲出的意蕴，是作者埋伏的眼睛，是新闻引而不发的肌理。在我们过去的新闻叙述中，曾饱受意识形态的粗暴干预，特别是在极端政治语境下，新闻受到僵化意识形态的围追堵截，致使新闻操守常常被玷污。“一朝被蛇咬，十年怕井绳”。新闻界对客观性的严防死守，可能不是出于对客观性的真理性坚持，而是出于对意识形态入侵的警惕。因对意识形态的过敏性警觉，而拒绝新闻背后意义的召唤，这显然也是一种不理性的态度。实际上，拒绝新闻实践主体的主观能动性，满足于在客观性的护城河边作防守反击，这种做法，反而不利于新闻实践的深度掘进，不利于新闻人智慧的充分发挥。

寓言新闻并不拒绝表象经验，但是，它更注重在表象集群中寻找“关键性”细节。这种特殊的具象，是抵达真相的浮标，甚至可以说，即是事实真相的直观呈现。正如伽达默尔所言：在单个的感性事物见出了“多”和“一”的统一。[1]在技术上看，寓言新闻所选择的细节、具象与新闻特写、深度报道中的特写技术没有什么两样。但是，寓言新闻中的“感性事物”不是愉悦受众耳目的花絮，而是进入事物真相的入口。

在这里，我们从中外新闻实践的一些实例中来说明寓言新闻的特点。以美国著名记者罗森塔尔的《奥斯威辛没有新闻》为例。奥斯威辛作为人类历史上惨绝人寰的灾难，已经被新闻界一遍又一遍地记录过，成为过去时态的新闻伤口。如果用我们惯常的新闻经验来判断，奥斯威辛的确没有什么新闻可写了。但是，罗森塔尔的过人之处在于：在他人熟视无睹的地方，他发现了“新闻”。在别人认为新闻缺席的地方，他却发现了新闻的“在场”。罗森塔尔形象地勾画出一个又一个的细节真实：明媚温暖阳光，婆娑起舞白杨树，草地上追逐游戏的孩子，玻璃窗后堆积得像小山似的头发，一堆堆婴孩的小鞋，一排排堆放着被窒息而死的人的尸体的砖房，还有那焚尸炉上盛放的雏菊……这些细节组合起来，产生强烈的震撼力。这些细节描写，就不是出于对表象真实的模拟、再现，而是出于对新闻真实的深度把握。在细节的背后，隐伏的是作者对奥斯威辛集中营悲剧的深刻理解。

国内的例子，我们以《南方周末》的一些作品进行说明。李海鹏的《北川：死亡之弧，灾难与人心》即是一个典型的例证。[2]2008年的汶川地震灾难，吸引了全世界媒体的目光。在汗牛充栋的新闻作品中，李海鹏的《北川：死亡之弧，灾难与人心》尤其显得出类拔萃。在这篇被名为“新闻特稿”的新闻作品中，实际上，显示了特稿之

[1] 伽达默尔：《真理与方法》，辽宁人民出版社1987年版，第9页。

[2] 李海鹏：《北川：死亡之弧，灾难与人心》，《南方周末》2008年5月22日。

外的力量。因为，在特稿叙述策略的背后，蕴涵着深沉的寓意。因此，我把这种特稿视为寓言新闻的标本。在这篇作品中，作者以越轨的笔致，出色地揭示了灾难之下的人心与人性。这种宽广的新闻识见，远远超越了常规新闻理论和实践的共识性框架。作者要在新闻中发现人的价值。作品一开始，作者就劈头亮出自己的写作意图：“一场猝不及防的灾难，一场与时间赛跑的救援，一个被废墟埋葬的县城。大灾大难后面，显示的是复杂的人心与人性。”接下来的描述，没有按照惯常的思维套路去架构材料，而是极度散文化地表现一个又一个场景和细节，具有现场感。请看以下几个场景：

在老城的废墟上，水泥是疏松的，在一个地方，我们可以像掰饼干一样把水泥预制板掰出任意形状。钢筋也是如此。有的水泥板中只有3根细小的钢筋，只需稍微用力就可以折断。

队员们不停地挖出小花被、小花枕头，然后一个队员伸手下去，拎出了第一个孩子，紧接着是第二个。地震发生时孩子们正在午睡，死去后也保持着睡觉的姿势，小小的拳头握在胸前。

她拿出手机，给我们看她女儿的照片。是个扎着两只辫子的胖嘟嘟的小姑娘，赵媛媛，3岁。手机里还有一段录像，小女孩在旋转木马上起伏着，转过脸看着镜头，一上一下，还在唱歌。

作者在这里展示的细节，是典型环境下的典型细节。通过这些“关键性”的细节，会心的读者就会体会出细节背后的沉重力量。这就是杰出新闻特稿的手笔，它超出了一般特稿的表面化叙述。作者擅长选择一些典型细节，彰显了作者超常的感知力和判断力。

另外一个例子，同样出自《南方周末》，记者在表现中山大学学生会主席直选这一敏感话题时，就很有策略，其中的结尾部分，寓意深沉：[1]

蓝国瑜（胜选后的学生会主席）一脸平静地微笑，他的团队鼓掌、欢呼。在被簇拥着走出计票点时，他恍恍惚惚问了一句：“明天不用干什么了吧？”他的幕僚提醒他：“你得去见一下团委书记。”

这样的结尾，很有深意，但不着痕迹。看上去不经意的细节，却有力拔千钧的力量。

从上面的解释中，可以归纳出这样的结论：广义的寓言新闻，强调在新闻叙述的背后隐伏着作者的判断和认知。它高于前面所说的狭义层面的寓言新闻，也超出一般意义上的特稿范畴。它是一种新的新闻理念，这种理念是对表象新闻的扬弃，开启了

[1] 何海宁：《学生会主席直选全记录》，《南方周末》2008年11月13日。

写作者的主体性空间，允许新闻写作者介入合理的判断以及意义。在某种意义上讲，广义的寓言新闻是有点接近西方文学寓言传统，即在具象的细节、故事、意境的背后寄寓深沉的意义。因此，这种新闻概念带有一种革命的意味。今天，我们提出寓言新闻的概念，其用意可能即在于此。

此外，我们提出广义寓言新闻的概念，也是出于当下中国新闻表达策略的考虑。如果硬是要求我们的新闻表达恪守经典新闻律令，显然不能应对转型中国的新闻表达现实。众所周知，当下的新闻表达现实充满了诸多不确定性。在新闻作品与新闻素材之间，还横亘着很多沟沟壑壑，要越过这些现实的困难，需要当代中国新闻人付出很多智慧与勇气。如何在现有的新闻表达语境下，获得更大的自主空间？我认为，寓言新闻是一种策略。寓言新闻是一种灵活的表达策略，它既遵守新闻的规则，也在规则的背后设有伏笔，因此是一个一箭双雕的策略。我们在这里提出用寓言新闻的概念，试图开启新的新闻表达空间，尝试一些新的新闻表现手法，为新闻实践探索一些新的可能性。当然，这一概念，究竟有多大的理论张力，能够释放多大的启发能量，还有待观察。从目前来看，它还是一个“概念股”，将来究竟有多大成长性，还要看整个中国新闻业态的大盘走势，同时也要看新闻实践微观层面的技术革新情况。

《新闻实践》杂志2010年第1期“多棱聚焦”栏目

传媒“套娃”

套娃工艺品之所以人见人爱，在于它一个可以包含若干个，大的套小的，层层相套，若将其一字排开，面容一模一样，只是大小不同。如若把传媒业的简单模仿之风喻为“套娃现象”，从理论与实践的结合上来剖析其得失、症结与贻害，那么，不啻是推进传媒创新的务实之举。

崔永元曾说《实话实说》是“被模仿搞死的”，因为自从这个谈话节目开播后，全国模仿的节目有100多个。其实，生吞活剥的模仿，不仅在电视界，而且在纸媒也是屡见不鲜，包括主题活动、版面、栏目，甚至稿件的自下而上“对表”，重大报道的“套写”，早已成为业内熟视无睹的一种诟病。

虽然借鉴有时候也包含了某种模仿的成分，但是区别于后者的显著特征是，借鉴的目标指向是充满鲜明特色的创新，起始的模仿只是一种过程的兼收并蓄，同样属于需要投入大量智慧的自主创新形态。

传媒业尚有许多创新空间，原创与首创想必是最值得敬佩、最需要鼓励的创新。看一家媒体的核心竞争力，归根结底是看它的自主创新的能力，而不是似曾相识的“套娃现象”。

超级模仿秀造就了电视节目“套娃”

田维钢　　张亚敏

模仿只能取得短期效应，从长远来看，中国电视节目的发展必须走创新之路，唯有创新才是电视节目成功的灵魂。一个电视节目要想赢得观众的喜爱，最主要的是节目要有新意，要让观众有新鲜感。在制作一档节目的时候，要从各个角度来分析受众，不要一味简单模仿。学习和模仿是两回事，学习是要消化别人的优点，同时有自己的原创，形成自己的特点，而模仿只是简单照搬。

模仿秀节目是前些年比较火的一类电视娱乐节目，而电视节目近年来自身也在上演着一场模仿秀。普通百姓走上电视模仿明星大腕，过一下明星瘾，逗观众一乐，这样的模仿秀无可厚非。但电视节目的一味模仿的现象，就引起受众的乏味、麻木甚至厌恶，被嗤之“套娃”现象。

电视节目的模仿秀为何愈演愈烈

很长一段时间以来，地方电视台一直都是这场模仿秀的主角，模仿的对象就是央视。央视有什么节目新样式，各地电视节目就形成什么模式。央视的谈话类节目《实话实说》问世后，地方台的《有话慢慢说》、《说你说我》等大量谈话节目就跟着“套”了出来。据说类似的谈话节目全国至少有140多个。这些模仿节目的成败与否暂且不说，但在形式上都给观众一种似曾相识的感觉，以致崔永元最近愤愤不平地感叹：“《实话实说》是被模仿死的！”

现在，电视节目的模仿秀仍在继续，不同的是这场模仿秀已成泛滥之势，演变成了超级模仿秀。模仿的主角也已从原来的地方电视台变成了几乎所有的电视台，原来一直被人模仿的央视也加入这场模仿秀演出。被模仿的也早已不只是央视的节目，从地方台到港澳台再到国外电视台，凡是一切能模仿的，甚至不能模仿的都成了模仿对象。湖南电视台从香港模仿来的《快乐大本营》获得成功之后，山东台就办《快乐星期天》，云南台来《快乐周末》，北京电视台来《欢乐总动员》，几乎省级台都办了类似的节目。江苏电视台城市频道为了在夹缝中求生存，办了一档《南京零距离》，专门制作播出民生新闻，没想到取得了社会影响和经济效益的双丰收。马上，安徽台《第一时间》、吉林台的《都市瞭望》、上海台的《新闻坊》等同类节目应时而生，一时间全国许多地方都有了各自本土版的“零距离”。

随着《超级女声》的火暴，选秀节目成为最近几年的荧屏大热，各电视台就开始模仿选秀节目。你选唱歌（《快乐男声》），我就选跳舞（《舞林大会》）；你选会功夫的（《功夫之星》），我就选会演戏的（《红楼梦中人》）；你选能记歌词的（《我爱记歌词》），我就选能变魔术的（《星光魔范生》）。面对这一波选秀浪潮，就连一向高傲的中央电视台也终于坐不住了，照选超女的思路，办起了一档选秀类节目《梦想中国》。凡此种种，难以举尽。电视节目本身真的已经变成了一个超级模仿秀场？模仿者也被模仿着，成为了无新意的“套娃”现象。

为什么电视节目的模仿秀愈演愈烈？

其一，电视台的竞争在世界各国基本上都是垄断竞争格局，每个国家基本上都在5家以内的电视网进行控制，而我国的卫视却有40多个，还分属于不同的主体。频道太多、资源有限，则导致竞争激烈。电视台要的是收视率，哪家收视率高的新节目，自然就是各大电视台模仿的对象。

其二，电视节目易于模仿，模仿又能在短时间内能提高收视率。哪种节目形式吃香，大家就蜂拥而上，结果造成节目大量雷同。为了争夺观众，有些节目甚至不择手段全盘照搬。因为模仿一档节目很简单，但是要完完全全地创新一档节目却很不易。如果简单模仿能取得好的收视，那为什么不模仿呢？不断地模仿和复制，正也体现了当前电视人急功近利的价值取向。

其三，模仿者目前不承担相关法律责任。现在电视节目的版权问题还是一个难以界定的复杂问题，尤其是节目的形式。这类模仿节目多数都模仿节目的形式，而节目的形式又难以申请知识产权，因此就无法为被模仿者提供切实的法律保障，而模仿其他电视台的节目就可以不用承担任何法律责任，于是，大部分电视节目生命周期都不很长，因为国内对节目的知识产权保护还拿不出有效的办法。

“模仿秀”观众需求被集中于单一层次

尽管电视界的某些模仿是有一定的积极意义的，但总体上来说，从长远来看，还是危害诸多。

第一，对电视节目的丰富性、多样性是一种损害。文化繁荣的重要因素之一，就是保持文化的多样性和繁复性。如果荧屏上总是充斥着同一类型的图像和声音，只怕对电视节目的健康发展并不是好事。由观众需要的多样性决定电视节目市场也应保持多样性、多层次。合理的发展，使各同类媒体之间呈一种互补性竞争关系。然而电视节目的模仿秀现象会使节目内容对观众需求的满足集中在较为单一层次。

就节目形式而言，目前全国有30多家省级电视台、40多家市级电视台开办了以游戏为主的综艺节目，看似丰富多彩，实则单一乏味。随手打开电视，要么都是不痛不痒的谈话节目，要么清一色明星大腕惺惺作态的游戏节目，要么就是唱歌跳舞的选秀节目。编辑导演挖空心思设计玩法，让家庭和家庭比拼，你弄一群小青年来“非常男女”，我就换个地方来“××之约”，凡此种种，不一而足。或许收视率一时上升了，荧屏上也火暴一时，只是电视人在模仿的同时是否想到“当所有的新闻都民生，当所有的娱乐都选秀”的时候，这样的电视对观众来说是一场灾难。如果电视节目模仿之风继续吹下去的话，观众在电视屏幕上所看到的节目将都是千篇一律，从而落入俗套，观众当然会厌倦以致失去兴趣。

第二，对资源的浪费严重。电视节目的模仿秀现象容易造成某类信息传播过量，形成低效重复，这样不仅容易对有限的信息资源造成浪费，比如演员资源的浪费、制作经费的浪费、广告投放的浪费，更是浪费了观众的时间。同时，也会使媒体忽略对节目潜在观众的挖掘和开发，致使节目发展处于停滞状态。这样的恶性竞争如果愈演愈烈，不但对节目的收视率有影响，而且会制约电视节目的质量和水准。一味地模仿别人，虽然可以获得暂时的利益，但粗制滥造的节目其发展空间肯定是越做越窄，最后自生自灭。

另外，一般的模仿者一般只注重形式的模仿，误解了被仿效节目的实质内容，节目做出来毫无内涵可言。所以虽然模仿者众多，真正火起来让观众满意的几乎没有。原因很简单，究其一点就是形似神异。观众怀着好奇心看完了，却发现这种伪劣“精品”根本不值得花时间去收看。所以终归能大红大紫，能在大部分观众心中真正留下印象的还是最原始的那个版本。而且模仿其他的节目甚至会取得反效果，流入下流化、低俗化的境地。因为仿品出现稀释了受众，稀释了需求，造成了电视节目的“通货膨胀”。

第三，对版权、知识产权伤害巨大。电视节目的模仿秀现象，对于那些苦思冥想、精心策划的电视栏目的初创者们真是一场“灾难”，刚刚创新的一台新节目没过几天就会被模仿出几个版本。现在电视行业模仿模式一般为：省级电视台模仿国家台，地方台照抄省台，一级学一级，一级比一级味道寡然，活脱脱是一种“套娃”现象。北京电视台的一档著名电视栏目《梦想成真》忍受不了被多方模仿，向国家知识产权局申请电视节目形式知识产权保护，结果遭到拒绝。这是电视界的悲哀，也是我国法律界的悲哀。至今，我们国家仍没有完整的条规出台保护电视节目的版权。现有的知识产权法只能对有关电视技术性问题负责，比如台标、节目标识等，而对于节目形式这一块仍然无能为力。而国外有关电视产业知识产权方面的法律条规早已经出台，这恐怕就是为什么欧美电视节目可以存活50年，而国内却只能有几年生存期的原因吧。如果不想办法规范或禁止电视节目模仿行为，继续走电视节目市场竞争的无序道路，电视节目必然将呈江河日下之势。

模仿只能取得短期效应

要彻底解决电视节目的模仿问题，并不是一蹴而就的事，这有待于电视从业者的自觉自省，也有待于相关法律法规的建立和完善。

模仿只能取得短期效应，从长远来看，中国电视节目的发展必须走创新之路，唯有创新才是电视节目成功的灵魂。一个电视节目要想赢得观众的喜爱，最主要的是节目要有新意，要让观众有新鲜感。在制作一档节目的时候，要从各个角度来分析受众，不要一味简单模仿。学习和模仿是两回事，学习是要消化别人的优点，同时有自己的原创，形成自己的特点，而模仿只是简单照搬。

纵观国内外电视节目，美国CBS《60分钟》，ABC《早安，美国》，甚至于儿童节目《芝麻街》等等，无一不是电视人通过努力，走出了自己的风格，最终树立了不败的品牌形象。它们之所以能够长盛不衰，完全是以特色取胜，而不是模仿。可是，偏偏跟风仿效这些名牌节目的却少有成功的。可见，模仿终将不是长久之计。因此电视人应该要有超前思维，一定要坚持走创新之路，只有这样才会有光明的前途。

出台相关的法律规定，保护电视节目的版权。现在唱片业正在倡导反盗维权，电视业更应该反盗版、反模仿。为了促进各电视台节目质量的提高，电视业应有相应措施出台，维护一些名牌节目的权威性，杜绝其他节目的“模仿”行为，并呼吁电视人能创作出更多新颖好看的节目，使电视荧屏更加丰富多彩。这不仅是很多电视从业人员的心声，也是广大电视观众的呼声。

综上所述，在新的媒介环境下，电视节目的模仿秀现象必须引起我们的警惕，我们应当放弃对模仿的依赖心理，坚持走电视节目创新之路。只有这样，电视节目才能在“乱花渐欲迷人眼”的现状之中，稳健地走出一条属于自己的道路。

传媒“套娃”：成如容易却艰辛

——谈媒体的模仿与创新

邓的荣

思想是最接近原创的因素。它可以是真性情，是人生感悟，也可以是真道义，是纯粹理性。不管你去“借”什么“壳”、“套”什么“娃”，只要你把握了思想这一关键环节，能给人以思维启迪，给人以心灵洗涤，提供人们在别处不能得到的思想启迪，引导人们将眼光朝向上方和前方，你就具有存在价值。一份致力于提供思想激荡的媒体，必将因其占据的高度而成为“被模仿者”。

做媒体少不了模仿，大到经营模式、栏目运作，小到新闻报道策划、写作谋篇布局，骨子里或多或少都脱不开别人的身影。

一般来说，善于学习的媒体，大多是先选择一个心目中理想的目标来“对标”，然后潜心寻找到自己独特的东西，要不然就会行之不远。这情形好比俄罗斯工艺品“套娃”，越往内必然越为精致考究，否则就是败笔，会卖不出去的。这也是人类知识积累的普遍规律。每一条道路都可能有人走在前头，善行者不讳言重复别人的脚印，关键在于重复的时候要想着探索新的路径。

对媒体而言，我们需要主动学习而不是被动模仿，也就是说，需要开放性模仿而不是封闭性模仿，要在模仿中激发出原创性灵感，从而牢牢把握自己的核心竞争力。换句话说，媒体发展需要主动性“套娃”、开放性“套娃”，并尽可能形成原创而“被套娃”。

在主动模仿中建立独特个性

“传媒套娃”就好比股市上“借壳上市”。成功的“借壳上市”，是将人家的“壳”借过来，装进自己的新货色，然后再重新走上市场叫卖。

以是否加入创意元素为标准，可以将媒体模仿行为分为主动模仿与被动模仿两类。加入了创意元素的模仿我们称之为主动模仿，而没有加入创意元素的模仿我们称之为被动模仿。传媒主动性“套娃”，就是要在主动模仿中建立独特个性。

创意元素内涵广阔，难以精确界定，在借来的“壳”里抖上一个小机灵都是创意。但对传媒创意而言，我们还是可以大致框定几个范畴来描述。择其要者，我认为有三个范畴需要引起注意：

一是定位锁定，是指你的媒体、你的节目乃至你的文章是给什么人看的。

任何产品都有一个定位问题，媒体作为一种信息产品也不例外。清晰界定定位、精确演绎定位，是媒体成功的第一步。文章要是写给农民看的，你就不可能满嘴之乎者也四八骈文，写得再漂亮也起不到传播作用，人家不懂；栏目要是办给陆家嘴金融城的投资专家看的，你就不可能东推一只股票、西荐一只基金，人家更需要的是国际市场即时信息、是国内外宏观经济趋势分析。

定位锁定是解决媒体模仿适应性问题最为便捷的途径。美国奥普拉的脱口秀节目最近关闭了，有分析认为奥普拉脱口秀关闭的原因有两个，第一是网络视频抢走了电视观众，第二是金融危机逼走了“奥普拉粉丝”—— 一大批忠实听众是家庭主妇，而金融危机则让她们不得不出去工作。

奥普拉脱口秀虽然终结了，但“脱口秀”节目形式并没有死。在很多国家的电视视频上，你能发现很多奥普拉的影子，她代表的那种及时“说新闻”、个性化评述新闻事件的节目路数，本身就具有形式价值，被媒体广为借鉴。

国内一些借鉴“脱口秀”形式的节目，都办得不错。这些节目之所以借鉴得法，其中一个关键点就在于这些节目定位明确，是根据自己的定位对模仿对象进行适应性改造。央视《新闻1+1》采用两个人“对谈”的形式创造谈话氛围，能吸引那些关心时事、了解主流价值观的人群；上海电视台《新闻坊》则面向上海街巷里弄，以主持人“评说”＋新闻故事的形式，触摸当下社区民生体温，自然受到上海社区居民欢迎；杨锦麟《有报天天读》能够获得观众“天天看”的追捧，几年之间积攒下一大批忠实观众，关键的一点就在于《有报天天读》致力于提供跟内地媒体“不一样”的视角，而且杨锦麟先生声情并茂、充满动感和个性的评论，本身就带有强烈黏性。

现在《有报天天读》这档节目内容除电视平台外，还开辟“《有报》手机版”、“《有报》宽频”、“《有报》博客”等新媒体形式，进一步锁定“有报粉丝”。这样的“套娃”算是扎扎实实“套牢”了。

二是文化驯服，是指将独特的文化或者亚文化因素注入模仿对象，使之产生适应性改变。

还是以人们比较熟悉的电视节目为例。湖南卫视的《奥运向前冲》、《智勇大冲关》，似乎脱不掉对韩国综艺节目《超级海盗船》模仿的痕迹，但显然这不是一档韩国电视节目，而是地地道道的中国电视娱乐节目。

《智勇大冲关》节目将那股湖南人特有的泼辣、爽直发挥得淋漓尽致，显然将其与后来者浙江卫视类似节目《冲关我最棒》区别开来。《冲关我最棒》与湖南卫视《智勇大冲关》框架结构很相似，但仍然没有人将这两档节目混淆掉，根本原因就在于人的因素：节目主持人、节目参与者分别浸润在湖湘文化、吴越文化两种不同的文化地域之中。

1998年10月，中央电视台一档带有娱乐色彩的大型体育竞技类节目《城市之间》刚一亮相，就以其活泼的风格、宏大的场景引起了极大关注。这档节目最早由法国电视一台TF1的著名节目主持人吉·吕克斯在1962年创办的，节目选取两个或两个以上的城市，每个城市挑选出最能代表自己城市实力的队员，参加节目设计的许多游戏比赛。节目还会展现参赛城市宣传片、展现城市特色节目表演以及选手风采。

但一年之后这档节目休克了，“文化不适应”造成的运作资金困难，恐怕是重要原因。宣传城市最理想的出资方是城市政府，但让财政支持一档娱乐节目，还缺乏文化基础，人们还是乐意由财政出资做一台文化节，“文化搭台、经贸唱戏”，圆了招商引资的梦。

三是思想激荡，是指用思想的火花烛照模仿对象，让其因承载新的思想而焕发光彩。

思想是最接近原创的因素。它可以是真性情，是人生感悟，也可以是真道义，是纯粹理性。不管你去“借”什么“壳”、“套”什么“娃”，只要你把握了思想这一关键环节，能给人以思维启迪，给人以心灵洗涤，提供人们在别处不能得到的思想启迪，引导人们将眼光朝向上方和前方，你就是具有存在价值。一家致力于提供思想激荡的媒体，必将因其占据的高度而成为“被模仿者”。

《读者》自1981年创刊至今，似乎始终就那么薄薄的几十页，封面总是四周留白、中间插图、中规中矩，每本杂志栏目版位、篇幅几乎是刻板固定，而所选文章基本上都是优雅中透出高贵，仿佛就在身边，又离尘世很远——无论是从形式到内容，《读者》都氤氲着一股“心灵鸡汤”的灵性。这种风格定位的清晰表达和顽强坚持，成就了这本杂志月销千万册的神话。《读者》也曾引来众多仿效者，仿效者之所以难以比肩，最为根本的一条就是缺乏《读者》那种对编辑思想始终保持清醒的坚持。

我们再来拿几本国际知名杂志《时代》、《新闻周刊》、《财富》、《经济学家》来做比较。毫无疑问，这些都是非常成功的品牌杂志，在其发展过程中，我们也很难分清到底是谁在哪个方面借鉴了谁，但他们各自都具有不可替代性。

《时代》、《新闻周刊》、《财富》是典型的美国刊物，毫无掩饰地向世界高调讲述美国文化、美国观点；《经济学家》则是典型的欧陆刊物，低调沉稳，不太张扬，极少使用图片，用词坚定优雅，评述一周国际政经事务见解独到而深刻。你要了解美国观点，你去看美国杂志，但你要寻求对理解世界事务、提供行动帮助的杂志，《经济学家》则是较好的选择。金融危机之后，《时代》、《新闻周刊》、《财富》销量普遍缩减，而《经济学家》在美国的销量却日见增长，应跟《经济学家》的深刻见解更能够为人们提供有效的日常意见有关。

在开放性学习中确立前进方位

《实话实说》是不是“被模仿死的”？没有考证过，这倒是让我们想起一句坊间酷语：“走别人的路，让别人无路可走”。《实话实说》曾成功引导了中国电视谈话节目新潮流，如今引导者率先谢幕，只能证明其生命力在“被模仿”中销蚀了。

有三股力量将中国媒体逼入旷野，几乎所有的人都在通体透明地裸奔。原创与借鉴，独有与共享，模仿与被模仿，“套娃”与被套娃，其界限变得模糊起来，媒体原创性内容或形式更加短命。中国媒体需要学会在一个空前开放的环境里学习和借鉴，让一切有利于成长的要素为我所用，在开放性学习中确立前进的方位。

首先，随着全球化传播越来越深入，媒体的跨国影响作为一种软实力更加被强调。一个更加开放、自信的中国正在接纳越来越多的各国媒体、尤其是西方主流媒体。2002年驻京外国媒体记者将近200家、300多人，到2008年的时候是378家、700多人。2009年10月世界媒体峰会在北京举行，来自世界各地的通讯社、报刊、广播、电视、网络等各种媒体形态的170多家传媒机构参加了峰会，被誉为“媒体的奥林匹克”。

另一方面我们也看到，有无数家中国媒体用“中国的CNN”、“中国的《时代》周刊”、“中国的《华尔街日报》”来自我激励，从不少市场化财经媒体的运作模式、运作理念中都能揣摩出那些成功者的味道。

其次，随着新媒体崛起和媒体融合趋势增强，传统媒体、市场化媒体、基于互联网以及移动互联网的新媒体等不同媒体阵营，在组织结构、操作流程、运营理念等各方面相互借鉴的趋势得到强化。传统媒体的专业素养和理性精神、网络媒体的速度与链接功能、市场化媒体的解释能力与质疑精神，三者相互渗透。

目前这种渗透才刚刚开始，我们可以预计未来中国真正强大的媒体，必定是媒体融合的佼佼者，它集纳了一切适宜的技术、理念、运作模式，成为讲述中国故事、激扬中国声音的国际性传播平台。

第三，随着文化体制改革深入推进，媒体作为一种文化产业的属性越来越突出。来自政策的推动以及资本的力量，将逐渐稀释制约着媒体发展的行业壁垒、区域壁垒。可以预计，报刊、广播、电视、电信、网络等行业分割屏障被冲破的日子不会太远，而一省一台、一省一报等媒体生存区域化屏障被冲破的日子也不会太远。

中国媒体正在迎来行业自身大调整大变革，媒体格局将发展真正的板块碰撞与迁移，媒体生存法则将不断被修正。未来的强者不在于目前的体量是否庞大，而在于学习能力是否强大。胜利的桂冠一定属于那些善于在高度开放的环境中学习、借鉴世界媒体发展成果从而开创自身发展新道路的人。

一个开放的媒体发展环境对媒体的原创能力也提出更为苛刻的要求。可口可乐的秘方可以列为企业秘密、国家机密，但思想文化产品的独创性却难以实现如此严密的保护。最近新闻集团总裁鲁伯特·默多克“封锁”Google搜索之所以引起媒体业界震动，也从一个侧面反映出眼下原创内容与快速复制之间的较量究竟如何胶着。

在全球化、媒体融合及文化体制改革三大推力作用下，媒体原创将是一个速朽的东西，是易碎品。未来媒体的生存离不开互联网传播平台，而制胜的法宝就是持续的媒体原创和有限的知识产权保护。媒体必须建立强大的创意团队，以学习来激励学习，以原创来保持原创，从而让自己始终立于不败之地。

媒体创新之下“套娃现象”之成因

——以报纸新闻时评为例

陶文静　　赵　凯

在技术融合、信息共享的竞争格局下，保持自身的权威性、独特性是一家报纸存在的价值所在。富有权威性、独特性的新闻时评是报纸应对传媒“套娃”现象的有益探索，在转型期的中国有着特殊的存在意义，不仅要坚持这一尝试，而且应不断探索将其做得更好，用严密的逻辑力量提高时评的权威性，时评栏目的品牌效应自然会随时评本身水平的提高而得到彰显。

用出类拔萃的高品质来“反模仿”

由于新闻价值取向的趋同以及受众定位的模糊，报纸媒体内容上的同质以及形式上的模仿日趋普遍，简单的主题和栏目形式的模仿会使后来者的影响越来越小，就像“套娃”一样，开始时光彩醒目，揭开后发现，一个连着一个的娃娃一模一样，久而久之降低报纸媒体整体的吸引力。比如《北京青年报》首创的口述实录“绝对隐私”，很快被各报的“私密独白”一类潮水般淹没，至今已有泛滥之嫌。又如当今常见的报纸目录版，封面的样式除了报头的几个字不同，其余都是大照片、大标题和“内容导航”，几乎各报一面。

面对躲闪不及的传媒“套娃”现象，报纸媒体要塑造和保持自身品质就要始终力求创新，用出类拔萃的高品质和不断的创新来“反模仿”，使后来者望尘莫及。

所谓创新，有原始创新、集成创新和引进消化吸收再创新等三种形式。就报纸媒体而言，“原始创新”指的是新型的报道类型和与之相适应的文体的创新，这不仅需要报纸媒体勇于开拓，也要有深刻社会变化和技术革命作为时代背景。而“集成创新”和“引进消化吸收再创新”，是在原有报纸基本形式不变的基础上，拓展报道范围、转变报道思路、突出思想力量和解释能力、塑造自身品牌形象。

报纸创新的难点在于其公开性，由于新闻本身报道之新闻价值的相对确定性，信息技术大发展带来的信息共享性，报纸可以实现的报道类型和发掘的新闻事件大致相同，简单的版式上的创新瞬间即会摆在所有人面前，模仿起来比较容易。面对此种情况，许多报纸媒体纷纷在抢占独家新闻、做出专业指导与发出个性声音等三方面争取竞争优势。

随着通讯技术的发展和媒体竞争的激烈，新闻已经很难为某一“独家”所有，手机以及网络等新媒体在信息的快捷程度和承载量上已经占据了很大优势，信息转载的便捷可以迅速将有价值的新闻传布到多处信息平台，也使“独家新闻”对报纸本身的彰显作用降低。由此，对新闻事件提供专业的解析，对舆论环境提供明智的指引，成了报纸媒体塑造自身品牌的关键。

打开时评“套娃”的内在构造

面对此种情况，报纸媒体相继推出许多“时评”类专栏，紧扣新闻事件和社会热点，提供高质量的分析和观点论证，为广大读者提供深入浅出的分析阐释以及进一步行动的指导。自1998年《中国青年报》的“冰点时评”之后，以“时评”命名的栏目如雨后春笋般出现于各大报纸，目前开办时评版的报纸不少于300家。在近年来闻名的评论类专栏中，有人民日报的“人民论坛”、《中国青年报》的“青年话题”、新华社的“新华时评”、《文汇报》的“文汇时评”、《解放日报》的“解放讲坛”、《南方都市报》的“街谈”等。看如今报纸媒体之间的较量，恰似进入了“信息＋观点”时代。

报纸“时评”发声的范围日益扩大，次数明显增多，但发声的质量却良莠不齐，一些时评文章不仅没有给读者提供新鲜、有价值的养分，而是内容同质、形式模仿，陷入了尴尬的“套娃现象”。

反“套娃现象”的关键，在于塑造自身的独特性。报纸时评专栏应当以高质量和解读、严密的论证和个性化的声音而成为报纸品牌形象的砥柱。细观“时评套娃”，大致具有以下几个特征：

模式化结构+普适价值

见诸报端的时评文章结构日趋模式化，大都是新闻由头+数据、资料、法律条文+分析结论的三段论式结构，论证缺乏严密的内在逻辑推理，得出的结论也大致趋同，无非是“一靠监督，二靠制度，三靠法治，四是人文关怀”的套话。

逆反思维+情感宣泄

《中国青年报》时评编辑李方曾打过这样的比方，“如果把历史比作灯泡，按很多时评家的思维习惯，拿‘为什么不’一插准亮而且大放光明。”虽说是评议观点取胜，但是不分青红皂白一概“反骨”，反出来的文章也就没了什么新意。缺乏真正反思的“反骨时评”多为作者情感的简单宣泄，情绪化的语词容易使人在短时间内头脑发热而造成跟风现象。

话题扎堆+死缠烂打

根据某一新闻热点，不同报纸从不同立场出发展开充分讨论当然十分必要，但是在新闻事件本身讨论空间有限、相似观点前人已有论述的情况下，仍旧喋喋不休或者动辄牵强附会、“上纲上线”，从而对评论新闻价值的判断失误。

惊人语+流行语

不少新闻时评干脆放弃专业的视角，而以观点“新”、“奇”、“特”为能事，不加严密的论证，任意造词，耸人听闻，如“被就业”、“临时性”等网络词在“套娃”般的跟风中迅速变成流行语，随后不分对象任意套用。

同其他报纸的创新形式一样，时评的“套娃”现象既有普遍的结构性、制度性的根源，也有其自身的症结存在。

首先，由于我国报纸媒体整体上的结构性重复，受众定位不清，市场划分不细，导致报纸时评很难找到一致的稳固的立足点，形成自身特色。

其次，媒体编辑的思维定势也是评论栏目同质的原因之一。有作者曾经向一家晚报通过Email发去一篇时评稿件，很快收到编辑邮箱的自动回信，其中强调了对来稿的要求：“可以批评，但不要讽刺。”如此的“安全生产”，刊登出的评论能有真知灼见？有些时评版面几乎成了“专家”一家之言的试验场，以此形成循环效应，一有相似问题，无论哪家报纸必有某“专家”的身影，观点不变，面孔颇熟。少数评论编辑常常自己写稿外投，难免发生相互提携照顾的弊端，一家之言最终变成“大家之言”。

第三，片面追求时效性也导致时评写作的思路趋同。时评需要有时效，但也不能一味求快，相比于“独家新闻”，时评的价值还是在于深度解析，在于观点的准确和独到。许多新闻事件有待进一步的挖掘，其本身的意义才会呈现出来。然而，不少时评编辑的“时限”要求却很苛刻，在一夜之间作出比较准确的判断和评价确实很难。尤其是有些评论的话题，并不都是变化剧烈的人物或事件等显性新闻，而是某种现象、风气、习俗、倾向、思潮之类，属于潜移默化的隐性新闻。而且，在没有调查清楚新闻真相的基础上盲目“抢速度”，跟发的评论不仅路径雷同，深度有限，还有可能落入“假新闻”的陷阱。

第四，作者队伍日益“圈子化”。时评版面越来越多，版面资源明显过剩，使得时评作者愈发“外援化”、“平民化”，逐渐固化为一群熟谙媒体操作流程、用稿需求的“时评写手”。有人统计，目前活跃在全国各报时评版上的作者也就不到百人，一个作者发表的时评越多，他就在时评圈内越有名，而越有名，他就越容易发表作品，致使圈子化现象日益严重。无怪乎，同一作者的同一篇时评文章，同一天在十几家不同城市的报纸上刊出。

关键要在权威性上做文章

要解决“时评套娃”现象，关键要在时评的权威性上做文章。随着新媒体的迅速发展，读者市场进一步的细分，未来的报纸的读者市场主要定位于有思想的中高端人士，作为报纸影响力旗手的新闻评论贵在有思想高度，对纷繁复杂的事件去粗取精、去伪存真、由浅入深、由表及里的加工，将事物的本质和规律揭示出来，不仅仅是对一个孤立的新闻事件的评价，更是提供观点的利器，帮助读者更好地理解和反思社会问题。

高品质的时评需要深厚的理论素养和专业训练，非一般工夫可为。在这一点上，《人民日报》的“人民论坛”有着领先地位，它拥有得天独厚的政治思想资源，并能够及时、直接获知中央高层的精神及其有关背景，凝聚了几代人的精神传承和业务优势，高水平、强阵容的评论队伍每次出场都是高屋建瓴，成为理解国内外时政大事的风向标。

相比之下，“文汇时评”作为上海《文汇报》的品牌专栏，则根据自身特点，充分利用上海的学术资源，每期评论的作者必是某一领域内的专家、学者，相比于采用报社内部人员撰写评论更加专业，论证更为理性严谨，能够深入浅出地解析新闻事件背后的意义和连带影响。它的另一个特色是提供了观点“百花齐放”的平台，相比于个人专栏的“一家之言”，“文汇时评”不同的署名评论呈现出多元的思想甚至交锋，以集体智慧推高专栏的整体质量，使模仿者“难以模仿”。复旦大学人文学院院长姜义华教授为“文汇时评”颁发“上海市媒体优秀品牌”奖时就称赞：“‘文汇时评’能够团结知识分子，为上海和全国发展中的重大问题和热点问题提出发展性、前瞻性的思考，是它受欢迎的原因。”

同时，时评的高水平还在于时评作者自身的社会责任感和看待问题的大局意识。《南方都市》报的评论员笑蜀认为，中国未来评论的主流即为关乎公民社会发育成长社会评论。“不想影响一个时代的评论员不是一个好的评论员”。一个有社会责任感的评论作者能根据大局对新闻事件做出准确的判断并给出谨慎的观点，既有利于事件意义的解析，也有利于问题朝积极的方向发展。

在技术融合、信息共享的竞争格局下，保持自身的权威性、独特性是一家报纸存在的价值所在。富有权威性、独特性的新闻时评是报纸应对传媒“套娃”现象的有益探索。不仅要坚持这一尝试，而且应不断探索将其做得更好，用严密的逻辑力量提高时评的权威性，时评栏目的品牌效应自然会随时评本身水平的提高而得到彰显。

《新闻实践》杂志2010年第2期“多棱聚焦”栏目

报媒办网

网络是一种介质，触发一场传统媒体的划时代变革；网站是报业数字化的选项之一，关乎传统媒体脱胎换骨的转型。于是，全国各地报刊、电视台、广播电台争先恐后，各自把原创内容搬上网去，就算办起自家的网站，孰料其中有多少处于“半休眠”状态。这是网络冲击下传统媒体的慌不择路，还是对媒介融合形而上的机械误读，最终是否会形成新一轮的网络泡沫?

毋庸置疑的是，在过去的10年里，传统媒体在数字化市场上被商业门户、搜索引擎乃至SNS社交网站步步紧逼，落了个“为他人做嫁衣裳”的困局。即使是报业品牌的佼佼者，也难以把它们的品牌效应延续到新媒体市场，要害是网站内容几乎全是传统媒体的翻版，而且连年烧钱，始终无法找到赢利的模式。

介质在变，传媒的体量、体质以及体能也要变。在一个无法复制成功的网络时代，传统媒体拷贝一个新闻网站不在话下，但究竟能否借此赢战或赢利，却要接受市场遴选之后优胜劣汰的结局。兴许刚刚完成一个报网融合的方案，新的商业模式或者网络技术进步又把我们推向另一个浪峰。因此，宁可把报业数字化的ABC想明白了，才会有高开高走、高出一筹的胜算把握。

报媒办网四问

童 锵

无论国内还是国外，报业数字化早已成为热门话题。但是，很多传统媒体的尴尬，恰恰在于还没有准备好就匆匆上阵。因为，他们尚不明白起步前需要思考清楚的四大问题：内容收不收费？用户是谁？用户在哪里？还做内容供应商吗？

收费，还是不收费？

这是报媒办网面临的第一个问题。

这个问题的提出，源自报业对数字化的简单理解——报纸办网，无非是多一条信息渠道卖内容、卖广告。但我们面对的是，阅读习惯完全不同的受众与游戏规则完全不同的市场。

从数字化的围城之外看去，城内厮杀正酣。城门上方的牌匾上印着第一规则：“免费为王”。

哪些内容收费？哪些免费？

业界一度流行：报业数字化收费模式是可以分开的，普通新闻本身不收费，高价值的内容是收费的。

那么，哪些是高价值的内容？读者会因一篇独家的新闻调查、深度报道付费吗？会因一个名家专栏付费吗？或者说，读者基于什么考量会付费？还有，又怎样保证付费读者不会复制粘贴收费内容？

尽管新闻集团董事长鲁珀特·默多克2009年8月表示，计划于2010年年中对旗下新闻网站实施收费。但调研公司GFK对美国和欧洲16个国家1.68万网民的最新调查结果显示，全球87%的网民不愿为网络内容付费。

数字经济无情地将信息的价值推向了零。年轻一代从来就没想过，网上大把大把的信息还要付费。稀缺性——这个付费的前提，互联网轻而易举地把它摧毁了。

当然，调查也显示有13%的网民表示愿意为在线内容付费。那么，他们为了什么付费呢？即时信息，成人信息，QQ道具，无线地图搜索，偶尔查询报纸历史报道档案。如《连线》杂志主编克里斯·安德森在新著《免费：商业的未来》中所说：“人们愿意为节省时间买单。人们愿意为降低风险买单。人们愿意为他们喜欢的东西埋单。人们愿意为获得相应的身份或地位而付出金钱的代价。如果你让他们付钱他们愿意掏腰包（一旦他们对此着迷）……"

至于实用性的财经信息能否收费，笔者认为，即时信息服务是可以收费的，比如香港股市的行情即时显示，手机财经快讯服务。

不是内容，是增值服务

综上，报业数字化过程中，收费的对象不是内容，而是增值服务。免费只为吸引用户，然后通过增值服务，将部分免费用户转化为收费用户，这就是所谓的freemium模式。

例如，互联网内容本身不收费，但把内容推送到你的手机平台、电子邮件系统是收费的。如何结合报业现有内容资源，开发有价值、有效的手机平台收费内容，将是一个值得研究的问题。在这点上，默多克确实抓住了用户心理：英国《太阳报》的无上装女郎，想下载到手机上当桌面吗？——请付1英镑！

也许有些人不明白，为什么《纽约时报》、华盛顿邮报在网上都能看到了，懂英文的也这么多了，甚至路透社、《华尔街日报》都有中文版了，大家还订《参考消息》报？

理由很简单，《参考消息》报提供的是一种信息整合服务。即使你英文足够好，可以看完《纽约时报》，再看路透社，再看FT，但你有那么多时间吗？你就不怕漏掉些什么？

《参考消息》的核心价值与英国《经济学人》杂志一样："就像一个定期提供信息产品包的秘书，并以自己的品牌确保读者通过有限度的阅读就能够获取他们所需要的信息。"表面上看，《参考消息》报卖的是信息，其实卖的是增值服务。

新浪新闻、中国移动早晚报，其实也是"文摘"模式。市场规则就是这样，需要的是融会贯通，而非简单复制。

不仅是读者，还有"第三方"

报业数字化只能对读者收费吗？有没有愿意帮读者为内容付费的第三方存在？当然有。

免费的面具背后，若不是增值服务收费，那就是第三方。读者不会为报纸独家新闻付费，但门户网站或者广告商乐于买单。有趣的是，门户网站和广告商这两个"第三方"，偏偏是对立的。

新浪、搜狐等门户网站对内容源的争夺极其激烈。可门户网站转载的放开，意味着报纸网站自身信源的丧失；信源的丧失则意味着潜在用户的流失，进而造成广告收入的流失。

同时需要指出的是，我国媒体特有的“公有制”，让各家报纸在门户网站的公关术面前，轻而易举地放弃自身最宝贵的信源，还自以为算是“扩大了报纸品牌知名度”。

到底选择广告商还是门户网站，作为报纸收费的“第三方”，需要提前考虑清楚。笔者认为，短期的衡量标准，是看信源保护所带来的新增广告收入，能否超过门户网站的授权转载费用。但根本的衡量标准，取决于报业数字化的定位，是做内容供应商，还是做平台提供商。

如何收费？

对于读者来说，增值服务的第三方支付平台，已经非常成熟。

对于门户网站授权转载而言，是打包销售还是分拆销售，如何利用中国门户网站的竞争格局获取报纸网站的最大利益、保证自身的运营主导权，值得思考。

同时，SNS网站与传统媒体的合作开始发酵，而传统媒体的内容再次“免费”登上了SNS平台，是福是祸？

用户是谁？

这是报媒办网面临的第二个问题。

在报业数字化起步之前，如果对此没有清晰的认识并迅速在内部统一的话，那么在过程之中将面临加倍的阻力，尤其是来自内部的阻力。

这往往不是因为所谓的办公室政治，而是来自互联网的冲击下，传统媒体与新兴媒体之间从价值观到行为模式的巨大差异，并突出表现为新媒体部门与发行部门的潜在矛盾。

不读报的一代

谈及报业数字化的趋势，许多老总无奈地叹息：“现在的青年人不读报了！”是啊，当80后的阅读率不断下降、90后似乎根本没有纸质媒体的阅读兴趣时，即使报纸内容再好，那些忠诚度尚高的50后、60后读者也会跟着这张报纸衰老。媒体的读者年龄结构，影响着发行量的成长性与延续性，更成为广告商越来越看重的投放依据。

那么，时至今日为什么还有那么多报纸没倒？

一是悠久的报业历史，赋予人们对报纸如同宗教般的强烈情结。尤其是在中国，报纸产业化改革的步伐远远落后于西方，而老一代对印在纸上的铅字，还有几分神圣的敬重感。“报纸上都说了”这样的句式，仍是某种权威、信任的代名词。

二是现有的电子技术条件，还无法完全取代报纸的便利性与廉价性，而智能手机、电子阅读器的出现，却敲响了警钟。

三是报纸的自身“救亡”，确实拉动了一批人“回到阅读时代”。尤其是欧美免费地铁报、社区报的出现，把报纸最后的优势发挥到了极致，顺应了青年人的消费习惯。

在我国，还有一个不得不说的原因，就是城乡差距与地区不平衡发展。时空交错，无疑也延长了报业的生命周期。

但是，罗马不是一天建成的，却可以在一天之内坍塌。

柯达胶卷从问世到鼎盛用了65年，而衰微期不过10年。反观报业，从纸价危机造成的发行成本剧增，到金融危机带来的广告收入骤减，从美国诸多报纸的关门，到我国第一家中央级媒体《中华新闻报》的倒闭，我们面临的挑战和威胁正在步步逼近。

这个挑战，并不针对报纸个体，而是整个产业。报纸的掌门人也并非对数字化趋势充耳不闻，心里也在盘算：趁着家底尚丰时开启转型之门，应对日渐逼近的报业的危机。

是否会冲击发行?

传统媒体为报业数字化探索转型之路，但路是通往未来的，铺路人的眼前利益可要有保证。也就是说，数字化过程不能影响报纸现有的赢利。

数字化是否会冲击报纸发行？面对这个问题，在发行普遍亏损的报业，还得回头去问：“用户是谁？”

报纸通过互联网所得到的受众，大部分是新用户，与老读者的人群交集很小，该买报纸的还会买，不买的就是不买。退一步说，即使是位于交集内的用户，阅读心理也迥异：我进什么店，就是冲着吃什么菜的。不同的媒体消费心理，也要求报纸内容在互联网渠道上的二次传播，不能是纸质版内容架构的简单复制。

再退一步论，就算眼前的发行量会受到冲击，那么，今天不被自己冲击，明天也会被别人冲击。报业优质的内容资源，需要早日转化成自身在数字化市场的品牌优势，否则就被别人转化。现在的这个市场，落后就要挨打，就要花成倍的成本去抢回市场份额。

最后退一步，就是启动发行量的即时监控系统。数据将证明，报纸新媒体与原有内容部门极有可能带来强大的联动效应。《环球时报》创办“环球网”后，报纸发行量与网站流量的同步上升，就是最好的例子。

总而言之，内容在互联网上的二次传播，围绕“不读报的一代”这个目标用户设计传播策略，对报纸发行的冲击可以忽略不计；而新媒体创造的新用户，还会有一部分转化成报纸读者。

新的难题

“用户是谁”这个认识的统一，将最大限度地化解报业数字化的内部顾虑，并为将来各方策略的制定提供判断标准。但反过来看，这也给报纸不同部门带来不同的新问题：

内容和推广部门的困扰，是既有的内容架构无法复制。那么，内容应该怎么做才能形成差异化？如果无法把报纸的现有读者转化成网络用户，网络的用户又该在哪里寻找？

报业数字化过程中有一个现象，就是传统媒体的品牌效应无法延续到互联网市场。不要以为你能和古惑仔里的陈浩南一样，只要一摇旗用户就自然来了。《南方周末》有名吧，可你上过《南方周末》网吗？

发行部门的难题，则是重新衡量通过垄断稀缺性内容入口来收费的报业发行赢利模式，还能坚持多久？如何更好地发挥传统媒体与新媒体的联动效应？

至于报社经营部门犯愁的是，现有的广告经营体系还有效吗？现有的广告客户能同时成为新媒体客户吗？

“用户是谁”这个认识的统一，将带来新媒体如何与报业传统的运营模式融合并创新的一系列问题。至此，谁还认为报业数字化的未来，仅仅是单设一个数字化部门那么简单？

用户在哪里？

这是报媒办网面临的第三个问题。

传统媒体数字化转型初期，英雄主义气氛往往空前浓厚，进而容易走进另一个极端——我们激情无比地陷入数字化的梦想中，但却没有来得及设计一条通往数字化未来的现实路径。

这条被遗忘的现实路径，就是通往用户的路径——也意味着通往利润。如果对“用户在哪里”认识不清，将会让那些致力于数字化转型的传统媒体人，承受着强大的市场压力。

假想数字化的“五天”

中国的网络媒体与国外不同，称霸的是新浪、搜狐、腾讯这样的商业门户网站，而非那些传统媒体网站。

传统媒体数字化转型的失败，正是源自这种复制传统媒体市场“成功经验”的本能。这种想当然的傲慢，让我们往往漠视“两个市场”的现实，更不屑于去深思互联网媒体用户的实际需求、行为分析及消费习惯。

“办媒体那么多年，用户在哪里，老子会不知道？”于是，传统媒体数字化转型的“假想”，普遍循着以下轨迹发展：

第一天：办报这么多年，怎么也有点儿知名度。凭借传统媒体的既有品牌效应来吸引用户——结果，败了。这种品牌效应，在数字化市场里薄如蝉衣。

第二天：不惜成本，企图通过制作高品质的、独家的、生猛的原创新闻内容来吸引用户，到头来也没啥效果。所谓的“独家”、“原创”，在数字化市场里没有任何意义。

第三天：好吧，我承认大众是庸俗的。开始凭借“走光”、“露点”等低俗的社会娱乐新闻来吸引用户，流量上了一些，但用户没增加多少，还吓跑了一些高端广告商，“警察叔叔”也来关照了。

第四天：反思总结中……

第五天：相信自己，突破围城，看来还不够，我们要“更生猛、更低俗”……

技术型的渠道为王

以上“五天”，凸显了传统媒体人数字化转型时本能的“从我做起”。

数字化市场要的恰恰不是“从我做起”，而是“由你开始”——“你”就是用户。怎样才能率先接触到你？怎样才能留住你？

因此，传统媒体数字化转型就是从用户的数字化行为习惯出发，渠道先行，寻找每一个可能的用户接口，渗透每一个可能的用户生活圈。于是，结论很快得出：

原来一开电脑，都是Windows的桌面，都喜欢先把MSN、QQ等聊天工具打开。

原来一上网，都用IE或者火狐浏览器，总有那么几个网站是每天必看的，你用IE的收藏夹、用百度、谷歌等搜索引擎、用Hao123.265等导航网站打开它们。

原来都在新浪、搜狐等门户网站扫描新闻，在百度、谷歌搜索关键词，在开心、校内等SNS网站度过排遣寂寞的每一天……

“你”正是在这些地方。我们需要去那些地方找“你”，告诉“你”：我们来了，而不是把那个自认为方便好记的域名挂在门楼上，就可以置之不理。

这就是互联网市场上的渠道为王。与传统媒体市场的渠道为王不同，它不是实体的物流网络，而是技术型的渠道先行。作为技术推动型的媒体，有时候一个技术人员带来的用户增长，比一个网络编辑要多10倍，比一个所谓的网络记者要多100倍。这就是传统媒体数字化转型过程中血的教训。

是你控制渠道，不是渠道控制你

寻找到那些“王者”的渠道后，数字化转型的第二个任务就是清晰渠道合作的原则和思路，提前想明白“我们要什么、怎么要”的问题。

最基本的原则，是你控制渠道，而不是渠道控制你。在内容提供方面，传统媒体必须时刻保持警惕，你给渠道的只是一个入口，只是宝藏的闪光，而不能是宝藏的全部。

（1）第一渠道：搜索引擎，以百度、Google为主。

目标：保证率先接触。

途径：提升搜索结果排名，实现关键词垄断。

（2）第二渠道：用户终端，包括电脑手机桌面、浏览器、聊天工具、导航网站等。

目标：随时随地的接触提醒。

途径：入驻。

（3）第三渠道：SNS网站，以开心网、校内网为主。

目标：保证媒体接触黏性；加强与用户的直接互动，推广媒体品牌。

途径：入驻机构用户。

传统媒体与SNS网站合作的关键，在于“Lessismore”，即专注于满足用户单一的、明确的需求，以清晰传达媒体的品牌理念。

现在与开心网等SNS合作的传统媒体，多是羊群效应的产物。他们普遍不知道要在SNS上说些什么——所以就会很着急地什么都说，结果反而让用户迷惑而无所得；他们还在犯本能的“从我做起”的错误——所以他们就会很直白地告诉大家“我是什么”或者“我在做什么”，而不是“你能从我这得到什么”。

至于门户网站，在搜索引擎成为第一渠道的今天，它已经成为传统媒体网站的渠道敌人，因为搜索引擎优化上传统媒体几乎不可能超越门户。如果和门户合作，那么唯一目的就是要钱。

还做内容供应商吗?

与之前几个问题一样，挑战着传统媒体数字化转型的本能反应——不做内容供应商，我们能做什么？报媒办网的使命与愿景又在何方？说到底，还是定位问题。

产业价值链的利润分布

任何的策略思考，事先都要找到一个起点。就传统媒体的数字化定位而言，这个起点往往在于对社会、行业现状与发展趋势的洞悉，对用户媒体接触习惯、信息传播方式变化的了然，对广告商投放需求的深谙。

譬如，我们相信人们总是越来越忙，生活总是越来越快；我们相信信息爆炸的时代，将突显“信任”的价值，高质量的内容产品永远都有市场；我们同样相信，信息传播方式的改变，必然要求我们用更符合互联网表达方式与价值规律的手法去再造、整合内容资源。

同样的，寻找传统媒体数字化坐标的第一步，是回答这样一个问题：互联网在线广告价值链上的利润，多半流入了谁的口袋？是我们努力想成为的数字内容供应商吗？不是。

金融危机并没有减缓互联网在线广告的迅猛增长态势，但数字内容供应商并未因此获利，绝大多数利润流入垄断用户入口的搜索引擎、门户网站。其中搜索引擎凭借能“匹配用户关注和广告商投放需求”，获取了在线广告价值链的大部分利润。

遵循本能而转型的未来，清晰可见：传统媒体进入数字化市场的每一步，都会成为为他人做嫁衣的每一步。内容供应商承担了最大的信息原创成本，取得的却是最少的利润。

在其他行业上演的食物链悲剧，再次在媒体行业上演：10元钱利润，开粮油市场的平台提供商拿走7元，品牌化的内容加工商拿走3元，卖米的我们——内容供应商，只不过多收了三五斗罢了。

内容供应商→内容加工商→平台提供商

怎么办？最简单的逻辑判断：在有足够资源支持的情况下，谁的利润高，就当谁呗！

传统媒体数字化转型，应当尽快熟悉、顺应数字化市场的规则，结合自己现有的内容资源优势，找好自身在价值链上的定位，实现“内容供应商→内容加工商→平台提供商”的转化：

1. 根据互联网特点整合、再造内容，先从单纯的内容原料供应商过渡到品牌化的同类内容整合加工商。

2. 在一定流量和用户基础上，尽快超越内容整合加工商角色，向产业价值链上更高的利润区转移，即朝着“聚合用户、并引导用户生成有价值的内容，进而提升广告商投放需求与用户关注甚至用户本身的直接匹配度”，实现Web2.0式的平台化。

看过《笑傲江湖》的都知道，金庸笔下的华山，分为剑宗和气宗。剑宗重招式，气宗重内力。如今的互联网媒体江湖，同样如此。传统媒体为代表的内容供应商为剑宗，门户、搜索、SNS等平台提供商为气宗。

早年是剑宗的天下，传统媒体叱咤江湖，新浪、搜狐等第一批气宗门人只能求着传统媒体教给他们招式，或者偷学那么一招半式。

如今气宗大盛，剑宗门人以能教给新浪、搜狐等一招半式为荣，气宗还把内功心法从第一层“门户”拓宽到第二层“搜索”、第三层“SNS社交网络”等。

自然也有不服气的剑宗门人，如凤凰卫视、环球时报和《财经》杂志，他们开始修炼“门户心法”，并小有所成。

还有一个问题，隐居多年的剑宗风清扬在哪里？

值得关注的是，以凤凰网、环球网、财经网为代表的传统媒体网站，已经走出了从内容供应商向内容加工商转化的第一步。

他们普遍拓宽了传统的信息范围，根据互联网特点设置了全新的内容架构，并通过对同类信息资源的加工整合（凤凰主打主流政经资讯、财经网主打财经新闻、环球网主打国际新闻），实现较高的流量，进而初步细分用户。此外，凤凰、环球也通过行业垂直门户频道进一步做用户细分，进行商业化开发。

但是，这三家传统媒体网站，始终没有超出内容整合加工商的角色定位，或者说没有超出新浪、搜狐定下的沃尔玛式的媒体超市路线。如果说有不同，至多只是他们所说的“精品超市”而已。

平台提供商的转化路径

那么，传统媒体要做平台提供商的话，究竟要做怎样的平台？我们的根本目标在于聚合用户、并引导用户生成有价值的内容，进而实现搜索性质的“广告商投放需求与用户关注匹配”，甚至SNS性质的“广告商投放需求与用户直接匹配”。

平台的定位可从两点发散思考：1. 你有什么样的核心信息资源（剑宗）；2. 你打算提供什么样的用户应用（气宗）。前者是用户能从你这里得到什么，后者则是用户将通过什么方式得到。

在稀缺性信息资源越来越少、用户互动性与参与度要求越来越高的今天，信息的传播方式与信息本身同样重要。在互联网市场，很多时候更是形式决定内容，过程决定结果。

转化过程中的信息资源开发策略有三：

1. 克制自己的原创冲动。

新媒体项目资源要投入到信息整合与应用上，而非信息素材的原创搜集。这是一个资源投入的优先级问题。购买、置换与整合信息资源的成本，永远要低于原创成本。

2. 视内容为杠杆，选择高附加值的内容。

高附加值的内容，指的是最符合互联网表达的内容，去吸引商业上有价值的用户。如图片效果往往好于文字，商业内容的拓展意义大于文化内容等等。

3. 垂直门户频道的商业资源开发。

商业驱动性的内容，需要从行业角度分类外包合作，建立战略联盟。

用户应用开发上，则须倚靠传统媒体的既有品牌特质，深度发掘“信任”的商业价值。与生俱来并永远稀缺的“信任”，是传统媒体的优势所在，也是我们开发自身应用平台、或成为既有平台应用提供商时的出发点。

面对不确定性的社会，人们在作出选择前渴望得到三种意见：专业、权威的意见；社会大多数人的意见以及亲友熟人的意见。如何为用户提供这三种意见的信息整合服务，个人认为将是传统媒体数字化过程中用户应用开发的思考方向之一。《纽约时报》旗下的about.com社区网站模式，算是传统媒体在这方面的探索吧。

最后，还有一个困扰的问题：传统媒体数字化过程之中，能否直接跳过内容供应商和加工商的层次，直接成为平台提供商，如成为以人为核心组织内容的SNS媒体平台？

理论上也许可能，但近半年来发现，传统媒体与新媒体之间的价值观念与行为模式的鸿沟太大，要想一跃过三关，难！

报网融合中的“宅网站”永远无法赢利

陈禹安

所谓的“宅网站”就是和“宅男宅女”类似的沉默内向、足不出户、自娱自乐，与外部利益相关群体缺乏有效互动，不能有效分流受众注意力的网站。报纸的新闻网站只有从众多的媒体中凸显出来，从众多网站中凸显出来，让自己的经营板块在新闻板块中凸显出来，有效地分流受众的注意力，才能让宅网站“去宅化”，那么，网站的赢利也就可以预期了。

在以网络为主要代表的新媒体咄咄逼人的攻势下，传统媒体（特别是纸质媒体）该如何应对，何去何从？在经过了最初的漠视无视、对立对抗之后，纸质媒体终于达成了“走媒介融合之路”的共识，并立即付诸行动，纷纷兴建网站，以图直接通过自建新媒体来弥补自身的媒介缺陷（时效差、难互动等），并寄希望于自身兴建的网络媒体能够迅速成长赢利，最终实现反哺纸媒，延缓纸媒的衰落，延长纸媒的生命周期。

显然，这是一个非常好的战略构想。但是，当众多的报纸一窝蜂似的兴建起了隶属自己的网站，开始实行“媒介融合”后，真的就万事大吉，可以高枕无忧了吗？

答案是否定的！问题的关键并不在于报纸是否兴建了自己的网站，而在于报纸到底兴建了什么样的网站。也就是说，什么样的网站才能让报纸真正实现“媒介融合”，并通过“媒介融合”实现建网之初的种种预期呢？

一言以概之，报纸所寄予厚望的这个网站必须是一个能够赢利的网站，并且这种赢利要强大到足以支撑自身并能反哺报纸。否则，所谓的“媒介融合”就只能是一纸空谈。

“宅网站”为什么难以实现赢利

所谓的“宅网站”就是和“宅男宅女”类似的沉默内向、足不出户、自娱自乐，与外部利益相关群体缺乏有效互动，不能有效分流受众注意力的网站。

具体而言，“宅网站”在以下三个基于受众注意力的层面上存在着问题。

第一，“宅网站”不能让自身从众多的媒体中凸显出来，有效地分流受众的注意力。

现在是一个信息爆炸、媒体充斥的年代。而受众的注意力始终是有限的，当众多的媒体都绞尽脑汁、千方百计地来争夺受众有限的注意力时，报纸新建的网站是很难与之抗衡的，也就很容易会被淹没在信息之海中。所以，往往会出现这样的情况，报纸的网站建立起来了，报纸生产的内容产品也在这个网站上发布了，但应者寥寥，除了发布者自身以外，很少有外部的受众来关注点击。

可是，报纸网站的建立初衷决不是要自娱自乐。“宅网站”的这种表现无异于慢性自杀，等到报纸无力投入，或期待中的人气和赢利迟迟不至，报纸不再投入，等待“宅网站”的只能是无尽的黑暗。

第二，“宅网站”不能让自身从众多网站中凸显出来，有效地分流受众的注意力。

在网络迅猛发展的时代，各种各样的网站多如牛毛，层出不穷。很多不是十分正规的新闻网站，也发布了很多以新闻形式出现的信息。在网站的汪洋大海中，报纸兴建的网站不过是沧海之一粟，如果不能让受众注意到自己，等待“宅网站”的还将是悲惨的命运。

第三，“宅网站”不能让自己的经营板块在新闻板块中凸显出来，有效地分流受众的注意力。

我们假设报纸网站已经突破了前面的两大问题，既有了知名度，也有了很大的流量，但网站如果不能有效地在新闻板块（新闻内容）中植入经营性的多种广告形式的话（一切广告都是植入式广告，请从宏观上来理解这个观点），并且有效地使受众的部分注意力从新闻产品分流到广告内容上来，那么，网站还是没法实现赢利。

我们不妨以风行全球的Facebook网站为例来加以说明。这个网站并非新闻网站，而是一个社会化网络交友网站。但其在赢利上的困惑是所有网站所面对的共同难题，对报纸兴建的新闻网站自然也有借鉴意义。

2008年8月26日，Facebook的用户数就达到1亿。2009年7月15日，达到了2.5亿，每天新增用户大约是80.6万人。这样的一个网站，人气不可谓不旺。但尽管有这么多的受众，Facebook还是迟迟没有实现赢利。直到2009年9月15日，当其注册用户达到了3亿的时候，其CEO马克扎克博格才在公司博客上发文，宣布公司当年第二季度实现了“现金流为正”的目标。

所谓的“现金流为正”，指的是从广告和其他收入产生的现金，已经可以覆盖购买昂贵的服务器及其他的开支。但一些一次性的投资和融资则没有包括在内，比如2009年5月，Facebook从风险投资商Digital Sky Technologies融资了2亿美元。

虽然Facebook第二季度“现金流为正”，但这还不等同于网站赢利，最多只能说是看到了赢利的曙光。

新闻网站也同样面临这个问题。就算创造了惊人的人气和流量，如果不能有效分流受众的注意力，并通过这种分流来实现赢利，这样的网站仍然只能归于没有作为的“宅网站”，并不能承担起“媒介融合”的预期重任。我们基本可以断定，媒介融合中的“宅网站”将永远无法赢利！

“去宅化”：报纸网站赢利的必由之路

当我们分析了“宅网站”的三个层层推进的问题后，思路已经变得清晰。只要我们能够解决好这些问题，让宅网站“去宅化”，那么，网站的赢利也就可以预期了。

相对应地，我们也从三个方面来“去宅化”。

第一，利用报纸现有的品牌力、影响力让网站从众多媒体中凸显出来，以达到分流受众注意力的目的。

很多人认为，“媒介融合”是一个有立场倾向的词，是以报纸为本位的。作为新媒体自身，其发展符合潮流，有其自身的特定规律，并不一定需要（或者说并不十分紧迫地需要）通过和报纸的“融合”来加以实现。而报纸则没有别的选择，如果不能“与网共舞”，其前景必定岌岌可危。所以，即便是强行“拉郎配”，报纸也要实行媒介融合。

其实，这种看法是错误的。尽管国内的报业早就开始居安思危，但和美国百年大报频频倒闭破产大为不同的是，国内的报纸仍然具有强大的影响力和良好的赢利能力，足以支撑网站建设的大量先期投入，而其强大的影响力则可以通过“报网互动”有效地迁移给网站，让报纸网站从一开始就“一鸣惊人”，直接跳过漫长的“默默无闻”的培育期，从众多媒体中凸显出来。从这个角度来讲，“媒介融合”是一个平等互利的双向运动。而就国内的现阶段情形而言，反而是网站更有必要借助于传统媒体的影响惯性来实现快速腾飞。

以杭州日报创办的杭州日报网为例。杭州日报网正式上线当天，杭州日报精心策划了“长三角读者杭州大春游”活动来助推杭州日报网。杭州日报网承担这一活动中的旅游消费券的申领、审核、反馈等任务。当天，经由杭州日报网首批面向上海市民发放的1.5万张旅游消费券，在短短8小时内就被申领一空。

为什么一个新网站上线的第一天就能够先声夺人，吸引如此火暴的关注呢？这显然不是网站自身所带来的，而是由于此前杭州日报及上海当地的报纸共同引导的结果。

只有充分利用报纸的既有影响力，通过“报网互动”，让网站成为其中不可或缺的一环，才能为自己的新建网站争取到受众的注意力，并免于成为“宅网站”。

再以2009年12月18日《都市快报》为例。该报第8版就是“快豹宽频”版，而“快豹宽频”正是《都市快报》的网站。这个版用传统的报纸方式报道了《一黑衣男子闯进一家便利店用刀抢劫女店员》的新闻。其标题是超粗黑字体的“监控实录快豹宽频全程播出请你向警方举报”，同时，在版面上特别注明了“快豹宽频”的网址。显然，这也是利用报纸既有影响力来助推网站的一种方式。

有了报纸的助推，网站从一开始就会有一个较高的起点。而且，报纸本身的影响力越大，网站的“去宅化”就会越成功。

第二，利用搜索引擎优化等网络技术手段来让报纸网站从众多网站中凸显出来，以达到分流受众注意力的目的。

网络有其自身的技术特性。一个网站能否吸引网络受众，在很大程度上和网站的搜索引擎友好度、契合度密切相关。

根据世界顶级SEO（搜索引擎优化）专家DavidViney的研究，一个网站80%以上的初次访客都是通过搜索引擎而来的。而且，网民在使用搜索引擎搜索自己要想了解的资讯时，尽管搜索引擎能够提供海量的相关资讯，但84%的网民不会去翻看搜索结果的第2页，96%的网民不会翻看第3页。

这些数据表明，如果一个网站不重视SEO，如果不能通过SEO让自己的新闻在搜索结果中名列前几位，那么，即便你能够生产、发布最具吸引力的新闻，恐怕也会淹没在互联网的信息海洋中，不能给网站带来实质性的流量提升。

从杭州日报网的后台数据来看，作为一个上线时日未久的新网站，一条未经SEO的新闻如果能够吸引1000个独立IP的点击，就是点击量表现不错的新闻了。而经过SEO的新闻，动辄就能吸引一两万个独立IP。两者间的高下泾渭分明。

所以，搜索引擎优化实在是网络“去宅化”的必由之路，绝对不能忽视。

第三，也是最关键的一点，即如何实现让受众注意力从我们的内容产品部分分流到营利产品部分，这是解决赢利问题的关键所在。

这个问题可以由两种方式来解决。一种是构思出一种绝妙而独特的赢利模式。比如Google的这种免费提供搜索结果，然后在旁边提供经营内容的模式，或百度直接在搜索结果中植入经营内容的模式。因为搜索引擎在网络浏览中的不可替代性，这也成为了分流受众注意力的很好方式。

但对绝大多数的新闻网站来说，要找到这种绝妙而独特的赢利模式还是比较困难的。所以，只能采取第二种方式：在内容产品的旁边通过各种方式来展示广告内容，这和网页上多种元素的页面布局、链接布局、展示手段等密切相关。这应该是大多数新闻网站在没有找到第一种方式中的独特赢利模式之前只能采用的方式。

而采用第二种方式，做得很成功的、可供借鉴的网站并不多，需要在实践中加以摸索。而由于网络的可跟踪性，切实可行的办法是采用鉴别工具，设计好AB版本，让网站流量中的一半用户看到A版本，让另一半看到B版本。然后来对比AB版本的不同效果。这样，通过多次调整AB版本中的不同元素，就能找到最能够有效分流受众注意力的规律。

总之，传统报纸要想真正实现“媒介融合”，仅仅靠建立网站是远远不够的，只有建立一个能够赢利的网站才是正途。而要想让网站赢利，就既要注重并充分利用网络本身的媒介特性，也要注重利用传统媒体的既有影响力，并以此为基础，建立如上所述的三个层次的注意力分流机制。

报媒办网尚待廓清的观念误区

邓建国

对于传统媒介而言，媒体转型最大的挑战不是技术攻关，也不是资金投入，而是观念、机制、流程和业务管理的创新。传统媒体在苦苦寻求新媒体时代的制胜良方时，也许答案就在自己身上，这就是解放思想、转变观念、善于学习、勇于试验。只有冲出错误观念的藩篱，才可能迎来网络媒体的未来。

以互联网为代表的新媒体对传统媒体已经形成巨大的挑战，包括我国报业在内的世界传统媒体都在根据自身、本行业以及本国的实际制定和实施各种应对战略。然而，在我国报业新媒体战略中，尚存在着不少观念误区，阻碍着媒介融合的进一步发展。本文对这些误区予以辨析，以期阐明传统媒体向数字化转型的基本方向。

误区之一：怨天尤人，不敢正视新媒体的成功

面对新媒体的挑战，不少传统媒体都将矛头指向新媒体，而指责的口实无非是对自身内容版权的侵害。事实上，我国报业几年前的“南京宣言”就是这一做法的典型

体现，现今仍有不少传统媒体对此念念不忘。

我们回想一下，在十年前世纪之交时，数以千计的新媒体尚处于优胜劣汰的生存期，不是因为找不到商业模式而关门，就是虽然有商业模式但却熬不到其赢利之时。少数实力雄厚的新媒体也是在大把大把烧钱地苦苦支撑，而当时享受着高额利润的传统报业，又何曾伸出援手，收编麾下？

到如今互联网已经主流化，新媒体的艰难摸索终于迎来阳光，业界和学界对之予以指责或嫉妒都是无用的。明智的做法就是破除多年来故步自封的、自以为是的做法，以开放的、前瞻的姿态向一切新媒体企业（特别是Web2.0企业）学习。

在网络时代，传媒业要继续存在下去，光有好新闻是不够的，它还需要实实在在的商业模式的支撑。因此，我们尤其要了解和学习新媒体在商业模式探索上的成功经验，如日渐流行的Freemium模式（即免费＋收费模式）和Crowdsourcing模式（即内容和财政上的群体外包模式）等，并且结合自己的实际，不断地实践、总结、改善，最终找到适合自己的商业模式。

误区之二：对报业前景过于悲观或盲目乐观

关于我国报业发展的现状和前景，目前有两种截然相反的观点：1. 目前碰到的困难主要是由于不可逆转的互联网的影响造成的，这是必然的，因此我们无所作为；2. 与美国报业已发展数百年而步入老年而“盛极而衰”不同，我国报纸的发展仍处在青年时期，大有可为，甚至有人说：“到今天为止，至少有一半以上的人口从来没有订阅甚至阅读过报纸。假如仅仅做到让中国每个家庭至少订阅过一年报纸，对报业就意味着翻几番的发行潜力。”

笔者认为，其一，我国报纸发展目前所处的问题，并非完全是互联网的影响造成，有些是体制与机制问题，只能通过自身的改革来改善或解决；其二，即使问题的要害可以归咎于互联网，那么就更应该加快传统报纸的转型，而不是无所作为，坐以待毙。

但对于以报业“生命周期”理论来比较中美报业市场的观点，笔者认为，尚有值得商榷之处。一方面，中美报业的读者状况彼此差异极大，不具可比性；另一方面，中美报业正同时受到前所未有的新媒体的影响，使得干扰变量增加，仅从“生命周期”角度难以解释与预测中美报业市场各自的前景。因为，“盛极”并不是西方报纸“衰老”的主要原因，症结所在是信息与传播技术（ICTS）对报纸的挑战（当然也有机遇）。这种挑战是世界性的，无论是对西方报业还是中国报业。“盛极而衰”论可能会使我们兴奋并释然，进而对实质上是由技术变革带来的世界性报业危机没有清醒的认识，而未能抓住同样是由技术带来的机遇，在新一轮的东西方报业竞争中再次落后。

误区之三：将网络版当做报纸的附庸

关于传统媒体的纸质版与网络版之间的关系，就我国的实践来看，一般将其视为竞争关系，并着重于维护纸质版主体地位以避免受众群流失，因而在实质上将网络报纸变成了纸质版的附庸，这是后者长期得不到快速发展的一个主要原因。

目前，纸质版还是我国报社的主要广告收入来源，而网络版的赢利模式却仍然模糊，不仅不能赢利，反而需要报社的大量投入。但已有不少研究（如美国“杰出新闻项目”2008报告）发现，如今虽然人们看纸质报纸的时间少了，但他们总的新闻消费时间实际上并没有减少，甚至有所增加了——在网络上看新闻。这无疑有必要对“报纸第一、网络第二”的策略作出调整。

美国学者在1999年和2000年所进行的研究发现，读者并没有将网络报纸视作是纸质报纸的替代，而认为它们相互补充；读者阅读网络版增加了而不是减少了他们购买纸质版的可能性；网络报纸经理人没有因考虑到电子版和纸质版的竞争关系而取消过网络版。

考虑到中外报业市场间的差异，笔者认为，在当今的中国报业市场状态下，如果报纸没有网络版，纸质版的读者就不会流失吗？即使有了网络版，纸质版的读者就必然会流失吗？控制报纸网络版的新闻数量，使其内容少于纸质版，是否就能保有纸质版的读者？答案很可能都是否定的。实际上，在越来越多的读者上网的情况下，争夺网民注意力的主要不是纸质版与网络版之间，而是网站与网站之间。网民对此网站内容不满意，很可能就会到别的网站去。

即使网络版对纸质版在早期有一定的竞争影响，但这种影响也是暂时的。从长期来看，网络版与纸质版的关系应该是相互促进、互补有无的关系。而我们的报纸在实施数字化战略时，应该充分考虑到两种版本的差异，各尽所长，相得益彰。

从国内外的实践来看，主要有以下做法：

1. 利用网络版无远弗界的特点，为纸质版做好营销，在网民中发展纸质版读者，扩大纸质版的品牌影响，这对于大型报纸尤其重要；2. 通过网络版发布突发新闻，并提示网络读者关注随后的纸质版上的相关深度报道；3. 利用网络版吸引网民贡献内容，并精选部分发表在纸质版本上，实现所谓的“反向出版”（InvertedPublishing）。

误区之四：沉溺于建立封闭的网络新闻阅读环境

互联网的核心是万维网，而万维网的主要程序语言是HTML，即超文本标记语言。根据万维网之父TimBerners-Lee原本的构想，使用HTML来编制网页，其目的就是要将所有的网页都互联起来，从而实现全球范围内的信息共享。可见“互联”和“网”，是互联网的根本特征，而随着Web2.0的出现，这种特征已经更加明显。但目前我国报业网站发展的走向，基本上是封闭和静态的系统，希望通过现有的传统媒体品牌来吸引网民访问其“后花园”（Walledgarden）般的网站。

在开放的网络空间建立封闭的空间，其主要表现之一是“图文仿真报”，提供给读者的阅读体验是以文字和静态图片为主，并不随时更新。这实际上是抛弃了互联网的多媒体、高更新率和高互动的特性。图文仿真版报纸要快速恢复或明确自己作为打包“发行渠道”的定位，快速奔向恰巧处在其发展曲线前方的下一个目标——移动电子报。

在开放的网络空间建立封闭的空间表现之二，是对网络新闻的“超链接”深怀疑虑，惧于使用，期望能借此将读者“锁定”在自己的网站上，这样对提供页面浏览量进而对吸引广告有好处。然而，网民是很难锁住的——他们会径直到其他网站，如门户网站上去，因为后者通过链接提供了来自多家新闻媒体对同一新闻的报道，而不仅仅是一家之言。美国“杰出新闻项目”的主任Tom Rosenstiel指出：“我之所以上某个网站，是因为其能为我提供‘一站式’的服务。如果该网站是一个死胡同，那么他对我的用处就不大。有鉴于此，美国网络新闻创新中甚至提出了“集中力量于自己最拿手的，剩下的则通过超链来实现”的口号。

误区之五：媒介融合项目动辄大量投入

笔者认为，目前一些报纸网站为什么处于休眠状态，一般来说，是因为报社缺乏足够的人力和财力来为每天滚动发出的新闻制作Flash,视频以及复杂的网络信息图表等。诚然，新闻网站需要大量投入，在网络新闻赢利模式尚不清晰的现在，媒体的这种顾虑完全可以理解。但是，随着网络应用已经日益“傻瓜”化，报纸只要善于利用网络上已有的各种免费服务，少花钱甚至不花钱，仍能在网络新闻上做出成绩。如在2007年加州森林火灾报道中，美国加州的一个名为KPBS的小型电台除了提供常规的电台和网站报道外，还让记者使用各种免费的网络服务，如Twitter、Google地图和图片分享网站Flickr，对火灾进行实时、直观和个性化的报道。

通过使用新型网络技术，作为传统媒介的报纸投入很小就获得了更多的新闻信息资源，并能与受众更充分地交流，了解其需求，从而不断提升新闻报道质量。如此高的性价比很值得传统媒体，特别是报纸网站的充分利用。但目前较多集中在新闻采集阶段，在新闻呈现阶段的利用则还不多。如最近《南方周末》网站的“时局地图”，使用Google地图来标明本周在国内各地发生的主要新闻，读者用鼠标点击地名便可以看到相应地点发生的新闻的文字版。

误区之六：将报网互动等同于媒介融合而浅尝辄止

我们不能将报网互动等同于媒介融合，因为报网互动仍然以纸质报纸为中心，网络仍处于从属地位，更遑论做到“网络第一、报纸第二”。再说，报网互动是“报”与“网”两个独立媒介间的联动和合作，仅仅是媒介融合的早期阶段。

美国媒介融合研究者Larry Dailey，Lori Demo和Mary Spillman将媒介融合分为五个阶段。1. 不同媒介间的相互推广：如电视节目主持人向电视观众介绍某份报纸，或报纸预告或介绍电视节目等；2. 不同媒介间内容的相互克隆：如新闻网站原文引用报纸的文章或者电视台的视频，或者电视台主持人读报等；3. 不同媒介之内容的竞合共享：各媒介相互合作共享某些内容，但仍保持各自的原创内容，并相互竞争，如报纸记者作为嘉宾出席电视台的新闻评论节目，或者电视台让报社记者登上前者的直升机一起采访新闻事件等；4. 不同媒介间的特定共享：媒介之间定期碰面交换想法，并合作进行某些特定项目，如大型的调查性事件等；5. 不同媒介间的完全融合：媒介间成立共用的采编中心，集中和共同进行内容的制作和发布。新闻的采编由双方成员共同进行，结合报道内容，发挥各种媒介的特长，其目的是获得最佳的报道效果，如对新闻事件合作推出多媒体新闻报道，包括适用于报纸和网络的深度文字报道，以及照片、视频、音频、图表、可检索的数据库以及其他互动元素等。

从以上区分来看，我国的报网互动主要还是零星地和无明确意识地徘徊在以上前四个阶段，还远未达到你中有我、我中有你的“完全融合”的第五个阶段。

长期研究媒介融合的蔡雯教授认为，对于传统媒介而言，媒体转型最大的挑战不是技术攻关，也不是资金投入，而是观念、机制、流程和业务管理的创新。对此笔者深以为然，传统媒体在苦苦寻求新媒体时代的制胜良方时，也许答案就在自己身上，这就是解放思想，转变观念，善于学习，勇于试验。只有冲出错误观念的藩篱，才可能迎来网络新闻的未来。

《新闻实践》杂志2009年第2期“多棱聚焦”栏目

恐惧夸大

新世纪以来若干危机事件的恐惧“被夸大”，如果完全归咎于媒体的恣意失衡，显然有失公允。媒体究竟在多大程度上难责其咎，恐怕存有难言之隐。但不管如何，作为现代信息传播的载体，媒体仍是公众了解诸多危机事件真相的主要渠道，一有社会恐惧失态，哪怕是公众误读而产生舆情波动，媒体首当其冲遭受责难，也是“应有之义”。

我国当前正处于“经济转轨、社会转型、矛盾多发”时期，重大突发事件、危机事件激增。如今的社会毕竟不是口口相传或者守口如瓶的蒙昧社会。面临纷繁复杂的危机传播，媒体应该遵循新闻传播规律，在与受众的互动中形成良好的危机事件反应机制。

因此，思考前十年“被夸大的恐惧”案例，可以使我们的媒体更快地成长起来、成熟起来，不再满足于一般危机信息的传播渠道，而应该成为环境监测、舆论监督和舆论引导的重要渠道，并在风险社会语境下发挥重要的信息沟通、组织协调、风险治理、教育公众等作用。基于此，研讨之所以“被夸大的恐惧”才有真正的反思意义。

关于“恐惧夸大”与媒体责任的反思

陈力丹　赵一争

及时、理性地报道风险事件，千万不要瞒报、谎报，这是媒体报道此类事件的要义之一。媒体不能忽视风险，媒体报道风险事件，应当避免有意采取冲突式或者戏剧性的报道方式。冲突式的报道，会增加风险的不确定性，进而生出流言；有些本来不是风险的问题，冲突式的报道方式可能会平白地制造出风险来。

1986年，德国社会学家乌尔里希·贝克（UlrichBeck）在反思现代化的基础上，提出了风险社会理论。他指出，现代社会的人们“生活在文明的火山上”，不明的和无法预料的后果成为历史和社会的主宰力量[1]。我国学界2000年介绍了他的理论。21世纪的前10年风云多变，风险频发，“9·11”恐怖袭击、非典的全球流行、印度洋海啸、卡特里娜飓风、禽流感、汶川地震、H1N1流感……无论是天灾还是人祸，其发生和传播的情景，似乎都被贝克的“风险社会”言中了，因而贝克的理论得以受到关注。现在，人们对于当下进入了风险社会的判断，已经没有很大的分歧。

然而，并不是所有的风险都具备贝尔提到的“全球性的威胁”的程度，有些似乎只是我们感知和判断的失误。2009年年底的美国《新闻周刊》，盘点出21世纪前十年“夸大的恐惧”，包括计算机千年虫、全球化风险、疯牛病、传统媒体对博客写手的担忧、西方国家对移民涌入的恐惧等等。

这些事件后来之所以造成社会恐慌，一定程度上在于传媒大规模的报道，引发公众过度关注造成的，实际上并没有产生预想的巨大危机，最终无声无息地不了了之。美国决策研究专家保罗·斯洛维奇（PaulSlovic）指出，大多数公众评估危险，依靠的是直觉判断，即“风险感知”，而他们有关风险的经验主要是来自于新闻媒体。[2]

对于超出经验范围的事件，公众一般通过大众媒体获得信息。若媒体对于威胁的解释得以广泛传播，就会影响人们对于风险的感知。媒介不仅简单地传递着关于“风险”的定义，而且无形中构建着风险，媒体成为风险制造模式中的一个部分。[3]《新闻周刊》指出的那些“夸大的恐惧”中，媒体扮演着重要的角色。反思媒体在这一风险

[1]　乌尔里希·贝克：《风险社会》，译林出版社2004年版，第20页。

[2]　保罗·斯洛维奇编著：《风险的感知》，北京出版社2007年版，第220页。

[3]　芭·亚当、乌·贝克、约·龙著：《风险社会及其超越：社会理论的关键议题》，北京出版社2005年版，第37页。

放大过程中的作用机制，对于明确媒体报道危机的社会责任，是有意义的。

媒体与风险的社会放大

保罗·斯洛维奇等人研究公众对风险的感知过程，提出了“风险的社会放大”的概念框架，并分析了风险事件与心理、社会和文化之间的相互作用、如何强化或弱化公众的风险感和风险行为等问题。信息传递的过程中，每一个环节的中介，都可能通过增加或者删减某些形式和内容，从而改变原始的信息。在这个框架中，媒体对于信号的放大，起着重要的作用。许多风险都不是个人直接体验到的。在缺乏个人体验时，媒体说什么、怎样说、是否准确，成为影响舆论的关键因素。影响风险是否被放大的媒体行为有：信息量和显示的重要程度，信息的可信度，信息的戏剧化程度及其象征性内涵。

即使信息是准确的，大容量的信息流也可能成为风险的放大器，不断重复的故事会使公众的注意力持续在某一点上。例如，2009年一些国外媒体对中国产品倾销集中而大量的报道，把公众的注意力从本国政府经济政策的失误转移开，激起公众对“中国制造”的某种恐慌心理。

大容量的信息可能会唤起以往事故或管理失误的回忆，激起人们对特定风险的潜在恐惧，从而诱使人们夸大对特定失误、事件或后果的想象。非典过后，我国媒体对于禽流感、H1N1流感的大量报道，多少唤起了人们对非典的记忆，激起了潜在的恐惧。这类报道的初期，一定程度上夸大了公众对其危险性的想象。

专家之间的争论，容易提升公众对危机事件的不确定感，加深人们对危险是否已被充分了解的疑虑，同时降低官方发言人的可信度。媒体出于客观、公正等工作原则，往往会找一些对立的意见来平衡报道，同时媒体也会从自身利益考虑，制造观点冲突，以便引起公众关注。这种情形如果做得过分，会增加公众的不确定感，使得人们对风险的关注和恐惧进一步加深。

很多学者反思20世纪50年代美国麦卡锡主义盛行的原因时发现，麦卡锡利用了美国媒体报道的客观性原则。他四处攻击有影响力的人物，这些人物一反击，对于媒体来说，自然是可以报道的新闻。为了保持观点平衡和制造冲突，就必须引用麦卡锡的观点。这样，虽然他只有一个声音，但是却借着攻击许多人，放大了自己的声音。一定程度上，对所谓“共产主义意识形态”的恐惧，是在媒体争论中被建构，并且被放大的。

媒体为了吸引读者，往往选择有戏剧性的事件或者细节作为报道的重点，即媒体的“框架效果”。媒体从有待感知的现实中选择某些方面，使其在传播文本中更加显著，从而促进对一个问题的特殊界定方式、因果解释、道德评价、解决方案等等。

媒体习惯于抓住风险问题中的戏剧性方面（如死亡人数、潜在的威胁、灾难性画面等），并安排在媒体的显著位置加以突出报道（报纸的头版、大字标题等，电视新闻的头条和连续报道等）。这样一来，势必影响读者对于风险的准确感知。

以色列心理学家坎内曼（DanielKahneman）和特沃斯基（AmosTversky）曾经做过一个实验，假设有一种疾病可能杀死600个人，有两种解决方案：若采用方案A，可以救活200人；若采用方案B，则有1／3的可能性600人都能救活，有2／3的可能性没有人能救活。结果，参加实验的人有72%选择了方案A，28%选择了方案B。可是如果换一下两个方案的表述方式：若采用方案C，400人会死；若采用方案D，有1／3的可能性没人会死，有2／3的可能性600人都会死。结果完全发生了逆转，参与实验的人，有22%的人选择方案C，有78%的人选择了方案D。[1]方案C其实就是方案A，方案D其实就是方案B，只是换了一个表述方式，也就是换了“框架”，大家对问题的判断和对方案的选择就完全不同。虽然现实中的问题比实验要模糊得多，但是媒体采取的不同报道框架，确实能够改变大家对风险的感知和行为的选择。

信息的传播中，渠道同样重要。有关风险和风险事件的信息主要是通过两种信息渠道传播的：一是新闻媒体，一是非正式的人际网络。新闻媒体报道风险，前面已经讨论过，如若媒体应该报道而没有报道，也会产生风险被放大的后果。

美国心理学家奥尔波特（GordonAllport）和波斯特曼（LeoPostman）提出的流言传播公式，即流言的流通量＝问题的重要性×情形的模棱度（R＝i×a）。其中的importance，即公众认为某个问题或事件很重要，如果媒体没有及时报道，没有提供有力的证据消除公众关于此事的不确定性，那么流言就会广泛地传播开来，从而酿成某种社会危机。2003年非典在我国发生之初政府和媒体对信息的处理，就是一个典型的例子，瞒报和谎报不仅没有制止住病毒蔓延，反而风险在观念上不断地被放大，一发不可收拾。2008年四川广元地区的蛆柑事件，媒体开始也没有予以应有的关注，而当柑橘长蛆的消息通过手机短信和网络广泛地传播开来、并造成人们拒购所有柑橘的行为时，媒体予以回应和澄清已经晚了。本来是一件局部事件，由于媒体关注不够，造成了一次轻度的全国性社会危机事件。

风险信息中使用的特定术语或概念不当，也可能会在不同社会和文化群体中引起与文本关联不大事项的联想。例如2009年春季在墨西哥首先发生的新型流感，最初被称为“猪流感”，通过媒体得到广泛传播。“猪流感”很容易让人联想到之前的“禽流感”，于是引发了一场对猪肉制品的恐慌，猪肉价格急剧下降。事实上，H1N1流感

[1] 转引自RobertM.Entman，“FramingTowardClarificationofaFracturedParadigm”JournalofCommunication，Autumn1993.53-54。

和禽流感不是一回事。正是“猪流感”这个不当的概念，引起了受众无关的联想，使得风险被放大了（恐惧转移到猪肉制品上）。

媒体报道风险事件的社会责任

通过前面的分析，我们可以看到，媒体在风险的放大过程中起着至关重要的作用。这就要求媒体在处理风险事故的报道时，要遵循一些基本的原则，既不能忽视风险，也不要放大风险，尽可能避免公众由于媒体的不当报道而产生误读、误解。

及时、理性地报道风险事件，千万不要瞒报谎报，这是媒体报道此类事件的要义之一。媒体不能忽视风险。如前所述，现代社会确实是一个充满着风险的社会，而每个人出于趋利避害的本能，都会试图了解和规避风险。特别是涉及到公众切身利益的问题，如果媒体没有及时进行报道，提供有力的证据来澄清公众的疑虑，那么各种人际传播的渠道就会活跃起来。其中，非正式的人际传播中就会存在着大量的流言，流言通常是社会恐慌的起点。一旦出现可能的社会风险问题或事件，对于这类事件的信息就不能单纯地“堵”，越堵风险的累加越大，最后难以收拾。2009年六七月河南杞县钴60卡源事件中，并没有发生核泄漏，但当地政府管辖的传媒对此无言，因而出现关于核泄漏的传闻，出现传闻后又没有及时向公众科学地说明情况，于是才发生了县城10万人大逃离的奇景，“杞人忧天”在当代重演。

媒体报道风险事件，应当避免有意采取冲突式或者戏剧性的报道方式。冲突式的报道，会增加风险的不确定性，进而生出流言；有些本来不是风险的问题，冲突式的报道方式可能会平白地制造出风险来。例如，注射甲流疫苗后出现不良反应，一是人数很少，二是总体上没有超出常规范围，媒体对此的报道就要适度，不要在报道中过于突出或集中安排这方面的新闻。戏剧性的报道，往往强调问题的危险性和其造成的后果，从而放大了风险，引起公众的恐慌。例如蛆柑事件中，最初媒体的报道对“柑橘长蛆”这个细节过于强调，没有强调受灾范围的有限性，以及果农和农业部门强有力的控制措施，结果造成了公众对柑橘的恐慌。

媒体的盲目跟风报道，也是造成危机放大的主要原因之一。媒体追逐新鲜的、不确定的事物，这是新闻职业的本然。但是，涉及社会危机的新闻，不宜大肆炒作，不能铺天盖地地持续报道，这会无形中造成风险的被放大。曾经的千年虫问题，就是一个被媒体炒起来的问题（或者说它没有想象中的那么严重）。当初，由于这个话题涉及到互联网这一新鲜事物，以及千禧年的热门话题，媒体报道普遍化、规模化，一边倒的声音压制了理性的不同意见，仿佛一夜之间大家的电脑都会瘫痪。

媒体具有监测环境的功能，然而如同电影《蜘蛛侠》里的那句经典台词：“能力越强，责任越大”。媒体在危机事件的问题上稍有不慎，或信息来源不可靠，或过度报道，或瞒报谎报，甚至版面（时间）编排不当、概念使用不当，在一定的情境下都有可能误导受众，产生意想不到的严重后果。发表之时，媒体需要掂量一下可能产生的报道后果，务使报道达到准确客观，并同时“巡视”一下发表之时的社会心态，认真研究一下应对的报道技巧。这方面，需要总结以往报道的教训和经验，以便形成一种合理的、理性的报道危机事件的机制。

美国《新闻周刊》似乎只是把这类事实作为一个新闻话题，而我们可以从此进一步得出一些媒体与“风险放大”的规律性的理论思考。

现代社会风险无处不在，我们应该把这视为常态。媒体作为社会的守望者，理性地认识和判断风险，科学地（特别在社会心理层面）报道风险，让公众对风险形成正确的感知，把风险造成的恐慌和损失降到最低点，这是媒体的社会责任。媒体在这方面做好了，便是风险解决的助推器；做不好，便可能是风险的社会放大器。在报道危机事件的时候，记者、编辑都要谨记不做危机的放大器。特别是媒体的老总，关键时刻要提醒下属：不要为了追求报道的戏剧性效果而任意放大风险，而要主动担当起媒体工作人员的社会责任。

把握危机报道的“钟摆尺度”

金　波

如果有一架“危机报道之钟”的话，钟摆高高摆向两侧，经过一侧临界点后，是不断缩小危机的第一种状态；经过另一侧临界点后，是夸大危机的第二种状态。在此两者之间，是我们孜孜以求的第三种状态，就是我们要好好加以研究和把握的钟摆“合理尺度”。媒体危机报道“钟摆尺度”的合理性，是在社会责任基础上对新闻真实客观原则的恪守。

2009年年末，美国《新闻周刊》盘点出本世纪前10年“夸大的恐惧”。“千年虫”，非典，疯牛病和禽流感，炭疽热，全球化等重大公共危机赫然在目。而时间证明，这些事件或事物确实造成了一些损失和影响，但并未演变成全球性的灾难。恐惧被夸大后，恐惧本身成为一种灾难。不难发现，这些危机的发展进程中，处处有媒体的身影，但其作用并不都是光彩的。

进入21世纪以来，世情、国情发生巨大变化，我们面临着经济、社会和生态等多领域、多层面前所未有的挑战。媒体危机报道的频率势必加大。从《新闻周刊》盘点的上述事件看，媒体自身在处置危机报道中也面临巨大考验。媒体在危机中如何同时扮演好“船头瞭望者”和“理性把关人”角色？媒体人应如何把握危机报道尺度，才能在充分享有和行使自由表达权的情况下善尽社会责任？这些问题确有认真思索之必要。

危机特征与媒体功能和内在规律

要妥当处置危机报道，就必须搞清楚危机的特征、危机与媒体报道之间的关系等问题。

根据危机研究学者给危机所下的各种定义归纳，危机的共同特征有：一是危机分自然事件和人为事件两种类型，所谓“天灾人祸”；二是危机波及的是数量较大的人群；三是危机给人们的生命、财产安全造成巨大破坏；四是危机具有突发性、紧迫性、不确定性、威胁性。

既与芸芸众生的切身利益密切相关，又猝不及防、结果负面，同时，影响范围、程度等都不确定，甚至人们对危机本身产生的原因、机理都不甚了了……即便没有媒体介入，危机也会引发恐惧和不安，也就是我们俗称的“危机感”。

以千年虫为例。千年虫又叫计算机2000年问题，缩写“Y2K”。20世纪60年代，为了节省计算机储存器空间，编程人员去掉了表示年份前面的19。但随着21世纪的到来，人们发现用两位数字表示年份将无法正确辨识公元2000年及其以后的年份，从而引发系统混乱甚至崩溃。银行业、保险业、电信业以及交通领域广泛使用计算机，将受到致命影响。但是，自2000年以来，没有大规模的千年虫爆发事件。而在20世纪末，全球新闻媒体给予千年虫事件极大的关注，不惜篇幅和时段加以报道，在整个社会中造成了无助、混乱和恐惧。当时，出于对银行计算机可能瘫痪的担忧，有的银行甚至发生储户挤兑风潮。

这是人类的本能使然。危机感不一定是坏事。如果能够将危机感控制在一个合理范围内，对引起社会警觉，凝聚社会共识，调动和激发社会力量去应对危机、化解危机具有积极、正面的意义。

危机的突发性、紧迫性、威胁性和与大众利益的紧密关联度，决定了危机一定是新闻，危机报道也一定会成为媒体生存与竞争中必须演好的“重头戏”。而危机的不确定性又决定了对危机报道把握的不确定性。

当危机的特征与媒体功能和内在规律结合起来时，危机报道就可能呈现三种结果：

第一种结果，信息被有意隐瞒，导致危机被掩盖，应对危机的准备不够、行动不力，最终造成更大的现实损害。2003年国内对非典的初期报道及其社会影响，就是例证。由于种种原因，关于非典爆发的真实信息被掩盖起来。媒体在非典危机初期的缺位，一方面使得谣言四起，人心惶惶，几乎造成社会混乱；另一方面由于对必要自我防控手段的不知情，使得公众陷入茫然无助的境地。最终，这场公共健康危机的危害范围远远超出了人们身体健康的本身。

第二种结果，危机被媒体大肆渲染，造成事后看来不必要甚至有些愚蠢的恐慌，耗费巨大的社会成本。“坏消息”对于媒体来说也许是“好消息”。“重大的坏新闻意味着媒体受众的激增，坏新闻毫无疑问会增加编辑记者的肾上腺素。坏新闻提供给媒体在新闻报道中走向极端的诱惑。”前文简述的本世纪初若干被夸大的危机，就是最有说服力的佐证。危机一旦成为媒体追逐阅读率、收视率和点击率欲望的“泄洪区”，就摆脱不了被夸大的命运。

第三种结果，媒体真实、客观和适度报道，恰如其分地起到社会预警、安抚情绪和鼓舞士气的作用，推动危机的尽快解决，把损害控制在最小范围内。2008年，经历非典、冰冻雨雪灾害等危机后，我国媒体危机报道的环境日趋宽松。各级党委、政府以更加开放的态度支持媒体在突发性事件中及时公开信息。由此产生的积极效应在汶川大地震中体现十分突出。第一时间、全天候的灾情发展和救灾抗灾的新闻报道，化危为机，在短时间内抚平灾害造成的伤痛，万众一心、众志成城地投入到灾后重建中。媒体在危机管控直至化解危机中的作用显现无遗。

产生第三种结果的前提，是媒体对新闻总体真实的把握，以及在操作中的冷静、沉着、不温不火的工夫。

钟摆尺度的“有限正比关系”

危机报道的第三种结果和产生这一结果的媒体报道状态，是每个正直的媒体人都应致力追求的。

如果有一架“危机报道之钟”的话，钟摆高高摆向两侧，经过一侧临界点后，是不断缩小危机的第一种状态；经过另一侧临界点后，是夸大危机的第二种状态。在此两者之间，是我们孜孜以求的第三种状态，就是我们要好好加以研究和把握的钟摆“合理尺度”。

说是钟摆尺度，根据在于唯物主义哲学的认识论和媒体操作实务经验的累积，即使最忠实于事实、最为客观的报道也不能还原百分之百的真相。如果，我们描绘一片叶子的颜色，能够严格区分出“墨绿”、“浅绿”固然好，笼统地定性为“绿叶”也不错。这说明，媒体报道的真实性、客观性，总是存在于一个相对的区间内，而非一个绝对的点上。需要强调的是，危机报道更不是一个孤立的、“形而上”的是否坚持新闻真实、客观原则的问题，其中包含着媒体社会责任和社会使命。因此，危机报道不是“定点投放”、“精确轰炸”，而只能设定一个宽泛但又合理的尺度去把握。

那么，这个钟摆的“合理尺度”究竟有多大？其中，存在着两个变量。一是危机的烈度和范围，二是媒体对危机反应的程度。比如，非典和一次停水停电事故是完全不同层面的危机。媒体反应程度会随着危机的烈度和范围发生变化。而对于同一个危机事件，媒体可以发表一则500字或30秒钟长的消息，也可以是几个整版的文字、图片或24小时滚动电视报道。媒体对危机反应程度的深浅又会反过来影响危机的烈度和范围。

两个变量互相影响，互为作用。钟摆尺度要合理，两个变量之间应呈“有限正比关系”。

正比关系，即通常情况下，危机的烈度越高、范围越大，媒体对危机的反应程度就越强，反之，则越弱。媒体对危机的反应程度强弱，也会正向影响危机的发展。只要危机的烈度、范围与媒体对危机的反应程度大致匹配，媒体追求新闻真实客观与其承担的社会责任之间就存在着客观上的统一。因此，我们没有必要在多一篇报道或少一篇报道的细枝末节上过多苛求。

所谓“有限”，即正比关系并非绝对。至少在以下两种情况中，两个变量的关系是需要呈现反比关系的。一是危机处于萌芽状态，有关危机烈度、范围的信息十分模糊和不充分时，要采取“宁可信其有，不可信其无”的态度，以提升反应强度的办法来履行“船头瞭望者”的使命；二是当危机的烈度、范围有可能超过了人们应急能力和心理的极限时，媒体必须特别慎重地采取行动，有时不得不以降低反应强度的办法来起到“理性把关人”的作用。实质上，这两种情况都是媒体对新闻真实客观原则与社会责任最大化的权衡的表现。

归纳上述分析，我们的思路渐渐清晰。危机报道钟摆尺度的合理性，就是在媒体社会责任基础上对新闻真实客观原则的恪守。

从媒体实务经验中学会把握“钟摆尺度”

把握好危机报道的钟摆尺度，是一个较难量化的问题。由于各种不确定性因素，要做数学模型式传播学研究，恐怕窒碍难行。但是，若干从媒体实务中总结的经验，还是有助于我们把握好危机报道的钟摆尺度。

回归新闻的基本价值。在当今日益商业化的媒体环境中，好不好看，似乎成了媒体选择新闻报道的第一准则。要吸引受众，媒体运用的描述、画面、声音就得是受众喜闻乐见的。因此，媒体在选择表达方式时会迁就受众的偏好。同时，由于媒体间激烈的市场竞争，第一时间报道新闻成为重中之重。截稿时间可能会使新闻的真实性受到影响，因为只有充分的采访和材料搜集才能使报道更逼近真相。在危机报道中，求轰动、求快的倾向更加明显，这对我们合理把握危机报道的尺度是不利的。

在2009年海口发生的农夫山泉、统一“砒霜门”事件中，许多媒体就犯了“似是而非”的错误。在这起食品安全危机事件中，检测部门一开始就指出抽检样品“砷超标”。在引述事实时，媒体应该严格按照权威发布的说法进行表述。而不少媒体为了让受众更能理解“砷超标”这一专业术语，则使用了“砒霜”这一概念。但是，砒霜不能和砷元素划上等号。砒霜的化学名为“三氧化二砷”，是砷的氧化物，是一种独立的化学物质。砷元素则普遍存在于自然界中。如果真是“砒霜门”事件，检测部门就会明确地宣布饮料中存在“砒霜”成分，而不是所谓的“砷超标”。媒体人即便不具备理化知识，但只要求助互联网，恐怕10多分钟就能搞明白两者之间的重大区别。是来不及，还是不愿意？实在要打上一个大大的问号。媒体这种为求受众接受而似是而非的推论、类比，立刻把这起危机推向一个更强的烈度，引起更大的社会恐慌。虽然，事件最后得到了澄清，但农夫山泉、统一果蔬汁含砒霜的印象恐怕会常留人心。为此，危机报道必须回归新闻基本面，越是突然来临的危机，越要谨慎地核实新闻材料，以免报道失实，对解除危机造成不必要的干扰。

尽量全面掌握危机全貌和演变机理。要确保危机报道的真实、客观，一个重要的因素就是媒体人要尽量全面地掌握危机全貌和演变的机理。一个危机一定有发生的原因、萌芽时造成的危害、爆发后可能造成的危害、进展速度、人们的反应以及解决之道等多个方面组成。只有你自己搞清楚了，才能设法让别人弄明白。

2008年的那场冰冻雨雪灾害，起初只是单纯的自然性危机，而当它与全国一年一度的春运高峰叠加时，就演变为一场空前的社会性危机，冲击性、破坏力成百倍地放大。但在这场危机初起时，国内媒体并没有足够的思想准备，对已有信息没有做认真的整理、分析，提出必要的预警。中央电视台直到当年的1月26日才以头条报道：“南方出现大范围雨雪天气，交通严重受阻，各地全力疏导旅客。”同时，又坚称：“虽然京广线南段受冰冻天气、断电影响受阻，铁路部门积极组织疏导运输”。事实上，当时南方的铁路、公路和空中交通已经瘫痪，根本无力承担百万人的客运任务。在受众最需要媒体信息来决定个体应对危机行为的时候，媒体发布的不确定信息让大批归心似箭的旅客涌向各类交通枢纽，致使危机向社会蔓延。当然，进行上述口径的报道，有着以往处理危机的惯性思维作祟，但主要还是媒体对整个危机的全貌没有一个客观的掌握，导致信息失真。危机本身的不确定性和复杂性，会给媒体掌握情况制造障碍，但这不能作为媒体懈怠的借口。媒体必须全面地介入危机进程，及时搜集事态发展的信息，进而在大量信息基础上进行独立分析、判断，以利通过新闻报道对受众进行危机预警、舆论引导。

把更多注意力集中到解除危机上来。危机发生了，危害造成了，已不可挽回，但是，人们的生活还要继续，社会还要进步。媒体在危机报道中，一方面，要充分发挥社会检测预警功能，把危机的“阴暗”一面暴露出来，引起公众和政府的警觉；另一方面，又不能停留在仅报道负面新闻的层次上，要更多关注危机的解除之道和危机解除时人们的种种努力、特别是危机中人性的光辉，用舆论引导人们在危机中尽可能保持健康向上的情绪。

由于汶川大地震发生在冰冻雨雪灾害之后，媒体危机报道中发生的教训被及时汲取，从全国性媒体到地方都十分注重地震灾害信息的真实客观传递，公开、透明的报道还让国际社会的同情与援助源源不断。可以说，汶川大地震报道已成为至今国内最成功的危机报道。从大地震报道中，媒体人充分体会到了是否以人为本乃危机报道成败的关键所在。

保持信息的平衡性。本文一再提及危机的不确定性，因为这是对媒体危机报道影响最大的因素。特别是由于危机造成危害的不确定性，有时确实让媒体在把握报道尺度时常常踌躇。对某一危机事件报道多了，也许就像《新闻周刊》盘点的“夸大的恐慌”那样，会在今后闹笑话；报道少了，也许真的“狼来了”，媒体又会自陷失责的境地。因此，必须在那些不确定性很大的危机中保持信息的平衡性，把最终的判断权交给公众。

当前，全球遭遇的甲型H1N1流感危机，就是一个危害不确定的危机事件。甲流是一种新型流感，它对人类的危害到底有多大，现在没有哪个专家能够下定论。那么，媒体在报道时，一定要注意选择不同的消息来源，特别要运用有差别的观点，避免报道的“一边倒”。尤其在报道甲流的传染烈度、死亡率等问题上，要客观地传递不同意见的专家的声音。我们要相信，受众的媒体素养正在提高，大家有能力去判定危险是否来临。国际金融危机的影响，至今也未定论。虽然，世界经济出现了复苏迹象，但是基础并不巩固，“迪拜世界”债务危机等事件的爆发，仍有可能导致金融危机的持续蔓延。此时，媒体更要谨慎从事，在欢呼增长时，不忘多提个醒，这也是媒体危机报道中所体现的信息的平衡。

反思是媒体的重要职责。每一次危机，都给人类带来教训。某种意义上说，危机是社会进步的重要动力。媒体在危机报道中，不仅要勇于揭示真相，鼓舞社会人心，谋求解决之道，还有一个重要职责，就是认真反思危机带来的教训，总结经验，让人类社会进步少走弯路。也只有这样，危机报道才不会是简单线性的，而是立体的，有厚度的。

再以国际金融危机为例。这场危机由美国次贷危机引发。在一阵混乱后，美国媒体立即对本国自由主义经济制度和金融创新模式进行了全方位的分析、反思和批判，让全球公众看到了自由资本主义的缺陷和局限性，为事后国家对华尔街金融机构采取大力度监管措施，创造了舆论氛围和社会基础。而我国经历非典事件后，媒体持续对危机发生后信息公开的缺失进行检讨，促使政府提高了处理公共危机的能力和水平。

言虽至此，但随着危机报道日渐进入现代媒体的重要议程，合理把握钟摆尺度，保有新闻基本价值，善尽媒体社会责任，将是媒体人需要念兹在兹的重大课题，值得进一步认真研究。

应多“警言”少“危言”

——关于“恐惧夸大”的媒体危机传播的反思

吴长亮　李茂君

在我国，危机传播基本还处于探索规律的阶段，这与新闻从业者缺乏此类职业训练以及固守“报喜不报忧”的传统报道方式有关。于是，在一些危机事件发生的地区，多采取“内紧外松”的传播策略；而在外地的媒体，则出现过于尖锐或有失偏颇的批评。因此，在公共危机事件的报道过程中，应当尽量避免“不报”或“滥报”这两个极端，在体制允许的范围内找到适当的平衡点，最大限度地服务社会公众。记者作为新闻一线的见证者和发布者，无疑起着“扫描仪”和“过滤器”的基础作用。

美国《新闻周刊》杂志的年末盘点，列举了前十年被“夸大的恐惧”。反观这些公共危机事件，并非久远的往事，人们至今记忆犹新，而当时媒介报道是否在其中起到夸大作用，对此存有广泛质疑。如果新闻媒介当时无法发觉自身有什么失度的话，那么至今拉开时间距离回望当年的危机传播，确有反思的价值。本文以风险社会理论为语境，反思对于当下以至今后的危机传播所应汲取的教训，梳理出一些媒介报道公共危机事件可供遵循的规律和原则。

宏观驾驭：行使“耳目喉舌”的媒介职能

风险社会中面临的实务问题就是如何规避、如何应对，在这个过程中，媒体的信息传播起着至关重要的作用。由于危机事件的突发性、不可预测性等特征，如果没有大众媒介及时而准确的传播，我们只能像“盲人公民”那样蒙昧无知，不知所措，那么，世界将会变成什么样的混乱场面？灾难的危害将扩大到什么程度？

在过去十年间，对于公共危机事件的报道效果并不理想，要么集体失语，要么夸大恐惧，因此，风险社会中媒体危机传播的作用、策略等，一直是重中之重的议题。但近年来媒体在公共危机中行之有效的信息传播和舆论引导，增加了许多可圈可点的实例，为深入思考和探讨拓展了广度和深度。

第一，充分保障受众知情权，新闻媒介要行使好社会守望职能。

保障社会和公众的知情权，是现代媒体责无旁贷的义务。而事实上，一旦事件发生，面对多元化的信息传播渠道,媒体也只能“据实以告”，及时通报事实,让公众知道更多的真相，否则“大道”不传小道传，将造成不必要的恐慌和混乱。因此，在社会急遽变动、公共危机突发频率随之增加的现实境况下，如何在突发公共危机中优质高效地收集、处理、传播信息，引导舆论，保障公众应有的知情权就成为现代传媒的一大新课题。“3T”原则是对发达国家危机传播的经验总结，迈克尔·里杰斯特在《危机公关》一书中提出：Tellityourown（以我为主提供情况）、Tellitfast（尽快提供情况）、Tellitall（提供全部情况）。这就表明，传媒的力量在于说真话，维护新闻真实是传媒的天职，特别是在面临重大公共危机时，必须确保新闻真实，切实尊重受众知情权。

危机事件中的媒体既是政府对公众发言的渠道，又是公众实现知情权的渠道，同时媒体也是靠传递信息来服务社会的传播机构。媒体的介入是处理现代社会公共危机事件的必要环节。30多年前的唐山大地震，当时的媒体对灾情介绍只用“震中地区遭到不同程度的损失”一笔带过，还规定不能报伤亡数字，新闻记者不准进入灾区，不准拍照，媒体的“社会守望——监测环境”的功能完全无法体现出来。

相形之下，国内媒体在非典期间的报道，不仅扩大了向公众提供信息的范围，还随着事态的进展，分析整合危机信息，及时报道对危机发展趋势的估计。因此，媒体以公开透明的姿态及时发布信息，以独立负责的姿态反映、整合舆论，能够使自身权威进一步确立，公信力大大增强，从而提升受众应对社会危机的信心。在满足不同公众对不同信息需求的基础上，媒体冷静客观，和政府、公众之间良性互动，有助于社会秩序的理性、健康发展。

第二，化解和转移社会压力，媒体应发挥好议程设置功能。

在社会危机事件传播过程中，由于信息不对称、不透明、不平衡，作为新闻代用品的谣言就会释放出巨大能量并带来严重社会危害。实践证明，公开的信息能够有效地平息各种议论和猜测，扭转舆论被动的局面。因此，媒体理应遵循新闻传播规律，力争在第一时间向公众报道新闻事实。同时，发挥媒体的议程设置功能进行舆论引导，及时准确地把握这一心理的动态变化，从而随着危机的阶段性发展，有针对性地调整新闻发布的密度和频度，从根本上消除流言的基础与动因，以达到与受众的良性互动，引导好危机时期社会舆论走向。

在现实生活中，人们不能直接得到的或本身较为复杂的信息，一般需要大众媒介提供，于是大众媒介无形中为人们建构着现实社会。议程设置功能认为公众可以通过媒介知晓事件和问题，依据媒介提示的角度思考，按照媒介对各种问题的重视程度来调整自己对这些问题重要性的看法。

第三，引导大众科学分析和理性反思，新闻媒介应担当好“意见领袖”。

重大突发事件往往具有分量重、影响大、情况复杂、敏感程度高、后果严重等特点，对其报道不当会引起社会诸多不良反应，更何况一些重大突发事件还具备相当的政治性。如果媒体没有很好地进行舆论的引导，错误的舆论就可能形成巨大的“舆论螺旋”，并和谣言遥相呼应，从而混淆视听。

大众传播的强效果论认为，在传播的过程中，媒介还将充当“意见领袖”的角色。“意见领袖”力量的存在有时会影响受众一段时间的判断能力和思维方式。在公共危机发生时，受众不是旁观者，他们也需要科学分析和理性思考，这种思考的源泉就来自于媒体。大众传播不仅作用于受众的感知觉，还进一步影响其思维和情感，这是媒体深层次传播效果的体现。

媒体“意见领袖”的题中应有之义，还包括宣传和报道专家学者的声音，形成自己独立的意见以影响大众。面对公共危机，大众媒体更应该是启发社会思考、促进社会进步的“推动器”。2003年的非典危机初期，公众因疫情的不确定性而产生了巨大的焦虑感和恐惧感，而此时，中科院院士钟南山等专家频频出现在媒体上，为公众答疑解惑，平息流言，所产生的舆论引导作用非常显著。

微观把握：在危机传播中当好信息把关人

在我国，危机传播基本还处于探索规律的阶段，这与新闻从业者缺乏此类职业训练以及固守“报喜不报忧”的传统报道方式有关。于是，在一些危机事件发生的地区，多采取“内紧外松”的传播策略；而外地的媒体介入，则出现过于尖锐或有失偏颇的批评。因此，在报道公共危机事件的过程中，应当尽量避免“不报”或“滥报”这两个极端，在体制允许的范围内找到适当的平衡点，最大限度地服务社会公众。记者作为新闻一线的见证者和发布者，在危机传播的信息采编中，无疑起着“扫描仪”和“过滤器”的基础作用。

一、关于报道角度：力求客观公正，且要有所侧重

新闻报道的新闻价值在于新鲜性和独特性。但对于公共危机事件的报道，过于强调新鲜性和独特性则会削弱报道的客观性和严肃性。公共危机事件的报道不同于一般的新闻报道，它更强调新闻的社会功能和信息传递功能。记者对于危机事件的报道应当本着实事求是的原则，做到客观、准确、严肃、公正，树立权威可信的报纸形象，不应当故意选择暴力、血腥、灾难性的场面、细节大做文章，忽略对事件的总体把握。对公共危机事件客观公正的陈述，可以避免谣言、稳定民心，树立良好的媒体和记者形象，对媒体的长期发展具有不可忽视的作用。

在汶川特大地震的报道中，《南方周末》的报道颇具成熟的主流媒体风范，其开通网站专题，一线记者从现场发回的灾情和救援的“最新动态”和对抗震救灾建言献

策的“言论”等板块，十分精当。有时候单纯对危机事件事实的报道，并不能达到良好的传播效果。因为对事实的简单陈述，仅满足了受众对危机的认知需求，公众更想了解的是有关危机事件的相关政策、法规以及自救手段。这显然是更具有新闻价值和社会价值的报道角度。

二、关于报道形式：既要软硬穿插，也得讲究顺序

危机传播除了告知公众真实信息外，更重要的是促进危机的有效解决。任何报道都不能覆盖所有受众，试图面对所有受众的报道通常意味着没有受众。危机事件的报道不同于一般的报道，它要求新闻的传播具有有效的社会影响力。面对趣味、水准各不相同的受众，唯有采取软硬新闻穿插结合的方式，使理性、深刻的报道和事件性、情感性的报道相互补充，才能起到良好的传播效果。

记者采写公共危机事件的报道，还要注意讲求顺序，尽量将事实性、政策性或者方法性的报道放在事件发生发展时期，而将反思性的报道和评论放在事件的平稳期或者结束期，不要一边如火如荼地解决问题，一边坐而论道“损失惨重”、“影响恶劣”、“深刻反省”，那样只能会引起受众更多恐慌，引发更多抱怨，造成更多混乱，反倒不利于危机事件有效传播和合理解决。

在2005年末发生的“松花江水污染事件”中，北京青年报等媒体采集多方权威信息，内容涉及专家预测、应急方案、长期生态影响及该由哪个单位负责等情况，全景化、立体式地呈现了事实和观点。记者在写作时就将材料穿插开来，读者阅读后便消除了对危机信息的模糊认识，起到了稳定公众情绪、增加对政府理解的作用，有利于危机事件的控制。

三、关于报道基调：必须科学理性，切记以人为本

公共危机事件一般涉及自然灾害、公共卫生、安全等与公众生命财产密切相关的领域，往往具有一定的专业性。对于公众，即使是知识水平较高的公众来说，危机事件所涉及的领域也可能是极为陌生的。对于熟悉的事物，人们往往乐于通过自己的经验进行判断；对于自己不熟悉的事物，高质量、负责任的观点更容易争取到受众。眼下新媒体发展迅速，纸质媒体在时效性和音画方面不具优势，唯有深度报道，才符合危机事件报道的要求。特别强调的是，报纸记者面对危机事件，要知道公众需要理性的报道来加深对事件的认识，同时也需要获得情感的支持，帮助渡过危机，记者理应采用诉诸情感的报道方式，贴近受众，使受众树立信心，产生共鸣，共渡难关。

20多年前的的大兴安岭特大森林火灾，《中国青年报》记者在火场奔波一个月，写下了《红色的警告》、《黑色的咏叹》、《绿色的悲哀》等深度报道，科学理性，

入木三分，至今还让人警惕那场火灾的隐患。至于“三色”报道如何披露官僚主义、体制弊端并引发社会思考等，对于今天来说，仍具有重大社会意义。当然，记者采写时，包括对一些重大细节的反复调查、多次印证，单笔记本就记下了两册，绝不因报道伤及无辜，其以人为本的理念打动了当年的千万读者。

四、关于报道立场：完善动机建设，践行与人为善

“异地监督”是我国新闻媒介公共危机事件报道的特殊现象。一些媒体将批评异地作为树立报纸新锐形象的利器，而对本地发生的危机事件避而不谈。新闻媒体承担固守社会良知的天职，在社会生活中具有广泛的影响力，在监督权力机构和规范社会秩序等方面，确实具有不可低估的作用。但并不意味着新闻从业者就一定要站在一个不受制约的立场上，仅针对事件本身进行空泛的批判。

记者应当对公共危机事件进行理性、建设性的批评，将敏感的话题以一种含蓄渐进的方式引向深入，本着与人为善的态度，多提建设性的意见，采取用事实说话的方式，将自身的观点隐藏于事实之中，吸引公众的注意，将对于危机事件的讨论引入公众当中，起到抛砖引玉的作用。

现代社会是危机频发的社会，媒介作为社会公信力的象征，肩负着重大的使命和责任，怎样避免过于尖锐而又缺乏深度的“异地监督”，同时又不拘泥于“内紧外松”的传播传统，真正树立起在危机事件发生地点媒体的权威公正形象，真正做到在第一时间为社会公众服务，是新闻媒介及其从业人员应当慎重思考的问题。

结 语

综上所述，当今世界已经进入风险社会，新闻媒介起着沟通信息的不可替代的作用。我国当前正处于“经济转轨、社会转型、矛盾多发”时节，重大突发事件、危机事件等激增是当下社会面临的重要课题，危机传播对于促进社会稳定和保障民众利益，意义十分深远。

面临纷繁复杂的重大突发事件的危机传播，媒体应该遵循新闻传播规律，在与受众的互动中形成良好的突发事件反应机制，成为环境监测、舆论监督和舆论引导的重要渠道，并在风险社会语境下发挥重要的信息沟通、组织协调、风险治理、教育公众等作用。为达到这些目的，新闻媒介及其从业人员还有很长的路要走。

“夸大的恐惧”，谁之过

范以锦　盛佳婉

既然危机中的恐慌被莫名地扩大，这有可能来自媒体的推波助澜，也有可能始作俑者就是政府部门，那么，媒体在参与危机事件报道的前提下，如何当好“安全阀”、“减震器”呢？作为政府部门又该如何适时适度发布好信息呢？简单地说，笔者认为这是一个“钟摆尺度”的问题。

美国“9·11”事件后，洛杉矶时报预言：“下一个‘重大事件’将不是什么科技突破或其他，而是恐慌”——不料竟一语成谶。

随着传播媒介的发达，人们之间的信息沟通更加顺畅。然而，人们却置身于一个高风险社会中。这几年，毒奶粉、禽流感、甲流等频频见诸媒体，我们在庆幸政府信息公开、人们知情权日益得到保障之余，也要看到有些事件由于着意夸大，在一定程度上演变成了社会恐慌事件。有些事件真的如人们想象的那样恐怖吗？这些事件是谁夸大了它的影响？媒体和发布信息的政府部门对容易引发恐慌的事件如何把度？值得我们认真探讨。

媒体是推波助澜者？

美国《新闻周刊》2009年岁末盘点了21世纪前十年“夸大的恐惧”，包括千年虫、全球化、疯牛病以及新生网络事物等。这些事件在当时掀起了轩然大波，引起了人们的恐慌。然而时隔多年之后，这些事件并未像人们恐惧的那样发展，当初的恐惧也已不足为惧。

不妨将时间拉到近10年的中国，发现我们也一直生活在“夸大的恐惧”里。网上流传着这样一个帖子：“早上掀开黑心棉被，喝杯三聚氰胺牛奶，吃着防腐剂咸菜，外加个苏丹红腌蛋。中午来盘地沟油烧黑心肉，炖只患了禽流感的鸡……”这个帖子，无疑表达了人们对食品安全的恐慌。事实上，从2003年非典开始，我们先后经历了非典、苏丹红、三聚氰胺、禽流感、甲型流感等危机事件。在此之后，人们便纷纷谈“红”色变，谈“奶”色变，谈“鸡”色变，谈“感冒”色变。人们的恐慌，让这些危机事件如多米诺骨牌一般，引起一连串相关的行业利益受损，甚至导致整个行业的崩溃。然而，事实真的像人们想象的那么恐怖吗？

“苏丹红”事件经过媒体炒作后让国人谈“红”色变，而研究表明，一瓶含有苏丹红的辣椒酱致癌的可能性，仅仅相当于一支香烟致癌的概率。而禽流感一经公开报道后，一时间人心惶惶，事实上，禽流感病毒在70摄氏度下就可被杀死，高温加工过的鸡是可以食用的。三聚氰胺奶粉爆出来后，我国制奶业迅速萎靡，尽管牛奶中含有的三聚氰胺远不足以对成年人造成危害。甲流由于其最早的名字“猪流感”使人们对猪极其恐惧，埃及甚至在全国屠杀了35万头猪。然而目前的研究表明，该病毒不会通过猪肉传播，人们不会因为吃猪肉而感染甲流。

这些被夸大的恐惧，至今记忆犹新。恐惧被夸大以致引起恐慌，固然是各方面因素共同作用的结果，然而由于是媒体报道出来的，无疑媒体被指为“夸大的恐惧”的推波助澜者。媒体犹如一部放大镜，一方面将事件由大家所不知道的放大出来，让大家清楚地看到事件的原委，另一方面也由于其放大，人们往往看到的是被夸张数倍的不真实影像，从而产生不必要的恐慌。媒介恐慌论认为，媒介在对社会恐慌事件进行大规模报道的过程中会导致产生新的更多的恐慌现象或恐慌心理。而前十年里被“夸大的恐惧”，无一不是经过了媒体长篇累牍的报道。因此与其说这些事件是社会恐慌事件，不如说是媒介恐慌事件。

媒介最重要的功能是满足人们的知情权，消除人们对消息的不确定性，同时也有着监测环境、灾难预警的功能。著名报人普利策有个比喻：“倘若一个国家是一条航行在大海上的船，新闻记者就是船头的瞭望者，他要在一望无际的海面上观察一切，审视海上的不测风云和浅滩暗礁，及时发出警报。”记者瞭望哨的功能决定了他要在危机发生之前及时发布预警，从而使人们未雨绸缪，防御危险。然而由于媒体放大镜的作用，危机被严重放大，人们产生更多不必要的恐慌。那么，是何原因让媒介成了恐慌事件的推波助澜者呢？这与激烈的媒介竞争有莫大的关系。

激烈的媒介竞争让一些市场化程度较高的媒介“越力而行”：其一，在竞争环境下，不论哪家媒体都不敢在重大危机事件中缺位，偶然一次的失语，就会为读者所诟病。这种情况下，在一些媒体中出现了“有条件要报，没条件制造条件也要报”的仓促，还要赶在第一时间报，长篇累牍地报。人们往往在不明所以的情况下就因为媒体的报道而形成固定单一的记忆结构。其二，媒介竞争让媒体在危机事件中“萝卜快了不洗泥”，为了吸引更多的眼球，报道内容多选取能强烈刺激人们神经的新闻，报道方式粗鄙浅陋，出现了大量捕风捉影、夸大其词的报道。比如《钟南山：国内死于甲流的多人有80%是孕妇》一稿被迅速转载，然而，钟南山当时的表述是“国内死于甲流的200多人中，有8%是孕妇”。

政府部门是始作俑者?

媒体是"恐惧夸大"唯一的推手吗?由媒介恐慌论的定义可知,媒介恐慌形成有几个步骤:其一,发生了社会恐慌事件;其二,媒介对事件进行了大规模的报道;其三,产生了更多的恐慌。那么,恐慌是如何在媒介报道过程中被放大的呢?

"风险社会"理论的提出者乌尔里希·贝克认为:"全球风险社会各种灾难在政治层面上的爆发将取决于这样一个事实,即全球风险社会的核心含义取决于大众媒体,取决于政治决策,取决于官僚机构,而未必取决于事故和灾难所发生的地点。"一个成熟的社会传播控制体系应能够在重大事件突发时保持有效运行。换言之,它应该有助于减少社会性恐慌行为而非相反。那么,从政府和媒介的层面来看,哪些行为的失度导致了恐慌被放大?笔者认为,从我国的国情来看,重大的疫情、灾情等往往是由政府来发布的,媒体报道无非是被"授权发布",且受到一定约束。因此,很大程度上,"夸大的恐惧"的真正推手或者说更重要的推手是某些政府部门。

我国政府新闻发布体系还不完善,没有成套的法律规范。因此,在危机事件发生时,对发言人什么该说,什么不该说,造成的后果由谁来承担等,并没有明确的规定。在这种情况下,政府发布的信息跟发布者的道德和业务素质有莫大的关系。这就面临着几个问题:第一,在危机事件发生时,发布者有可能选择隐瞒。一些发言人惯性思维作祟,还持着"民可使由之,不可使知之"的愚民观念。在面临危机事件时,怕引起恐慌选择隐瞒信息。然而,在传播技术日益发达的今天,隐瞒信息只会让小道消息无孔不入从而造成更大的恐慌,媒体也会因为得不到正当的消息来源而随意报道、夸大事实。第二,消极吸取教训,矫枉过正。随着信息公开的日益推进,有些发言人消极吸取过去隐瞒信息的教训,宁肯把事态说得严重一些。第三,为了得到某种利益,任意夸大。比如灾害的夸大,可以得到国家更多的赈灾支持。第四,发布者业务知识缺乏,发布水平低下。未认真听取专家的意见或对专家话语断章取义,发布的信息不够完整和平衡,片面强调可能造成的危害,却不说明可能发生的概率等,造成了人们无谓的担忧。

媒体有其自身局限性,需要政府及时披露信息的引导。这种局限性表现在:其一,媒体不可能精通每个领域的知识。因此,在专家们"众声喧哗"的时候,媒体往往会缺乏判断力。一些科学知识,在没有经过专家的反复验证,甚至还存在着种种争议的情况下便被大众传媒迫不及待地公之于众。另外,出于对新闻价值的考虑,媒体倾向于选择耸人听闻的灾难性新闻。这种对危机事件不完整、不平衡的呈现无疑会加剧人们的恐慌。其二,媒体有其所处时代的历史局限性,这种局限即使是相关领域内的专家也会有。这就决定了媒体在危机事件发生时并不能准确预测事件影响力程度及发展方向。

然而，媒体瞭望哨的角色决定它要进行灾难预警，以防患于未然。因此，媒体在报道时倾向于放大危机而非缩小。正是由于媒体的某些局限性，决定了政府在危机事件中要起主导作用。政府的权力与媒体的权力不可同日而语，政府既有能力组织各方面的力量对危机事件进行评估，也有权力对媒体提出这样那样的报道要求。因此，政府部门要依法运用拥有的资源，提高信息发布水平，既不能压制媒体的报道，也不能误导媒体，引导媒体在危机事件中充当“安全阀”而非“助燃器”。

在危机事件发生时，许多媒体会主动去获取信息，不“唯权威部门是瞻”。但政府部门如果不积极支持配合，媒体可能在无序中乱报道；而有些管得紧的地方媒体则可能跟着权威部门噤声，集体失语，或者原封不动地照搬权威部门发布的信息，表现得“事不关己，高高挂起”。由于我国特殊的媒介环境，一些市场化程度不高的媒体养成了一种“坐等天收”的习惯，这样的例子在频发的危机事件中俯拾皆是。河南杞县钴60事件，就是政府、媒体与公众沟通不畅造成恐慌的典型案例。

如何把握危机报道的“钟摆尺度”？

既然危机中的恐慌被莫名地扩大，那么，媒体在参与危机事件报道的前提下，如何当好“安全阀”、“减震器”呢？政府部门又如何适时适度发布好信息呢？简单地说，笔者认为这是一个“钟摆尺度”的问题。

钟摆效应告诉人们，一个人在社会生活中所处的社会地位越高，他对社会造成的或好或坏的效果也就越大。面对危机事件，政府和媒体在发布新闻和报道新闻时应有一个钟摆观念，把握好尺度，只要不超过其左右摇摆的尺度，就不会酿发恐慌。尤其我国正处在社会转型期，正在逐步实现信息公开。然而，惯性思维使公民对一些子虚乌有的传闻“宁可信其有”，看到媒体报道或政府发布的危机信息容易作夸大解读。所以，在危机事件中，媒体和政府部门都要审时度势，给自己选择一个合适的“钟摆”位置，使事件朝着有助于问题解决的方向发展。

那么，该怎样选择合适的位置呢？作为能左右危机局势的政府部门有两点是不容忽视的：

其一，对媒体在化解危机中的重要作用要有正确的认识。既要看到媒体对社会恐慌事件的不确切报道会导致更多的恐慌产生，又要清醒地认识媒体在危机事件中缺席无助于减少恐慌。假若没有媒体的介入，事情只会更糟。广大公众对于风险的感知或者社会所面临的风险，有可能被人为弱化甚至掩盖，这样造成的后果往往是灾难性的。非典前期，媒体失语造成灾情泛滥就是一个典型的例子。公众无法从权威部门获取信息，在恐慌的状态下往往容易听信一些小道消息，这就使得谣言肆虐，从而引起更多的恐慌。瓮安事件前期，媒体失语，谣言横飞，使问题严重复杂化，更不利于问题的解决。因此，政府主动运用媒体发布信息无疑是十分重要的。

其二，由于政府部门掌握权威信息，同时又具有整合社会资源的能力，因此应该也有能力将尺度适中、有理有据的事实公布于众。当然，这也须强化对信息发布者政治与业务的培训。因为，无论瞒报还是夸大，都与官员的业务素养及德行有关。

媒体则要强化社会责任感。简单化思维所形成的“粗放”报道产生了相当多的传播泡沫，这就使得在危机的危害还没有真正影响到大多数人的时候，我们中的许多人却已经陷入了无可名状的、毫无根据的害怕，而这种害怕又会恣意放大危机的严重性。

对各类媒体来说，树立和秉持高度的社会责任感比以往任何时候都更为重要。这种重要性在危机事件中表现得更为突出。危机事件是检验媒体实力的试金石。媒体想要在危机事件中做到帮忙而不添乱，必须具备高度的社会责任感：

其一，小心谨慎并怀有谦诚之心是必要的。只有承认自己在某些领域的无知，才能在报道中留有分寸。通过倾听各方面的意见，多层面、多维度地报道真相，通过真相让民众对风险作出自己的辨别和裁决。

其二，要坚持新闻专业主义精神。这就意味着媒体要在市场导向下保持清醒的头脑，不跟风，不炒作，不媚俗，不冲动，坚持道德底线，准确、公正地报道。

其三，要有一种历史的厚重感。新闻不应该只是“易碎品”，更应该成为“珍藏品”。好的新闻应该能经得起时间的考验，能够影响突发事件的演变和进程。因此媒体应该怀着一种济世情怀，在报道危机事件中着力推动事件的解决，化危机为转机，推动社会的健康发展。

除了以上讲到的媒体与政府各自的责任之外，两者还应建立良性的互动关系，在新闻发布和传播中形成共识。在危机事件发生后，媒体要迅速作出反应，促成和引导政府议题设置，充当政府的信息发布渠道，准确、全面、客观地发布信息。这就要求媒体主动争取获得权威部门的信息，并利用好这些信息。然而，媒体对权威部门可以“依靠”，却不能“依赖”。一个优秀的媒体该对政府意识形态有着很好的把握，应该风起于青萍之末而知风向。因此，在危机事件发生时，媒体应积极通过各种途径主动获取信息，力求与政府营造一种共同寻找真相、公布真相、澄清谣言、沟通信息、化解危机的气氛。另外，媒体也要起到把关人的作用，要有自己独立的判断力和过滤能力。即使是政府部门发布的信息，也要审慎对待，不迷信权威，以质疑精神一步步地接近真相。

附录：前十年“夸大的恐惧”

据美国《新闻周刊》2009年11月17日报道，21世纪的前十年可以说是风云多变的年代，世界上发生了太多令人眼花缭乱的变化。《新闻周刊》日前盘点出21世纪前十年“夸大的恐惧”：

千年虫：千年虫又叫计算机2000年问题，缩写为“Y2K”。随着21世纪的到来，人们发现用两位数字表示年份将无法正确辨识2000年及其以后的年份，从而引发系统混乱甚至崩溃。但进入2000年以来，几乎没有大规模的千年虫爆发事件。

鞋弹：2001年12月，理查德·瑞德试图在巴黎飞往迈阿密的航班上引爆藏在鞋子中的炸弹。此后，美国当局要求乘客登机前必须脱鞋接受检查。鞋弹事件甚至改变了许多人的买鞋习惯，他们经常挑选那些容易穿和脱的鞋。

移民：移民抢走了当地人的工作，挤满了学校、医院和监狱，毁掉了当地人的语言，危及当地孩子的安全，至今依然有很多国家敌视移民。但是抵制移民，同样也是在抵抗国家未来。因为一个国家强大的基础就在于其吸引世界上最好和最聪明的人的魅力。

博客写手：在过去十年间，博客就像一个怪兽以几何方式迅速繁殖，威胁到传统主流媒体，搅乱人们的正常生活。但实际上，博客写手只不过将自己的时间和精力都放在令他们获得灵感或者感到愤怒的话题上。

非典、疯牛病和禽流感：前十年出现多种大规模传染病，令神经退化的疯牛病，让人们对牛肉畏之如虎，畜牧业受到重创。但今天这种病毒已经不足为惧，只有2006年发现过三例。快速流动病毒禽流感，杀死数以百万计的鸟类，但到2008年年底就消声灭迹。尽管非典杀死1000多人，但科学家称这种病毒不会再次出现在人身上。

全球化：全球化在过去十年间得到加速发展。人们最初对全球化持抵制心理，比如2001年G8峰会，掀起欧洲史上最血腥的抗议。他们认为全球化的最大受益者是精英阶层，普通人将受到伤害。人们害怕的其实只是改变，以全球化为例，如果妥善处理，改变也是一件好事。

《新闻实践》杂志2009年第4期“多棱聚焦”栏目

隐性采访

隐性采访在媒体屡见不鲜，屡试不爽，可又争议不小，隐患不少。通常，隐性采访的新闻题材是揭露黑幕或舆论监督的报道，往往被视为出奇制胜的“暗器”，确实有许多公开采访所不及的优势，确实富有追求真相的可信度和感染力，确实能够展现新闻记者伸张正义、激浊扬清的“卧底”精神。

“不入虎穴，焉得虎子”，是隐性采访的最合乎情理的媒体动机，而其最脆弱的“死穴”就是有悖丁尊重人权的法则，稍有不慎就容易遭遇“反咬一口”的尴尬。事实上，隐性采访是媒体不得已而为之的“剑走偏锋”，不仅需要无私无畏的胆魄，更需要恰到好处的机警，其中确有许多值得探索与商榷的运作节点。

在“自媒体”时代“公民记者”大量涌现的背景下，隐性采访的手段被滥用、被玷污，不单单是一种无谓的担忧。如果缺乏规范与约束，暗访暗拍就会成为无孔不入的人际窥视，而媒体正常采用隐性采访手段也将蒙受殃及之辱。

隐性采访的魅力、争议及替代

郑宇丹

随着微内容、自媒体等理念的提出与实践，信息发布的准入门槛越来越低，隐性采访这种低技术含量的新闻获取手段已很难再维持其稀缺性、神秘性乃至神圣性。如同马克斯·韦伯在提出“世界的祛魅”时提倡的“理性”与“价值多元化”，隐性采访也必然要经历“祛魅”的过程，从一种“感性”占优的无奈善意向理性和合法化过渡。但凡理性思维，首要遵循的是科学的方法，这是不是比隐性采访更具备挑战性？

为什么隐性采访备受诘难却又屡试不爽？

如果从历史现象和隐性采访的自身特征来考量，我们可以将其归纳为三点：稀有性、神秘性和神圣性。

隐性采访所获取的是一种稀缺的信息资源，也就是独家新闻。它是新闻同质化的对立面，是新闻竞争的制胜法宝。这一特性已经写进了它的出生证。19世纪末，正是大众报刊在美国相互搏杀之时，普利策的《世界报》女记者伊丽莎白·科克莱堪称隐性采访的鼻祖。她先是假装招引男性无赖，然后写文章予以揭露；继而又伪装成精神病患者混入医院进行暗访。这类文章，在当时深受读者拥戴。

在“煽情新闻”方面，与普利策对决的赫斯特不甘落后，他在自己接手的第一家报纸《旧金山考查家报》上缔造了名叫“安妮·劳里”的角色。这个“女人”，善于用扣人心弦的情节吸引女性读者。比如“她”在医院附近假装晕倒，被送进病房，继而写出的报道“字里行间充满了对不幸的病人的同情”。[1]

隐性采访的目的是“以隐揭隐”，用较为神秘的手段揭开神秘的真相。揭丑的愉悦，往往体现在真相水落石出的那一刻。这不仅关乎感官趣味的美学，更体现出对权力的有效监督。中国的隐性采访就是这么上路的。著名记者邵飘萍是较早采用隐性采访的实践者，他在《实际应用新闻学》中提到，“化装术乃是记者普通之技能。”有一次，段祺瑞内阁讨论金法郎案。庚子赔款中法国部分本来可以用纸币来赔偿，但是法国却要求中国用黄金代替纸币，中国因此要多支付8000万元。这次讨论是严禁记者列席的，但是邵飘萍不想错过这样的独家新闻。他雇了一辆小车隐藏在政府门外，等到法国公使的汽车进门时，马上尾随跟进。门卫误以为他是法

---

[1] [美]迈克尔·埃默里等著，展江译：《美国新闻史》第九版，中国人民大学出版社2004年版，第244页。

国公使的随从，未加阻拦。第二天，会议讨论的内幕在《京报》和盘托出，举国震惊。

隐性采访有着近乎神圣的动机，公众利益是其长盛不衰的精神源泉。1903年，掀起美国揭黑幕运动的“三面旗帜”：林肯·斯蒂芬斯、埃达·塔贝尔和雷·斯坦纳德·贝克无不是公众利益的庇护者。他们的文章直指政府腐败、石油垄断和非法用工。在我国，隐性采访经典案如“南京冠生园事件”、央视“3·15”晚会曝光损害消费者权益的行为、“武汉成人高考替考案”等，也都是以普通民众的利益为出发点。

可以说，由稀有性、神秘性和神圣性所组成的隐性采访“魅”核，在一些特定时期发挥了重要作用，比如美国大众文化形成时期、中国新文化运动推进时期及改革开放的思想解放时期。但由于隐性采访与生俱来的法律、伦理争议性，相随相生的是不同程度的“祛魅”思维。

在美国，隐性采访的“赋魅”与“祛魅”几乎是同时进行的。在普利策与赫斯特大张旗鼓地运用隐性采访的同时，以《纽约时报》为代表的一批报纸即予以抵制。抵制的理由类似马克思所说的：需要不神圣的手段的目的，就不是神圣的目的。

令“祛魅”运动达到高潮的是发生在1992年的“狮子食品事件”：ABC的两名记者头戴假发，拿着假身份证、假推荐信和假的工作简历，到狮子食品超市求职。他们在假发中藏有微型摄影机，身上暗藏微型麦克风，录下了超市员工把过期的腐肉浸泡在漂白水里，再换上新包装，打上新生产日期的无良行为。节目播出后，狮子食品的股票价格大跌，损失达13亿美元。恼羞成怒的狮子食品将ABC告上法庭。法庭认为，ABC记者的行为存在欺诈，狮子食品一审胜诉，获赔550万美元，随后赔偿金额被降低为31.6万美元。ABC继续上诉，最终法院推翻了判决，理由是：给狮子食品带来损失的是它自己的行为，而不是因为ABC将这些行为公之于众。

这一事件虽然宣告了隐性采访的暂时胜利，但也将伦理、法理等诸多问题提上了议程。当下，隐性采访在美国属于非主流，记者协会、大多数媒体绝少提倡。芝加哥一家日报还因使用男性尿液测孕而与普利策奖失之交臂，尽管被调查的医院作出的诊断是怀孕。

在我国，尚没有对隐性采访的明确限制规定，但争议一直存在。关于这个问题的探讨，起始于广播电视记者该不该使用隐形摄录设备的意见分歧。2007年发生的“茶水发炎”事件，则将争论进一步升级。事件起因于中新网和浙江电视台记者，将茶水当做尿液的样本送至杭州多家医院化验，结果10家医院有6家检出茶水“发炎”。事后，全国92家三甲医院医务人员群起反击，以实验证明茶水当成尿验，九成化验单呈假阳性。于是，一场关于媒体责任的拷问因隐性采访而揭幕。

由此，另外一个问题产生了：记者一定要用隐性采访吗？

大量的实践证明，隐性采访以外的形式，照样可以缔造完美的调查性报道。

时间证真相

多数时候，记者所付出的时间和精力是和成就成正比的。伍德沃德和伯恩施坦在“水门事件”调查中，共采访了1000多人，历时4个月；《迈阿密先驱报》的两名记者调查联邦住房计划中的贪污问题，用了两年的时间；《费城问询报》在得知3位高级工程师辞职离开之后，介入对宾夕法尼亚州三里岛民用核电站泄漏事件的调查，在21个月里，记者先后采访225人，阅读上万份文件，与美国劳工部、能源部官员进行斡旋，于1985年2月独家发表长篇调查性报道，并获普利策奖。

以《长征，前所未闻的故事》蜚声中国的索尔兹伯里，也是能够和时间比耐力的人。1953年3月5日，苏联宣布斯大林因脑溢血病逝。此后一年半时间，索尔兹伯里精心搜集证据并进行构思。1954年9月，惊世之作《斯大林之死和一场幸免的灾难》与读者见面，文中以大量证据佐证了一个大胆的命题：“斯大林不排除被暗杀的可能”。多少年过去了，这个命题依旧被新闻界念念不忘。2005年，英国BBC-2台推出电视调查《谁杀死了斯大林》，论点与索尔兹伯里相一致。

观察显真相

沃尔特·李普曼提出记者应该做“墙上的一只苍蝇”。他认为记者的出现不应该影响正在发生的事件。美国社会学家威廉·富特·怀特显然赞成这样的观点，他最著名的经历是对波士顿北区意大利裔美国人帮派的研究。他用了很长时间生活在那里，并逐渐被当地人所接受。他说：“如果人们接受了你，你可以到处逛荡，时间一长，不用问问题，你就会得到答案。”

获得普利策调查性报道奖的作品《法院的失序》证明了这一点。上世纪80年代初，费城法院系统官官相护、裙带关系、私下交易等现象十分严重，人们已经见怪不怪了。以调查性报道见长的《费城问询报》准备挑战这一痼疾，提出的疑问是：费城的法院系统为什么弊端丛生，从而成为腐败的温床？很多人认为这个选题太大了，不好把控，但该报执行主编小尤金·罗伯茨却认为，对调查这样有碍公正的司法系统“即便花上一千年也值”。于是，3位记者用了3年时间，在审判室里呆了无数个星期。一组对费城法院系统起到颠覆性作用的稿件，在长时间观察的基础上诞生了。

观察往往是逻辑的起点。埃德加·斯诺在《会见毛泽东》一文中提到：“毛定期邀我去吃辣椒馒头——或者吃毛夫人用当地的酸梅做成的甜食。接着，我们就一连谈上几小时。有时差不多谈到第二天黎明。”有了这样的近距离观察，斯诺得出了如此结论：“他具有马克·吐温称之为‘握有四张王牌的基督徒的那种镇静和自信’。他的王牌是亚洲的马克思主义，他对中国和中国历史的渊博知识，他对中国人民的无限信任和他将泥腿子培养为将军的实际经验。”我们在对这样的精确结论拍案称奇的同时，是不是也要承认观察的力量呢？

机智揭真相

美国南卡罗莱纳州一家报纸怀疑州立大学的一个研究开发财团有问题，采访却遭到拒绝。虽然历经两年调查，拿到了一些证据，但缺少关键的财务收支记录。他们相信这些重要的东西不会被毁灭，但是怎样才能够找到呢？记者灵机一动，想到了每天出入办公地点的勤杂工。于是根据勤杂工提供的线索，记者们开着推土机，把堆积3年的破烂垃圾翻了个底朝天，发现了几只球箱，里面装着原始财务记录。这一“掘地三尺”行动，使报道获得了最为关键的证据。

记者的机智还体现在对问题的设计上。在这方面，奥里亚娜·法拉奇被称作“天才”。她问基辛格：你不是一个和平主义者，是吗？她问邓小平：天安门上的毛主席像，是否要永远保留下去？而对卡扎菲，她的问题是：如果群众那么热爱你，那你为什么还需要这么多保护呢？《纽约客》评论法拉奇的采访技巧是故意的让人不安，她接触每一位采访对象都以精心准备好的刺激问题挑战对方。这是建立在锐利基础上的机智。

金钱露真相

好的调查性报道不会停留在金钱上，否则会越走越深，但一开始往往是与金钱有关。日本记者立花隆对1972年7月当选首相的田中角荣的调查就是从金钱问题开始。田中《申报》的个人收入只有七八千万日元，但他却拥有大的宅邸、别墅，还是一位鼎鼎有名的资本家。这是非常矛盾的事实。立花隆立刻着手收集资料，他和20名助手查阅了所有与田中有关的印刷材料、与土地有关的地产副本、与人物有关的户籍副本、不动产购入年表，他们还对各有关企业发生的事件作特别记录。更令人叫绝的是，他们绘制了人与人、人与公司关系图，日本政治史年表、田中角荣政治履历和经济履历年表等。

大量的案头工作证实了立花隆最初的怀疑，田中角荣通过募集资金，展开金权政治，以大量金钱巩固自民党优势和自己的地位。刊登在月刊《文艺春秋》上的《田中角荣研究》，最终导致田中内阁下台。

“水门事件”的最重要篇章《窃听嫌犯获得总统竞选经费资助》也和钱有关。文章的开头是这样的：“总统尼克松连任的竞选经费中，有25000美元在4月份被划转到6月17日因闯入民主党总部大厦安装窃听器而被捕的一名罪犯的账户上。”[1]整个报道继而围绕这笔钱展开。

总的说来，随着微内容、自媒体等理念的提出与实践，信息发布的准入门槛越来越低，隐性采访这种低技术含量的新闻获取手段已很难再维持其稀缺性、神秘性乃至神圣性的个性“魅”核。如同马克斯·韦伯在提出“世界的祛魅”时提倡的“理性”与“价值多元化”，隐性采访也必然要经历“祛魅”的过程，从一种“感性”占优的无奈善意向理性和合法化过渡。但凡理性思维，首要遵循的是科学的方法。20世纪思想大师波普尔的“试错法”，或可为今日的传媒人提供一种新的思维范式。他所作出的公式是：P1→TT→EE→P2（问题→猜想→反驳→新问题），即“一切科学讨论从问题（P1）开始，对于问题我们提出某种试探性的解决——试探性理论（TT）；然后批判这个理论，试图排除错误（EE）；并且正如辩证法的情况一样，这个过程又重新开始：理论及其批判性修正提出了新的问题（P2）。”[2]

这是不是比隐性采访更具备挑战性？

[1] [美]威廉·C.盖恩斯著，刘波、翁昌寿译：《调查性报道》第二版，中国人民大学出版社2005年版，第118页。

[2] [英]卡尔·波普尔著：《无穷的探索》，福建人民出版社，1984年版，第139页。

暗访是还原新闻现场的必要手段

——我的隐性采访体验与思考

王俊秀

在没有举报人提供确凿证据、一切只能靠记者调查获取时，暗访成为一种必要的手段。但有时候就不得不采用一些以“明访”为名的迂回策略。而隐性采访的最大优势在于，可以将新闻现场进行真实还原。隐性采访的记者，工作类似于警察的“卧底”，但在合法性上又显尴尬。他们在采访中面临的最大的困难，不只是险恶的环境和内心的挣扎，而是身份的不被认同。

真实是新闻的第一要素。想获得事情真相，就要尽量在自然的状态下捕捉，因此，采访者介入时的身份必须恰当、合适，否则很容易破坏新闻的本来面貌，获得的只能是“伪新闻”。此时，隐性采访常常是一种不得不采取的采访方式。

不暗访，无以获真相

《青海民和：大量新石器时代文物被私藏贩卖》是我和《中国质量万里行》记者刘畅经过艰难的暗访采写出来的。

网上有人发帖称，青海民和文物贩卖猖獗，而警察抓获盗墓者一般只是罚款，而后将收缴的文物转手贩卖。刘畅试着联系发帖者，约在某广场见面，原来对方也是盗墓者，被警察抓获过。但一个偶然的发现，让他心绪难平：那被罚没的文物竟然在市场上堂而皇之地出售！他认为只有一个可能，就是警察变成文物贩，而且是无本生意。

不料，刚有眉目，线索就断了：举报人失踪了。也许，他自知是“污点证人”，继续配合记者对他未必有利。于是在通报了线索后，还是选择了退出。

怎么办？公开的正面采访无异于死胡同，特别是有“警察和文物贩勾结”的嫌疑，去当地公安局询问不仅一无所获，还可能会打草惊蛇。最后，我们决定暗访，扮成喜欢古董的富商去跟文物贩子接触。在没有举报人提供确凿证据、一切只能靠调查获取时，暗访就成为一种必要的手段。

在与当地文物贩接触中，对方一直在试探我们是否真是内行。幸亏我们事前在网上浏览过各种彩陶的相关知识，可以“现学现卖”。也好在对方急功近利，没有识破我们，还无意中透露了一个信息：文物买卖还有一个护身符，就是办成地方文物收藏协会，出具一张收藏证书，就可以放心大胆地进行交易。青海省文物收藏家协会秘书长对我们“办证的动机”心照不宣，称证书“安全、管用”，可以放心地把文物带出青海境内。由此，从某个侧面证实了当地私藏贩卖文物的肆无忌惮。

以“明访”为名的暗访

在调查性报道采访中，记者通常遇到的最大困难是：知情人或当事人拒绝透露信息。由于所涉事件一般都较敏感，知情人为避免引火烧身，通常都会三缄其口，避而不谈。为了尽量少吃闭门羹，有时候就不得采用一些以“明访”为名的迂回策略。

在上述文物案中，通过暗访，我们证实了私藏贩卖文物的事实，但尚不能证明警察卷入其中。虽然已经得到包括举报者在内的一些村民的指认，但证据还是单薄，还需经过官方核实。如果正面询问，得到回应的可能性微乎其微：一是官方未必掌握事实；二是即使掌握，一般来说往往选择“家丑不可外扬”。

于是，我将真实的采访意图掩藏在表面性的采访中，向当地公安局了解侦破文物贩卖案件的情况。这是宣传政绩的正面采访，想必会认真介绍，但出乎意料的是，公安局领导竟然十分明白地否定了当地文物贩卖的情况：没立案，没记录，也没有收缴上来的文物。在向文物部门询问时，回答一致：近年来没有公安收缴的文物移交。

“明访”官方的回答，实际上证实了举报的实情：地方派出所处理这类文物贩卖案件往往选择“私了”，私自罚款放人，并将文物收缴，再转卖“创收”。后来我将这一情况如实写在稿件中，引起舆论哗然。不久，青海省公安厅成立专案组对此进行调查，民和县公安局总堡乡派出所民警李勇鹏以涉嫌滥用职权罪被移送检察机关。

体验式采访还原真实现场

暗访的最大优势在于，可以将新闻现场进行还原。比如《河南洛阳：高考移民成公开产业》一稿，全程都是以暗访进行的。

我和同事张国扮成一对姐弟，为正在读高中的表弟“找门路”，向中介咨询高考移民事宜。当我们应约来到一家旅馆时，已有4位家长捷足先登。其中一对母女显得非常急切，女儿当年高考落榜，母亲看到其他分数相同的学生上了大学，后悔没早走这条路。

真实的新闻现场，鲜活的事件，正在我们眼前发生。试想如果我们以公开的记者身份，首先无法进入现场，即使进入也绝对看不到这些真实的“表演”。

高考移民的关键在于户籍和学籍，我们暗访的3家移民中介机构都各有神通：有的是直接办一个新户口，这边的户口不动；有的以职业院校的名义迁移户口。移民的价钱均在3万元左右，有的需一次付清，有的先交一半，等户口办妥后再交另一半，双方签订正式的合同。中介表示，这些费用有很大部分要用于打点“公安和教育局的”。

为了让我们相信他们的“能耐”，中介给我们展示了历年移民成功的考生，有他们的新旧身份证对比、高考分数及最后录取的学校。

几天暗访下来，高考移民的办理过程跃然纸上。我们将此如实写入稿件中。文章发出后不久，有关政府部门对高考移民问题进行了严查。

暗访中的危险与挣扎

记者暗访，做的往往是一些揭黑报道，一旦身份暴露，对方可能会进行疯狂地反扑，甚至不惜代价进行“灭口”。就采访实践而言,作为一种特殊的职业行为,记者的暗访要面临许多困难以至生命危险。

在洛阳采访时，我就遇到一次这样的“危急时刻”：在暗拍学籍资料时被对方发现，我全身都僵住了，端相机的手也在颤抖。但很快我意识到，必须要冷静，否则暴露的后果不堪设想。我尽量让自己显得平静，装作毫不在意地说：“我帮人家打听情况，拍点照片好说清楚。怎么，这不能拍吗？”

对方显然清楚地知道他们所做之事是违法的，当然不能让人留下证据。我于是又“平静”地说：“不让拍算了，刚才你又没说，删了不就是了。”我当着对方的面删掉了一张照片，然后迅速将话题引开。出来以后，我就将所拍照片以彩信的方式传回给编辑部。

实际上，暗访不仅会面临危险，有时还要面临情感上的困惑与挣扎。暗访意味着要掩藏真实身份，扮演临时角色。而记者在以这个角色和对方相处时，有时会有一些内心不安，甚至陷入理智与情感的冲突。

《中国质量万里行》记者刘畅是山西“黑砖窑”事件的最早揭露者之一。当时，有很多媒体获得了线索，但一直无法取证。刘畅扮成外地商人，在嫌疑最大的那家“黑奴”工地租房住下来。后来闲谈中，他与房东说准备开砖厂，资金、场地等都准备好了，可是原来联系好的一批工人却因故来不了。接下来几天，因为“工厂无法开工”，刘畅“理所当然”地不再外出，房东便借机和他攀谈试探，后来对刘畅深信不疑，连十几岁的小儿子也非常喜欢他。

暗访之后，刘畅获知了“黑砖窑”的秘密，于是他报了警，很快那些违法者被抓，其中包括那个房东。正在这时，刘畅接到房东小儿子的电话，说他已经逃脱。他还不知道，正是这位信任的叔叔让他家里“不安全”的。此时，警察正在追捕参与犯罪的小儿子，刘畅的电话记录是最好的线索。难道自己要利用这种信任，布置陷阱让警察将其抓获吗？刘畅陷入了痛苦的感情挣扎中。但法律是无情的。最终，警察在刘畅的配合下，将逃犯抓获。但刘畅的内心却一直在煎熬，他永远无法忘记，房东小儿子戴上手铐时对他投去的不解和愤怒的目光。这位“久经沙场”的调查型记者，在无数次面临危险和威胁时都未曾退缩，此刻却因为一个男孩而流泪了。

隐性采访的伦理争议：诚实和真相哪个更重要

隐性采访的记者，工作类似于警察的“卧底”，但在合法性上又显尴尬。他们面临的最大的困难，不是险恶的环境和内心的挣扎，而是身份的不被认同。

在青海民和文物案采访结束后，报社收到上级转来的举报信，是我暗访时与之周旋的那个文物贩子写来的，称我假扮古董商，诱导其犯罪，违背了记者的职业道德。我如实向领导汇报了当时的暗访情况，后来虽未追究，却让我在一段时间内颇为难堪。因为，暗访似乎有些“名不正、言不顺”，即便动机纯正，事实上取得了良好的社会效应，仍然面临着道德的拷问。

暗访是在被采访者不被告知的情况下进行的,记者在暗访中往往以说谎的方式(或隐藏身份,或示以假身份)获取需要的信息。有些学者提出,记者的说谎行为本身是与日常道德相违背的,其手段是不道德的,获得的新闻的价值就值得怀疑。

最典型的例子是,1978年美国《芝加哥太阳时报》刊登系列暗访报道,揭露州和市政府掌管商业安全及卫生的官员同意不合标准的物品与设备通过检验。次年普利策奖评审委员会未授予该作品奖项,原因是认为该报道中暗访方式的运用不合乎伦理原则。评委质疑说:“报纸本身获取新闻时不诚实,怎能为诚实和尊严而奋斗？”

在《中国新闻工作者职业道德准则》中，虽然没有明确反对暗访，但有一条规定，“要通过合法和正当的手段获取新闻，尊重被采访者的声明和正当要求。”一些专家学者认为，这个规定对暗访并未提倡。因为“尊重被采访者的声明”的前提，自然是记者公开采访。

也有不少学者呼吁，记者要多些“明察”，少些“暗访”。实际上，他们并不了解当下新闻采访的环境。获取事实之难、采访遭拒之频，是媒体面临的广泛困境。其原因在于，社会丑恶现象一般总是在暗中进行的，依靠记者的正常采访有时很难获取事实的真相。直接通知执法部门却又缺乏证据，有些甚至是执法部门直接参与违法的。如前所述几例，如采用“明察”手段，注定会空手而归。于是，真相无人揭露，违法者继续违法，百姓利益继续被侵害，那么，恪守诚信和揭露真相，到底哪个更重要？

有人认为，记者的职责就是对客观发生的事情进行报道，是一名记录者，不应该是参与者、制造者。问题在于，有时候如果不亲历就无法当记录员，就无法揭露损害公众利益和危害社会的行为。大众媒体肩负着扶正祛邪、激浊扬清的舆论监督责任，面对丑恶现象而不作为，明知公众利益受到损害而袖手旁观，那是一种更大的不义。

因此，我认为，隐性采访是记者为了公众利益不受损失或侵害而采取的一种迫不得已的手段。朱熹说过：不以小恶掩大善，不以众短弃一长。这个出名的刻板道学家，尚且把“善”和“恶”从行为中分开来看，我们又何必脏水和孩子一块泼呢？

当然，记者在暗访中要遵守一系列规则：首先，绝不能造假。事实是新闻的本源，真实是新闻的生命，“用事实说话”是新闻报道的基本原则。暗访由于种种原因，面对远比公开采访多得多的指责，更有必要在事实的核准方面倾尽全力，熟练掌握客观报道的技法，严格区分事实与言论的差异，冷静叙述事实。

其次，记者要严格把握好自己的社会角色。记者也是普通公民，没有任何超越法律的权力。因此，暗访首先要保证不违法、不越位。如果暗访涉及的题材属违法乱纪类的，要注意参与度的把握，及时通知执法部门，引入法律制裁。当然，必须注意时机的把握。南京一名女记者在揭露某偷盗团伙的卧底采访中，没有及时撤出并通知警方，而是参与了偷盗，结果自己也被判有罪。

实际上，大量的采访任务是难以完全通过暗访完成的，隐性采访通常是与公开采访手段结合采用的。当记者利用暗访掌握大量的新闻事实时，可以适当地转为公开身份采访，这不仅有助于报道的顺利开展，还能对暗访得到的材料作进一步的深入验证，提高新闻的可信度。

隐性采访何处是界

傅剑锋

隐性采访尽管可作为伦理学上的暂时“权变”，但并非是“乱变”。它须是一种为达到道德目的而不得不为之的“必要的道德过错”。对它的采用须有严格的边界，不可逾越的规则。概而言之，隐性采访就是要坚持一个中心（以公共利益为中心），四个基本点（四大原则），才能保障其道德正当性和法律上的安全性。

“钓鱼采访”？

尽管隐性采访往往是为了披露与重大公共利益相关的信息，往往是为了守护公众福祉，但是有“原罪”的，即是一种隐蔽乃至伪装身份、目的之采访手段。它天然地和“诚实”、“尊重他人”这些道德准则相冲突，因而常常让记者与媒体陷入两难境地中，即为了道德的目的，是否可以用不合道德的手段来实现?

最近颇有看点的争议，缘由是一起因记者暗访导致官员落马的涉贪案件。律师在刑事法庭上对记者暗访作了“钓鱼执法”的比喻与指责，尽管这种指责有哗众取宠之意，但这个案例仍有样本分析的价值。

据公诉机关指控，广东电视台记者根据群众举报，对广州市地质调查院调查卖假报告牟利一事进行暗访，该院官员罗锦华以制造假报告的要价收取了2.5万元。随后，广东电视台和当地其他媒体报道了罗锦华等人出售假报告单的问题。检察院由此为线索，挖出了涉案官员，其中对罗锦华“滥用职权罪”的指控，就来自于记者与罗锦华之间的“交易”事项。

在法庭上，罗的辩护律师认为，记者通过故意设置圈套陷阱，“钓鱼执法”，假戏真做，僭越了特定公权力机关的刑事侦查权，并指责暗访记者“引诱犯罪”。而公诉机关认为，记者暗访与“钓鱼执法”有明显区别。本案中，记者没有得到任何侦查人员的授意或指使。而是接到群众举报后的暗访，没有刻意引诱违法犯罪的恶意，认定本案不是“钓鱼执法”的问题，而是被告人利欲熏心、滥用职权的问题。

笔者认为，这确实不能算“钓鱼执法”，但如果称之为“钓鱼采访”还是妥当的。在暗访分类上，这属于介入式暗访，即记者假冒身份与事件的当事人交往，以获得新闻信息。另一种是非介入式暗访，是指记者不显露自己的身份，也不介入或干预事件的发展，仅仅以旁观察者身份获得新闻信息。一般而言，介入式暗访，由于记者本人已成了参与、甚至推动新闻事件的角色之一，故相较于非介入式暗访，更易引起争议。

这其实是一种游走于暗访的边界、非常危险的采访行为。笔者和本案中一名暗访记者作过深入交流，他也有同感，事实上他们之前也对暗访的利弊权衡了很久：

其一，地质报告假造显然对公共安全造成重大隐患，媒体应尽监督之责。但要揭开黑幕，举报的证据尚不充分。若据此公开采访，肯定进行不下去。所以，暗访是不得已的选择，其实反映了暗访的边界——公共利益。

其二，由于造假地质报告的交易非常隐秘，非介入的暗访也根本不可行，只能介入式暗访，即记者装成客户去和官员交易。这里反映了暗访的重要前提——不得已才能为之。

其三，如果这笔“交易”达成了，记者会不会有“行贿”的嫌疑。然而，与报社法律顾问反复探讨后，认为我国刑法中“行贿罪”的构成必须以“为谋取不正当利益”为要件，而记者的暗访无任何私利目的，所以不可能构成“行贿罪”。

其四，考虑到这一暗访可能将引起对手“僭越刑事侦查权”的指控，法律顾问认为：记者并无可能采用任何刑事调查手段，使用的只是宪法赋予公民的“对任何国家机关和国家工作人员的违法失职行为”，“提出申诉、控告或者检举的权利”。

事后看来，当初记者的这种权衡基本是被公众与法律所接受的，但还是让业内人士担忧：记者暗访可以走多远，在多大程度上可能“僭越公权”？此类暗访，会不会造成媒体的特权与异化？此类暗访，由于记者卷入了事件进程，有没有可能损害新闻的客观和中立？记者行为的合法性如何保证？

然而，当《南方周末》记者黄秀丽就此案采访刑法学和新闻学的知名学者后，竟发现各家意见歧异。刑诉法泰斗陈光中教授认为，作为公民，记者采取这种方式获得对方犯罪的证据，向司法机关举报，是允许的；而清华大学法学院副教授易延友认为，普通公民这么做肯定是犯罪，但是记者这么做，“就能成为阻却违法性的理由，就像刽子手可以杀人一样。”而在新闻学界，北京外国语大学教授展江认同陈光中的看法，中央人民广播电台法律顾问徐迅均则认为：“法律并没有赋予记者为了揭露真相而实施违法犯罪的特权。”中国人民大学新闻学教授陈力丹的观点是：“在本案中，记者肯定是有错的，至少是违反了职业伦理道德，因为他说谎。如果谈好价格后刹车，错会小一点。”

由此可见，这一“钓鱼采访”在学理上极其复杂，其背后的暗访的正当性论证，也是极其复杂。亟须追本溯源，才能把问题剖析清楚。

伦理溯源

记者暗访，在满足公众知情权、监督公权与维护公共利益等方面的积极作用，首先必须肯定。尤其在政府信息公开、法院审判公开、媒体采访权益保障等方面仍不尽人意的当下，如果禁止暗访，将使一些涉及重大公共利益的采访调查寸步难行。故而，一些学者出于对“道德律令”的维护，全面否定暗访的观点，笔者并不赞同。

以个人的采访经历为例，一些重大调查报道也只有采用暗访，才能深入核心，揭秘真相。如笔者在采访传销案系列报道中卧底，这才终于搞清楚传销点洗脑的心理控制手法和隐秘的利益运转机制；又如在野生动物地下黑市调查中，笔者乔装成贩卖商才找到其中一个野生动物黑市贩卖头目。

即使在信息公开与行业自律已做得非常好的英美国家，暗访有时也会在调查报道中被采用。尽管这种做法在西方同行看来确实是充满道德风险的。

面对暗访在新闻伦理上的两难困境，我们有必要溯源至伦理学。邓晓旭在《从伦理学视角看新闻暗访的合理性》文中提出的观点是值得参考的。邓认为：新闻暗访的合理性,从学理上正是基于中西伦理学上的权变理论。对于道德权变，我们可以这样概括：所谓道德权变，就是人们在一些特殊情景中，为了避免不必要的利益损失，或者为了维护更大的道德价值，对自己所认可的某项道德准则所采取的暂时背离行为。可以将它看做人们在道德选择和道德实践中的一种例外和“权宜之计”,而不是像康德那样坚持道德原则无条件地不容例外。

再作具体分析，“诚实”是不是最为基础性的、不容侵犯、不容权变的道德律令？以人类的日常经验来看，“诚实”与“生命权不可剥夺”等伦理原则相比，显得是有轻重之分的。当个人“诚实”的价值与生命的价值相比，当个人“诚实”与成千上万人的重要公共利益相比，在大多数的观念中，是允许暂时权变与背离的。

香港中文大学陈韬文教授等作过一项行业社会形象追踪调查，1997年香港新闻记者的排名在教授、医生和工程师之后，到了2001年却落到了中学教师、护士和警察的后面。5年里这样显著下降的职业，只此一种。调查人指出，首要的原因就是新闻操守低落。这种伤害，同样也正在中国大陆发生。“防火防盗防记者”这一谚语的流传，一方面说明传媒介入公共生活的能力在不断上升；另一方面，也可看到社会各界对记者的防范心理越来越重。而暗访，显然会加重这种防范心理。

尽管只要暗访报道是揭黑反腐等内容的，公众还是理解甚至欣赏的，但人们也越来越怕记者，以不和记者说话为处事原则。尽管没有查阅到可靠的调查数据，但作为媒体中人，能够感受到媒体在公众心目的公信力在下跌。尽管原因众多，但一些媒体滥用暗访应是原因之一。特别是娱记们的偷拍暗访，是被人诟病的源头之一。发达国家公共媒体的职业规范难以学到或者难以实施，但西方娱乐化的狗仔队，我们有些记者却是学得很像，一些暗访行为遭受了无辜明星们的谴责。有一些市场类媒体，动不动就“记者深入桑拿中心”、“换妻俱乐部”等所谓暗访，完全是以此为噱头，兜卖黄色新闻与煽情新闻，实则是一种严重的暗访滥用，在职业伦理上缺乏正当性支持，已经被网民称之为“妓者”。

所以，暗访尽管可作为伦理学上的暂时“权变”，但并非是“乱变”。它须是一种为达到道德目的而不得不为之的“必要的道德过错”。对它的采用须有严格的边界和不可逾越的规则。

这正如刑事司法中对“钓鱼执法”的限制，因为这种侦查方式和刑事司法中的一般性原则是相悖的，它只能作为“不得已之恶”，警惕其滥用乃是保障其正当性的前提。国际刑法界普遍规定，对警察卧底、诱惑性侦察，只能适用涉及恐怖袭击、贩毒、贩卖人口等少数严重危害公共安全的犯罪行为。如果把“钓鱼执法”用到打击黑车的行动中，就是严重的违法行为。

边界和规则

通过以上分析，暗访的边界应已清晰，即暗访不适用于任何私人领域和私人利益，只适合于和公共利益高度相关、对公共利益可能或已经构成侵害的问题。所以，据此确立暗访的基本规则非常重要。根据新闻学的研究成果和个人的采访经验，笔者认为暗访的基本原则至少有以下几条：

其一是“最后选择原则”或“不得已原则”，即暗访只能作为次优考虑。由于这是一种天然带有道德过错的权变之策，只有在其他采访手段都可能无法获取新闻信息的情况下使用。

在笔者的采访经历中，也曾面临这样的选择。如在深圳市工商局调查时任深圳市委副书记李意珍的女儿非正常财产的工商资料时，也曾想借用别人的身份证去工商局登记后再调阅，以防暴露真实采访意图，且可能因此会被压制报道。但后来没有这么做，因为借用别人的身份证或假身份证，都可能会给采访留下污点，反而易在报道刊发后被对方抓住把柄。事后看来，凭着自己的身份证查阅资料是对的。无懈可击的采访过程，本身就是对记者的最好保护。

其二是“合法性原则”。暗访的道德过错尚是在受众与法律容忍范围内的，但法律过错是不可能享有赦免权的。如广州媒体为暗访地质报告造假案而给官员送钱的“钓鱼采访”，其实是一种极有可能触犯刑法的行为，应当慎之又慎。类似的一些介入式暗访，如记者采访赌场而参与赌博，如调查贩毒贩枪而参与了交易，这显然要算作涉罪的。因为在我们国家，这类卧底式暗访并无法律上的特赦制度。

在这方面，笔者有过类似遭遇。如调查地下野生动物贩卖网络时，接触到了地下黑网某头目，如果当时就与他发生金雕（国家一级保护动物）交易的话，自然可以获得更丰富的细节。但我没有这么做，因为刑法规定参与买卖国家一级保护动物，双方均可判刑。所以，在快要成交时必须找理由退出，否则暗访行为就会构成犯罪。

其三是“最小伤害原则”。由于暗访天生带有道德过错的权变之策，所以尤要注意降低对被访者的伤害，特别是对老人、少儿、妇女和伤残者。暗访记者应当尊重受访人，即使被暗访者事后发觉被“骗”了，也要让其明白记者确是出于公心和公共利益之需。

这种“最小伤害原则”的善意还包括：对那些与报道的关键性证据与细节关联度不是很大，但一旦披露易造成某种伤害的如个人姓名与组织名称，可作一些虚化处理。当然，如果涉及基本新闻要素的，那就并不在妥协范围内。

笔者对此深有体会，曾为调查某官员的巨额来源不明财产，以采访民办教育为名，套取了此官员在一家民办学校中的干股证据。其实这是一种变相暗访，是带有欺骗性质的，尽管是为了维护公共利益，但在报纸行将刊发前，笔者还是向接受采访的校长打电话表示真挚的歉意，表明这是为了公共利益而不得不为之的行为。

其四是“公开回应原则”。相对于其他采访方式，暗访获得的信息容易单面化和片断化。所以，如果条件允许，在暗访之后还需公开采访，采写明暗结果相互印证与平衡的报道，当然是最理想的。但更多的情况是，暗访之后，报道需要马上刊发。如果事后发现，报道确有不够客观与全面之处，应该允许被暗访对象申诉，对其言之有理的观点与解释应给予更正纠错。这即是报道的客观立场延伸出来的职业行为，也是对暗访天生就有的“道德过错”之救济。

概而言之，暗访就是要坚持“一个中心”（以公共利益为中心），“四个基本点”（四大原则），才能保障其道德正当性和法律上的安全性。

隐蔽录拍报道的法律正当性辨析

陈堂发　王海萍

隐蔽录拍手段本身并不能成为被诉的对象。手段是否存在法律意义上的过错，取决于新闻事件发生的场所是否属于法律明确规定的私人空间，也取决于事件本身的社会价值。如果被拍摄的内容具有显著的公共价值，且不属于典型意义上的私人场所，被拍摄者并未因为偷拍而被严重冒犯或陷入非常难堪的境地，则不构成侵权行为。

媒体隐性采访所涉及的法律正当性，除了记者伪装各种特定身份以诱发或介入违法犯罪行为而获取材料被认定触犯法律外，主要的问题还是隐蔽录拍与报道所带来的人格权尤其隐私权的受侵害问题。

隐蔽录拍手段本身不为法律所排斥

隐蔽录拍作为一种手段是否符合法律意义上的正当性，要看该行为手段是否有明文法授或法不禁止。“隐性采访是采访权利的内容,而这种权利又是以言论和出版自由作为其权利的渊源这一埋论基础,法律上没有禁止性的规定,并且受到公众的欢迎和认可,不应当认为新闻媒体不能使用隐性采访的手段进行采访。”[1]

笔者曾整理国内420起报道侵权诉讼案例，因为隐蔽拍摄与报道而引发侵权纠纷案件有近20起，但原告直接针对暗访手段本身的合法性提出质疑的仅有两起：一起是程道平诉湖北竹山县电视台侵害名誉权案件，另一起为窝夫小子蛋糕厂诉北京电视台侵害名誉权案。

在前一起侵权纠纷案中，涉诉报道《暗访街头算命摊》对竹山县城出现的打着“科学预测”幌子的算命摊进行曝光，其中有记者对在桥头摆摊为人算命的原告暗访、隐蔽录拍的镜头。原告称，记者在未经原告同意的情况下，擅自拍摄并播出原告很不雅观的衣着形象，画面刻意凸显头戴破帽、吃西瓜几乎啃皮、浑身脏兮兮、说话指手画脚、缺乏教养的寒酸、粗鲁、不修边幅的丑陋形象，原告无意中的形象被别有用心地拍摄，对原告形象的丑化细致到把宽口裤头上拉链都反映得清清楚楚，并反复由下向上，以致扭曲了原告的面部形象。

[1]　杨立新：《人身权法论》，人民法院出版社2002年版，第333页。

案经两级法院审理，原告的诉讼请求均被驳回。法院判决认为，原告身为人民教师，擅自在街头公开摆摊卜卦算命，宣传封建迷信，损害了人民教师的形象。电视台采访报道属于正当的舆论监督，拍摄行为虽未经原告同意，但为法律、法规所允许。报道内容系原告真实形象的客观再现，不构成名誉权与肖像权的侵害。

后一起侵权案诉讼理由之一，就是记者偷拍偷录手段。原告认为，在节目《蛋糕里的石头》反映消费者周先生投诉生日蛋糕里吃出一块石子时，记者极具倾向性地站在消费者一边，不进行正面采访，冒充消费者妹妹的身份与蛋糕厂有关人员交涉，利用偷拍的方式获取音像资料，没有尊重被批评者正当的要求，以欺骗的方式损害了原告的利益。法院审理认为，被告所播出的节目并不存在严重失实部分，也不存在侮辱性内容。关于被告记者采取隐性采访方法获取视听资料的行为，我国现行法律中并不存在相关的禁止性规定，故被告的隐蔽拍摄行为并未构成对原告名誉权的侵害。

上述案例意味着，隐蔽录拍手段本身并不能成为被诉的对象，手段是否存在法律意义上的过错，取决于新闻事件发生的场所是否属于法律明确规定的私人空间，也取决于事件本身的社会价值。如果被拍摄的内容具有显著的公共价值，且不属于典型意义上的私人场所，被拍摄者并未因为偷拍而被严重冒犯或处在非常难堪境地，则不构成侵权行为。前一案例中，类似原告不雅形象如在私人场合应属于个人的隐私事项，报道擅自将如此狼狈的形象公之于众，当为法律所禁止。而后一案例的拍摄场所在蛋糕店里，所录内容为要求道歉与赔偿事宜，不涉及当事人的隐私。

公开场合的隐蔽录拍报道并非绝对合法

在我国，新闻业界和学界普遍的共识是，公共场所或公开场合无隐私可言。因为当事人身处公开场合，就意味着已经放弃了隐私。但在相关的诉讼案判决中，法官并没有就此主张给出一个明确的信号。

“公共场合无隐私”的主张来自西方的司法理念。自20世纪60年代美国著名法律学者威廉·普罗塞提出“公共场所不存在合法的隐私利益”，一直以来被美国诸多法院作为处理隐私权案件的理论依据。事实上，美国也有诸多的判例表明，在公众聚集场合，个人虽然一般不拥有合理的隐私权预期，但这并不意味着所有人群较多的公开场合都不存在隐私权侵害问题。尤其对于那些关系到他人绝对性的隐私事项，如果所公开的材料对一个理性的人构成明显冒犯，而所公开的材料与合理的公众关注无关，公开隐私信息就是非法行为。

“冒犯性”是指使人处于极度尴尬的境地，这种感受是理性人而不是高度敏感者的感受。“与公众关注有关”强调它的公开对公众而言十分重要，而不是满足部分人的猎奇心理。英美司法实践就通常情况而言，公众对报道对象的合理关注在重要性上超过原告所遭受的尴尬，合理的公众兴趣优先于冒犯性。虽然公众兴趣的定义过于抽象和宽泛，但法院所关注的是人们为什么有趣，而不是人们在阅读中应该对什么感兴趣。“在判断什么内容符合公众的合理兴趣时，必须考虑社会的风俗习惯，分析‘什么是正确的’这个问题，其实变成了一个如何正确对待风俗习惯的问题。”

如佐治亚州的一位家庭主妇带着两个孩子去集市赶集，当她领着孩子走出游戏屋时，一阵大风将主妇的裙子刮起，裙子卷起蒙住了她的头。除了内衣之外，她的腰部以下的身体都暴露在众目睽睽之下。恰好有一摄影记者拍下了这个瞬间镜头。这张照片作为“集市新闻”的花絮刊登在本地《民主与时代日报》周末版上。主妇起诉该报社侵害隐私权的请求，得到了法院的支持。报社辩护认为，这个意外发生在公共场合，而且原告的头部被裙子蒙住了，单凭照片无法辨认原告的身份。但法院判决认为，该照片没有突出的新闻价值，公开这种意外发生的尴尬状态使当事人觉得很难堪，而认识原告两个孩子的人会将原告和两个孩子联系起来[1]。

公开场所的隐蔽录拍是否存在非法的隐私伤害，应该特别强调被录拍者的隐私之举是否处在本人意志的把控之下。如果当事人未经掩饰的不体面、尴尬或难堪的行为举止出现在公共场所，且这种行为举止由当事人的清醒意志与意识可以完全控制，那么，这种不体面、尴尬或难堪的状态应视为当事人同意放弃，擅自录拍与报道就不存在非法性问题。在行为人意识清醒的状态下，公共场合中隐私的“非隐私化处理”符合理性法则。但并非公共场合中的任何尴尬或未经掩饰的个人行为都可以被偷拍，尤其对于持续性、而非偶遇性的观察、偷拍行为，如果所记录的令人非常难堪的处境即使身处公共场合，被冒犯的拍摄对象应该拥有隐私权的合理期待。比如，对不具有完全民事行为能力的人群，或虽具有完全民事行为能力，但在特定情况下或特有境遇中丧失了自我控制意志的人来说，他们在公共场所中的尴尬行为与表现只要不损害他人利益，避免被偷拍仍然具有隐私权的法理依据。

目前，有不少电视频道专门播出DV爱好者的市井生活作品，这类作品的最大特征就是反映有生活味的“小事”，对市民生活样态作本真的记录：路人为小事争吵得面红耳赤、醉酒后的丢丑、贪小便宜时的洋相、失恋的自虐、流浪汉的窘态、街头被随机“测试”时的措手不及，等等。从严格意义上说，这些行为虽发生在公开场合，但它并不牵涉他人的利益，如路人争吵只要不引起围观而影响交通，醉汉卧地耍疯只是自我作践，而“尴尬”的出现多数是在当事人意志或意识控制能力之外，是极不情愿的行为后果。如果媒体想介入，必须遵循一条法则：当舆论批评行为同隐私权益产生

[1] 唐·彭伯：《大众传媒法》，中国人民大学出版社2005年版，第278页。

冲突时，媒体应当优先考虑后者。如果确实有公开播出的社会共享价值，应该对有关当事人的图像予以技术处理，使之不可清晰辨认。

以醉酒后在公共场合的种种失态为例，醉酒后卧在快车道上与躺在自家小区的草坪上就有本质上的差别。前者可以清晰地加以报道，真实身份是否公开一般不涉及法律问题。而对于后者，即使录拍报道，必须模糊处理。隐私权非常敏感而脆弱，对于意志失控中的当事人非常失态的表现，即使当事人身在公开场合，也不应该被淋漓尽致地记录并公开传播。

至于在公共场所中的某些有一定私人空间性质的特定场所，比如公共场所的特定部分（试衣间、客房、公厕、病房、包间，这些部分不专属于某人，任何人都能使用，但在使用期间该空间属于私人空间），半私人场所（集体宿舍、办公室，这种场合限于一定范围的人员使用），公共场所中私人性质的交往、谈话和其他行为（和前两种不同，没有可视的、固定的边界，只能凭当地生活、行为习惯和行为人自身的隐私意识来确定）[1]，媒体是否可以进行隐蔽录拍就必须更加谨慎。所以，从善良人标准出发，公共场合的隐蔽录拍行为也需减让。对于一些个人行为表现，公开传播除了加剧当事人的狼狈与无地自容，并不具有显著的公共价值或缺乏教育警示意义，尽管此类行为表现处在公共场合，只要当事人基于特定情境而失去对该行为的控制意志，媒体不应该强行介入，即使有必要报道，应尽量淡化处理隐私元素，或隐去当事人的真实身份。

隐蔽录拍共同私生活不存在代为放弃问题

在激烈的媒体市场竞争中，媒体关注婚姻与情感纠葛的素材、以隐蔽拍摄手段侵入他人私生活领域的电视节目已经非常普遍。这类素材能够成为新闻是因为隐私事项存在于两者或三者之间，其中一方为寻求媒体帮助而愿意放弃隐私。

比如江苏某电视台《有请当事人》栏目2009年1月11日播出节目《青春的赌注》，讲述一个女孩发现自己怀孕后其男友却移情别恋的一段情感纠纷。女孩寻求媒体帮助，在记者暗中陪同下，找其男友商谈分手事宜。记者躲在隐蔽处偷偷拍摄了两人见面的场景和对话，虽不是近距离的镜头，但男友的面部还是清晰可辨。节目中女孩还说出了男友的名字、家乡和就读的学校。本来属于共同隐私的道德问题，因为其中一方愿意公开而失去了私密性。

法律意义上的隐私有两个特点，其一，“隐私是特定人的隐私”，即只有隐私主体本人才可以决定是否放弃属于自己的隐私，共同隐私主体中任何其他人不可以代为

[1] 魏永征：《大众传播法学》，法律出版社2007年版，第172页。

放弃，除非该隐私事项有证据证明涉嫌违法或犯罪。作为共同隐私的一方当事人，他可以自愿公开属于自己的隐私事项，但涉及另一方的那部分隐私时，媒体则不得公开传播。当然，共同隐私话题被其中的一方当事人谈论时，是否构成对其他共同主体隐私权的侵害，关键不是简单地看一方当事人谈论共同隐私时有没有涉及到其他主体，而是强调有没有涉及对方私人事项的细节内容或实质性内容。作为愿意放弃隐私的一方，他有权利放弃属于自己的那部分隐私，涉及对方的私人信息不可避免，但只要公开的内容是点到为止，没有过细的、让另一方难堪或尴尬的具体事实，就很难说伤害了对方的人格尊严。这是平衡双方或多方隐私权利益冲突的比较公平的法则。其二，隐私是可以披露的，但决定权在隐私主体自己。只要当事人同意，隐私内容当然可以被媒体报道。然而，“暗访和偷拍恰恰剥夺了当事人的这个‘决定权’，因此，隐私权就成为暗访与偷拍的头号法律陷阱。”[1]

张某诉湖南电视台侵害名誉权、隐私权案就是典型一例。涉诉节目《寻根的渡船》讲述了贵州女子冉青到浙江寻母的过程。冉青23岁时，被养母告知自己的生母张黎（化名）是上海的插队知青。生父杨书（化名）出狱后找到冉青，给她带来了一个与生母有关的感情故事：冉青的生母1968年到贵州某地插队，与当地已婚的农民杨书未婚先孕被发现。风波骤起，无奈冉青只得被立即送予他人。杨书被指控强奸罪判刑15年，出狱后四处寻找张和孩子。湖南电视台《真情》栏目接到冉青的求助后，通过查询户籍档案和走访当年下乡知青，在上海找到了张的亲属，并在浙江某市找到了已经拥有上千万资产、且在当地影响很大的张黎。已再为人母的张黎无论冉青怎样请求，始终不愿意和冉青见面。除了当事人冉青外，其他相关人员均不知道电视台在采访录制节目并播出。为此，原告张黎诉至法院，称其在贵州插队期间被当地农民强奸并怀孕，罪犯被判刑，孩子未足月即被引产，不知死活。湖南电视台《真情》栏目记者找到她的家人与单位，偷拍录像录音，到处宣扬她33年前生的女儿来认娘，消息传遍了她居住和工作的地方，家人为此大为震惊。33年前被强奸、怀孕、引产，孩子生死不明，这些是她个人隐私，她不愿意为他人知悉或受他人干涉。法院最终判决，被告《真情》栏目赔偿原告精神抚慰金及经济损失费52万元。

一审、二审法院均认为，被告在未告知原告及相关人员实情的情况下进行电视节目录制，没有告知原告并征得同意，擅自将含有原告及相关人员隐私的节目两次播出，直接导致原告的正常社会评价降低。从法院的判决理由可以得到一个司法理念，即未经当事人同意以暗访或偷拍方式报道共同隐私不被法律允许。

有些媒体机构也意识到披露共同隐私可能会存在法律纠纷，采取一种自认为比较

[1] 徐迅：《隐性采访与隐私权》，《中华新闻报》2008年6月4日。

稳妥的做法，即同向媒体报料的一方当事人签订书面协议，约定当事人因为吐露了不该公开的内容而如果导致第三方诉讼，法律责任由签订合同的一方当事人承担。实际上，通过合同方式约定权利与义务，只适用于那些通过强制性手段可以落实的权利或义务，并不是所有的权利与义务都适合用合同约定方式。隐私权是人格权的一部分，而人格权的权利与义务是不能依靠强制性手段来施行的。就此而言，媒体机构以合同约定方式免除自身责任的处理方式在法律上是无效的。如果由于一方当事人不恰当地披露了共同隐私主体中另一方的隐私，媒体照样要承担责任。

《新闻实践》杂志2010年第5期"多棱聚焦"栏目

"媒"求尊严

温家宝总理在2010年政府工作报告中首提"尊严"，这迅速成为近期国内外舆论关注的焦点。尊严意味着尊重每一个个体的幸福感与自由度，而全民的尊严需要全社会的细节提升，这就意味着大众媒体新闻传播的出发点与归宿，须把"尊严"置于一个新的高度。

当民生新闻成为主流媒体的视点聚焦之后，新闻报道以极大的热情关注大众经济利益的"幸福"选题，而往往在不经意间忽略"尊严"的新闻价值取向。虽然尊严建立在一定的物质生活水平之上，但作为一种高尚的精神追求体现在媒体传播上，那就是对依法保障公民权益的舆论作为，对侵害公民的政治权益、社会权益、民主权益、文化权益的言行进行舆论监督，在舆论导向中形成共同维护公平正义、共同维护公民尊严的现代社会准则。

如此看来，媒体在"尊严"上大有文章可做，大有疆域可扩，尤其为民生新闻开启了新的思考选题，其中包括媒体在新闻事件、新闻策划中如何加强公民尊严的舆论导向，还有媒体自身在新闻报道中避免误伤公民尊严等。媒体在维护公民尊严的进程中，必定会迎来普照大众的灿烂阳光，从而加快提升公民社会的尊严指数。

传播尊严：媒体向上的阶梯

张　亮

尊严来自物质生活的保障与精神追求的满足，需要法律上的权利维护、道德层面的尊重关爱。如果媒体漠视被报道者的尊严，也就丧失了自身的尊严，职业荣誉感、社会的尊重就离新闻人越来越远，而回避崇高、严肃的命题，也导致媒体的思考、批判能力下降，从而形成恶性循环，难以自拔。当传媒以紧扣时代的尊严命题时，也就担起了时代的责任，也将获得向上的力量。在操作层面，从新闻评论到民生新闻、时政新闻，传媒都存在着巨大的发展空间。

“让人民生活得更有尊严”。

“公平正义比太阳还要有光辉”。

从“尊严论”到“阳光说”，温家宝总理2010年以来的多次论述，透射出理性与情感的双重光彩，触及政府存在的理由与国家发展的目的，指向现代社会最基本最核心的价值理念，迅速成为媒体传播的高频语汇。

今天，传媒业和这个时代一起经历着转型。多元多变的舆论环境，使得一些媒体的价值观也经历着摇摆错乱。在对五光十色的泡沫的追逐中，捍卫尊严、维护社会公平正义这个时代大命题，反而呈现出边缘化的特征。

媒体为何会陷入迷失，又该如何实现尊严价值的回归？

媒体商业化、泛娱乐化湮没尊严

老电影《摩登时代》中，流水线疯狂地运转，将工人塑造为丧失思想与尊严的机器零件，形象地展示了商品社会人的异化。而今，在新闻产品的生产中，我们依然能够看到“摩登时代”的影子。作为新闻报道的主体——人，一旦被纳入传媒业的流水线中，往往就要被扭曲、物化，甚至他们的尊严也被当做低廉的卖点。

从芙蓉姐姐到凤姐，从犀利哥到兽兽门，媒体放大甚至导演着变形的喜剧。在一些真人秀节目、八卦新闻中，个人隐私成了吸引眼球的工具，很少看到对这个生命、这个群体真诚的尊重，更少有对其尊严的关注。在一片嬉笑声中，呻吟和呐喊反倒显得不合时宜。

传媒产品如同书籍，具有一定商品属性，但当它将商业利益作为核心来追求，必将淡化其作为公共产品的公益性本质。而提升所谓收视率、阅读率，最直接、最便利的手段就是依托于眼球效应、感官刺激，泛娱乐化也就成为必然的结果。当媒体用消费心态来面对人——不论他身处哪个阶层，承担何种社会角色——他都将被打造成娱乐的道具，物化为商品，人们的思想、情感、追求乃至尊严，都成为无足轻重的内容。

原本在娱乐大众的同时，媒体获得传播效果及商业利益并无不当，但如今娱乐变为洪水之势，泛滥到政治、经济、文化、社会各个报道领域。媒体作为公共话语重要的载体，它如何反映和解读世界，影响受众？当媒体不辞辛劳地追逐、放大着娱乐话题，进而又拉动更多受众加入娱乐的庆典，结果就形成一个越滚越快的疯狂大转盘，身处其间，人们所看到的是一个扭曲变形的世界，并且丧失了判断能力。泛娱乐化，已经成为媒体的兴奋剂，在它的作用下，承担社会责任、报道客观公正、维护公平正义等媒体的本质要求，反而变得泡沫化、边缘化。

正如尼尔·波兹曼在《娱乐至死》一书中指出："一切公众话语都日渐以娱乐的方式出现，并成为一种文化精神，一切文化内容都心甘情愿地成为娱乐的附庸，而且毫无怨言，甚至无声无息，其结果是我们成了一个娱乐至死的物种。"他进而说："有两种方法可以让精神枯萎，一种是让文化成为一个监狱，另一种是把文化变成一场娱乐至死的舞台。"

如果媒体漠视被报道者的尊严，也就丧失了自身的尊严与职业荣誉感，社会的尊重就离新闻人越来越远；而回避崇高、严肃的命题，也导致媒体的思考、批判能力下降，从而形成恶性循环，难以自拔。

时代语境中的传媒尊严价值取向

尊严来自物质生活的保障与精神追求的满足，需要法律上的权利维护，道德层面的尊重关爱。

"尊严论"的提出，有着鲜明的时代语境。近年来，从躲猫猫到邓玉娇案，从毒奶粉到钓鱼执法，从厦门PX项目之争到对强制拆迁的质疑，全都明确无疑地指向同一个靶心：维护公民权益，促进社会公平正义——也就是所谓的尊严。

与此同时，高层在执政理念、发展路径上的思路也日益清晰。中共提出以"以人为本"为核心的科学发展观，以此为发端，保障民生、完善法治、推进经济社会协调发展、合理分配社会财富等课题成为各界关注的热点。可以说，尊严论的核心，正是"以人为本"的理念。

民间与高层，同声共气，在这场以民生幸福与尊严、社会公平与正义为主题的时代交响曲中，新闻媒体作为不可或缺的号手，承载着新期待、面临着机遇期。只有在推动社会的进步中，才能实现自身的进步。

纵观近百年前的《新青年》、《京报》，到当代的南方报业、《财经》杂志，它们之所以成长为引领一时舆论的强势媒体，其共同点在于体现社会担当，把握时代脉搏，占据思想高地。今天，持续30年的改革开放正在向深水区挺进，这意味着传媒也必须直面更为深层的精神生活命题。在这一机遇与挑战面前，核心价值观的错乱、引导能力的低下以及回避、失语，只能使媒体日趋边缘化。

人民的幸福与尊严，社会的公平与正义，已经成为国家和民众的共同追求。媒体的价值追求，也必须以此为基本的出发点。

在传播尊严中获取向上的力量

当传媒紧扣尊严的命题时，也就担起了时代的责任，也将获得向上的力量。在操作层面，从新闻评论到民生新闻、时政新闻，传媒都存在着巨大的发展空间。

1. 尊严是新闻评论的“话匣子”

在对包括尊严在内的现代价值观的求索中，人们需要理论的引导、思想的武装。社会转型时期，多元思潮激荡，公众对观点的渴求更甚于资讯本身，新闻评论的黄金时代已经到来。

尽管各类媒体时事评论版块一路走红，却仍有很多因素影响着评论的质量，诸如政策图解式的机械操作，陈腐观念的老生常谈，民粹主义裹胁下的非理性观点，缺失新闻事实基础的妄言，单纯为博眼球发出的乱弹，等等。

改进评论，需要观点的推陈出新。“尊严论”无疑为新闻评论打开了一个蕴涵丰厚的“话匣子”，而要把这个“话匣子”进行淋漓尽致地阐述，一方面要打通学术圈与新闻圈的经脉，建立庞大的“智库”，为法学、社会学、政治学、经济学等各个领域的专家搭建平台，在学者和新闻人中培养一批“传媒社会学家”，将理论成果运用于时事分析，探索通俗化表达与学术化、专业化内容的结合，使时评在深度、理性、建设性上向前一步，真正对提升公众的尊严意识起到启蒙、教化作用。另一方面，也要加强与网络的融合，为公众开辟在专业媒体表达的通道，在网络论坛、博客中撷取真知灼见，发掘和培养各阶层人士中的“意见领袖”，使评论能充分反映不同社会群体的利益诉求，在思想激荡、观点交锋中化解矛盾，促进公民尊严的提升进程。

2. 尊严是民生新闻的“升级版”

民生的幸福与尊严，需要民权的保障。民生新闻，需要与尊严新闻紧密结合，实现转型升级。具体而言，在于走出狭隘的报道路径，从对细碎、孤立个案的盲目追逐，从单纯告知式的新闻，转向注重个案的典型性、代表性，发掘其普遍联系，理性地发掘、梳理民主法治的体制性障碍与破解之道；另一方面，要从更多关注群众的物质需求，转变到更加尊重人的全面发展，满足民众更高层次的精神需求。

要实现这一转变，路径在于推进以调查性报道为核心的深度报道，同时强化与观点的结合，提升民生新闻的思想性和权威性。调查是新闻人最本质的功能。媒体要通过专业、深入、客观的调查报道，厘清真相，分析是非，乃至提出解决路径。以近期广受关注的犀利哥报道为例，前期很多媒体只是简单地转贴网上信息，在信息价值的判断上停留在娱乐的层次。源于网络，却不能高于网络。在对影子的追逐中，失落了本体。如果传统媒体只是扮演网络舆论的追随者，不仅不可能超越，反而会在一味的追逐中消亡。传媒以内容为王，如果放弃了深入、独到的思考，放弃了对真相的调查追问，放弃了价值判断、引导功能，就等于丢弃了职业精神和专业素养，丢弃了对话语权的掌控，在传统媒体与新媒体融合的过程中，这是比传播技术、传播手段落后更可怕的问题。

在犀利哥报道后期，一些专业媒体通过调查，披露了犀利哥的真实生存状况，同时配合政府部门给予犀利哥以切实的帮助，履行了主流媒体的责任，体现了对新闻本质的回归，使得犀利哥报道实现了价值的飞跃。令人感到不足的是，在这组报道中，缺少更进一步的思考和追问：犀利哥"走红"后短短几天就能找到家，而此前流浪多年为何无人关注？我们的社会救助制度，如何才能真正落到实处？社会应如何看待流浪者群体，怎样让千万个犀利哥获得尊严？对比《南方都市》报关于孙志刚事件的报道，犀利哥事件报道对制度建设等深层次问题，显然还未触及，只能是一哄而起、一哄而散的"闪流行"。

3. 尊严是时政新闻"八仙桌"上的常设话题

时政新闻报道，要在尊严观的引导下，搭建政府与民众沟通的桥梁，让时政新闻从官员唱独角戏的主席台转向各界共同议事的"八仙桌"。尊严的根本内涵，就是要保障公民的知情权、参与权、表达权和监督权，通过一个个具体的议题，吸引民众从被动的看客转为积极主动地参与到政治生活中来，在实践中增强参政议政的能力，提升民主的意识。

在这一过程中，媒体要谨防"被代表"现象的发生，避免盲从于权力或所谓大多数人的意见。有学者说，检验一个国家的文明程度，其实不是看多数人，而是看少数人，如残疾人、失业者、外来移民的尊严是否得到保护。尊重少数人的意见、尊重与自己不同的观点，对于保障民权、促进和谐具有标志性意义。

幸福是时代的主题，尊严是公民的权利。温家宝总理在2010年的政府工作报告中提出："要创造条件让人民批评、监督政府"。如何创造条件，这不仅需要国家完善相关制度，政府转变观念，也需要媒体忠实履行监督的责任。在网络问政日益受到重视之时，媒体应更敏锐地倾听网络民意，借势上行，围绕问政热点，及时开展追踪调查；同时，要更积极主动地发现、设置议题，将“小概率事件”的网络监督，提升到制度化、常态化的媒体监督层面。我们期待，网络问政与媒体问政彼此呼应、优势互补、立体传播，加快建设与民尊严的“2.0时代”。

“媒”求尊严：传统媒体更有担当

范以锦　段惠婧

传统媒体的报道决不能只盯在物质生活的“幸福”选题上，还应强化维护公民尊严的新闻价值取向。只有保持高度的社会责任感，在具体的新闻实践中坚持自身公平和正义的立场，发扬新闻专业主义精神，保护民众的尊严不受侵犯，我们的媒体才能被公众所尊重。传统媒体要积极与新媒体互动，在“与民尊严”的进取中形成舆论的合力。政府部门应为传统媒体在维护人民尊严方面创造良好的报道环境。

在2010年的全国两会上，“尊严”首次写入《政府工作报告》。温家宝总理的“与民尊严”论，看似平平常常，实则意味深长，顿使“尊严”成为社会热词，引发对公民权利的热议，让人充满憧憬和期待。

人生来有尊严，需要被尊重。然而，民众的尊严应该怎样去维护，值得各级为民服务的公共权力机关深沉思考。新闻媒体作为党和人民的耳目喉舌，联系党和人民的纽带，其传播的出发点和归宿也应该是“让人民生活得更有尊严”。

从近些年媒介报道的情况来看，传统媒体在民生新闻的报道方向上进行了深入探索，关注人民生计，并卓有成效。然而，在事关公民尊严的社会事件方面的报道中，网络新媒体却抢占先机，尤其是有关政治权益、社会权益、民主权益等涉及公民尊严的一些社会事件中，传统媒体落后于网络。诚然，以互联网为首的新媒体具有传统媒体无法比拟的“快速”和“海量”的优势，但有意或无意伤害公民尊严的事实乃至“网络暴力”事件，也是屡见不鲜。

面对快速、海量、互动性强的网络维权愈演愈烈，以及出现“网络暴力”等新的传播现象，以专业性和权威性著称的传统媒体，尤其是党和政府直接掌管的主流媒体，在维护公民的尊严方面如何发挥引领作用，值得我们关注。

网络舆论维权比传统媒体更主动

回顾这几年所发生的系列社会事件，网络舆论监督为民众赢来了越来越多的尊严。有网友还将过去的2009年称为又一“网络维权年”。网络舆论监督日益成为人民维护自身正当权益的重要手段，网络维权逐渐演变成一种常态。“躲猫猫”、“邓玉娇”、“许霆”等一系列事件得以圆满解决，无一不彰显了网络舆论监督在当今社会发展、民主建设、维护公民权利和尊严的过程中所扮演的重要角色。

然而，值得我们反思的是，在网络维权愈演愈烈的同时，传统媒体在保护公民权利和尊严的过程中扮演的是怎样的角色？相比于网络等新媒体的舆论监督的活跃，传统媒体的反应却显得相对滞后。在过去所发生的系列社会事件中，传统媒体虽也参与报道，但从时效性和影响力来看远不如网络媒体。即使是传统媒体率先报道，网络在后期跟进中也更为尖锐，直逼真相。

有些议题虽然发端于传统媒体，但其舆论后劲不足。有一些发端于传统媒体的议题，甚至引起了网络舆论的质疑和声讨，最后还是网络起到了公共平台的作用,网民形成的网络舆论成为推动公共事件最终解决的重要因素。为什么会出现这种情况呢？这是因为有的地方政府为了掩盖事实真相，利用其直接掌控媒体的有利条件，让传统媒体“及时”报道，但传播的其实是不准确的信息，甚至是虚假信息。然而群众的眼睛是雪亮的，由于网友的质疑而产生的强大的网络舆论压力，推动地方政府重新展开调查，最终推翻了传统媒体原有的报道。如果没有网友的质疑，或许有不少案件经传统媒体报道后就盖棺论定了，而正是因为广大正义和智慧的网友的坚持，才使得真相终得以拨云见日，受害者的正当权益得到了维护。

作为权威和公正的舆论代表，传统媒体在面对争议性事件时，若只是一味地报道某些地方官员为了某种不当动机所发布的虚假信息，而偏离了自身公平和正义的立场，那么不仅损害了民众的权益和尊严，也损害了自己的信誉和尊严。在一些争议性社会事件中，与其最终在网友的质疑声中陷于被动，倒不如在新闻发布之前去调查新闻的真实性而争取在舆论方面的主动。

网络伤害公民尊严甚于传统媒体

网络舆论的主体广泛而复杂，网络媒体具有互动性、即时性的特点，网络所传播的信息内容来源不够权威，其信息把关相对于传统媒体来说不够严格，难以及时审核。加之网络的虚拟性和网民的隐匿性，导致网络舆论监督容易产生情绪化的倾向，盲目跟风，人云亦云，缺乏理性的独立思考。因此，互联网在发挥其舆论监督作用的同时，虚假信息和谣言也在网络上大量聚集，借“舆论监督”之名误导网民。由此而产生的一些网络舆论，损害了一些人的正当权益和人格尊严。网络中由于虚假信息而造成的人们的权利和财产损失的案例也比比皆是。

可见，网络新媒体一方面在维护民众的尊严方面发挥着重要作用，另一方面又可能出现网络暴力等伤害公民尊严的问题。

无中生有的伤害。网络上被炒得沸沸扬扬的“史上最恶毒后妈事件”，后被证实是网络的一场闹剧。陈彩诗没有虐待小慧的行为，却无故经受了常人难以承受的精神压力，几度欲自杀，并跪求媒体洗冤。

维权时乱揭别人的伤痛。在维护某些人的权利时，要报道其中受到的伤害，而有的细节关系到个人的隐私和尊严。在舆论监督的过程中一不小心揭了人家不愿公开的“伤痛”，使其个人尊严受到严重的伤害。

批评中的“狂轰滥炸”，剥夺批评对象应有的权益。在舆论监督中，出现对批评对象“丑化”式的伤害。即使有过错的人，也有受法律保护的隐私权，也应维护其公民起码的权利和尊严，决不能无所不揭。一些激动的网友毫无遮拦的口诛笔伐，超限度的谩骂、攻击，往往会使一些事件向消极或者具有伤害性的方向发展。

在自娱自乐中“恶搞”他人。网友进入互联网所带有的娱乐目的，不可避免地怀着娱乐和调侃的心态去面对网络上的人或事。“网络恶搞”成为网友们娱乐的重要方式。2010年初，网络对“犀利哥”的关注、热捧，一方面是对他不幸命运的同情，但不可否认的是其中也包含着相当一部分人的猎奇心理。当网友们漫天调侃的时候，他们忽视了自己侵犯的是一个弱者的尊严。最后，由于传统媒体的介入，帮助“犀利哥”找回家人，正是体现了传统媒体适时引导的重要性。

传统媒体在维护尊严中要承担更多责任

人们赋予了网络媒体新的期望，提倡对网络传播善意、正当的使用。但是由于我国互联网发展的历史还不长，网络舆论监督还存在诸多不完善的地方，加之当今社会正处于转型期，网络社会作为社会发展的延续，社会发展中所产生的矛盾很有可能通过网络传播得以延续，甚至扩大。所以，网络冲突是不可避免的。关键是我们应该怎样缓解这样的冲突，以防止冲突朝着恶性的方向发展和扩大。笔者认为，传统媒体尤其是传统主流媒体的引领作用，是缓解这一冲突的重要力量。

传统媒体应保持很强的新闻敏感，主动发布重要的信息。当网络维权在社会中发挥着日益重要的作用的时候，传统媒体应该反思自身的滞后行为，更不能在自身丧失了话语权的同时又成为网络舆论的跟随者。网络媒体较强的互动性和时效性，网民遍布各地，比较容易发现新闻信息，但我们也必须意识到，网络媒体由于其自身的信息量大，信息来源不权威等原因，使信息传播的真实性受到影响，加之网民处理新闻事件的情绪化特征，不可避免地使得新闻事件当事人的权利受损。在此情况下，如果传统媒体只是被动地扮演网络媒体跟随者的角色，则难以保持新闻的中立和客观，也难以起到引导舆论的作用，进而丧失了自身的权威性。例如在“钉子户”事件中，绝大多数传统媒体也如同网络舆论一样，报道观点几乎“一边倒”，却很少有人想到“钉子户”多年未清除背后的社会生态，也很少人考虑到当地政府在解决“钉子户”事件中所作出的善意努力。

因此，当网络事件闹得沸沸扬扬的时候，具有公信力和权威性的传统媒体，应意识到自身在新闻传播活动中的主体地位和引领作用。首先，应适时发布权威正确的信息，控制虚假信息在网络上继续扩散，使舆论朝着公平公正的方向发展，防止谣言的传播损害人民的权益和尊严；其次，应该适时发挥其舆论引导的作用，教育公众形成正确的价值观，在面对矛盾时不要得理不饶人，意气用事，而应该理性客观地看待人或事，维护人民应有的权益和尊严。当面对具有争议性的社会事件时，主动留意网络舆论的发展动态，及时介入调查，还原事实的真相，及时保护当事人的正当利益，维护其应有的尊严。

传统媒体要积极与新媒体互动，在“与民尊严”的进取中形成舆论的合力。随着互联网的发展，舆论力量的壮大，已经形成了“舆论引导的新格局”，即传统媒体与网络媒体良性互动。只要二者联合起来发挥各自专长，共同推动我国的民主进程，那么人民的利益和尊严将会得到强有力的保障。传统媒体与生俱来的使命决定了必须为民说话、予民尊严。而网络媒体其自身的传播主体的广泛性，决定了它天生代表的是民众的声音。

因此，无论是传统媒体还是新媒体，其出发点和归宿都是一致的，即保护人民的权益，维护人民的尊严。传统媒体和新媒体应在差异中寻求合作，相互学习和借鉴，充分发挥各自优势。传统媒体发挥其权威媒体的引领作用，而网络媒体则为舆论监督增添更加活跃的声音。例如上海“钓鱼执法事件”中，网络上掀起轩然大波的同时，中央电视台、《人民日报》、《中国青年报》等传统媒体也大举介入，与网络舆论配合互动并引导舆论，最终依法终结“孙中界案”。

发扬媒体自身的新闻专业主义精神，完善新闻监督机制。媒体尊重人的尊严，既是道德规范也是法律规范，既需要通过社会舆论来监督，也需要通过行业制度来制约。有些传统媒体自身新闻专业主义的缺失，缺乏保护公民尊严的意识，为了追求新闻素材，而不惜漠视公民的政治权益、社会权益、民主权益、文化权益。有些新闻工作者为谋求经济利益而掩盖事实，损害了人民的尊严。2008年发生的“封口费”事件，更是拷问了媒体工作者的职业道德。在当今社会，媒体对人们思想、工作、生活方面的影响日益增强，正因为如此，媒体只有保持高度的社会责任感，在具体的实践过程中保持公平和正义的立场，发扬新闻专业主义精神，使人民的权益不受侵犯、尊严得到维护，才能被公众广泛接受，被社会广泛尊重。

政府部门应为传统媒体在维护人民尊严方面创造良好的报道环境。由于传统媒体尤其主流媒体都是在党委和政府的直接管控下，因此，媒体在保护个人自由和人权的过程中扮演怎样的角色，与是否创造良好的舆论环境有很大的关系。政府部门应改变动辄要传统媒体“噤声”的状态，大力支持传统媒体对侵犯人身权利的各种不良现象进行监督，充分运用媒体调和各种社会矛盾，维护人民的利益和尊严。回顾“躲猫猫”事件发生后，云南省委并未回避和压制舆论，而是积极回应舆论，省委宣传部还利用媒体邀请网友组成事件真相调查委员会，充分体现了执政者对舆论监督的重视与尊重。

美国人本主义心理学家马斯洛认为人有五种基本需要：生理需要、安全需要、归属和爱的需要、尊重需要、自我实现需要。这些需要属于不同层次，构成一个需要的“金字塔”。人的基本需要是由低级向高级发展的，具有连续性。如今人们已经不再满足于生存层面的物质文化需求，而开始不断追求更高层面的精神需求，即尊重需要、自我实现需要。温总理正是在思考各项民生问题(就业、收入、社会保障、教育等)之后，提出了“让人民生活得更有尊严”。应该说，这些民生问题的解决，是人民生活幸福和有尊严的基础。没有这些，空谈尊严。在这样的社会背景之下，传统媒体相对于网络媒体来说代表的是权威的声音，报道决不能只盯在物质生活的“幸福”选题上，还应强化维护公民尊严的新闻价值取向，发挥引领时代潮流的作用。

提升新闻报道中弱势群体的尊严指数

陈力丹　董晨宇

媒体报道中维护弱势群体的尊严，本质上是通过具有人文关怀的新闻报道对弱势群体进行的一种社会支持。这种支持应该通过符合新闻价值的事实报道来实现。新闻不是一般的传者的政治宣传，有自身选择事实和报道事实的专业标准。现在的问题在于，传媒和记者只把关于弱势群体的事实与一般事实同等看待，采用一般的选择标准，而懒得深入挖掘关于弱势群体事实中有新闻价值的部分，只是凭感性对那些涉及性、血腥、暴力等内容感兴趣，这种情形下，当然不可能谈得上尊重弱势群体的尊严。

一张"感动中国的大眼睛"的新闻照片，不仅改变了这个小女孩一生的命运，更在舆论上推动了以救助贫困地区失学儿童为宗旨的"希望工程"。诚然，近年来新闻界对于弱势群体的关注逐渐增多，也涌现了一批影响深远的新闻作品，但也存在诸多不容忽视的问题，媒体失范现象屡有发生。

2010年2月12日，温家宝在春节团拜会上公开承诺：我们所做的一切，都是为了让人民生活得更加幸福、更有尊严。在这一年的全国两会上，"尊严"第一次以这样的含义被写入《政府工作报告》。显然，如何在新闻报道中尊重并保护弱势群体的尊严，已经成为一大新课题，反映出传媒界的基本职业素养亟待提升。

弱势群体也被称为社会脆弱人群、社会弱者群体。美国社会学家大卫·米凯尼克（David Mechanic）将社会经济地位（SES）、生活环境、种族、社会支持状况等因素作为判断弱势群体的标准[1]。但由于社会结构的差异，"弱势群体"在中国的所指也略有不同。

2002年3月，朱镕基总理在《政府工作报告》中，首次提出中国社会的"弱势群体"问题，从而使得这个概念得以流行，被频频引用。但学界对弱势群体尚没有达成共识。较为流行的定义是："凭借自身力量难以维持一般社会生活标准的生活有困难者群体"。[2]我国社会弱势群体的概念外延，应主要包括生理性弱势人群、贫困农牧民、城市边缘人群体、失业下岗人员、天灾人祸中的困难者等等[3]。

---

[1] MechanicandTanner(2007).VulnerablePeople,Groups,andPopulations:SoeietalView. HealthAffairs,26,No.5:1220-1230。

[2] 郑杭生：《转型中的中国社会及中国社会转型》，首都师范大学出版社1996年版。

[3] 张敏杰：《中国弱势群体研究》，长春出版社2003年版。

对弱势群体的关注和报道，关系到社会的稳定和良性发展，自然是媒体义不容辞的责任。但弱势群体往往自尊心很强、心理敏感，故在新闻报道中，更应该特别关注弱势群体的尊严。

弱势群体如何被传媒“被”了

我国传媒塑造的弱势群体是怎样一种形象呢?

在一些媒体上，农民工在报道中经常与“随地吐痰”、“偷盗”等词汇相连。在2004年，《燕赵都市报》报道了赵某采取威胁跳楼的手段为工地上受伤的儿子讨要治疗费用，并称之为“跳楼秀”，这一说法立刻激起了广泛的指责，认为这是“媒体在报道弱势群体时缺乏最基本的人性关怀，缺乏对生命最起码的敬畏”[1]。具体说来，传媒报道弱势群体缺乏尊重与关怀的表现有：

1.被受众“消费”了

在现实中，一些弱势群体的故事本来不具有新闻价值，往往经过媒体“导演”和“策划”，作为被消费的“戏剧”出现。“犀利哥”的乞丐照片，因其衣着打扮适应“潮流”而在网络上得到热捧，各大新闻媒体也随之迅速跟进，纷纷以“宁波乞丐王子秒杀网友”、“史上最牛乞丐”之类的标题对其展开报道。在“犀利哥”的娱乐风潮渐渐消退之时，媒体又联合当地救助部门“导演”了一系列“帮犀利哥寻找亲人”的新闻报道。而面对媒体镜头和频繁的闪光灯，这名乞丐“双腿紧张地颤抖，突然仰天长啸，然后沉默地流泪”。当他被自己的亲人接回家时，新闻媒体一方面欢庆自己“人道主义”的胜利，另一方面又开始报道“犀利哥剃须不再犀利让网友失望”。

这种被媒体“导演”、弱势群体“参演”的“媒体戏剧”，近年来频繁地出现在新闻报道之中。痴迷某香港歌手而辍学的兰州女孩杨丽娟，被媒体报道引起社会巨大反响之后，陪同见证她追星经历的“记者团”竟多达10余人。传媒对杨丽娟的报道，非但没有把杨丽娟拉回正常的生活轨道，反而把追星的历程推向不归路，导致她父亲的自杀。杨丽娟被塑造成一个“疯狂粉丝”，依照传媒预先设计好的脚本，在传媒聚光灯前上演一幕幕的闹剧。

2.被贴上了各种标签

我国传媒关于弱势群体的新闻报道中，经常出现“贴标签”的现象，造成这个群体的被“污名化”。美国社会学家埃文·戈夫曼（Erving Goffman）在经验研究的基础上提出“受损的身份”（spoiledidentity）这个概念，用于描述遭受污名化体验的人、被社会他人贬低了社会地位的人。污名化（stigmatization）的目标对象，就是由于其所拥

[1] 李天轮：《媒体报道弱势群体的缺陷》，《青年记者》2004年第12期，第49页。

有的"受损的身份",而在社会其他人眼中逐渐丧失其社会信誉和社会价值,并因此遭受到排斥性社会回应。[1]

当然,传媒报道弱势群体中的个人或群体本身,总要赋予这个人物或群体本身以一定的说法,然而如何命名,需要体现人文关怀。现在由传媒贴上的标签很多,例如"半脑少女之谜"、"独臂少年闯天涯"、"盲目流入城市的民工"等等。可能对此"命名"的当事传媒或记者并非出于歧视,是在第一时间为了追求报道效果而加上去的,但是其传播效果,却是对某人或某类人不该突出的特征加以强调,损害了这些人的尊严,因为这种"命名"将弱势群体中的人划归为社会的"异类"。

3.被缺位的主体

弱势群体在我们的新闻报道中经常处于缺位的状态。这里所说的"缺位"有两层含义:首先,有关弱势群体的信息较少在媒体上出现。其次,在有关弱势群体的新闻报道中,弱势群体自身往往没有话语权。

第一种情况出现的原因,在于传媒市场化进程中的"利益最大化",它使弱势群体越发被边缘化,传媒转而更加关注社会主流受众与精英阶层,娱乐化信息充斥报纸和电视媒体,商业利益逐渐完成着对社会利益的"殖民"。

弱势群体的话语作为社会的非主流话语,自身的商业价值明显逊色,与弱势群体相关的信息和意见表达也就面临着断层的危险。只是由于某些报道源于政策上的调整,或者媒体调到与弱势群体有关的耸人听闻的突发事件,才会在传媒上偶然出现或出现一阵子。弱势群体是一个外延极为丰富的概念,弱势群体的常态报道在如今的媒体上却很难见到。

第二种情况出现的原因,在已有的关于弱势群体的报道中,他们往往作为被动的报道对象出现在新闻之中,成为被言说的他者。"跳楼秀"新闻中的主人公一直被叙述,却很少得到发言的机会;即使在"下岗再就业"等与弱势群体息息相关的话题上,掌握话语权的仍旧是社会精英,弱势群体的表达权利已经被传媒悄然替代了。这样的话语权缺失,导致一种恶性循环,即传播学中"知沟理论"的假设说,信息闭塞的弱势群体在接触媒体和使用媒体方面与社会主流群体越差越远,两极分化亦会愈加严重。

让弱势群体获得应有的尊严

弱势群体话语权的丧失,实际上是一个"传媒接近权"的问题。这一概念的核心即要求媒体担负起社会职责,免于让媒体的声音完全被精英群体遮蔽。按照美国传媒

[1] 李建新、丁立军:《"污名化"的流动人口问题》,《社会科学》2009年第9期,第56页。

法学家欧文·费斯（OwenM.Fiss）的说法，即“给那些公共广场中声音弱小的人分配公共资源——分发扩音器，使他们的声音能够被听见。国家甚至不得不压制一些人的声音，为了能够听到另一些人的声音。”[1]对于人数众多却声音微小的弱势社会群体，传媒应该担负起这样的责任。

综上所述，媒体在对弱势群体的报道中仍有很多失范之处。概括来讲，这主要源于媒体的精英主义意识、媒体的商业利益追逐、专业主义素养的缺乏等原因。新闻报道应通过自己的努力，让弱势群体在报道中保持尊严。具体来说，媒体可以从这样几个方面改善对弱势群体的新闻报道：

首先，新闻媒体对于弱势群体的关注应当常态化，对弱势群体的新闻报道不能取决于政策调整和戏剧性突发事件的推动。媒体不能打着帮扶弱势群体的名义，为自身谋取受众的注意力和经济利益。

其次，新闻媒体对于弱势群体的报道应避免将弱势群体标签化。这一方面要求记者在报道弱势群体的新闻时，不要为了追求耸人听闻的效果而制造过分煽情的标题；另一方面，媒体应避免将弱势群体中个人的不道德行为扩散到对整个群体的污名。

当需要受帮扶的弱势群体直接露面接受采访时，新闻媒体应该考虑他们的自尊，不要公开他们的形象和真实姓名。《南方周末》的记者曾表示过相似的看法，当他们采访受到助学贷款的贫困大学生的时候，被采访者不愿意让别人知道自己被帮扶的事实，在采访中也不愿露脸。媒体在处理这样报道的时候应该格外谨慎，并适时地询问被采访者的感受。

最后，关注弱势群体的尊严，还应包括传媒为弱势群体预留一片表达空间，使得他们有机会和可能来表达自己的利益诉求。《广州日报》开办的“欠薪追讨”热线，较为实在地保障了外来务工人员利益。在这个栏目的一系列报道中，记者走近这些打工者的生活，用平视的眼光，而非以居高临下的“社会精英”自居，因为只有这样才能真正地了解他们的疾苦。在报道中记者还使用了化名、“马赛克”等手段保护这些打工者的隐私，使新闻报道起到了正面的效果。

媒体在协调社会各群体的表达权、促进社会多样化发展上扮演着重要的角色。诸如农村频道、农村版，都是这一理念的具体落实。问题在于，这样的频道和版面处于以单纯收视率、阅读率为标准的淘汰制度之下，我们该何去何从？

根据一般的新闻工作经验，如果仅仅出于同情或是完成上级交办的报道弱势群体的任务，所报道的新闻虽然形式上可以做得不错，时间或版面都有保障，例如那些“扶贫新闻”，一个县一个专版，策划当地的脱贫故事，讲述“当地人民战天斗地的

[1] 欧文·费斯：《言论自由的反讽》，新星出版社2005年版，第3~4页。

英雄气概和精神风貌"等等，但是这类节目或报道，收视率和读者的阅读情况确实都不好，在传媒经济利益颇为重要的当下，免不了被淘汰的命运。

弱势群体报道同样有新闻价值标准

在关于弱势群体的新闻事实中，发现既有社会意义又具有新闻价值的传播亮点，是保障这类新闻得以持续发展的专业主义前提。关于这方面的研究，现在确实太少了。

媒体报道中维护弱势群体的尊严，本质上是通过具有人文关怀的新闻报道对弱势群体进行的一种社会支持（socialsupport）。这种支持应该通过符合新闻价值的事实报道来实现。新闻不是一般传播者的政治宣传，而有自身选择事实和报道事实的专业标准。现在的问题在于，传媒和记者只把关于弱势群体的事实与一般事实同等看待，采用一般的选择标准，而懒得深入挖掘关于弱势群体事实中有新闻价值的部分，只是凭感性对那些涉及性、血腥、暴力等内容感兴趣，这种情形下，当然不可能谈得上尊重弱势群体的尊严。

异常就一定是坏事吗？我们报道过的弱势群体的事实中，不是有过影响全国的正面事实吗？这类事实符合人情味这个新闻价值的选择标准，然而被关注得很不够。还有符合人们地理接近、心理接近的很多新闻，都与弱势群体相关，但是我们的报道中常常忽略了他们。

我们常讲深度报道，然而关于弱势群体的事实中，很多需要深度报道的东西被表面的追求猎奇遮蔽了。我们的传媒关心的是什么？仅仅是故事的跌宕起伏。例如关于"犀利哥"的新闻，他的"传奇"经历叙说得颇为详尽，却没有媒体追问我国社会救助制度的缺陷，这才是更有意义的关于弱势群体的新闻啊！检讨一下各种涉及弱势群体的新闻框架，就会发现，说什么等于不说什么——关注耸人听闻的故事，被忽略的是这类事实背后的社会问题。

那些被报道的贫困县为什么贫困，仅仅是自然条件差吗？如果从体制和当地的领导层切入，肯定可以做出很有新闻价值的新闻来。我们报道贫困县的记者真的深入到村屯里去了吗？有谁与那里的贫困人民共同生活，哪怕几天？如果没有，就不要说贫困县没有新闻。发现新闻需要眼光，同时也需要艰苦的调查和体验。

新闻媒体的功能主要在于环境监测、社会协调、文化遗产传承，它不是慈善机构，单纯要求"新闻扶助弱势群体"本身，是违反新闻传播的规律的。然而如果有心，从关于弱势群体的事实中挖掘有新闻价值的亮点，在遵循新闻价值标准的基础上，我们是能够做出既好看又有社会意义的关于弱势群体的新闻的，并非只有妖魔化弱势群体一条报道之路。如果能够做到这一点，尊重弱势群体的要求，就不再显得让人为难和苛刻了。

开启民生报道的“尊严时代”

潘　圆

尊重“尊严”是媒体报道的出发点与归宿，而日渐成为媒体报道主流的民生报道，在推进“尊严时代”的舆论氛围中，无疑发挥了催化作用。站在保护公众利益的角度，新时期民生报道的一个突出特点是“维权”，唤醒公民的权利意识，呼唤公民更深层次地参与公众事物的管理，共同推动社会进步。这也是“尊严时代”的必然要求。如果把民生新闻等同于邻里纠纷、街头闹剧、奇闻趣谈等社会新闻，不仅流于表象，而且也在本质上将民本思想浅薄化。

温家宝总理在2010年的政府工作报告中的“尊严观”一提出，就引发了国内外舆论的普遍关注。这是温家宝总理在不到一个月的时间里第4次谈到“尊严”问题，有媒体用“驶入‘尊严时代’”来评述其间包含的深远意义。

“尊严”二字，不仅赋予执政为民、以人为本新的内涵,标志着在经济发展到一定阶段后，将更加重视人的全面发展，重视人的内心和精神感受，而且也是公民社会的必然要求。

要尊重“尊严”，首要的是要让公民意识到自己的权利、责任与义务，由此就必须形成一个尊重“尊严”的舆论氛围。在这方面，媒体责无旁贷，驱使民生报道迎来“尊严时代”。

尊重尊严是媒体报道的出发点与归宿

“尊严”这个词，大到关乎国家荣辱，小到关乎每个公民的生存与发展。但这里我们强调的尊严，更主要的是指公民的人格尊严，它是一项基本人权，也是我国公民的一项重要民事权利。

维护尊严首要的是权利的落实。所谓“权利若坚实，尊严自然来”，正是体现了这个道理。而自由表达权、知情权是公民最基本的权利，也是尊严的一个最基本层面。

作为大众传播工具，媒体是传播公民意见的主要渠道。公民的意见只有通过媒体的报道，才能更多地为社会各阶层了解关注，他们的价值诉求，才能赢得更广泛的了解与支持。新闻传播活动，直接关系着自由表达权的实现；媒体的客观报道，直接关系到知情权的保障。

因此，媒体在建设尊重尊严的舆论氛围中有着天然的职责，尊重尊严是媒体报道的出发点与归宿。而近年来日渐成为媒体报道主流的民生报道，在推进“尊严时代”的舆论氛围中，无疑发挥了催化作用。

民生报道推动“尊严时代”

什么是民生？简而言之，衣食住行就是民生。所谓“民生新闻”，就是关注普通人的生存和生活状态，以及与他们切身利益相关的社会、政治、经济、文化建设等方面的新闻。

民生始终是有责任感的媒体关注的重点。民生报道，也与“使新闻报道贴近实际、贴近群众、贴近生活”的原则一脉相承。借助民生新闻这种报道方式，媒体的功能正进一步由宣传工具转向大众传播媒介。特别是在后民生新闻时代，借助公共新闻理念，越来越多的民生报道不只局限于资讯、事实的传播，而是在于揭示新闻事实背后的矛盾根源、价值理念，唤醒、培养公民意识，开启了民生报道的“尊严时代”。

2001年深圳的《晶报》宣称“以民生新闻为特色”，以此为发端，在随后的几年里，涌现了江苏电视台的《南京零距离》、安徽台的《第一时间》等一批有影响力的民生新闻栏目。民生报道也在其后数年间走过了从“家长里短、锅碗瓢盆”的都市新闻，到以公共新闻理念为主导的深度报道的嬗变之路。

民生报道最突出的特点是报道主体的变化，是视角的变化，以及由此带来的观念的变革。它的核心理念是“以民为本”，以平民的视角关注民众，向民众负责，为民众服务。

正因为民生报道蕴涵的“少官气、多人气”的这种“民本思想”，它在推动公民社会建设、营造尊重尊严的舆论氛围，让公民了解其权利、责任、义务，培养公民的平等意识、权利意识、参与精神等方面，起到了至关重要的作用。

首先，民生报道内涵的平等意识，是尊重尊严的重要基础。尊严强调的是法律面前人人平等，强调的是公平与正义。

随着社会基本矛盾的变化，各种曾经在经济高速发展阶段隐藏的矛盾日益凸显，各种转型时期的利益冲突，迫切寻求解决与疏导。这些冲突表现在多个方面，并突出表现为公权与私权间的冲突，以及私权之间的冲突。而民生报道更强调打破旧有的等级观念，强调公民意识，强调公权与私权的平等。这种平等意识，将民生报道推进到一个“尊严”的层次。越来越多的报道不再局限于单纯的报道事实，而是更着力于展现其背后的利益冲突，特别是弱势群体甚至所谓“刁民”的利益诉求。这使得它赢得了更广大的受众的支持，也成为引领公民社会建设的舆论先锋。

其次，民生报道所强调的维权意识，是尊重尊严的必然要求。

如果说，民生报道最初是反映群众的疾苦，传情达意，把民众生活的基本状态呈现在报端与音画，那么后民生时代的民生报道更强调的是维权意识、公民意识。

有人一直认为民生报道属于社会新闻的范畴。的确，新时期民生报道兴起的时候，更强调地域特色，强调贴近性原则，突出身边事、自己的事，许多新闻属于社会新闻的领域。但如果就此把民生新闻等同于邻里纠纷、街头闹剧、奇闻趣谈等社会新闻，不仅流于表象，而且也在本质上将民本思想浅薄化了。

应该说这种满足受众对周边事实变动的关注欲望的新闻，只是民生报道一个浅层次要求。公众不只要了解身边事，还要了解国家事、世界事，了解那些将来可能发生在自己身上、对自身发展有所影响的事情。他们不只要了解事件发生的过程，而且要了解其内在的根源，了解自己的权利与责任。

而社会转型时期的一个突出特点就是，法治尚不健全，侵权现象屡有发生。面对不断出现的新问题、新现象，公众以及社会都在迫切地寻求建立一种新的秩序，各种权力谋求在这一过程中相互制衡，并得到合法保障。因此，站在保护公众利益的角度，新时期民生报道的一个突出特点是“维权”，唤醒公民的权利意识，呼唤公民更深层次地参与公众事物的管理，共同推动社会进步。这也是“尊严时代”的必然要求。

漠视尊严的报道误区

毫无疑问，民生报道在推动社会进步中发挥了巨大作用，但也应看到，报道中仍然有许多误区。

其一，报道不是平视而是俯视。长久以来，中国社会一直是“权力至上”的社会，专制特权思想有着深厚的文化传统与社会基础。新闻媒体在报道时仍然会不自觉流露出一种高高在上的姿态，对平民百姓的个人尊严缺乏足够的敬畏和保护。

比如，在报道政府对困难群众生活上的关心安排时，经常会写到被救助对象的感激心情。被救助对象的心情可以理解，但媒体对此的反复强调，间接地渲染了这种传统上视政府如家长的理念，不利于公民意识的培养。尊严首要的是平等的尊重，而不是高对低、上对下的同情。

其二，分寸失衡，一味迎合公众情绪，违背客观报道原则。随着民本思想的深入、权利意识的觉醒，各媒体都在关注公共利益，但这其间也出现了一些违背客观原则、矫枉过正的现象。

比如说，对于医患关系的报道。医改市场化以后，以药养医成为普遍现象，由此导致天价医药案等纠纷的不断出现，医患关系日趋紧张。而一些媒体在报道医疗纠纷时，断章取义，片面强调患者的权利，忽视了医生的正当权利诉求，甚至将医生和患者的利益对立起来，由此不仅加剧了医患冲突，而且这种不信任情绪的蔓延，又反过来进一步损害患者的权益。正是在这种舆论的氛围下，导致医患冲突不断升级。

2009年6月，福建南平市一村民因"泌尿系统结石、急性肾功能衰竭"入住医院，手术后突发变症，经抢救无效死亡。死者家属认为院方有责任，当晚就聚集在医院扣押、打伤医生。于是，80余名医务人员聚集到市政府门口集体上访，打出写有"还我尊严、维护正常医疗秩序"横幅，酿成著名的"医闹事件"。《中国青年报》经济版连续对此做了报道，并开辟了"关注医患纠纷"的专栏，报道永安医闹事件以及浙江引进第三方机制解决医疗纠纷的做法，目的就是通过客观报道，尊重不同利益群体的合法诉求。

其三，缺乏人文关怀，不重视表达方式，损害报道对象的尊严。

比如，贫困是损害尊严的重要因素，因此在报道贫困问题时，更应该注意把握尺度，在报道贫困群体的生存状态时，尤其要注意表达的方式、技巧，以免给这些人形成不必要的压力与困扰。在这方面，有些媒体往往只关注渲染贫困的惨状，而忽视了被采访对象的尊严。比如，一些媒体报道学校里的贫困生时，指名道姓，还要报道诸如"吃剩饭"等细节，给这些贫困学生敏感而脆弱的心灵投下阴影。

"尊严时代"的民生报道指向

民生报道对于公众尊严的关注，体现在收入、就业、医疗等诸多方面。最经典的民生报道当属孙志刚事件。《南方都市》报、《中国青年报》等媒体对孙志刚事件的报道以及公众的广泛参与，直接推动了收容遣返制度的废除。

随着城市建设的推进，用地规模日益扩大，拆迁引发的冲突日益尖锐，由此导致的暴力流血等极端事件层出不穷。对拆迁群体的关注、记录以及拆迁背后利益冲突的揭示，也成为媒体关注的热点。

对拆迁群体的关注，对他们利益诉求的尊重，其深远的寓意在于公权力与私权力对立中的平等，在于对普通民众合法权利的尊重。长期以来，人们习惯于一种固有的思维方式，在公权力与私权力发生冲突时，遵循公权力优先的规则。而在这一过程中，公民合法权益受损的案例举不胜举。更有许多人打着维护公权力的旗号，谋取个人私利。

拆迁问题因为涉及百姓最重要的资产——住房，而成为矛盾爆发的突破口。近年来，媒体对"重庆最牛钉子户"、成都唐福珍"自焚"等极端事件的持续关注，对于《国有土地房屋征收与补偿条例》(征求意见稿，也即民间所称的"新拆迁条例"的出台，起到了重要的推动作用。

对农民工群体利益的关注，也同样展现了民生报道在创建尊重尊严的舆论氛围中的影响力与追求。

从早期的“城市劳动力的补充”到城镇化建设的主力军，从农民工到新时期的产业工人，农民工群体定位的变化也在民生报道中得到了充分体现。最初，媒体在报道农民工时，更关注他们给城市带来的负面影响，如上车抢座、随地吐痰、不守秩序，甚至成为治安隐患。这种报道也是基于客观事实，但是在新闻事实的取舍上则强调枝节的、负面的内容，因此不只是对农民工群体的不尊重，而且激化了农民工与市民的对立情绪，不利于和谐社会的建设。

随着社会对农民工这一群体的关注，媒体的态度也在转变，由最开始以市民视角为出发点，到站在农民工的角度，反映这一群体生存发展中所遇到的问题及利益诉求，实现了由“高高在上”到“平等尊重”视角的转变。

社会对农民工群体的认识，也由城市的异类、不安定因素，到城市不可或缺的建设者，再到平等市民，可以说这种变化，与媒体报道视角的变化、新闻报道的推动有着深刻的联系。而农民工尊严意识、权利意识的觉醒，更是与媒体的报道密不可分。

比如，2010年以来“用工荒”的报道，新华社连续播发多篇稿件，揭示农民工不愿意去东部发展的深层原因，其实是农民工用脚投票的结果。正如有媒体所评论的那样，“用工荒是民工用尊严挑战血汗经济”。

农民工不再视东部为打工热土，一个深刻的根源在于权利意识、尊严意识的觉醒。现在的农民工，也即所谓新生代农民工，不再像他们的父辈那样予求予取，更强调工作的尊严与幸福感。这让他们在职业的选择、地域的选择中更加精明、理性。

3月8日《中国青年报》经济版刊发的《西部农民工为何不再“东南飞”》，通过记者扎实的调查、算细账，揭示了西部农民工更加多元化的工作选择。城镇化建设加快，西部经济的快速发展，带来了更多的发展机会。而当地较低的生活成本以及乡土乡情，也让越来越多的农民工不愿再远去东部漂泊。

结 语

虽然从理论上对民生报道还有各种不同的看法，但这些并没有影响新闻实践的探索。毫无疑问，民生报道是新闻中的富矿，“尊严论”的提出，给民生报道拓展了新的领域和更高的要求，那就是“以人为本”，尊重每个公民的人权尊严，尊重每个公民的合法权益。

在建设公民社会的进程中，民生报道将在推动尊严时代建设方面承担更重要的使命。而顺应“尊严时代”新的形势、革新民生报道，则是媒体与新闻从业者必须面对的严峻课题。

重要的是，媒体要增强“尊严时代”的使命感、责任感，满怀深厚的人文情怀，始终坚持“为人民鼓与呼”。只要植根在百姓民众之中，只要孜孜以求民生报道的创新，就能发现无愧于时代的“尊严”新闻，从而在新闻中挖掘厚重的“尊严”价值。

再则，媒体在唤醒公众尊严意识的进程中，需要理论的引导，凸现依法维权。因此，必要的法律知识武装，公民社会运行的探求，就显得至关重要。这样，我们在关注“柴米油盐酱醋茶”的民生问题的同时，更要自觉地尊重与维护公民的知情权、参与权、表达权与监督权，弘扬“尊严时代”的时代精神与先进理念，通过新闻报道的现实范例，引导与鼓励公民学会依法维护个人尊严；同时，在传播尊严的过程中自然而然地提升媒体自身的尊严。这就是一个有责任的媒体在“尊严时代”的追求与期待。

《新闻实践》2010年第6期“多棱聚焦”栏目

“唯收视率”

与纸质媒体注重阅读率一样，电视媒体把收视率作为节目内容质量的一项检验指标，体现了由“媒体主体”到“受众主体”的进步，在期待观众（听众）评判与检验的过程中迈向市场竞争前沿。

作为媒体内容生产的评价指标，收视率并非万能，更非唯一。近年来，业界纷纷提出诸多质疑，同时也为纸质媒体质疑某些“阅读率”调查指数提供了证伪口实。“唯收视率”的盛行，被指诱导或驱使一些电视媒体出现新闻属性失范的现象。

在媒体评估机构的商业化运作中，既有“一家独大”的垄断，也有“师出多门”的紊乱，但凡这些并不准确、并不科学的“调查指标”，往往成为评判媒体市场份额的单一依据，而由此产生的积弊与发生的异化，正在众目睽睽之下销蚀其所谓“排行榜”的公信力。

在新媒体迅猛异常的“拐点”时期，收视率（或阅读率）调查指标本身已经面临危机。传统媒体如何逆势而上，脱胎换骨，要办的事情千头万绪，其中一项任务就是构建新的媒体价值评价体系。这应该是新一代媒体运营者赢在起点的关键。

收视率不能承受之重

李　欣

有关收视率的争论和质疑主要集中在四个方面：一是针对收视率调查本身，包括调查和测量方法的局限性，行业监督、竞争规则和公司背景等等；二是收视率作为衡量节目成功与否的唯一标准是否合理；三是收视率是否导致电视节目的品质下降；四是收视率（经济效益）与舆论导向、社会效益之间的关系问题。

收视率是西方商业媒体与广告商之间的软通货，在很大程度上，收视率等同于广告收入。我国电视界对收视率的关注始于上世纪80年代中期。在其后的发展中，收视率的引入经历了一个渐进式的"弱势—强化—强势"的过程。从起初被视为异端，到90年代中后期作为市场化的重要手段，强势进入到电视业日常运营和管理中，特别是央视在节目改版与创设、节目评价与编播制作以及广告经营活动中，广泛引入收视率指标，标志着中国电视业界对收视率指标的承认与接纳。随后，收视率快速完成了由边缘向中心的突破，抢占了话语权。

这个变化的背后，同时伴随着中国电视业市场转型过程中的阵痛。尤其是收视率本身纯商业化的取向，同我国传统电视媒体公共性取向呈现出矛盾性，不可避免地会引起观念的冲突。

收视率的利与弊

收视率的引进是电视业市场转型必不可少的重要环节。上世纪90年代中期以后，省级台纷纷开设卫星频道，打破了CCTV的垄断，多频道电视时代来临，观众和广告商的选择性同时增大。日益激烈的节目竞争、广告竞争必然要求新的市场性规则，其实收视率就是市场规则的最重要指标。

来自电视行业竞争的加剧，也让收视率调查有了广阔的市场，其主要标志是央视—索福瑞媒介研究（CSM），短短几年就成为中国最具权威的收视率调查专业公司。除CSM外，在中国收视率调查业中另一家较重要的公司是AC尼尔森公司，在1999年时，中国内地收视率调查的业务总量已接近1.2亿元人民币。同时，中国内地排名前10名的广告公司中，十之八九是合资公司，它们掌握着大批实力雄厚的广告客户，掌握着各电视台的命脉，而这些广告公司几乎无一例外地以收视率为依据进行媒体规划和购买。

与此同时，面对外部激烈的市场竞争环境，越来越多的电视台在推进内部体制改革中，都把收视率指标视为评价电视节(栏)目的唯一标准，在具体操作中，不少电视台栏目的改版、调整、创设，完全根据一段时间内其收视率的高低和内部排名进行。

然而，尽管作为市场力量的代表，收视率在电视业市场化的发展中风光无限，但是自其被采用起，受到的质疑和批判就一直不绝于耳。法国著名社会学家布尔迪厄尖锐地指出：电视从文化和交流的传播手段，沦落为一种典型的商业操作行为，这一切都受制于收视率，而收视率又是追求商业逻辑的必然结果。台湾中视董事长郑淑敏就曾以罕见的高分贝，抨击AC尼尔森收视率调查天天公布节目排名的做法，是恶化台湾收视生态的元凶。中央电视台的著名主持人崔永元在接受南方某著名周刊采访时脱口而出“万恶的收视率”。综观起来，有关收视率的争论和质疑主要集中在四个方面：其一是针对收视率调查本身，包括调查和测量方法的局限性，行业监督、竞争规则和公司背景等等；其二是收视率作为衡量节（栏）目成功与否的唯一标准是否合理；其三是收视率是否导致电视节目的品质下降；其四是收视率（经济效益）与舆论导向、社会效益之间的关系问题。这些疑虑和争议，实际上是在我国社会转型时期关于商业文化争论的缩影，与当前意识形态的变革和价值观念的转型有着深刻的关联。

关于收视率的反思

1986年，中央电视台开始运用计算机进行日常收视率统计，此后收视率调查工作不断发展，今天已进人连续的、采用日记法或仪器法的、常规性的收视率调查阶段，出现了专业性调查机构。自1996年央视—索福瑞媒介公司诞生和AC尼尔森公司登陆我国之后,国内收视率调查呈迅猛之势,收视率市场被激活。

国内很多学者对收视率调查方法的科学性进行了质疑，认为获得最真实收视率的方法，是每户的电视机上都装有专门记录每个家庭成员收视情况的收视仪，它把每个家庭成员的个人收视情况按秒记录下来，然后由调查公司进行统计分析，这样才是最精确的收视率计算方法。很明显，由于我国现阶段的各种经济文化情况都不可能实现这么精确的调查方法，只能用样本量较少（一般为每个城市300户）的抽样调查法和日记法替代，由此如何保证代表性和科学性就成了问题。这里笔者不再赘述。

值得一提的是收视率的高低是由许多因素所决定的。譬如，栏目受众定位(是大众栏目还是小众栏目)；播出时段开几率及特征开几率；时段栏目竞争激烈程度；前后栏目的相似程度；前一栏目的收视率高低；栏目的播放频次以及播放的时间长度；播出时段、受众收视喜好与栏目定位的关系；季节及节假日的影响等。因此，准确地评价一个栏目需要多方面的考虑，特别要将那些容易造成收视率差异的因素考虑进来。收视率调查是一种定量的呈现式的调查结果，其结论是以上所有因素综合作用的体现。收视率数据告诉了我们“事实是这样”的问题，但是没有回答“事实为什么是这样的”的问题。要正确评估影响收视率高低的因素，要准确决断有些收视率低的栏目该不该拿掉，还必须使用其他的诸如内容分析、个案调查等手段加以佐证才行。

其他国家的一些做法，值得借鉴。比如，英国BBC用“欣赏指数”衡量电视台节目品质；美国也推出“热情指数”和“表演者指数”,定期了解观众对电视节目的评价；加拿大广播公司提出“享受指数”；法国则提出“兴趣指数”；我国香港地区从1991年起也进行“电视节目欣赏指数调查”。中国人民大学舆论研究所的舆情报告也推出“电视剧大众传播全效评估体系”，按照知名度指标、被关注度指标、网络收视度指标三者的加权平均之和，得出一项网络影响力指数。中国人民大学舆论研究所所长喻国明认为，“电视剧大众传播全效评估体系”是对现有的以收视率为主要指标的电视评价体系的补充和完善。这个评价体系比较全面、科学地采集了有关电视剧有效收视数据，并能够以精确的量化数据指标予以直观表现；它能够将人的主观情感(收视后的观感)纳入并转换为量化的数值指标，与传统收视率统计的“被动收视”相比更加客观准确。

从文化的角度来思考，收视率是以市场化、以普通观众取向为基础的,以收视率为风向标制作的节目并不能满足所有人的需求,尤其不能体现精英主流文化。电视媒体很大程度上还是一个大众媒体，从我国人口结构而言，高端人群在整体人口中所占的比例相对较低，而收视率调查数据是严格按照实际人口结构来进行抽样和配额的，因此收视率数据调查的结果很可能把高端的精英人群排除在外。

尽管不能否认电视的大众文化意义，但是当商业法则进入到电视制作领域，收视率成了节目生产唯一的指标和动力，节目生产只计算成本投入和效益产出的时候，低俗化就会出现，电视本身所应具备的公共文化属性就丧失殆尽。尽管收视率及其调查有着十分重要的作用,但它并不是万能的,因为收视率成为唯一的标准还会导致整个评价体系的扭曲。

央视《对话》栏目把目标受众锁定在关注经济的精英受众群上,尽管它的收视率并不算高，但节目质量不容否定。据央视满意度调查发现,《对话》属于“叫好不叫座”的一类。在广告定价上，收视率的一元标准在这里行不通。《对话》栏目的收视率偏低,广告价位却颇高。这说明《对话》分众化成功,以多元标准向一元标准发起了挑战。

收视率不能承受之重

无论从市场或文化的角度看，收视率目前还没有承担“万恶之源”的责任和能力，有着不能承受之重。注重收视率一般被指责为电视业趋利而动。但是，电视业趋利而动就一定会造成产品低级劣质吗？把目前电视业市场化过程中的种种弊端都归因于强调收视率，难免有失偏颇。中国电视节目近年来出现的弊病，更主要地反映了体制方面的失调。

在世界电视发展史上,西方国家由于频道资源的缺乏，早期电视台都是国家垄断或者国家管理,到上世纪八九十年代这些国家经历了一次商业化过程,国家放宽对广播电视产业结构和节目内容的各种规制。在这一时期，媒体企业产生了大批量的收购和兼并活动，商业投资纷纷进入电视行业。尽管有大规模的商业化运动，由于历史的原因，这些国家的公共电视和商业电视有着非常明显的界限。比如欧洲以公共体系为主体的电视，为了摆脱沉重的开支负担而引入商业机制，广告收入已经成为重要经营支柱，节目却依然保持了较高的格调。美国的主流电视是商业化最彻底的，但特别低级庸俗的东西并不多见。

我国电视业在商业化进程中的种种弊端，不能单单把收视率作为替罪羊，主要原因是电视台的功能、性质区分不清。虽然欧美很多国家市场竞争都非常激烈，像美国95%的媒体都是商业媒体，然而他们的媒介公共服务政策却相当明晰。美国的PBS经费来自社会资助，为全美的354家非商业电视台提供节目。PBS没有广告，资金来源是老百姓捐款和政府拨款。美国人的理念是，公共媒体是最公正的——不靠广告就不会为商家讲话；越少依赖政府款项就越能为普通大众服务。作为公共电视，PBS关注的一个主要人群，就是“精英阶层”,因为公共电视有一部分需要靠各种社会组织的赞助，在社会事务上也需要吸引文化精英或者是有政治影响力的人参与。最能体现公共电视价值的，还是它的节目内容和追求的核心价值。英国BBC一直是靠公众缴的年度收视费来运转，也是世界上最有影响力的公共电视机构。在英国，你买一台电视机，不管看不看，一年都得交120英镑，主要就是支持像BBC这样的公共电视台的。BBC打出的口号始终是“公众价值最大化”,机构的整个运转也是始终围绕影响力的核心——“公众价值”。

而我国内地的电视台，既是党和国家宣传舆论机构的重要组成部分，又要高度地介入到市场化的进程中，还应具有提高公众审美水平、提供科学和教育信息的公共电视职能。这种格局在实际运作中，遇到的困难和尴尬可想而知。央视开办第10频道——音乐频道的初衷，就是服务社会、不求利益的公共电视理念。由现有的电视机构拿出一部分利润办公共电视，即可以看做是在取得收益后对社会的一种理应的回馈。公共传播的特征就是在资源、规模、市场份额都有限的情况下，在商业化的浪潮里开辟属于公众的开阔地。

收视率的"伪"、"唯"误区及正名

韩仲鹏

"伪收视率"和"唯收视率"是目前收视率在中国所受到的两大诟病。其中，"伪收视率"指向了技术层面，是对收视率调查方式、数据质量、指标体系、分析路径、应用策略等方面的质疑和探究；"唯收视率"则指向了内容层面。可以肯定的是，种种谴责似乎并不是收视率自身的错，更大程度上是受到了电视人"工具理性"意识的影响。因此，在收视环境正在发生巨大变化的历史拐点，为收视率正名就显得尤为迫切。

收视率，一个电视节目客观评价的量化指标，一度主宰着中国电视节目的命运，有着当仁不让的权威地位。对此，有人在技术层面对其产生质疑，甚至延伸到关于调查公司的背景和立场的分析；有人则就其与电视媒体社会效益的关系问题展开探讨，认为它是导致低俗化和社会效益偏失的罪魁祸首，是"万恶之源"。游走在推崇备至与大加挞伐之间，能否正确理解收视率，不仅对于收视率是公平的，对于中国电视节目的发展也十分重要。因此，本文将从收视率在中国的命运变迁说起，在对收视率运用过程中存在问题的解读中，探讨中国电视收视率的正名之路。

收视率的引入与贡献

收视率概念进入中国始于20世纪70年代末国门开启之初，而作为市场指标进入电视业日常运作，则是在上世纪90年代中期以后。应该说，在中国电视走向市场的过程中，收视率发挥了重要作用，在一个历史时期内为中国电视的市场转型做出了积极的贡献。

首先，作为一个行业标准和市场指标，将收视率纳入考量电视节目的视野，进而为节目改版、创设、淘汰以及广告经营活动提供了相对权威与公正的判断标准与依据。1998年3月召开的全国九届人大一次会议明确提出，对包括电视台在内的大多数事业单位实行"断奶"政策，中国电视开始市场化改革的步伐，广告收入成为电视业的主要资金来源。如何来决定广告费用的标准，收视率成为最重要的标尺之一；同时，这一时期，电视台、电视频道数量猛增，电视节目类型日益多样化，受众开始细分，市场化竞争加剧，收视率作为电视台获取观众收视行为和偏好的重要手段，成为电视节目评估的重要标准，为节目制作者根据受众需要制作出他们喜闻乐见的电视节目提供了重要依据，也为促进中国电视节目整体质量提高，提升电视媒体在观众中的地位发挥了积极作用。

其次，作为一个重要的杠杆与指标，收视率还为电视台摆脱行政干预和主观意志的瞎指挥提供了客观的评价标准和决策依据。以中央电视台2002年推出的节目评价体系为例，当年，中央电视台12个频道的栏目数量超过了450个，如何使栏目数量降到一定的比例是令管理者头疼的一件事情。因此，中央电视台总编室开展了节目评价及栏目警示淘汰课题的研究工作，制定了《中央电视台节目综合评价体系方案》，将量化的收视率指标（权重为50%）引入到了电视节目这样的精神产品的优劣评判中。有了这样一个标准，几年来中央电视台被淘汰的栏目，包括为了避免最终被淘汰的难堪局面主动提出的自我置换或者撤销的栏目，超过了100个。不难看出，在中央电视台的发展过程中，收视率量化、公正的特点为其解决了压缩节目、栏目数量这一难题。因此，在接下来的几年中，省级卫视、地面频道纷纷参照《中央电视台节目综合评价体系方案》，研究制定出了适合于各自实际情况的节目综合评价方案。

但不容忽视的是，从最先实行的央视的末位淘汰制到地方电视台的工资奖金挂钩，从电视广告经营战略确定到具体节目的改版和去留，收视率几乎拥有生杀予夺的权力。当收视率逐渐成为电视行业的权威标准，可以衡量电视节目的制作质量、决定广告投放、决定电视节目的生存发展时，中国电视人开始了对收视率的追逐与抢夺，不仅使这个不期而至的新事物在短短10年间由“边缘”被推向“主流”，而且愈推愈远，推向了另一个极端，由此产生了关于收视率的种种诟病。

两大诟病：“伪收视率”和“唯收视率”

“伪收视率”和“唯收视率”是目前收视率在中国所受到的两大诟病。其中，“伪收视率”指向了技术层面，是对收视率调查方式、数据质量、指标体系、分析路径、应用策略等方面的质疑和探究；“唯收视率”则指向了内容层面。

“伪收视率”

虽然有数据显示，我国在2008年建成了世界上最大的收视率调查网系统，包括一个全国测量仪调查网，将近100个省级和市级测量仪调查网，150来个省级和市级日记卡调查网，在网样本总量超过6万户，能对全国200多个市场，1200多个电视频道的收视情况进行全天候的监测，但收视率的准确性还是备受争议。如电视界流传这样一则故事，山东某台一栏目已停播3个月，但收视调查公司却继续提供该栏目的收视率，其收视率甚至高达30%。这样的笑话，反映了人们对于收视率伪科学的质疑。

质疑之一，关于中国电视收视率调查在数据统计上存在的先天缺陷，认为这些数据带有偶然性和个体性。全国的电视观众数量已经超过12亿，而目前在中国收视市场独霸天下的央视—索福瑞的测量仪只涵盖大约4000户家庭。因此，所获得的收视率调查数据不可避免地带有很强的偶然性和个体性，无法描述数亿电视观众的实际观看状态。

质疑之二，关于样本户的收视习惯问题。仪器测量法多为定点定时式调查，成本、安装费、维护费都比较高，一旦选定调查样本，在一个较长时间内都不会更改，因此，所获得的收视率数据不可避免地会受到固定样本户收视习惯的影响，不能真正体现电视观众的收视状况。

质疑之三，目前的收视率统计样本集中在70个大中城市，在乡镇和农村的分布非常有限，很多偏远地方根本就没有收视率调查仪。因此，有人认为中国的收视率反映的是发达城市人们的审美标准，以此来规范大部分不发达或者欠发达地区受众的审美需求，显然是不合适的。

质疑之四，在网络化的收视环境中，目前中国的电视收视率调查还没有能够很好地兼顾到使用网络电视卡和网络BT、电驴等软件下载观看的人群的收视情况，从而为其带来伪科学的嫌疑。此外，中国的大学校园里没有安装一台收视率调查仪，因此有人认为收视率数据如果不能体现大学生这个最活跃和最有创造力群体的收视状况，就很难代表当下中国最准确的收视状况。

"唯收视率"

"唯收视率"指的是电视制作机构用收视率直接评判节目内容，将收视率高低与节目内容好坏简单挂钩，以收视率论英雄，逐渐蜕化为经济效益为上。为了提高收视率，吸纳更多广告，有的编导就会不择手段去迎合观众一些不健康的需求，恶搞胡编、粗制滥造。比如在《令人惴惴不安的收视率》一文中，作者写道，有一个矿工苦读8年，终于考取名牌大学的研究生。他的成功其实源于一个异性网友的不断鼓励。当他走进高校之后，两个年轻人也终于走到一起。这样一个励志主题的情感故事到了某个电视频道的大型谈话节目那里，编导苦心孤诣地在两个年轻人的情感经历中加入了一个"小三"的角色，进而把自学成才的典型改造成了当代"陈世美"，故事推进过程中，还煞有介事地安排了三方的交锋。应该说，节目的情节设置一波三折，当事人的讲述也引人入胜，动情之处，甚至声泪俱下。但是，这样的胡编滥造，忽视了电视人是精神文化产品生产者的使命感和责任感，慢慢毒害了广大观众，尤其是青少年观众的心灵。

"唯收视率"是一剂慢性毒药，它误导了电视台决策者以及观众对于节目的评估。事实上，收视率调查能够提供系统、连续、全天候的收视数据，反映观众人数多寡，最直观地传达基本的传播效果信息，但是却无法说明观众对节目的喜好和评价，不能进行内容分析和效果分析。高收视率并不一定有高的观众满意度。有不少电视节目虽然获得了较高的收视率，却并没有获得相应的满意度和满足度，观众观看时是持以猎奇、消遣、娱乐的心态，抑或批判的心态，还是“边看边骂”，收视率并不能真实地反映出来。反之，观众满意度高的节目，也不一定能有很高的收视率，央视“读书时间”栏目被末位淘汰曾引发巨大的社会争议，便是一例。目前在CCTV-1深夜时段播出的“见证”栏目，是业界公认具有较高专业水准的栏目，而这个观众满意度和制作水准都比较高的节目却长期受到末位淘汰制的威胁，存在着严重的生存危机。2003年，“见证”栏目“不得不放弃成就经典的梦想和学院风格的、严肃的、纯客观的纪录方式，重新考虑观众定位，查找故事性强的题材，增加猎奇性和吸引力，比如缉毒、破案等等，希望能拉动收视率。”

为收视率正名

从前面的论述中我们不难看出，收视率确实在中国电视20多年的市场进程中发挥了不可替代的作用，同时，我们可以肯定的是，“文化杀手”等种种谴责似乎并不是收视率自身的错，更大程度上是受到了电视人“工具理性”意识的影响。因此，在收视环境正在发生巨大变化的历史拐点，为收视率正名就显得尤为迫切。下面我们不妨对收视率的正名之路做简要探讨。

完善调查方法

不断改进和完善调查方法、提供更科学更准确的收视率数据，是摆脱收视率“伪科学”质疑、树立收视率权威性、推动收视率调查业健康良性成长的必经之路。比如，日本的收视率调查也采用了在电视机中加装测量仪的方式，但不同的是，在日本45%的家庭中，电视都安装了收视率数据测量仪，这就保证了统计调查的样本数量，减少了收视率数字的技术性误差，最大限度地保证了其准确性，从而使收视率更值得信赖，具有真正的参考价值。

建立科学的评价体系

科学的节目评价体系，可以使节目实现由模糊管理向精确管理的过渡，实现社会资本与媒介资源的优化配置，也可以促进节目微观层面的科学运作。节目评价体系应该是一个由多层次的评价方法组成的体系。因此，在电视台节目评价体系的改进实施中，一定要进一步优化收视率、满意度、节目制作成本、专家意见以及观众反映等各项指标的权重，进行多指标、多方位、多层次的分析和判断，力求真实准确地反映节目的总体状况，通过建立科学、规范、公正的节目评估制度，调动采、编、播、审各个工作环节的积极性和创造性，为中国电视传媒业进行行业管理提供重要的依据。

此外，在节目评价体系的建构中，还需要考虑电视节目的个性问题，比如，每个电视栏目都有自己特定的收视对象，“新闻联播”的收视对象是所有的电视观众，而“见证”的收视对象则要窄得多，以纪录片爱好者和部分相关人士为主。这是两个不在同一起跑线的栏目，本身并没有什么可比性，倘若用一个标准、一把尺子来衡量，就注定是不公平的——“新闻联播”的高收视率是大众化之幸，而“见证”的低收视率则是个性化之舆。

出现调查专业垄断

中国的电视收视率调查市场曾经有央视—索福瑞（CSM）和AC尼尔森两家收视率调查专业公司，虽然央视-索福瑞占据了90%左右的份额，但由于AC尼尔森和央视-索福瑞在统计方法上的差别，二者提供的收视率数据并不相同，所以许多电视台选择同时购买这两个公司的数据，将两者的数据相加并除以2以后，得出公开的收视率。遗憾的是，2009年，AC尼尔森逐步退出了中国收视率调查市场，从而出现了由央视-索福瑞独霸天下的垄断局面。

纵观世界收视率调查业，基本上属于全国性或者区域性垄断行业，但其主要市场还是掌握在具有跨国资本背景的几家大的调查公司手中，对各国或区域市场而言，几家调查公司在同一市场并存，使用者的选择性更大。因此，全球有许多国家或地区，主要采取招标的方式，选择某一家调查公司的收视率数据作为市场通行的“唯一货币”。从国外收视率调研的发展经验来看，只有建立基于第三方的、客观公正的监督和评审机制，才能有效地保证调查的公信力，保障客户的权益，以此确立调查业存在的正当性，促进收视率调查业的健康发展。由此可见，无论在哪一种市场条件下，建立科学中立的监督机制都是必需的，在我国更是当务之急。

适应新的收视环境变化

在模拟电视时代，收视记录仪器基本是对频率进行监测，不同的频率对应不同的频道；但是，在数字的环境中，一个6MHz频宽可以播出4个标准数字节目频道，而且电视收视方式也在发生变化，观众可以点播、录制、回放，电视正经历着从“看”到“用”的转变，这些因素都要求监测仪器的升级，时代对收视率调查业提出了新的挑战。

美国尼尔森在2005年正式启用了A/Pmeter(主动/被动记录仪)，通过植入数字密码以及声音比对的方法测量收视情况。美国所有电视台和有线网络都采用尼尔森编码技术对电视的声音讯号进行了密码植入，并以无声的方式传输，各频道密码不同，通过比对即可获得用户的收视信息。A/Pmeter能够全天监测收视行为，并可以显示出收视时是“直播”、“直播+当天回顾”还是“直播+7天回放”等。

随着网络视频的观众越来越多，更多电视内容被推到网上，为此，尼尔森在2008年启动了视频测评服务（Video Census），其监测范围包括了美国提供视频的电视网站，可以从收看人数、视频流量、平均播放时间、用户地理分布等多个方面进行评测。2009年年底，尼尔森开始在7500个电视样本家庭中安装网络测量装置，对用户在网上所观看的影视节目进行统计监测，尼尔森则根据这些数据整理出覆盖上网电脑、电视机的收视率统计。在此基础上，尼尔森还将推出能够涵盖电视、电脑、手机三屏的完整收视数据产品，以获得收视率的整体图景。

在中国，虽然在网络化环境下也出现了新的收视率调查主体，如互联网数据中心（Data Center of the China Internet，简称DCCI），就是目前在中国较为权威的互联网独立的第三方市场监测、受众测量平台和专业数据采集与研究平台。但是，在中国的三网融合进程中，还没有出现电视、网络、手机三网合一的收视率调查主体以及收视数据产品。当然，对于发展中的中国收视率调查市场来说，这既是缺憾，也是新的机遇与挑战。

“三网融合”时代的收视率调研图景

陈书昊

只有让收视率更有说服力，这一指标体系才能生存下去。而“三网融合”时代的到来，带来了收视行为的颠覆及视频内容传输的技术性革新，这就使得受众研究和收视率得到重建调研体系与标准的一次机会，从而获得新生。因此，对于收视率来说，收视环境的变化带来的机遇应该是远远大于挑战的，至少对于中国的视频内容提供商来说，对于此次变革中受众收视行为监测数据的期望已经非常强烈。

2010年以来，电信网、广播电视网和互联网三网融合加快推进，意味着在可预见的未来，我们观看电视的方式一定会有所改变。那么，与传统电视行业相辅相成的收视率调查方法，是否做好了改变的准备?

要看清楚基于“三网融合”变化的收视率调研前景，就需要从“三网融合”所带来的改变切入。对于广电行业的从业者来说，“三网融合”带来的革命一定会是颠覆性的，最主要的可概括为五大融合，即技术融合、网络融合、内容融合、终端融合、产业融合。技术融合和网络融合带来的是运营商的板块重组和利益调整；终端融合则是改变受众的媒体使用方式和使用习惯；内容融合是为目前鱼龙混杂的内容提供商制作了一次洗牌的机会；而产业的融合则是真正意义上的终极变革。作为与内容生产者密切相关的电视收视率调查，在产业布局变革的大浪潮中自然也不能独善其身，必须变化之、适应之。

那么，未来的收视率调查究竟会怎样？从目前国内行业的发展来看，收视率的这一转型还相当艰难，但已经在孕育一场同样可能颠覆性的革新。“三网融合”给收视率调研或者说媒介受众研究既带来了技术难点又带来了机遇提升，在时下看来，虽然此番图景还稍显模糊但至少已有了轮廓与雏形。

网络融合下的“点收视”与样本甄别

三网合一之后，收视的每一个家庭都可量化为一个或多个机顶盒，实时的收视行为也就变成了一个个的“点收视”。由于2010年5月份广电总局与工信部提交的试点草案被退回并推迟了提交时间，因此目前“三网融合”之后的网络究竟会是怎样一个“生态”还面目模糊，但从此前各方专家的热议来看，大致可以认为未来的三网合一基本会基于IP传输协议来完成，也就是说会依托互联网而非广播电视网完成，这一点首先就对收视率调查提出了挑战。

众所周知，目前的收视率调研普遍采用的方式有两种，一种采用入户人员测量仪设备（peoplemeter）进行数据采集，另一种则通过传统日记卡填写方式完成，两种方式都在所调查地区进行抽样收视行为调查。在发展趋势上来说，测量仪设备是目前的主流，能够更为及时、迅速又精确地反映样本户的收视行为。但如果以基于互联网传输的三网合一的收视环境来看，那么目前的测量仪技术仍显落伍。目前我们广泛使用的测量仪调研实质上模拟了一个经过甄别的“点收视”环境，以往的广电有线网络并不能提供的测量环境，如今经由互联网技术可以直接实现，那就意味着网域内的每一个“点”的收视行为都可实时记录并且进行分析测算，从而形成全样本或称“海量样本”——这意味着今后的收视调研技术很可能需要从模拟“点收视”环境转换为全样本环境的收视监测。

业界对于全样本“点收视”监测的呼声近年来一直很高。在国内电视收视率被重度使用的今天，业界对收视调查的质疑也在不断升级。一种主流观点认为，收视调研容易产生误差以及样本容易被污染等问题的根源就在于样本量过少，因此采用全样本测量或许可以从根本上解决目前出现的一些问题。暂且不论这种观点是否正确，至少就目前可实现的技术而言，最大的问题是通过数字机顶盒或者IP地址回传的数据为家庭户收视率，而非个人收视率，这与目前业界普遍使用的收视数据还存在偏差，最主要的在于户收视无法区分发生收视行为的样本的年龄、性别等人口分布特征，因此会失去目前收视率在节目定位以及广告投放上的目标受众指导作用。而这一点，恰恰是收视率目前在业界最广泛的效用。

如何实现全样本的个体甄别？从目前世界范围来看，这个问题并没有得到切实可行的解决，已有试行的多为在“海量样本”范围内再进行小样本框的抽取监测，这种监测可能更接近模拟电视时代的收视监测，并没有实现技术上的突破。因此，在“三网融合”时代的“海量样本”环境下，如何实现样本甄别的突破，是目前行业发展的一个关键点。一旦实现，那么行业的发展也会迎来一次飞跃。

技术融合后数字传输带来的挑战

“三网融合”背景下的另一个技术变革，在于广播电视数字信号的传输。当然，这在数字电视技术上也已实现，只是目前在中国，数字电视的整转距离完全普及尚需时日，并且在“三网合一”的技术环境下，数字信号的传输可能会有更为先进的方式。基于目前的技术发展而言，广播电视数字化时代的收视率调研与传统调研的核心改变在于节目识别技术必须更新——因为在数字时代，同一频率下可能存在好几路频道同时传输，频道的识别不能像传统的收视测量一样仅靠频率的识别即可完成；另外，回看与VOD等功能的加入也对传统收视统计形成挑战。

针对这一挑战收视率行业的应对还比较及时。由于广播电视的数字化传输在海外已经实现多年，因此在这方面已经有了相对成熟的技术，对上述提到的监测难点可以经由视频比对、声音比对系统辅助实现。比如AGB尼尔森使用的收视监播系统TVEvent就带有ASR（自动点识别）技术，能够将画面或者声音的比对精确到秒，从而实现收视行为监测前端收录的画面与监播收录画面的匹配、数据与内容的匹配。同样在美国，目前提供的收视率数据通常包含两个部分：实时流产生的收视数据以及DVR（电子视频录像仪）产生的收视数据，有些节目还会因为不同电视网的覆盖而包含不同时区的非同步收视数据。在中国香港，收视率则包含模拟信号和高清信号两种接受方式产生的数据。

而相较以上两点技术与网络融合层面的变革，“三网融合”下的“终端融合”趋势则可能成为对传统电视收视率调研最大的挑战，因为终端的融合改变的是受众，意味着观众收看行为习惯的变化。早在2006年，时任SMG总裁的黎瑞刚先生就曾以“颠覆电视”作为主题进行演讲，他提出的核心观点就是：“数字技术、网络技术、信息技术正在改变着媒体的格局，这一改变的特点之一就是颠覆性……传输渠道越来越多样化，接受的终端也越来越多样化……电视的消费方式也正在发生很大的变化。”在4年后的今天，网络视频的迅猛发展以及可预见的手机视频的普及，对于传统广播电视行业正在形成巨大冲击，由此也给收视行为测量带来很大难度。受众不再老老实实坐在电视机面前定点地收看电视，因此以往需要依傍电视机加设测量仪的做法就显得捉襟见肘，电视内容的提供者或者跟随内容的广告投放者需要知道自己的内容或广告在所有终端上被收看的行为记录。

在这样的趋势下，目前受众调研公司提供的最好解决方式就是专门针对“三屏合一”推行的新型监测。那么我们是否已经找到理想的监测模式了呢？首先来看一看“三屏合一”更为普遍的海外市场。目前在海外的解决方案主要有两种：一种是通过使用新型便携式测量仪（PPM）可随时对受众周围环境做声音收录以便后期进行节目内容的比对，从而实现移动情况下的收视数据记录；而另一种以美国的Nielsen为代表，其提供的三屏数据解决方案A2/M2（Anytime Anywhere Media Measurement）则是将其原有的两种调研方式——即传统收视率调查的PM方式与在线研究的标准化模式相结合，以解决其中两个屏的数据获得，另外在手机屏方面则通过其提供的具有数据收集功能的特制手机来完成。而在国内，Nielsen媒介研究和CSM媒介研究都在做这方面的研发和应用尝试。Nielsen选择与SMG旗下百视通公司合作进行三屏融合的数据调研，将其在海外的经验移植中国市场，目前已在稳步产生数据；而CSM则提供了被称为“全天候360°媒介洞察”的调研方式，并在2008年北京奥运会期间进行了试运行的数据发布。目前来看使用的方法，则是以类似第二种的为主。而使用效果更好更精确的第一种便携设备调研则推广的可能性甚微，因为在便携式的测量模式下，被测者是实时暴露的，这对隐私与安全都造成巨大挑战，因此在目前的中国无法试验或者应用。但不管怎样，“三屏合一”受众行为模式变化的同时，受众研究行业的变化也在努力地跟随其脚步，并且由于中国政策层面的推进以及视频内容提供者的巨大需求，相信在不久的将来，中国在“三屏融合”方面的收视率调查一定会领先其他国家，成为世界范围内的一个参考模式。

最后，就“三网融合”为何是收视率调研行业的机遇展开一点论述。收视率在中国的电视行业已经成为最广泛运用的评估指标，一方面在电视行业内部被用于节目评估与内部考核；另一方面又被称为广告行业的“通用货币”，在电视节目的二次销售中发挥最为重要的作用。在中国，电视收视率及其相关受众市场调研的进入将近15个年头，而在近8年的时间里则被委以重用。发展到今天，又因为收视率调研市场的“风云突变”以及应用的单一化，出现对这一指标的诸多质疑。收视率究竟能起多大的指导作用？收视率究竟有多强的受众代表性？这种质疑声在业界开始广泛出现，并随着网络的普及以及粉丝群体的放大作用，甚至也为普通受众广泛关注。2009年，随着AGB尼尔森因母公司的收购行为带来的同业标准竞争问题而被迫退出中国市场，中国大陆市场的收视率调研变成了以CSM媒介研究为主的“一家独大”。在仅有一个标准体系的情况下，收视数据被污染等新问题也时时被曝光出来，因此这两年行业对收视率指标的质疑益发强烈。

只有让收视率更有说服力，这一指标体系才能生存下去。而“三网融合”时代的到来，带来了对收视行为的颠覆及视频内容传输的技术性革新，这就使得受众研究和收视率得到重建调研体系与标准的一次机会，从而获得新生。因此，对于收视率来说，收视环境的变化带来的机遇应该是远远大于挑战的，至少对于中国的视频内容提供商来说，对于此次变革中受众收视行为监测数据的期望已经非常强烈。

“这是最坏的时代，这也是最好的时代。”狄更斯的这句名言在任何领域出现革命性变化时都会被引用到，今天在这里作为本文的结语也颇贴切。从上个世纪90年代前期开始进入中国，收视率这一电视行业的“舶来品”指标已经走过15个年头，并基本完成其本土化过程适应中国电视环境的水土。但这一过程也是泥沙俱下的过程，收视率调研本身也需要洗礼与变革，这样才能跟上时代进步的步伐。在这个过程中，除去技术发展本身之外，更为重要的应该还是从业者的自律以及行业规范与监督机制的完善。只有在规范、独立、透明的前提条件下，受众调研才能发挥出其应有的作用。

2.0升级：破解"唯收视率"的困窘

田 翔

在当下的收视率游戏规则下，收视率统计甚至都难以准确描述用户规模的波动，更不用说识别度、忠诚度的定量描述了。通常情况下，一个问题无解的时候，我们如果能够从更高的一个层次，换一个更大的视角，再重新审视一下，也许就迎刃而解。就好比初等数学的很多难题，用微积分解决就不在话下。那么，要破解"唯收视率"的困窘，收视率能否进行2.0升级呢？

收视率游戏中的角色生态

借用纪伯伦那句著名的诗句：我们已经走得太远，以至于忘记了为什么而出发。

收视率——本是注意力经济体系中定量评估媒介产品的核心工具。然而，媒介产品的价值，或者说注意力的价值，究竟是什么呢？

回答这个问题之前，不妨先来看看在收视率这个游戏中，各个角色的生态：

按照斯麦兹的"阅听人商品"理论，这个游戏里最重要的角色无疑是广告主，真金白银的付出让他们对定量的收视率有着最严格的要求。然而，当下的广告主似乎只对两个指标感兴趣，一是CPRP（收视点广告成果），另一个则是代理商返利。

广告主的对手角色是媒体内容生产商，比如电视台、制作公司或者他们的从业者。相信很多电视工作者都有过这样的感受，收视率像达摩克利斯之剑悬在头上——哪怕0.1的数据差异都会影响到奖金、晋升等，收视率曲线也常常被领导拿来评价节目片段和节奏的优劣——虽然制片人、编导们常常会感觉到，收视曲线和专业评价的感受不一致，这种情况一般被解释为"观众欣赏口味与专业标准的差异"。

这样看来，广告主和内容生产商之间的游戏基础，就是那一串数字：节目必须争取收视率，通过收视率计算出CPRP，如果回扣到位，生意也就做成了。

然而，即便CPRP与收视率还多少有些关系，它显然也并不能解决所有的问题。比如广告到达人数与节目到达人数，这本身就有差异，如所言，收视统计无法描述受众"理解"、"喜爱"、"勉强接受"等信息；而其中最核心的问题，莫过于收视率样本过小带来的统计学误差：目前北京、上海乃至国外一些城市的收视率调查盒的样本规模——仅有300多户、1000人。在这样的用户规模下，收视率曲线上0.1个百分点的波动，只取决于一个被调查户的变化，而至少70%的电视节目的峰值收视率也不超过1，暂且不论最近沸沸扬扬的收视率作弊风波，哪怕以真实的收视率去测算，用0.1个百分点的波动去评价节目节奏和片段价值，显然多少有些自欺欺人的味道，更不用说用这个数据去描述用户特征和进行用户行为分析了。

我们来看看这个游戏中的用户（电视观众）的状态，就不难验证简单收视率统计带来的弊端：

作为一个用户（传统媒体称之为“受众”），许多人都有这样的体验：拿着手中的遥控器，就算记不住台标的颜色，也能完整地看完一部电视剧——自从电视剧率先产业化以后，市场化的运作机制和社会化的高效生产管理，已经让电视剧压过了几乎所有电视栏目，成为收视市场几乎必然的保证。然而，正因为电视剧的市场号召力，它不再直接面对市场，而是以高额的播出版权费转嫁到播出单位身上。不管在什么台，甚至不管在什么视频网站，都可以看完一部完整的剧集。至于是谁在看，或者谁一直在我台看，估计哪个卫视都说不清楚。

步电视剧后尘的是各类娱乐节目。当然，各大电视播出机构没有把制作权交给市场，而是自己操刀，但这并不能改变栏目同质化竞争的问题。面对作为冷媒介的电视，除了那些“铁杆粉丝”以外，一个不那么忠实的观众很少刻意去分辨“我爱记歌词”和“挑战麦克风”的区别，以笔者的个人体验而言，更多的观看行为是，无聊之时把两档节目的片断连着看的。

在这样的游戏规则中，广告主的真金白银换来的是一串意义不大的数字。当然，通常情况下，广告主会压低低收视率节目的CPRP，把预算集中在高收视节目中（比如蒙牛与快乐女声的CPRP，就远超过小品牌电视台的社教节目）；或者采取分散投放的策略，寄希望于东边不亮西边亮。即便如此，瞎子摸象的情况也无法避免，而且会带来预算分散、代理商高回扣等行业恶习，造成广告市场门槛过高、逼着中小企业走互联网广告等等行业瓶颈。

回到文章开头的那个问题：收视统计的初衷，是为了告诉广告主，媒介的价值在哪里。我们来幻想一下，对于广告主来说，最理想的、最有价值的媒介是怎样的——

有这样一家电视台，它覆盖了对广告主的产品有可能会有需求的所有人群；这些人都喜欢并且只喜欢看这家电视台的节目，并且不讨厌插播其间的广告；这些人看到广告以后都产生了消费行为，甚至进行了口口相传达到“口碑营销”的放大效果。

当然现实中，这样的电视台并不容易存在，但这个故事显然是所有广告主做梦都想看到的。因为，他们的广告费每一分钱都实现了意义。它为我们描述了一个简单的道理：

媒介价值的最高体现是用户价值，而用户价值的最高体现就是用户的消费行为。

我们把故事再讲回来，在传统媒介模式下，上面所描述的乌托邦故事不可能出现。因为人的需求是千差万别的，且每个人的需求都有多个维度，要做到这样完整的用户价值，除非这家电视台给这个世界上的每一个人都订制一个频道和一套广告。

于是，广告主可以根据每个环节的折扣，来测算媒介的价值。“所有”考验的是受众规模问题；“有可能会有需求的人群”，考验的是识别度问题；在“喜欢看这家台”考验的是黏性和忠诚度，这是触发用户行为的基础。至于用户消费行为，可能与广告本身关系更大，不在我们讨论的范围之内。

从这个意义上说，广告主不需要“兴趣不投”的用户，不认同媒介个性的或流动的用户价值也不高。广告主对用户价值的追求应该是尽量多的、可识别的忠实用户。对于媒介的价值，广告主应该以用户价值的折扣进行计算。

然而，在当下的收视率游戏规则下，收视率统计甚至都难以准确描述用户规模的波动，更不用说识别度、忠诚度的定量描述了。虽然广告主也会根据媒体内容定性地判断目标人群（比如上海的生活时尚频道和纪实频道收视情况相当，但广告价格差异很大），同时广告主还会使用分人群收视率、收视人群流动等指标验证他们的判断，但这种针对效果的统计学验证由于无法准确描述行为的原因，所以一般都是在巨大样本的情况下才有意义，因此往往只能应用在频道或栏目层面，无法更加细致。

至于用户行为和广告效果监测，就更加模糊。

全收视率统计：统计技术革命还是“假High”

数字电视时代的到来，使得全收视率统计成为可能——如果可以收集每个用户的收看行为，用户价值似乎就可以更科学地被统计出来。

然而，全收视率统计，会是收视率危机的救命稻草吗？

全收视率统计的意义无疑是巨大的——它可以解决样本规模过小带来的诸如统计学缺陷、调查作弊等问题，准确地告诉广告主媒介出售的那些受众究竟是谁。尤其是精确到每一个用户动作的全收视率统计，可以明确地告诉内容生产商，是什么原因生产出了优质受众，或赶走了受众——生产了广告商不喜欢的“次品”。

这是一幅多么美好的图景，电视广告主甚至可以按照实际收视率计费，并且根据收视曲线变化单独抽离出广告的到达率；报纸数字化以后，也可以按照阅读率计费；网络就更不用说了，按照流量计费的模式已经不是什么新闻。

甚而至于，在实名制的受众群中，可以将冗余受众排除出去，单独分析出目标受众中的到达情况。

统计技术的发展似乎确实更准确地描绘了用户是谁，然而“在看的是谁”就等于用户价值吗？

统计技术的发展固然可以让用户特征被更清楚地描述出来，但是在商业游戏中，快速见效的投机方法总是像苍蝇一样，可以迅速找到考核办法的裂缝。无论是广告主对媒介生产者的反向影响，还是媒介生产者出于市场竞争的主动行为，都不可避免地造成“片面收视追求”——只要能留住一秒钟的观众，可以无所不用其极，“低俗”、“悬念”、“猎奇”甚至“诱骗”充斥屏幕。

这样的“用户”对于广告主来说，显然是难以产生有益行为的，甚至会损害广告主的美誉度。从这个意义上讲，禁止提供分钟收视率的做法不仅考虑到了媒介的社会责任，客观上也保护了广告主的利益。

其实走在全收视率统计前面的，是互联网媒介的用户行为计费（如点击计费）模式，在数字电视平台上，这种方法在技术上并不是一件难度很大的事情。这种模式直接按照有效的“阅听人商品”进行广告计费，似乎绕过了存在过多不确定性的股值、折扣等环节。然而人们看到的却是，技术手段的升级带来的未必是行业进步，而恰恰是更多的投机机会——不少“流氓网站”就想出了“点击陷阱”的方法，把广告包装成栏目诱骗用户进入。

事实上，这两种新技术都是绕过了媒介价值地图中的诸如“识别度”、“黏性”等几个定性的核心，试图从定量的角度直接告诉广告主“我的观众有多少”。殊不知定量的清晰化带来的是更强烈的数字崇拜和“数据泡沫”——与“规模”不一样，“识别度”、“黏性”等指标，除了数量属性以外，更重要的属性是“原因”。而“为什么黏在这里”对于消费行为的触发来讲，显然更有意义。

问题似乎陷入了一个死循环——要从“原因”角度测算媒介价值，只能依靠广告主的判断或媒介主管机构引导，但这种判断和引导无法定量；要定量，就难免数字崇拜。

问题的表象似乎是这样的：“为什么喜欢”难以实时、定量分析，所以提高媒介价值很大程度上需要的是广告主和媒体驾驭市场的智慧和商业道德方面的自律。诚然，具有这两方面长远眼光的广告主和媒体往往都是行业内的优秀分子，但是按照杰哈利(JhallySut)的观点，所谓强调通过媒介内容、把受众当做媒介商品的理论根本就是一个伪命题——毕竟在现实生存压力和巨大的利益面前，道德要求、职业素质要求乃至行政引导都显得有些苍白和无力，能够用来测量的统一标准只有一个——贩卖用户的时间。

通常情况下，一个问题无解的时候，我们如果能够从更高的一个层次，换一个更大的视角，再重新审视一下，也许就迎刃而解。就好比初等数学的很多难题，用微积分解决就不在话下。那么，要破解“唯收视率”的困窘，收视率能否进行2.0升级呢？

"收视率2.0"：以用户价值变现媒介价值

借用《商业价值》杂志主编张鹏的一句话："把用户价值做大，把商业价值想小，事情往往就成了。"[1]

笔者对这句话的理解是，与其考虑怎么拉长收视时间（对各类媒体而言）和植入空间（对非线性的数字化媒体而言，比如网络、数字报纸、数字电视等），还不如回到问题的开端，直接生产客户（广告主）所需要的用户（受众）。正如前文所述，现有的媒介价值评价体系，从导向上抑制了这样的行业价值取向，要实现张鹏这种"仰望星空"式的理想，必须解决媒介价值评价体系的问题。然而我们如果能注意到这句话的时代背景，就不难发现，实现这个理想的时代似乎到来了。

我们如果重新审视一下传统的媒介价值评价体系，就会发现有这么一个无法避免的矛盾：即便在技术上能够定量测算受众对媒介内容的感受，调查数据的复杂性还是会成为媒介价值测算的拦路虎。这种测算启示分两个步骤，一是媒介通过给内容产品打上标签；二是采集受众对内容的态度（观看原因、黏性等）。然而一万个读者就有一万个"哈姆雷特"，每个用户观看内容的目的都是不一样的，这势必会造成一个庞大的数据库。

在传统媒介价值评价体系中，这种纷杂的数据对于媒介价值似乎是没有意义的——广告主无法将一个媒介上的用户拆分购买，传统广告主最多通过垂直细分媒介进行"精准投放"；而对于内容生产者来说，他们也不会因为用户之间的行为差异、每个用户行为的多维度创造那么多的"频道"或"版面"。

问题解决的契机出现在IT时代，互联网技术的发展使收集受众行为、根据用户行为精准投放都成为现实，竞价排名、分众模式都诞生在这个时代中。

新的媒介价值评价体系的实质是从内容评价+效果检验的模式转变为直接监测用户——给每个用户建立一个行为库，用户的进入、停留、好恶、离开等等一切行为的总和，成为这位用户的价值，而某个媒介平台上所有用户价值的总和，就是这个媒介的媒介价值。广告主可以购买他所需要的那一部分价值。

我们有理由相信，在不远的将来，互动技术也会让电视、报纸的媒介具备与网络同样的评价可能。

这套评价体系的优越性其实并不难理解，真正值得讨论的其实是在新的评价体系下，媒介应该如何生产用户价值的问题，依靠内容换取注意力的方式在这套体系下显然会水土不服。有限的内容产品相对于无限的"大众用户需求"来讲，同一个内容会体现出不同的用户价值，以用户为中心的评价体系显然会将利益导入到靠近用户的一

[1] 张鹏：《用户价值与商业价值》，《商业价值》杂志2010年4月号。

端，比如搜索引擎。

因而，媒介必须找到一个方式，从用户行为而非内容的角度对市场进行细分。也就是说，有必要跳出通过内容换取注意力的方式，而直接把用户的某种行为方向作为市场细分的切入点，从而创造媒介价值。这其中的关键在于两点，其一是打开用户互动和反馈渠道，使收集用户行为成为可能；二是建设一种规则，去抓住用户行为的某一个维度，将其打造成媒介的核心价值，这种价值已不是单纯信息的价值，而是“媒介即讯息”造就的价值。

对于第一点，我们可以以广播节目“飞鱼秀”为例，以双向互动的节目方式传递内容，就可以方便地获得所有用户的行为特征，如果新的收听效果监测和广告投放技术能够建立起来，也许以后每位听众听到的广告都会不一样。

对于第二点，SNS网站几乎都是以某种规则设计抓住用户某一个维度的行为，身份、关系、群组等代表着用户的识别度，分享追求的是用户对内容的好恶，状态可以窥探出用户黏性[1]……这些规则和功能的设计其实都指向准确高效的用户价值，选择哪些维度的用户行为，就是媒介对自己的定位。平台中的信息，既可以是网站提供，也可以是用户自发提供——信息是什么已经不重要了，因为网站提供的服务本身就可以精确地掌握用户行为，这正是广告主最希望购买的产品。

当然，通过内容垂直细分来提高用户识别度，也仍然是一个有效的策略，但相对于用户行为的精确统计而言，已经只是一个商务策略的问题了。

回到收视率或者媒介价值评价体系的问题，我们可以大胆地设想一下收视率2.0的模型：在数字电视技术解决了用户行为施展和用户行为收集的问题以后，电视机构不再通过给内容打上标签来描述受众的质，然后用收视率或点击率计算受众的量，而是直接向广告主销售用户，我们可以用图表来畅想这种模式：

这种模式其实就是web2.0乃至web3.0模式的核心，在这样的模式下，媒介的核心价值从间接用户价值的获取转变成了直接用户价值开发。到那时候，广告主可能不再为内容埋单，而是直接购买用户，甚至以销售分成的模式与媒介分享利益；对于媒介来讲，极有可能产生一次分工，即内容生产的职能独立出来，他们不再直接面向广告主，而是通过向媒介运营者出售的方式获得利益。

在数字化技术又一次掀起波澜——电子书、手机电视、互动电视进入革命性发展的今天，电视乃至平面媒体的这一步升级并不是特别遥远的事。在这个关键时期，跳出传统收视率思维，以新的媒介价值评价体系进行提前规划，应该是下一代媒体运营者赢在起点的关键。

[1] 模型来自Indigo的数字镜像博客，http://indigos.cn/archives/404。

《新闻实践》2010年第7期“多棱聚焦”栏目

传媒解烦

解疑，释惑，一直被视为新闻传媒的传统功能，而其另一项根本的功能却越来越突出地显现出来——那就是解烦，或者说解闷、解腻——只是尚未为媒体自觉地理解与把握。

当今受众在社会转型期的多元冲突中，虽有疑虑困惑的问题需要主流媒体的沟通，期待得到有问必答、有难必帮的高效，但是对温饱无忧的多数人来说，似乎并没有直接利益相关的疑惑问题，而在特定的一段时期内存在着郁闷、烦乱、腻味的社会心理，蓄之既久，其发必烈，在一定条件下势必寻找借口进行发泄，甚至卷入“无厘头”的群体性事件乃至骚乱。

试想，在撇开个体心理因素的前提下，媒体如何看待当今社会群体中产生的郁闷、烦乱、腻味情绪？媒体是否对解烦功能存在视而不见、不以为然的传播盲区？可否将此与解疑解惑一起作为共同的使命？反观媒体新闻报道的某种片面、老套与迂腐，是否制造或加剧了这种社会情绪的扩散或积淀？网络媒体事实上承担了一定的解烦功能，传统媒体从自身单向传播的局限中，可否发现滋生郁闷、烦乱、腻味情绪的机制缺陷？在媒介融合中，新闻传媒的解烦作用机制应该从哪里入手，还有哪些路径可供选择？因此，探讨新闻传媒的解烦作用机制，在理论上和实践上是具有双重价值的。

社会情绪的“缓冲地带”

——试论大众传媒的解烦功能

杨 芳

媒体在泄愤事件中应该发挥自己权威、准确和全面的特长，积极疏导、纠正和传达民意。这种疏导并不以某些长官或部门的意志为转移，也并不以公众一时的情绪宣泄为左右，而是负责、全面、客观地报道事实的来龙去脉，同时深层次分析导致事件发展的原因，从而消除误解、消解矛盾，有效地疏导社会烦闷情绪。

从某种意义上讲，在矛盾和冲突多发的社会转型期，烦闷、抑郁或者无聊的社会情绪，已不仅仅是个人的心理反应，如果不能得到及时消解和疏导，很容易蔓延成社会的群体情绪，并最终引发悲剧。

在这种情况下，公众对信息的敏感程度，往往会超乎我们的预料。一条原本普通的社会新闻、一段极为隐私的私人恩怨、一起毫不起眼的地方冲突，很容易刺激到公众，令烦闷情绪不断发酵，接下来像“蝴蝶效应”一样引起巨大反响，甚至导致群体性事件和恶性骚乱。

在这种现象的背后，实际上是人们长期积累的烦闷情绪，瞬间找到出口，形成了非理性情绪的突然爆发，并且很容易在人群之间传播。最终的结果是，在面对各种信息时，个体和群体会失去思考的耐心，武断地得出结论，或者盲从于集体的情绪中，并以此为基础或借口来宣泄自己的情绪。这就需要媒体及时提供解烦功能，来消除群体中的不稳定因素，给人们的情绪积累和宣泄，提供一个缓冲地带。

这也就是社会学家刘易斯·科塞所说的“安全阀机制”理论。一个社会需要设置经常化和制度化的通道，来实现不同社会主体之间的沟通，并发泄各种不满情绪。就像安全阀可以使过量的蒸气不断排出而不被破坏整体机构一样，这种通道可以充当发泄敌意的出口，及时排泄积累的敌对情绪，从而保障社会积极健康地运转。

不过，面对不同诱因、表现各异的烦闷情绪，媒体应该采用何种方式来化解——是“有闻必录”，还是善于疏导？笔者认为应该具体问题具体分析，针对不同的烦闷情绪，采用不同的应对手段。

烦闷是现代社会不可避免的情绪

事实上，由于现代社会的发展，个体工作和生活方式也在不断改变。个体在越来越获得自主性的同时，也越来越多地获得了独立的时间和空间。这种独立，既给个体提供了更加充分的自由，但同时也更容易让独处的人陷入无聊和孤独。

这与人在现代社会里孤独感增强有关。美国社会学家西里尔·E.布莱克就认为：“现代环境趋向于使社会原子化，它剥夺了社会成员的集体感和归属感，而没有这些，个人也难以取得良好的成就。”处于这种状态的人们，自然会寻求信息，并且很容易会被所接触到的信息刺激。

比如，百度“魔兽世界吧”里一句“贾君鹏你妈妈喊你回家吃饭”近乎调侃式的话，在短短的5个小时便引来了超过20万名网友的点击浏览，近万名网友参与跟帖。许多网友把自己的网名改为“贾君鹏的妈妈”、“贾君鹏的姥爷”、“贾君鹏的二姨妈”、“贾君鹏的姑妈”……形成异常庞大的“贾君鹏家庭”。在这一事件背后，正是这家商业公司对网民的无聊或烦闷情绪以及猎奇心理的利用，引来无数围观群众。

这些围观群众的产生和存在，也正说明了媒体可以通过传达信息将各个分散的个体凝聚起来。无非这种原本该由媒体承担的功能，现在被一个无聊的网络话题所代替，甚至是被一场刻意的商业谋划所实现了。在这种情况下，我们不应该指责网民的无聊或是商业公司的不义，而应该反思媒体自身为何缺席。

虽然目前给这些分散的个体提供信息的是网络上一些无端的言论，但这也说明个体对信息产生了一定依赖性，从另一个角度来看，这也给媒体实现解烦、解闷、解腻的功能，提供了可能性。

笔者认为，大众传媒作为一种信息和意见的交流平台，其作用不仅仅是告知和解惑，还应该承担解烦功能。这既需要媒体提供信息来满足公众的知情权，保证信源与受众之间的畅通，也需要媒体承担起娱乐性和消遣性功能，帮助公众打发掉一些无聊或孤独的时光，以免形成“烦闷”的情绪。

新兴媒体诸如网络更应该给受众提供更多的发泄空间。网络媒体就无须采用删帖、封人这种简单粗暴的强制手段，也没有必要斤斤计较部分网民的过激言语，由于网络传播的高匿名性、高隐私性和去阶层化等特点，网络的虚拟社会只是传统社会的另一个方面，也会充斥着“言不由衷”等现象。随着时间的推移，网民的情绪自然消退，关注的热点随之转移。

但这并不意味着传媒应该一味迎合大众口味，只追求商业利益而不顾社会利益。否则，如同美国学者尼尔·波兹曼所预测的那样，一切公众话语都日渐以娱乐的方式出现，并成为一种文化精神。一切文化内容都心甘情愿地成为娱乐的附庸，而且毫无怨言，甚至无声无息，“其结果是我们成了一个娱乐至死的物种”。

善于化解泄愤事件所引发的集体盲从

切莫忽视这种看似无厘头式的烦闷情绪。当前中国面临着社会剧烈变化、利益重新分配、社会阶层重新划分的动荡，有人没有公平分享到市场经济的成果，还有人的合法权益没有得到应有保障，各种各样深层次的矛盾长期积累。在这样的情况下，本来属于娱乐消遣范围内的烦闷情绪，可能演化成为对社会不公正的不满情绪。

这种借题发挥的群体性事件的类型，被中国社会科学院社会问题研究中心主任于建嵘称为“泄愤事件”。这些事件往往是社会关注的焦点和国内外舆论的热点，也容易成为引爆社会不满情绪的导火索。

这一方面是因为少数地方政府和相关部门，为了推卸责任隐瞒事实真相，阻挠新闻媒体报道，或者没有积极妥善地处理直接利益人；另一方面也是部分新闻媒体为了吸引眼球，夸大新闻事实，甚至不惜编造新闻所致。

由于人为的原因，受众无法接触到可靠的信源，自然会产生疑问和不满，这些情绪再与烦闷情绪结合在一起，自然会传染给周围更多的人，一些原本与矛盾不相关的群体，就会在这种情绪的裹挟下身不由己地陷入到事件之中。这最终会让解决问题的物质成本和社会成本急剧增加，并且遗害很多。

“瓮安事件”在很大程度上就是典型的泄愤事件。事后调查发现那些“不明真相的群众”，大部分与那位女学生素不相识。他们参与其中可能是出于路见不平的英雄主义冲动，但更主要的是借机发泄其他不满情绪。起初，这种发泄还属于个体行为，但随着各种半真半假的信息四处流传，个人情绪迅速发酵为集体行为。

值得一提的是手机短信和网络等新媒体发挥的作用。网络传播的特点是重复强化，一条谣言发布到网络上，同时会被不同数量的人浏览和转载。短信传播的特点是具有个体性，发送短信者可能是接收短信者的朋友或其他熟人，对熟人的基本信任使得谣言的快速大面积传播成为现实。这两种传播方式迅速编织成一个纵横交错的复杂社会关系网络，从而掩盖住社会的现实真相，使人们深信不疑。

在这种扭曲传播的情况下，再加上早已陷入信任危机的权威部门，一起普通的治安事件升级为严重扰乱社会秩序的群体性事件就不足为奇了。

笔者认为，媒体在泄愤事件中应该发挥自己权威、准确和全面的特长，积极疏导、纠正和传达民意。这种疏导并不以某些长官或部门的意志为转移，也并不以公众一时的情绪宣泄为左右，而是负责、全面、客观地报道事实的来龙去脉，同时深层次分析导致事件发展的原因，从而消除误解、消解矛盾，有效地疏导社会烦闷情绪。

正确引导非理性情绪所引发的群体骚动

另一种烦闷情绪，可能来源于失望或者迷茫的情绪，这种情绪的起因可能是对道德体系崩溃的失望，也可能是面临的生活压力过大所致。由于缺乏正常的发泄渠道，一旦碰触到某根敏感的神经，就会引起毫无理性的暴力情绪甚至行为，甚至开始针对无关人员。

“三三和七七”事件就是如此。这本来是极其私密的婚姻问题，其中的第三者“三三”率先在网上撰文，这让不少对“婚姻不忠”现象不满的人开始了一场“婚外恋反击战”。除了在虚拟空间中对当事人进行道德审判，网友们甚至对当事人进行了“现实的处罚”。他们先是对第三者和出轨的丈夫“七七”进行了人肉搜索，两人的手机号、所在公司和家庭住址甚至车牌号都一一曝光。据说，有网友要求“三三和七七”所在公司停止聘用这两人，还有网友搜索到“七七”的父母是某地官员，于是向中纪委举报，希望调查他们的经济问题。

其实，仔细研究社会心理学中的“群体心理学”，就不难理解为何众多网友参与了针对“三三和七七”的穷追猛打。这种学说认为群体心理在发生过程中，会形成区别于个体的群体行为。个体一旦参加到群体之中，由于匿名、模仿、感染、暗示、顺从等心理因素的作用，个体就会丧失理性和责任感，表现出冲动而具有攻击性等过激行动。法国社会学家勒庞就指出，一个教育程度很高的人，有可能成为暴徒中的一个。

这种个体的烦闷情绪，一旦累积成群体性心理，就会向暴力和非理性的倾向发展。这时，大众媒体应该坚持自己的职业操守，不能为了追求阅读率、点击率或者收视率，从而渲染受众的这种暴力情绪。

房地产商任志强的每次发言都会成为热门新闻。这位“任大炮”似乎成了高涨房价的替罪羊，以至于在网络调查中被评为第三位“全国人民最想打的人”。一个署名“高平”的博文作者甚至说：“任志强这个家伙简直在与政府和人民对抗，这种想从内部破坏和谐稳定的人应该拉出去枪毙了。即使不被枪毙，老天也不会放过他。”在不久前的一个房地产论坛上，任志强刚一上台就被听众扔来鞋子，随后还有人跟着起哄和拍手叫好。

而《中国青年报》冰点周刊就专门发表了一篇文章为任志强鸣不平。作者呼吁大家理性地看待任志强的发言，并尊重个体表达的权利。原因是“中国社会利益多元，此消彼长，大家站在自己的位置上说话，天经地义……而任志强又没有像泰国红衫军、黄衫军那般玩街头暴力，他又何能破坏和谐稳定？大家都说话，形成舆论，制衡利益。”

综上所述，笔者认为，面对社会上的各种烦闷情绪，大众传媒应该建立一套科学的表达机制，让社会情绪得到有效宣泄，同时避免社会情绪的失当和过激行为。

而这种社会安全阀功能实现的前提，必须是大众传媒恪守自己应有的职业准则——客观地报道新闻事实，坚持公平正义的价值判断。诚如普利策所说：“倘若一个国家是一条航行在大海上的船，新闻记者就是站在船头的瞭望者。他要在一望无际的海面上观察一切，审视海上的不测风云和浅滩暗礁，并及时发出警告。”

传媒尚且“陌生”的机制：疏导情绪

蒋　蕴

大众传媒是公共情绪的“体温表”。在社会深刻变革转型的当下，媒体应当如何准确发现郁积的不稳定情绪，透过社会变化和经济发展找出隐藏其中的不和谐因素，从而有效地疏导公众情绪、化解社会矛盾，这已成为一项新的课题。大众传媒对公共情绪的有效引导机制，依托于全面、公开、透明的信息环境，经常化的、制度化的通道，为公众提供足够的表达空间。

“最近有点烦！”——这句现代人的口头禅，不知不觉地集聚成一种“公共情绪”。

与一般性的情绪性牢骚不同，公共情绪并不指向某一具体的社会问题，而多为一种普遍的“郁闷”和“烦乱”的社会心态。

尽管所谓的公共情绪，通常没有特定牵涉自身利益的事由，于很多人也并无切身利害关系，甚至某些时候发泄没有具体指向，而是看似一些“无厘头”的宣泄。但它是在一定的社会情境下，公众对于公共问题在某一方面的强烈感受，具有社会感染性。

在信息爆炸的时代，人们获取信息的渠道广泛而多样。新闻传媒是能够满足公众情绪宣泄需求的有效载体与手段，使人们的不满情绪或紧张心理在最短时间、最大范围、以最大的能量得以表达和释放。

传媒是公众情绪的“体温表”

无论是郁闷，还是烦乱，这样的社会心理在一定程度上是由当下的中国社会结构形态造成的。在公众利益诉求多元化的前提下，现实和理想存在着差距，这都极易引起“公共情绪”的淤积。

传统意义上的新闻传媒，往往被赋予“释疑解惑”的功能。其实，在社会转型期的多元冲突中，媒体被赋予了一项新的功能——作为一种信息和意见的传递平台，在“解疑释惑”的同时，对社会情绪起到疏导与化解，也就是“解烦”的作用。

大众传媒是公共情绪的“体温表”。在社会深刻变革转型的当下，媒体应当如何准确发现郁积的不稳定情绪，透过社会变化和经济发展找出隐藏其中的不和谐因素，从而有效地疏导公众情绪、化解社会矛盾，成为一项新的课题。大众传媒对公共情绪的有效引导机制，依托于全面、公开、透明的信息环境，经常化的、制度化的通道，为公众提供足够的表达空间。

网络上有个流行语叫“围观”，指网民对同一话题或事件的集体性关注。因为双向互动传播的特性，网络媒体承担了一定的引导公共情绪的功能。在网络论坛上，议程是由网民自行设置的，都是来自受众有感而发的东西，网民可以发帖表达自己的看法和观点。

伴随着走进数字传播的时代，传统媒体在信息资源把控方面的优势已经不复存在。一种形象的说法是：受众不再一如既往地凝神聆听管理者和传媒的声音，而是在“交头接耳”中沟通着彼此的信息，设置着民间的公共议程，“质询，甚至嘲笑着”处于公共视野之中的领导者或者媒体。

2007年，江苏有个县级市领导从北京参加会议回来，“受到”当地各界群众数十里“夹道欢迎”。这一迎接过程当晚在本地电视台播放——数千人的迎接队伍，沿路的鲜花、锣鼓、舞狮、鞭炮和数不清的围观群众，许多新闻图片也被挂上本地的政府网站。这场被冠以“热烈隆重”、“人山人海”、“场面几乎失控”等关键词语的仪式在网上迅速传播。

媒体在这一事件的报道中，连篇累牍的假大空的场景和文字，引起了受众腻味和烦乱，加剧了公众不满情绪的扩散。而在很多情况下，这些负面的公众情绪，与风险不一定紧密相连，但若不借助舆论监督抨击假大空的官场丑闻，这种腻味和烦乱会在一定条件下演变成“无厘头”的群体性情绪发作，至少为“仇官”的社会情绪赋予了一种谈资与口实。

再则，现实世界的不可控性因素，容易导致人们的恐慌与焦虑。德国社会学家乌尔里·希贝克在他的著作《风险社会》中指出：“在现代化进程中，生产力的指数式增长，使危险和潜在威胁的释放达到了一个我们前所未知的程度”。媒体作为社会的瞭望者，就是要把变动的信息及时、真实、准确地公开，让人们理性应对社会问题和防范社会风险，确定共同解决社会问题的基本目标。

眼下，中国社会正处于深刻的转型期，世界也处在利益调整波动较大的格局。社会学家刘易斯·科塞提出，社会需要设置一些通道，供不同社会主体间沟通以发泄不满情绪，从而从总体上减少社会压力，维护社会稳定。

心理学的“代偿理论”认为，人们在追求某种东西而得不到的时候，会试图“重新”设定一个对象来追求，而这个替身是可以追求得到的。这样，假借它去造成一种“目的实现了”的假象，以满足自己的欲望。因此，构建一个社会的公共话语平台，也是为了实现人们社会情绪宣泄的替代性满足。

因此，对新闻传媒来说，要不断增强支持公民利用传媒宣泄情感的自觉性，把现实中的不满情绪发泄出来。只要不去放大或有意缩小危机的状况，予以客观报道，是可以更好地促进理解、形成合力，来帮助化解危机的。

媒体纾解情绪的得失之间

快速客观反应，真实呈现“情绪性事件”

2009年杭州“飙车案”发生时，公众关注的目光越过了事件本身，就落到了肇事者的身份上。当“富二代”、“飙车”这些关键词放在一起时，无疑会产生微妙的情绪效果，使得一起原本普通的交通肇事案，演变成了对“娇纵的富二代”情绪宣泄的公共事件。

在网络传播时代，公共情绪与传媒的互相依存程度达到了空前的水平。传媒对公共情绪的影响，一方面起到反映、表达、扩散和汇集的功能，同时也有发泄、抚慰和疏导的作用。负面信息极易引发社会公众愤怒不满的情绪。在反映和表达公共情绪时，传媒必须力避情绪化。情绪化炒作、跟风性煽情，都会扭曲和放大公共情绪，有可能激发社会动荡。

因此，大众媒体对于一些“情绪性事件”进行的扩散，必须基于社会责任感，做到对公共言论的理性构建。尤其在一些关注度高的公共事件上，既要信息公开，又要及时快速全面报道，把事件的来龙去脉以及最新进展直接呈现在大众面前。新闻传媒能够在“第一时间”表达受众的心境与情绪，既有利于问题的解决，又避免了出现各种谣言满天飞的情况。

因此对于媒体来说，在公共情绪相对缓和时，要为其提供充分的表达渠道，使公共情绪得到持续、有效释放；在公共情绪比较激烈的时候，就必须以信息及时公开为根本原则，尊重和保护公众的知情权和表达权，把握好舆论导向，做好对公共情绪的疏导和抚慰。

深入调查分析，解构“情绪性心态”

时下，有一个热门的词汇叫“蚁族”，指的是“大学毕业低收入聚居群体”。这个群体提出了这样的问题——“知识可以改变命运，但为什么没能改变我的命运？”——引发了社会各界的思考。

笔者在中青在线网站上检索，自2009年10月以来，《中国青年报》以“蚁族”为主题的相关报道超过了20篇。从记者的采访调查（《“蚁族”的奋斗》），到编发评论《别给“蚁族”涂上过多悲情色彩》、《“蚁族”不需要怜悯和悲情》、《给“蚁族”一片广阔天空》，对这一群体的生存状态进行持续关注。

“蚁族”的提问，之所以能引起很多人的共鸣，是因为处在转型期的中国，每个人都面临着价值观的重建。这带给当代青年更多的人生思考——思考个人和社会的关系，思考在国家政策下个人如何去应对和做出选择。一个普通的系列调查性报道的意义，由此得到升华。

所以，大众媒体应该抓住社会生活中的一些具有普遍意义的话题，进行深入调查研究，多角度采访分析，真切把握公众的“情绪性心态”宣泄的窗口。

很多社会问题，例如财富分配是否平等，在很大程度上带有主观色彩，是一个被感受的问题，价值判断和公共舆论在其中往往扮演重要的角色。大众传播媒介对社会情绪的多方面输送、放大和改变，会促成和影响社会舆论的涨落，对公共情绪的形成和缓解都有重要的作用。

负面的公共情绪，缺乏理性因素制约，对社会规范具有相当的破坏作用。与网络等新兴媒体相比，传统的大众传媒更应发挥权威性优势，关注公众的“情绪性心态”，使可能诱发社会积怨、利益冲突的过激情绪得到淡化和疏导。

构建话语平台，表达“情绪性观点”

与网络媒体相比，合理与可控，是大众传媒可以作为公众情绪宣泄渠道的特点与优势。理顺和化解公共情绪，其支撑点应该是理性、多元、平衡的“公共话语平台”，建构开放性的主流舆论场。

因此，媒体要通过对当下的热点、焦点问题的透视，来设置相应的议题，并赋予各种议题不同程度的显著性地位，以吸引受众关注，形成预期的社会舆论，促进公共情绪的理性消解。传统媒体对网络意见的适当报道，也会影响网络意见，成为网络意见的必要补充和权威引导的外在力量。

例如央视的《新闻1+1》栏目，经常就网络中流行的热点话题组织讨论。因为拥有权威的信息来源，其理性的观点经常得到较多网民的响应，也能够较好地疏导他们的情绪。

同时，也可以通过评论的形式，拓宽宣泄的渠道。例如《南方都市报》的评论版，不仅包括社论、众论（时评），还包括了个论（专栏文章）、来信/来论，在选题上都是当下关注度极高的话题。《南方都市报》评论部负责人这样诠释他们的理念：“在大转型的时代关注这个转变的国家与社会。大可以关注国家大事，小则关注公众的日常生活。”

言论版要营造一个言论的生态环境，使公众不同立场的情绪都尽量得到表达。《今日美国》言论版就经常在突出位置刊登“今日论争”：一篇是“我们的观点”(Our View)，一篇是“反对的观点”(Opposing View)。

漫画，尤其是政治漫画，作为一种新闻评论的形式。20世纪初，美国还出现了“社论漫画”。曾任美国漫画家学会主席的卡格尔说：“如果人们对我的特定漫画感到愤怒，而他们愤怒的原因并不是我要传达的信息时，那它就不是一幅成功的漫画。”

漫画用简单的元素，表现复杂的社会现实，对新近的新闻事实进行幽默或讽刺性的报道，也表达了读者对现实的态度。美国著名记者、政治评论家威廉·巴克利曾经说过，对美国政治真正有真知灼见的，讲述深层真相的是《纽约客》的漫画家们，而不是那些信口雌黄的电视谈话名流和权威。

在中国，尽管政治性漫画的发展空间不大，但开辟新闻性的漫画栏目，作为丰富报道品种的一种拓展，应该值得尝试。

更重要的着力点，应该要拓展公共讨论的基本领域。媒体要敢于对社会的重大公共问题、关系到群体利益的急迫问题进行讨论。同时，把微观层面的琐碎的街谈巷议，有意识地扩展为对主流问题的有序探讨。

借助意见领袖，引导“情绪性话题”

像情绪宣泄这样的社会行为，实质上是一种群体意愿的个体表现。但这些个体所宣泄的内容，也代表着地位相近、看法相同群体的共同意见。

在受众当中，有一些人对周围人的影响，往往超过新闻传媒，他们在情感宣泄中起着相当于“意见领袖”的作用。现实生活中，公众人物和专家学者更容易成为意见领袖。一些活跃在网络上的民间评论家、博客的主人，也是新型的意见领袖。

一段时间以来，中国人在一种纠结的情绪中看待财富观。这当中的错误引导，大众传媒有着不可推卸的责任。传媒所铺陈的富人的生活世界：富丽堂皇的房子，灯红酒绿的生活，富贵奢侈的物品，高档奢侈的娱乐消费等，成为大部分受众不可企及的享受。他们中就会产生“相对剥夺的挫折感”，即时下盛行的“仇富心理”。

2009年11月，娃哈哈公司董事长宗庆后向媒体发问：“对财富的看法，你们敢不敢讨论？”随后，《钱江晚报》积极回应了这一话题，推出了以“阳光财富观”为主题的系列报道。报道的开篇语称，想用一种更宏观的视野来看待财富，引导人们思考如何创造财富、分配财富、使用财富。接着《钱江晚报》还开通热线电话和网络互动平台，邀请读者参与讨论。后来，他们还专门举行了一场关于财富观的论坛，邀请知名企业家和专家学者畅谈财富真意。以此为契机，推出了浙江省社科院发布的《浙江财富观调查报告》，整个报道持续了将近一个月。

通过这次报道，传媒积极引导社会公众理性看待财富，在读者中形成了财富本身具有天然的积极性，是社会发展的见证与量度等共识，较好地纾解了一定范围内的仇富心态。

公共思维是理性传播的前提条件，是疏导公共情绪的主要途径。传媒要发挥自身的资源优势，发现和联络好意见领袖，主动疏导、引导社会公众的情绪，让各种社会意见纳入有序的社会运转中。只有在多元话语表达中，人们才会经过思想和智慧的交流和碰撞，形成理性的公共思维，对社会的看法也相对视野开阔、心态开放和宽容。

传媒解烦：社会“解压阀”机制的预期

彭 剑

我们的社会已经进入了普遍的焦虑状态。它使社会的整合度降低，社会秩序失去控制，因而容易导致人们集体性行为事件发生。那么，应付这种普遍的社会焦虑，就不仅是一个政府、单位或组织所能解决的，传媒作为一个重要的社会沟通手段和意义构建系统，在化解社会心理问题方面应承担独特的职责。

社会转型意味着人们的生活方式、价值观念、心理结构等发生深刻的变革。其中社会烦闷心理集中爆发，将成为影响社会和谐稳定的一个重要因素。

传媒作为人们信息交流的窗口和意义传递的工具，如何参与社会心理问题的化解和疏导？本文认为，“解烦”作为传媒的一项延伸功能，通过对社会“解压阀”理论的运用和实践，可以为转型期社会心理问题的化解提供思路和对策。

传媒应是社会“解压阀”

传媒作为社会的“解压阀”，是传播学者提出的一个形象比喻，意味着传媒在社会心理压力过高时它释放压力，在常态时又能自动控制开关，保持合理压力。社会学家刘易斯和科塞都提出，社会需要设置一些“通道”，供不同社会主体间沟通以发泄不满情绪、化解社会焦虑心理，从而从总体上减少社会压力，维护社会稳定，这些通道就是社会的“解压阀”。

传媒作为社会“解压阀”在于它自身所具有的特殊的信息传递和沟通功能，通过这些特殊功能的制度性安排和建设，传媒就能够起到化解社会烦闷心理问题的作用——即达到本文提出的“传媒解烦”的目的。

我国传统的报纸，往往通过读者来信、读者园地这类的栏目，刊登读者意见和心声。而随着《都市报》的创办与新兴媒体的崛起，读者热线与网络论坛等开始成为人们进行沟通交流、表达意见、宣泄情感的载体。在这些活动中，传媒作为“解压阀”实际上扮演了以下功能：

一是“发泄”功能。指传媒可以作为人们发泄不满、烦闷甚至愤怒情绪的社会通道。在社会急剧转型期，当人遇到心理压力需要转移出去时，就要找到发泄的渠道。目前，在传统媒体不能有效化解烦闷情绪的情况下，网络其实已成为重要的发泄渠道，甚至已经衍生出发泄经济。根据百度搜索“发泄网”，居然蹦出大约330万多个相关网站，网友可以把自己心中的不满发表在网上。网络上数不胜数的发泄游戏，与这些网站一起，共同起到了转移情绪、释放愤怒的社会“解压阀”作用。

二是心理抚慰。传媒心理抚慰功能来自麦克卢汉“媒介即按摩”的思想。在这里，“按摩”本来是指人的身体受到的一种触觉感受，但它同时又指作为“人的延伸”的媒体反过来作用于人的行为。新闻报道所具有的按摩功能，在于消除外部世界的不确定性，满足心灵的各种空白地带，具有“间接抚慰”的作用。而广播媒介所开设的情感热线、倾诉热线等，则是直接运用传媒心理抚慰功能，解决人们面临的各种心理困惑。

三是娱乐功能。虽然社会学者拉扎斯·菲尔德与默顿指责传媒“娱乐”功能具有“麻醉精神”的作用。但是不可否认，娱乐是人的本性。英国哲学家赫伯特·斯宾说过“人类完成了维持和延续生命的重要使命之后，尚有剩余的精力存在，这种剩余精力的释放，主要是娱乐”。通过电视、VCD、视频来娱乐身心、消除疲劳，成为人们在工作和生活的双重压力之下寻求刺激，排遣和放松的重要方式。

以上三种功能构建了传媒“解压阀”的基本作用机制，它能够缓解人们的紧张情绪、抚慰心理焦虑。因而表现为传媒解烦功能的一种具体延伸。

社会心理障碍需要“解压阀”

改革的纵深发展，使我国处于一个社会心理问题比较敏感和集中爆发的时期。急剧的社会变迁对人们的心理适应性提出了严峻挑战。这些挑战超出人们有效处理和积极应对的阈限，就产生了一系列的社会心理问题。

价值冲突

市场经济的发展，促进了我国由传统社会转向现代社会的转变。在这一转变过程中，传统与现代、东方与西方的各种价值观念的冲突，给中国民众的思想以极大冲击和心理压力。

尤其是随着市场经济的发展，为社会奉献、为大众牺牲的价值观念，转向了对个人的财富和地位的价值追求上，个人价值被捆绑在物质财富上。结果就是大量的价值断裂、诚信危机、金钱崇拜、损人利己等现象的出现。而社会价值层面的冲突和断裂，最终又投射和影响到社会心理层面，进一步强化了社会人际关系中的紧张、淡漠和孤独等心理问题的出现。事实上，我们仅用30年的时间来消化西方国家300年的价值裂变所产生的心理问题，因而，面临着巨大的挑战，以至于出现“中国的写字楼是全世界最累的写字楼”的情景，其中白领阶层在财富与地位、物质与心灵、奉献与索取的价值冲突与矛盾中备受压力。

心理危机

据童正容、翟玮玮的研究，目前人们的心理危机主要包括：社会相对剥夺感，心理无助感，社会成员信仰缺失。福建南平市郑民生持刀捅杀小学生，其作案的原因据官方通报：一是与原单位领导有矛盾；二是恋爱多次失败，造成心态扭曲，借此报复社会。这已是当今社会竞争中失败者和边缘者极端心理危机的表现。如果不能很好地处理，就可能引发激烈的社会对抗行为，引发恶性群体事件、暴力事件等极端社会情绪的大爆发。

社会焦虑

在急剧转型的社会中，竞争的残酷性和不确定性时刻存在，这些必然给社会成员带来心理焦虑和生活压力。观察我们身边，焦虑的社会事实已经进入了我们的生活空间和认识世界。

最近，刚从北大毕业的双硕士基金研究员袁健，因基金行业竞争残酷，在试用期遭末位淘汰，无法顶住内心的压力和抑郁情绪，于被解聘的当天决绝地结束了自己的生命。在此前一日，香港中文大学一名内地女研究生在宿舍内自杀身亡。警方在死者宿舍内找到一份遗书，相信其自杀原因与学业压力大有关系。可见社会焦虑的蔓延，已到了引人焦灼的地步。

根据社会焦虑及其研究成果。社会焦虑的发展一般分为两个阶段，一是部分焦虑阶段；二是普遍焦虑阶段。部分焦虑在任何社会都存在，而普遍焦虑是指在社会转型期间，绝大多数群体都受到焦虑的困扰，并形成了一定的社会张力或紧张局势，从而对社会稳定造成影响。

据此，可以得出一个基本判断：我们的社会已经进入了社会焦虑普遍的状态。它使社会的整合度降低，社会秩序失去控制，因而，容易导致人们集体性行为事件发生。那么，应付这种普遍的社会焦虑，就不仅是一个政府、单位或组织所能解决的，传媒作为一个重要的社会沟通手段和意义构建系统，在化解社会心理问题方面应承担独特职责。

传媒化解社会心理问题的对策

传媒解烦，实质是利用传媒的信息传递和沟通功能，整合多元冲突的价值观、培育共同的文化信仰、搭建意见交流沟通的平台、建立多样的心理疏导渠道，使社会成员享有共同的社会价值。同时促使人们的不良情绪得到宣泄、化解和释放。

建立在这些机制之上的“传媒解烦”功能，就是对社会“安全阀”理论的实践。以下对策，既有对解决前文社会心理问题的部分对应，也有不同程度的更广泛的延伸。

价值重建——培育共同价值观

传媒既是价值观的传播者和提供者，也是受众价值观的塑造者。新闻传媒在塑造社会精神文化、培育人们共同价值观上有着不可替代的重要作用。

随着社会变革加剧，我国社会思想处于多元冲突时期，在社会价值取向上表现出告别神圣、远离主流、淡化价值、拒绝崇高的功利主义倾向。对此，传媒一方面需要通过日常报道大力传播社会主义核心价值观、传播先进文化、弘扬社会正气，将社会主义核心价值观潜移默化到读者心中。

另一方面，价值观的传播不是简单宣传和灌输，而是通过鲜活与感人的故事去打动和感染读者。《华西都市报》曾报道，四川三台县水利干部叶树元连续18年无偿资助彝族、傣族、汉族等民族的33名贫困学生。他白天上班，节假日到苗圃打工、蹬三轮送货。为了节约，他白天上班，晚上打理花店，给客户送花，经常在凌晨两三点到成都进货，每天睡眠最多四五个小时。记者通过这些感人的细节和平民化的故事，生动地展现了一位平民慈善家的人格和精神。《华西都市报》通过这样的鲜活人物的案例，去打动和影响读者，更容易将社会核心价值潜移默化地传递给整个社会，培育出正面的价值观。

心灵抚慰——注重人文关怀

处于高强度竞争的社会，人们不仅会面临日常的心理困境，也会遭遇重大突发危机事件的侵扰，对此传媒应充分发挥心灵抚慰功能，化解人们的心理压力或悲观情绪。

面对人们日常的心理困境，大众传播的心灵抚慰功能主要是通过传递娱乐、提供休闲、解疑释惑来实现。娱乐既可以是一种身心的愉悦，也可以是情感宣泄和精神纾解，传媒可以通过娱乐信息的传递，达到与读者或观众的共鸣，形成一种思想和情感的碰撞，从而解除现实生活的烦闷。

对于重大突发事件，大众传播则需要高度的社会责任感，坚持“以人为本”的报道观念。以汶川大地震为例，国内传媒以迅速、准确、全面的报道，展现了灾难现场的真实图景，也记录了中国人民不屈不挠、团结拼搏的伟大抗震救灾精神，在理性地、有节制地展现悲惨灾难的同时，更多关注灾难中的普通生命，把对人的关怀作为报道的切入点和落脚点。通过营造昂扬向上、激越奋进的舆论氛围，为灾区群众点燃了生命的亮光、播下了生活的希望，同时也给每一个读者带来自强自立的感动和震撼。

意见交流——提供沟通渠道

传媒是意见交流的渠道和中介。通过与大众传媒的接触和交流，人们不仅仅能够获得信息，更能满足自身的精神和心理的需求。而一个社会如果缺乏这样的公共交流和表达，就会处于封闭、失衡和焦虑状态。为回应读者的需求，传媒应加强信息交流渠道的建设，通过信息的交流，帮助读者处理困惑、解决问题。如《楚天都市报》、《华西都市报》等都市媒体较早开通了读者热线，它们把普通市民作为自己的服务对象，及时解答和处理老百姓提出的问题，这样读者热线就扮演了一个重要的社会沟通角色。随着数字化、网络化、多媒体化的发展，新媒体在化解人们生活与精神世界烦闷中的作用意义更加重大，需要引起社会高度重视。

文化塑造——构建和谐文化

传媒是文化的传承者，也是文化的塑造者，通过健康和谐的社会文化氛围的构建，更有利于社会心理问题的化解。

构建和谐文化首先是需要构建人与人的和谐关系。在我国引入市场机制后，人们之间的竞争愈演愈烈，但人们的交往和感情却变得十分淡薄，信任减少，警惕增加，重视利益，轻视人际关系。对此，传媒应鲜明地站在维护社会诚信和友爱的角度进行引导，塑造良性社会竞争文化，对参与竞争的社会大众心理进行疏导，倡导人们形成和谐友爱、互帮互助、公平竞争的文化氛围。根据伯格纳的涵化理论，传媒在社会文化传播中能够发挥整合作用，并对受众产生潜移默化的长期效果。因此，发挥传媒文化传播的优势，建构和谐的社会文化环境，是解决社会心理问题的基础和关键。

传媒解烦：从关注“网事”入手

陈　娟

社会烦闷心理实际上是一种公共情绪，可以归结为一种负面的“情绪型舆论”，它主要是社会环境变动与公众心理相互作用的结果。无论什么样的情绪型舆论，正面的或者负面的，传媒都不能视而不见，也都不能过分放大，否则会产生相反的传播效果。如果说将“网事”从网络媒体的信息海洋中打捞出来，是传媒解烦实践的第一步，那么，接下来传媒要做的就是冷静地进一步报道并解读“网事”，对这种负面的情绪型舆论给予疏导。

一个“哥吃的不是面，是寂寞”的“水帖”出现后，以“哥×的不是×，是寂寞”为标签的“寂寞党”瞬间成燎原之势，后来被证明高居年度网络流行语排行榜的榜首。类似这些只言片语，引发了几场网络集体大狂欢。但狂欢外衣包裹之下的，真的是快乐和幸福吗？其实，这只是现实社会里的烦闷、腻味在虚拟网络的纵情喧嚣，归根结底反映了社会情绪非正常症状，而媒体恰恰被当做宣泄的出口处。

“网事”反映社会莫名烦闷心理

“网事”是什么？本文对“网事”作如下定义：在网络媒体中依照用户主导模式而自主生成的热点事件。既然是“用户主导模式”，它不同于传统媒体的编辑主导模式——由媒体的编辑来把关，把“我需要让你知道的”或者“我有能力让你知道的”信息传递给受众，网络媒体运用先进的传媒技术能够自己生产内容，这些内容产生于网络媒体的用户或者说网友群体，在网友群体合力所产生的“点击率”、“跟帖数”、“转发量”等行为结果中，那些以点击率超高、跟帖数超多、转发量超大的信息为核心而引发所形成的网络中的热点事件，就是“网事”。

依此来看，“贾君鹏”帖大行其道是网事，网友集体“寂寞”是网事，全民共享“烟草局长日记”是网事。这些网事反映出一种社会莫名的烦闷心理。

从贾君鹏事件可以感觉到，这是经过漫长无望地等待之后，游戏玩家发出的一种郁闷、烦乱、无可奈何、百无聊赖的看似无意义的话语表达。如果仅仅到此为止，还形不成网事，而此帖超乎意外且令人惊叹地一天之内引来数百万的点击率及数十万条回帖，于是“网事”形成，并促使我们进一步观照此事件背后的社会心理。

正处于转型期的中国社会，目前还没有完全跨进现代社会并建立现代价值观，再加之经济高速发展，社会环境的快速变化，不平等的广泛存在，这样的现实使莫名的烦闷充斥社会。

如此也就不难理解“寂寞党”的瞬间成势并无处不在，“哥×的不是×，是寂寞”，反映了人们对现实的莫名不满，因莫名而无力突破只能选择“寂寞”的社会心理。这种心理以上述看似无意义的话语来呈现，通过也只能通过网络得以表达，而这种表达恰恰与普遍存在的社会心理“心有戚戚”，于是形成一呼百应之势。

网络已经成为当今中国社会心理浮现的一个窗口，集中的反映载体就是“网事”。

关注“网事”是媒体解烦的突破口

据拉斯韦尔和赖特的观点，传媒担负着协调社会关系的职能，意思是说，传媒通过对周围环境信息的选择和解释，使社会各部分为适应环境不断调整和外部的关系并建立相应的新的关系。传媒在实现这一功能时，可能阻止对社会稳定产生的威胁。上文所述的社会烦闷心理可以说是社会群体性事件的发酵器，是威胁社会稳定的重大隐患。

近年来频发的群体性事件中，有一个特点值得关注，就是“非直接利益者”参与的群体性事件愈来愈多，如“瓮安事件”、“石首事件”、“邓玉娇事件”等等。往往一个普通的事情或者案件，成为引爆群体性事件的导火索，并招来众多非直接利益者参与其中，一个不容忽视的原因就是社会烦闷心理发酵到一定阶段寻求出口所致。传媒有责任及时发现这种烦闷，并在它郁积到一定程度而借以群体性事件爆发为发泄方式之前，化解这种烦闷，让它以较为平和的、不至于危及社会稳定的方式转化或者消解。

网络媒体，确切地说是网络这个表达场所，给人们提供了情感表达以及情绪宣泄的出口，但其情绪化和非理性的特征决定了它担负不起协调社会关系的职能，而传统媒体在这方面会大有作为。但是，目前传统媒体处于在政治和市场的挤压之中，自上而下的宣传教导和迎合市场需求，仍是目前新闻信息生产和流动的主动力，传统媒体在解烦方面的作用机制尚待建立。

基于上面的论述，既然“网事”能够反映社会的莫名烦闷心理，传统媒体就可以以此为突破口，发挥自身的优势，履行新时期的社会协调职能。

那么，面对网络上的海量信息，传媒如何关注“网事”？

主动打捞“网事”，给莫名的烦闷“正名”

“网事”需要传统媒体以开放的心态去主动打捞。“网事”一般发端于网络上的各种论坛、博客等场所，这些平台允许个性表达与情感宣泄，而且属于公共场所，容易引起网友的注意。由近年来诸多发端于网络的社会热点事件的发生过程来看，从网事发端，到网事形成，再到社会公共议题形成，一个基本的路径是：

论坛/博客的热帖—传统媒体报道—门户网站醒目位置—进入公众视野成为公共议题

可见，传统媒体的报道是热点事件及公共议题形成过程中至关重要的一步。但目前存在的一个状况是，传统媒体很少去选择主动，而是被动跟风，有被所谓的网络“民意”裹挟之势。其实，传统媒体所具有的人才、公信力等方面的先天优势，完全可以在其中发挥主观能动性，通过对网事的选择、培育、公开报道、深度解读，来履行媒体的责任，推动中国社会民主进程的理性发展。

开放的心态在打捞网事过程中尤为重要。传统媒体向来被赋予了“把关人”的角色，这是一个中性词，无所谓褒贬，对于网事的打捞，实际上也是传统媒体在新媒体时代把关人角色的重塑。这是一种等待呈现的心态，一种不带预设主题去发现的心态。用国家权力以统一思想的时代正在过去，而且会一去不返，和谐的社会需要自由的思想，思想不自由，文化怎能发展。在中国倡导建立和谐社会的历史大背景下，以开放的心态打捞网事并设置公共议题，使得传媒解烦机制的形成在实践上成为可能。

国内已经有媒体在这方面开始探路，《南方都市报》、《新快报》等媒体在关注和主动打捞网事方面进行了有益的尝试，前者的“网眼”版与后者的“热辣网事”版，成功地表达了目前中国社会普遍存在的莫名烦闷，并且以精练而上口的词汇为其“正名”，迈出了中国社会转型期传媒解烦实践的第一步。

以《南方都市报》“网眼”版为例。2009年3月，一幅《脱吧！到你了！》的时政漫画，着实为社会郁积的一种烦闷“正了名”并为它找到了宣泄的出口。2009年两会期间，某省政协主席在面对《财经》的记者关于“官员财产公示”的提问时，反问“为什么不公开老百姓的财产”。这一反问在网络激起波澜，网友“天乙”号召老百姓们公布自己的财产作为回应，网友受其感召纷纷在网络上晒自己的财产明细账。《南方都市报》“网眼”版编辑及时捕捉到这条信息，约该报漫画作者邝飚当晚以此为主题创作一幅漫画，次日在报纸上发表。

漫画中一方形体高大，裹紧的大衣下露出包不住的不明财产，另一方形体弱小，几乎赤裸，体语激动，高喊“脱吧！到你了！”凯迪网络猫眼论坛的网友在转载这幅漫画时发帖：“最动人的是这幅漫画，视觉带动思维，一幅好漫画，胜过千言万语。”此后一周多，跟帖数突破1000页，凯迪论坛不得不锁帖并重新开了一个相同内容的帖子，以保证服务器的正常运行。在官员缺乏有效监督体制的背景下，这幅漫画将社会莫名的烦闷淋漓尽致地表达了出来，所以引发了强烈的共振。

打捞“网事”需要媒体的敏锐，这种敏锐来自于媒体从业者对当今社会矛盾的洞察，有了这样的洞察力，媒体就能够在“网事”处于萌芽期或生长早期时关注它并培育它，而避免被网络民意的非理性所裹挟。“网眼”版对“躲猫猫”流行语的大胆推出，证实了传统媒体在这方面的实力。

“躲猫猫”一词，最早出现在《云南信息报》上一篇报道李荞明在看守所“玩躲猫猫”不慎摔死的新闻。这条新闻当时没有“火”起来，只是在部分质疑“躲猫猫”的网友顶帖中默默流传。如果没有新的媒介推动力，这条新闻可能就会慢慢淡下去，消失在浩瀚的网络信息海洋中。据“网眼”版编辑王星撰文透露，他一直想做但一度犹豫，因为考虑到这个词只是几个帖子和博客里的热情，属于小众的愤怒，还没有真正流行起来。但是记者谭人玮注意到了“躲猫猫”在网上的一些讨论，认为“我们既然看到了这个词能流行起来，有开始流行的趋势，那就不妨先走一步，‘拔苗助长’，把它当成流行词先做出来。”王星被说服了。于是，“网眼”版刊登了《网络代有新词出最近流行“躲猫猫”》。[1]次日，其他报纸及门户网站转载了这条新闻，“躲猫猫”就此走进公众视野，迅速“火”了起来。

这是传媒主动打捞“网事”的一次有益尝试，被“拔苗助长”的流行词之所以能够迅速得到公众的“追捧”，一个重要原因是，它以精练而后现代的表达方式承载了社会公众郁积的一种愤懑。

冷静解读“网事”引导社会舆论

上文所述的社会烦闷心理实际上是一种公共情绪，可以归结为一种负面的“情绪型舆论”，它主要是社会环境变动与公众心理相互作用的结果。无论什么样的情绪型舆论，正面的或者负面的，传媒都不能视而不见，也都不能过分放大，否则会产生相反的传播效果。如果说将“网事”从网络媒体的信息海洋中打捞出来，是传媒解烦实践的第一步，那么，接下来传媒要做的就是冷静地进一步报道并解读“网事”，对这种负面的情绪型舆论给予疏导。

陈力丹在《舆论学——舆论导向研究》中，对情绪型舆论的产生和发展作了说明：第一阶段称为“震撼和反应期”，由于外界的信息刺激突然出现，公众的某种情绪在较短的时间里呈现，并且较为迅速地在人际间漫延，在一定范围内形成情绪型舆论；第二个阶段可称为“抗拒和对峙期”，这时公众已经从最初的惊慌转为以某种持续的情绪同外在压力对峙，这是适应外在压力的时期，持续的时间比在第一阶段要长；第三阶段为“突变或衰变期”，当压力继续增大而情绪得不到缓解，可能会在某

[1] 王星：《怎么种出大新闻——从“躲猫猫”和HD90假币谈新闻的再发现和再传播》，《南方传媒研究》第17辑，南方日报出版社出版。

个临界点转为行为舆论，相反，如果公众通过心理调节适应了新环境，则会使情绪型舆论逐渐减弱、消亡。[1]

近年来发生的群体性事件正是社会烦闷这种情绪型舆论经长期发酵之后进入“突变期”的结果，对传媒来说，在这个阶段才介入，比较被动。当情绪型舆论还处于第一、二阶段时，传媒通过对“网事”的关注，可以及时发现、敏锐捕捉到舆论动向。对这种舆论进行正面的适度的报道和冷静的解读，可以缓解、释放公众的这种不良情绪，同时传媒报道所形成的舆论监督的压力能促进社会相关制度的改善。

值得注意的是，由于传媒工作者也是公众的一份子，同样受到社会变动和社会情绪的影响，因此，要求传媒工作者在知识、视野和思维深度方面必须高于普通民众，在处理情绪型舆论中，保持冷静的头脑，这样才可能担负起传媒应尽的责任。

[1] 陈力丹：《舆论学——舆论导向研究》，中国广播电视出版社1999年版，第106页。

《新闻实践》2010年第8期“多棱聚焦”栏目

新闻期待

一家新闻媒体总是依据一定的受众新闻需求而定位的，又因不断满足受众的新闻期待而持续存在着，乃至于在经年累月的相互默契中培育受众的阅读依赖。

如果媒体偏离受众需求或未能与时俱进地调整定位，傲慢地鄙视受众实际上的被动消费地位，那么就会渐渐失去受众的新闻期待。当受众的这种期待将被失望所替代的时候，此间的阅读依赖就会“移情别恋”，迅即转移到其他媒体去实现自己的新闻期待。

随着新闻与娱乐、观点与事实、职业与业余之间的界限越来越模糊，新媒体迅速发展和受众被海量信息湮没等现象的冲击，现今越来越多的受众摆脱了新闻被动消费的地位，特定的新闻需求已经有着更广泛的满足条件与选择空间，仅凭直觉就可判断某家媒体是否与其新闻期待存有黏性，而且可以像新闻从业者那样思考，对曾经寄予期待的媒体多了一分“挑剔”，少了一分依赖，因为他们不仅在网上发表自己的见闻与见识，而且还传递或比较源自其他媒体的新闻和信息。

以此，新闻期待——成为传统媒体亟待探究的课题，也是检视媒体运行环节是否满足受众新闻需求的试金石。

新传播时代受众新闻期待的转向

邓的荣

从新闻生成上看，新传播时代的受众正在显露出由“被动消费”向“协同生产”转向的明显迹象。这是新媒体传播技术给新闻生成机制带来的变化。新传播时代受众倒逼媒体重构，是一种正在形成的趋势。可以肯定的是，凡是尊重受众选择的媒体将最有可能与受众一起成长，而无视受众感受的媒体最终必然被受众抛弃。

网络传播技术快速发展，正在颠覆原有的新闻传播格局。被改变的不仅仅是媒体行业本身，也包括媒体受众。

越来越多的媒体受众已不再满足于充当被动角色。博客、微博、微视频、飞信以及QQ、MSN等社会性交流工具（SNS）逐渐盛行，为其改变“信息消费者”单一身份、主动表达阅读期待、积极参与新闻建构开辟了新的途径。

新传播时代的受众新闻期待转向，正在积极修正媒体生态，使得媒体传播日益深刻地嵌入日常生活过程，从而给媒体重构、媒体管理提出新的课题。

新技术让受众更加活跃而积极

在传统的“媒体—受众”的传播结构中，受众意见处于“被转述”的位置，信息筛选、表达和评价的权利则属于媒体。随着新媒体传播技术的深入应用，受众开始变得更加活跃而积极，受众的新闻期待也随之发生变化。

从信息流向上看，新传播时代的受众正在显露出由“被转述”向“自述”转向的明显迹象。这是新媒体传播技术带来的受众信息表达便利，受众意见无须刻意经由新闻机构“转述”而可以随时随地经由网络媒体“自述”。最突出的证据是，受众的网络表达不仅成为新闻报道的对象，而且成为“网络问政”的理由。

在躲猫猫死亡、喝开水死亡、做梦死亡等“恶狱”现象以及富士康事件、本田事件等社会热点事件之中，网络表达的自发性、草根性、群生性，形成一种不可遏止的舆论压力，使得传统意义上的新闻“把关人”角色逐渐虚化。传统媒体如果没能追赶上网络舆论的节拍，就可能被边缘化：当人们期待你讲话的时候你却听而不闻，人们也就有理由对你视而不见。

从新闻生成上看，新传播时代的受众正在显露出由“被动消费”向“协同生产”

转向的明显迹象。这是新媒体传播技术给新闻生成机制带来的变化。最突出的证据是，受众的网络表达开始直接嵌入新闻生产流程之中，专业新闻机构同网络草根表达相互对话、印证、诘问、争执，共同形成“新闻之流”，反映并影响事件进程。对网络表达的敏感程度和整合力度，成为检验传统媒体舆论引导能力的重要指标。

有统计分析认为，几乎所有突发事件都与网络有关，其中20%直接由网络报道而引爆，其余80%一般由传统媒体先报道，后经网络媒体转发引起社会关注。[1]在开胸验肺事件、钓鱼执法事件等热点中，网络新媒体与传统媒体互为犄角，共同对公权的麻木和民权的无奈以及利益链条下的执法公正进行追问。

值得注意的是，由技术带来的便利容易被技术手段所抵消。新传播时代受众由“被转述”而“自述”、由“被动消费”而“协同生产”的变化趋势，至少到目前为止还只是一种迹象。作为一种更为活跃、积极的受众新闻期待，网络表达能够影响但不足以左右社会舆论，支配主流舆论走向的将是对新旧媒体资源的整合传播。

与此相关，新传播时代更为积极而活跃的受众意见，也在加速改变主流媒体的判断标准。在这里，无所谓传播介质的新与旧，无所谓媒体级别的高与低，成为主流媒体的唯一标准就是能不能发出主流声音并引领主流舆论。

新闻期待转向倒逼媒体重构

新传播时代受众新闻期待的转向，尽管眼下还只是一种明显迹象，也足以对传统媒体形成变革的压力。受众的新闻期待转向正在倒逼媒体重构。

一是推动信息流通形态由单一转向多元，倒逼媒体由“内容为王”向“渠道为王”让渡新闻话语权。所谓“内容”，指的是新闻表达的事实和观点；所谓“渠道”，指的是事实和观点的传播载体。好的事实和观点必须有好的表达渠道才能更有效地接近受众、掌握受众，否则就难免沦落为自说自话。

从这个角度看，媒体的话语权更主要地表现为媒体的话语渠道权。传统媒体在继续重视内容的同时，主动发展媒体网络门户、网络视频、手机报、阅读器等新兴传播介质，应该看做是传统媒体机构对新传播时代受众新闻期待的主动回应。对媒体来说，对新兴传播介质缺乏敏感无异于慢性自杀，其拱手搁置的不仅仅是媒体的话语权，还将逐渐丧失其生存的理由。

二是推动新闻生产方式由封闭转向开放，倒逼媒体由“自足生产”向“协同生产”让渡新闻建构权。所谓“自足”，指的是新闻内容由新闻专业机构独自生产；所谓“协同”，指的是新闻内容由传统职业化与大规模业余化共生共享。

[1] 时国珍、原碧霞：《突发事件网上演变规律与舆论引导》，《中国记者》2010年第5期。

各种非正规的、业余的报道让事实或观点“闯入”公众视野，对正规的、职业的报道形成挑战。掌握了新传播技术的受众对新闻生产的积极介入，不是在原有的新闻生产流程上新加入一种因素，而是颠覆了新闻生产方式。在这种更为开放的生产方式中，受众不再是沉默的客体，而是表达的主体。

法国存在主义哲学家让·保尔·萨特曾指出：“没有一种艺术可以不为别人或没有别人参加创造的。”[1]数年之后，德国学者汉斯·罗伯特·尧斯提出“在作者、作品与读者的三角关系中，读者绝不仅仅是被动的部分……只有通过读者的传递过程，作品才进入一种连续变化的经验视野之中。”这些后来被看做是接受美学的经典论断，为受众进行新闻建构提供了理论支持。

与新传播介质比起来，传统媒体对这种新的新闻产生方式既缺乏感知，更缺乏应对策略。采用全媒体运作架构的新闻机构对新闻组织机制的调整，其组织设计理念主要是针对传播介质的多元化，而不是针对开放性新闻生产方式而采取相应变革。

至于新闻职业机构是否必要以及是否有能力去整合新闻的大规模业余生产，是一个值得思考的问题。就像书写技术普及将书法变成艺术品、驾驶技术普及将赛车变成表演一样，未来的新闻生产会不会将“职业新闻”变成一种信息奢侈品，还有待观察。

三是推动新闻评价机制由集中走向分散，倒逼媒体由“专业评价”向“社会评价”让渡新闻评价权。所谓“专业评价”，指的是新闻评价标准、评价行为由新闻专业人士制定与运作，新闻的好与坏局内人说了算；而“社会评价”指的是新闻评价标准、评价行为由全社会制定与运作，新闻的好与坏全社会说了算。

最令传统媒体沮丧的是，一些花了大量精力创作出来的报道精品，却没有获得预想中的社会喝彩。这种现象并非个案，就连媒体行业最重要的评选行为也不例外，专业认定的优劣与受众期待的感受往往形成反差。究竟是报道理念、报道方式，还是评价机制上出了问题，值得全行业深思。新闻评价不是圈内人的游戏，而是一种公权力，是社会核心价值的重要引导工具。新闻评价权通过引导一种职业群体的行为而确立社会主流价值趋向，促进社会整合与社会发展。

像新闻开放性生产方式一样，新闻评价权社会化也是一个有待讨论、有待探索的问题。有的委托独立的学术机构进行评价，有的引入读者评价、网络投票，有的采用社会调查机构的调查数据，这些都可以看做是对建立合理的新闻评价机制的积极尝试。

新传播时代受众倒逼媒体重构，是一种正在形成的趋势，有的还只属于青萍之

[1]让·保尔·萨特：《为何写作？》，伍蠡甫主编，《现代西方文论选》，上海译文出版社1983年1月版，第195页。

末。但有一点可以肯定，凡是尊重受众选择的媒体将最有可能与受众一起成长，而无视受众感受的媒体最终必然被受众抛弃。

建立更富张力的新闻管理机制

办好媒体带来好的信息产品，管好媒体造就好的信息环境。新传播时代更为活跃与积极的受众，不仅对媒体重构形成倒逼之势，也对改善新闻管理、创造更富张力的管理机制提出了更高要求。

一是实行法律保障与技术便利并存，推动新闻管理由意识形态管理向社会管理回归。

传统的管理思路是将新闻管理纳入意识形态管理范畴，对新闻发布渠道、新闻采集流程以及新闻刊发终端进行全覆盖性管理。但新传播时代赋予受众新闻表达、新闻建构的技术便利，使得这种覆盖性管理出现盲点，受众无须授权即可自行发布信息、表达观点。

可行的方式是尊重受众的技术便利，通过法律手段保障受众表达的合法性，推动新闻管理向日常的社会管理回归，使新闻传播真正成为人们日常生活的一个有机组成部分。就像开车要遵守交通规则、炒股要遵守交易规则一样，传递信息、发表意见同样要遵守言论规则，承担法律责任。

二是实行社会疏导与社会动员并举，推动新闻管理由危机管理向行业管理回归。

从社会管理角度来看，媒体的话语权可分为信息交流、社会疏导和社会动员三类权力形态。在社会发生急剧变动的时刻，媒体的话语权往往以社会动员的方式得到夸张性张扬。在社会正常运转的时候，媒体的话语权却表现得更为平静，细雨润物般起着信息交流、社会疏导的作用，有如深深水静静流。

新传播时代受众的新闻期待转向，将媒体的信息交流、社会疏导和社会动员作用提高到同一位置。在一些极端情况下，QQ群、博客圈等新传播载体，能在一夜之间聚集成千上万的人群“集体散步”，以指数速度悄无声息地实现传播信息、挑动情绪、动员群众的作用。于是，新闻管理实际上被演变为一种社会危机管理。我国社会正处在转型时期，群体性事件频发、突发的现实，使这种管理倾向得以加强，有时候看上去就好比“灭火器”。

转型社会更需要“减压阀”而不是“灭火器”。面对社会矛盾与冲突，“减压阀的功能是治本之策，灭火器的功能是治末之举……当用这两种功能来治理社会时，只有少用灭火器、多用减压阀，才是达到善治境界的明智选择。”[1]

---

[1] 夏学銮：《“灭火器”与“减压阀”》，《人民论坛》2009年第16期。

一个良性运转的社会必须给人一个表达的机会，给人一个说理的地方。转型时期的新闻管理不能窄化为危机管理，应向行业管理回归。新闻本身只是一个信息传播行业，为社会有序运转行使自己的行业职责。新闻管理不是一场防守战，而是要保持始终开放心态，主动发挥其社会疏导功能。这是确保公民知情权、参与权、表达权和监督权的逻辑前提。

三是实行职业定性与职业道德并重，推动新闻管理由事业管理向职业管理回归。

新传播时代大众获得的传播技术便利，是否会让大规模的业余生产替代新闻专业机构生产，目前尚没有足够的证据作出这样的推断。相反，越是语出多门、意见纷纭的时候，信息分拣、观点引导就越有市场，专业新闻机构也就越有价值。

在新闻传播的天空里，事实的真相和卓越的观点永远是稀缺的，发现真相、追求卓越则是媒体专业机构最基本的社会职能，新闻管理则以职业管理的方式履行职责。

新闻正在告别被动消费时代

刘　莉

在数字化时代，如果传统媒体还只是把自认为漂亮的域名挂在门楼上，就可以置之不理，那就大错特错了。在这个新闻主动消费的时代，一切都是由用户开始。传统媒体数字化转型就是要从用户的数字化行为习惯出发，渠道先行，寻找每一个可能的用户接口，渗透每一个可能的用户生活圈。

新媒体时代，被动的新闻消费时代已经一去不复返了。如今，“公民记者”需要像新闻工作者那样思考，因为他们越来越担当起“信息守门人”的角色，不仅在网上发表原创的东西，而且还传递源自其他地方的新闻、信息。“公民记者”背后所体现的是“参与式新闻”的理念，即“民众在收集、报道、分析和传播新闻、信息的过程中发挥主动作用”。

近年来的国内外重大事件中，“公民记者”和专业记者一起活跃在最前线，他们利用自己在网络群体发言的快捷方式，第一时间发现、报道、更新即时资讯。甚至呈现出了这样一种趋势，即网民正逐步渗透影响着传统媒体的新闻选择、采写等报道角度和报道方式，乃至新闻理念。

互联网时代公众的角色：主动的新闻“生产者”

越来越多的公众参与到新闻报道的队伍中，成为积极主动的新闻“生产者”。这主要体现在以下几个方面：

1. 突发事件的抢先报道者

以往的历史的“底稿”由新闻记者撰写，现在则还有大众也在书写，这是很重要的一种转变。詹尼斯克拉姆斯在哈德逊河上，看到一架民航客机降落在河面上。他掏出iPhone拍照，把照片发到Twitter上，留言：“有一架飞机落在了哈德逊河上。我在渡轮上，打算去捞人。太疯狂了。”这个举动，使他变成当代最著名的“公民记者”之一。

2. 内幕隐情的独家揭发者

很多博客作者成为内幕隐情的独家报道者，其中最有名的当属美国“博客之王”德拉吉。他在传统媒体犹豫不决的时候，大胆将克林顿的丑闻抢先公布在博客中，成为世界上第一个公开报道克林顿绯闻的人。这使“德拉吉报道”成为全球最著名的新闻博客之一。

在我国，众多公共事件的第一手隐秘信息，不少是由“公民记者”借助互联网发布的。2009年底，中国社科院发布《社会蓝皮书》指出，过去一年影响力较大的社会热点事件，有30%是由网络率先公开爆料而引发公众关注。

3. 重大事实的集体诠释者

传统媒体记者在报道重大事件时，往往采取相对单一的视角，但是网络却向公众展示了一面多棱镜，人们可以透过它从多个角度认识世界。

在“3·14”拉萨暴力事件中，针对外媒的失实报道，中国网民自发地迅速行动起来，通过BBS、个人博客或是网站（如清华大学生注册创建的Anti-CNN）提供多方事实（尤其是找出西方媒体使用的源照片），有理有据、层层深入地揭露事实真相，功不可没。

4. 重大新闻事件的补充更新者

网络的传播方式不仅是点对面，而且受众可以自由交流与互动。2008年12月印度孟买发生连环恐怖袭击事件后，以Twitter为代表的社交网站用户不断更新文章，用直播方式公布事件的最新进展。在第一次袭击发生5秒钟之内，Twitter网站上已经出现了80则消息。一些帖子对现场进行更新报道，有些博客内容表示可以向新闻界提供线索帮助。

5.现实世界的重要干预者

互联网对于现实世界的干预力量，现在已经非常强大了。就中国情况来说，一个帖子的点击量和跟帖到了一定数量以后，就会成为公共事件。上海白领张晖遭遇“钓鱼执法”，写了公开信贴在了天涯社区，6天里获得了超过30万的访问量和4000余条网友回复。此后，司机孙中界再次遭遇“钓鱼执法”，愤而断指以证清白。沸沸扬扬的“钓鱼执法”事件，终于以政府职能部门的认错而告终。

新媒体的力量决定了新闻的消费主义变革

网络时代公众角色定位的转变，归根结底是由网络新媒体技术本身的特性所决定的。

（1）即时性。有了博客、MSN、QQ和微博客的出现，人们可以依靠手机或无线互联网随时随地报道新闻，甚至做到与事件的发生、发展同步，这与需要花费大量时间组织采访、赶往现场的传统媒体相比具有明显优势。

（2）开放性。无论是博客还是微博客，都有对应的网址，只要管理者不设限制，其他人都可以自由地进入阅读和评论。当普通公众进入公共领域的门槛完全消失，他们就理所当然地获得了话语主动权，在传播过程中的角色也随之发生转变。

（3）个人性。博客是一块私人领地，博主可以在极度个性化空间里自由发表观点言论。在这个世界里，每个人都可以从独特的视角、用独特的方式对事件作出全新的诠释。

（4）互动性。MSN、QQ、博客、播客、微博客改变了传统媒体的单向传播模式，使访问者与作者之间实现了实时互动，对话的结果必然使公众的声音得到进一步放大。

但任何事物都有它的两面性。随着“新闻业”的概念扩大到包括用手机摄像头拍下照片的公民、微博客网站Twitter以及社交网站Facebook(“脸谱”)等，“新媒体的传播使现实充满无限可能”的现象也令人感到担忧。

首先，由于互联网以及“公民记者”的广泛覆盖和其不可忽视的影响力，大量毫无保留的信息被发布，其安全性受到质疑。业内专家认为，Twitter网站的报道过于详细，这很可能会帮助恐怖分子，比如有一个微博用户写道：“一个恐怖分子从屋顶跳到楼上，一些特警已经赶到现场。”有人认为这些信息将帮助藏匿在酒店内的恐怖分子，很可能他们也在通过手机等工具监控Twitter。

其次，根据美国皮尤研究中心的最新调查结果，70%的受访者觉得被不同来源的海量新闻和信息所湮没，72%的人认为大多数消息来源带有偏见。面对铺天盖地而来的新闻，我们如何知道哪些可信或不可信？如何把可信信息和原始信息、错误信息区分开来？

iReport是CNN2008年初推出的一个公民新闻网站，允许用户自由注册并发布各类新闻报道，它以“没有编辑、没有过滤的新闻”(Unedited.Unfiltered.News.)作为主要宣传口号。然而没多久，一个用户名为Johntw的注册用户发表文章声称，“数小时前，乔布斯心脏病严重发作，已火速赶往欧洲。苹果内部人士称，乔布斯出现了严重的胸痛和呼吸短促症状，呼叫了医务人员紧急治疗。”

这篇文章经由iReport上正式发布后便在互联网上迅速传播，脆弱的投资人立即做出抛盘反应，苹果股价开盘半个小时内跌破100美元整数关口，直抵94.65美元，触摸52周以来股价新低。很快，随着苹果发言人、全球联络部副总裁卡蒂科顿(KatieCotton)对这一报道予以坚决否认，以及iReport虚假的报道被删除，苹果股价重新回归正常水平。尽管短暂的“苹果金融风暴”已经平息，它带来的对“公民记者”的讨论及CNN品牌的质疑却才开始。

当人们从“新闻消费者”转变为“新闻生产者”的时候，人们必须具备鉴别新闻可信性的能力，并明白鉴别为什么重要。美国一些学校发起了加强新闻读写能力的运动，以应对这一挑战。斯托尼布鲁克大学开设了新闻读写课程，纽约、贝塞斯达和芝加哥的7所中学设立了新闻读写项目，主要教学生如何判断各种形式新闻的可靠性和可信性。虽然现在这种课程在美国尚未普及。

此外，还需要依靠网站的“自滤”功能。像Twitter这样的社交网站开创了一个相对透明和自由的舆论环境，所有注册用户都具有平等的发言权，这也使得社交网站具有一定的“自滤”功能。比如，一条“可疑”的信息发布后，第一时间内就会有人发表批评、质疑的信息跟帖，及时进行纠正。

传统媒体的新闻期待如何变革

作为传统媒体的从业者，不得不思考：与新媒体相比，自身的优势在哪里？传统媒体的新闻期待应该如何变革、应对挑战？

1. 坚守“意见领袖”的权威角色

即使新媒体选择很多，一般民众还是宁可相信具有悠久品牌的传统媒体的新闻网站。传统媒体需要在信息嘈杂的时代，对新闻事件产生理智的判断，第一时间发出正向的声音，对网上舆论进行敏锐鉴别和有效引导，给网民提供主流价值观，从而提升他们的判断力。传统媒体要在新闻信息瞬间传播的今天不被时代抛弃，就要坚守自己的阵地，做主流新闻，从制造和转载新闻转向提供思想。

2. 谋求全媒体转型

信息传播方式的改变，必然要求媒体用更符合互联网的表达方式与价值规律的手法去再造、整合内容资源。媒介融合是媒体发展的大趋势。许多传媒机构已感应到这类新媒体所带来的竞争，纷纷抢搭数码时代的快车去改变作业方式。

媒介融合给予落后的传统媒体新的机会。美国的三家有线电视网站MSNBC.com、CNN.com、Foxnews.co，在互联网领域出现了与传统收视领域不同的竞争格局。MSNBC.com在重视视频数量的基础上，重视先进技术的开发和应用，再加上有效借助社交网站的影响力，在传统收视领域落后的它成为互联网领域的强者。

美联社也正在寻求把传统的内容推送给读者的“电报”模式，改成读者可以随时随地取用的数据库模式。它正在努力采用正确的技术——特别是搜索和RSS，来规划一种转移策略，让美联社的内容在Web2.0世界自由流动。

3. 发挥新媒体与传统媒体联动效应

在传统媒体与新媒体的结合方式上，如果简单地把内容放在网络上进行传播，那只是第一阶段，传统媒体与新媒体互动、互相取材也只是第二阶段，第三阶段应该走向传统媒体与新媒体一体化，就是必须从报道的整体思路上，把传统媒体与新媒体整合成一个概念。

目前的传统媒体大多处于第二阶段。一方面是利用微博获取与发布新闻。越来越多的传统媒体开始利用微博客网站，获取信息源。微博鼻祖Twitter在全球已经有超过5000万的用户，其中超过一半的用户都是媒体。天空新闻台首次设立专职Twitter记者；美国有线电视网NBC、ABC、CNN等都是设专门编辑随时监看Twitter最新资讯，了解事件动态，将此作为调度采访团队的依据之一。

另一方面，传统媒体记者通过电脑或手机在微博上直接发布新闻图片、视频、消息等，从各个角度进行实时报道，与外界进行开放的对话交流。传统媒体记者纷纷在微博里开设账号，把独特有价值的信息收集整理加工后在微博上发布，以最便捷有效的方式传递给读者，并与读者形成黏性互动关系。

4. 加大对技术与营销的投入力度

尽管内容的原创性、独创性，一直是网络媒体的努力方向，但在网络这样的平台上，有多少独创内容的生产者能从这种独创中获益？由于数字化内容在复制与传播方面的零成本，以及原创源头判别的困难，内容的原创性对于其生产者的意义可能在瞬间被消解。

“如果说原创是网站成长的动力，那么今天领先的公司就不该是Google、Facebook、百度、腾讯，而是时代华纳、《纽约时报》和迪士尼了。”一位互联网观察家曾一语道破天机。由传统媒体向新媒体转型，关键不在掌握了多少独特和高质量的内容，或者具备多么强大的内容生产能力，而在如何尽快学习和掌握新媒体信息传播的方式和渠道。

网络最核心的价值就在于对大众市场的精准细分。各自集中在淘宝、百度、新浪和QQ上的用户有着鲜明的群体特征，并且能够通过各种营销活动吸引大量用户的参与，从而对各自的用户群体进行准确的特征判断，帮助做出媒体选择。

5．认识渠道的作用，渠道制胜

在数字化时代，如果传统媒体还只是把自认为漂亮的域名挂在门楼上，就可以置之不理，那就大错特错了。在这个新闻主动消费的时代，一切都是由用户开始。怎样才能率先接触到用户？怎样才能留住用户？

网民们习惯了一开电脑，都是Windows的桌面，都喜欢先把MSN、QQ等聊天工具打开；习惯了一上网，都用IE，总有那么几个网站是每天必看的，用IE的收藏夹、用百度、谷歌等搜索引擎、用Hao123.265等导航网站打开它们；习惯了在新浪、搜狐等门户网站扫描新闻，在百度、谷歌搜索关键词，在开心、校内等SNS网站度过排遣寂寞的每一天……

我们的用户正是在这些地方。传统媒体数字化转型就是要从用户的数字化行为习惯出发，渠道先行，寻找每一个可能的用户接口，渗透每一个可能的用户生活圈。

这就是互联网市场上的渠道为王。与传统媒体市场的渠道为王不同，它不是实体的物流网络，而是技术型的渠道先行。作为技术推动型的媒体，有时候一个技术人员带来的用户增长，比一个网络编辑要多10倍，比一个所谓的网络记者要多100倍。

即刻的新闻期待：网络时代的新话题

陈力丹　曹小杰

作为一种生存背景，人们已经不可能脱离传媒而生存，以至于人们不再觉得它是重要的了，如麦克卢汉所言，“就像鱼对水浑然不觉”。人们不再像以前那样期待着定期从新闻媒介获知某个信息，因为随时都可以从那里获知。同时，新闻期待以一种“随时期待”的新方式产生，经常上网的人都有这种感觉，总是期待在上网的所有时间和空间里，期待着跳出或链接到更加新鲜刺激的新闻。

信息时代，我们一定程度生活在传媒建构的世界中，这种环境控制着我们的生活状态，例如公众对新闻信息的依赖，便是一种无形的控制。某个新闻节目几点几分开始，昨天我看了，可能今天、明天，甚至更长的时间内，会按时坐下来看；报纸某个版面有较好的新闻评论，几次感觉对胃口，便会日复一日地每天在相对固定时间等着送上门的报纸。这便是公众新闻期待意识的典型表现。中央电视台春晚虽然是娱乐节目，也造成了每年一次的观众对节目的期待。这是一种以由于大众传媒连续性出版和播出造成的传播现象、 种由传媒建构的想象。

新闻传播的职业化和传播技术的发展，促使新闻播报的时间形态不断调试，适应并同时创造着多样的公众对新闻的期待。

新闻生产的特点及影响

现代新闻传播业因社会需要而诞生。这个行业一旦形成，反过来也会扩大社会需求，从而造就更多对这个行业依附的人群。新闻业是怎样造就人们对其依附的，这是我们关注的重点。

新闻传播业的工作特征，导致受众在不知不觉中产生对传媒的依赖。下面我们将从时间与新闻叙事关系、新闻仪式传播论两个方面来进行探讨。

1. 时间与新闻：通过建构公众的时间观念来建构公众的预期心理

谈到新闻特性问题时，大家会不约而同地将“时效”视为最重要的特性。过时新闻只有历史资料价值，不会有大量受众。现代信息社会，新闻和事实几乎同步发生，传播的手段越来越先进，过去我们所说的“抢新闻”现象，现在正面临消亡。新的竞争局面不是“抢新闻”，而是谁能对新闻的阐释更接近科学、更合理，这成为传媒竞争的一个越来越重要的方面。

新闻传播“时效”经历了四个发展阶段，即“定时”（通常对于日报来说是24小时周期）—“即时”（第一时间报道）—“实时”（对事实的同步报道）—“全时”（随时报道）。[1]而公众新闻期待意识的形成和变化，与新闻信息发布的定时机制密切相关。新闻传媒强调其产品的定期发布，不但能提升受众对时间的预期评估，也能增加新闻传媒组织、受众、消息来源三者间的互动。传媒的新闻报道进入到即时、实时甚或全时阶段，公众的新闻期待意识变得相对模糊、弱化。

某一类新闻节目的长期开设、定时播出，会逐渐培养观众的收视习惯，即定时与节目“约会”的行为。如中央人民广播电台每天晨间6：30的“新闻与报纸摘要”、中央电视台中午12时的“新闻30分”、晚间19时的“新闻联播”、夜间22时的“晚间新闻报道”，皆已成为许多观众起床、锻炼、吃饭、午休、睡觉的时间参照标准。日本传播学者藤竹晓亦曾提及日本的相似现象。在日本，所谓“正时”，是指时钟长针指向12的时候就进行新闻广播，这已经形成了所谓的“新闻习惯”。这表明，“正时”时刻至少在日本具有“新闻时间”的意义。[2]

相较于孤立、零散地将耳目置于某个特殊节目，电视节目编排对日常生活时间安排产生的影响更大也更隐蔽。塞瓦斯通（R.Silverstone）具体而微地分析了家庭主妇收看肥皂剧的情况：“节目和时间表是一个片段，电视节目表与肥皂剧的连贯性是破碎的，但它们自身的叙述性结构，共同为每一天的时间结构提供了坐标”。他进一步谈到电视建构时间的能力：“电视就是通过它的节目表、节目的体裁和叙述方式来实现某种程度的依赖、安全与依附的能力。电视是一种周期性的现象，它的节目安排遵循一定的消费规则。肥皂剧、天气预报、新闻，可能所有这些加在一起，就把一年以小时、天数和星期结构起来了”。[3]

新闻传媒强烈的时间观，建构起了公众的时间观，这种时间观是公众新闻期待意识的本质所在。

2. 社会戏剧：作为仪式的新闻传播

新闻报道一向要求以客观的方式叙述事实，但其本文的模式，仍得运用叙事手法呈现事实真相，带有一定的文学叙事色彩，需要有故事结构、情节变化、主角角色、因果关系等等，得由记者加以安排。换言之，“新闻即说故事”。这种描述已被较多的研究者与实务工作者接受。[4]

[1] 参见彭兰：《中国网络新闻的六大发展》，《杭州师范学院学报》（社会科学版），2004年第5期。

[2] 藤竹晓：《电视社会学》，安徽文艺出版社，1987年版，第15页。

[3] 塞瓦斯通：《电视与日常生活》，江苏人民出版社，2004年版，第109页。

[4] 见Berkowitz,D.(Ed.).(1997).Socialmeaningsofnews:Atext-reader.ThousandOaks,CA:Sage。

同类型的新闻的报道模式，具有相对稳定的特点，它们是对同一社会现象（例如中国的典型报道、会议新闻）仪式化的报道，并且带有一定的社会戏剧特点，一出接着一出，有时还会连续进行跟踪报道。类似马克思引证海涅的诗句："这是一个老故事，但永远是新闻"。[1]这种运作方式本身，同样有助于保持公众对其的持续关注，形成对某类事实再发生的期待。

新闻戏剧般的节奏感，还表现在新闻传媒提供的"文化历（culturalcalendar）"上，如中国传媒惯常在大年初二报道"回娘家"的习俗，元宵节出现有关"花灯上市"的专题报道等。虽然这类新闻有多数源自其他社会机构的运作，但新闻传媒定期、定量报道这些社会仪式，提醒公众参与周期性的传统活动，已成为塑造（或贩卖）文化产品的重要社会机制，而与"文化历"有关的事件，也演变为例行新闻报道的内容，同样形成公众对新闻的周期性期待。

此外，媒介事件也是新闻传媒吸引公众的惯用手段。所谓"媒介事件"，在这里是指大众传媒集中精力（镜头）和一切传播设备播报的盛大的典礼和节日，形成某种"电视的节日性收看，即是关于那些令国人乃至世人屏息驻足的电视直播的历史事件"。[2]如大型体育赛事、逢五排十的节日庆典、科技突破行为、连绵的自然灾害等。传媒日常生活时间参照标准之转变，基本上就是以电视为核心的传媒透过节目编排表、媒介事件对生活时间的改造结果；有的较为明显，但大部分情形令人浑然不觉，不知不觉中，传媒支配着公众的时间。

一定意义上，传播的本质是一种文化仪式。传媒不间断地呈现着各种新闻文本，供人们参与其中。譬如报纸在传递信息的同时，也展示着权力和意识形态的角逐与争斗，读者看报，一定意义是替代式地置身于变幻不定的社会舞台上。这种戏剧化的参与，可以看做一种日常性的仪式，就像格尔兹笔下巴厘岛人的斗鸡。戏剧化、仪式般的新闻传播，有力地推动了公众形成关于新闻的期待意识。

作为共同体的受众

新闻期待意识，本质上是受众的一种社会心理表现。我们从公众身份变化、新闻期待共同体的形成两方面展开讨论。

1.原来的"大众受众"已经变成了"扩散受众"

传媒学者阿伯克若彼（N.Abercrombie）与朗哈斯特（B.Longhurst）将大众传媒的

[1] 《马克思恩格斯全集》第12卷，人民出版社1965年版，第45页。

[2] 戴扬、卡茨：《媒介事件》，北京广播学院出版社2000年版，第1页。

受众研究划分为三个发展时期：行为范式、纳编/抗拒范式、观展/表演范式。[1]信息时代的受众，处于“观展/表演范式”。这两位学者不只将传媒的受众视为社会建构的产物，更重视受众在媒介消费行为中产生的再建构（reconstructed）过程，看重受众的主体认同。

他们将受众做了如下分类：

	直接受众	大众受众	扩散受众
沟通	直接	间接	融合
本地化/全球化	本地化	全球化	普遍的
庆典感	高度	中度	低度
公开/私人	公开	私人	公开与私人
距离感	高度	非常高	低度
注意力	高度	多变	缺乏注意力

其中“直接受众”是指在传播现场的少数人；“大众受众”则是传统媒体时代清晰而明确的受众；“扩散受众”的出现，是信息时代当代媒介景象日趋复杂造就的。媒介影像消费泛滥、日常生活媒介化，生活在其中的人们，难以逃脱被媒体影像碰触的可能，于是就像有的学者提出“意外受众”（the emergent audience）概念一样，阿伯克若彼和朗哈斯特认为，即便没有亲身接触媒介讯息内容，但是经由与他人对话或由其他媒介辗转流通，几乎当代社会的所有人终究会间接接触主流传媒传递的信息和意象，如同没有看过电影《蓝波》，却了解《蓝波》意指的形象。因此，他们泛称当代社会的人们为“扩散受众”。媒介影像的大量渗透，入侵日常生活，使得无人可以逃脱受众的位置，而人人都直接或间接地成为大众传媒的受众。

当代的受众已经处于“观展/表演范式”的时代。按照传统观念将信息区分为报纸新闻、电影、电视、广告或文字、影像或声音已经不行了，整合传播的发展使得这些类型间的界限开始彼此融蚀，转以呈现出串联性质的媒体影像形式。例如前一时甚为风行的“哈利·波特”或“魔戒”等系列作品，既是小说、电影，也是电脑游戏。小说版、电影版、电影剧本版、电脑游戏版的“哈利·波特”已经彼此串联为巨大的“哈利·波特”媒体影像。即便不接触报纸、电视，不看小说、电影，不玩电动游戏，也难逃琳琅满目、满街存在的“哈利·波特”商品。媒体影像成为新的区分媒介

[1] Abercrombie,N.&Longhurst,B.(1998).Audiences:Asociologicaltheoryofperformanceandimagination.London:Sage.

产物的方式，媒介产品不再依报纸、电视或电影区分，而是依照一个又一个的媒体影像彼此区分。因此，“扩散受众”的身份，已经或即将成为当代城市人必然的身份之一。

这种情形下，新闻期待意识的泛性化，新闻与非新闻之间的界限也变得模糊了。这就是因为我们处于“观展/表演范式”的时代，人们的社会身份中多了“扩散受众”这样的身份元素。

2.受众共同体形成较高级的新闻期待意识

报纸的读者不论是独自阅读或是集体阅读，都知道在自己阅读的同时，别人也在阅读，读的是自己的时代框架里的人与事（不是遥远的古代）。因此，阅读报纸的行为，基于具体的物理场景和时间概念，建立了一种心态共同体（mentalcommunity）。

信息时代的重大事件的迅速传播，经过整合传播而引起对人们对重大公共事物的关注——这种情形已经发展到整个国家在同一时间内关注同一事物，从国家的中心到边陲保持着同一种感情和同一个搏动，如2008年汶川地震的悼念活动。从传播仪式观看，传播的起源及其境界，并不是仅指信息的传递，而是建构并维系着一个有秩序、有意义、能够用来包容人类思想和行为的文化社群。

正是这种共同的、经由现代传播科技缔造的环境，形成了人们一种较高层次上的新闻期待，使得公众的新闻期待意识成为一种显在的社会现象。

新媒体技术对公众新闻期待意识的冲击

在新闻信息传播的四个时间发展阶段（定时、即时、实时、全时）中，公众对新闻信息的期待意识在新闻定时发布阶段比较常见。网络、手机媒体兴起后，新闻传播实时、全时阶段到来，没有了时间的定时、间隔刊播，因而原有的受众新闻期待意识部分被消解。

然而，网络新闻出现一种新情况，其扁平化传播的特征意味着文字背后的“历史感”被削弱，新闻价值判断的标准也发生歧义，因而传播者（任何人都可是传播者）常常根据自己的兴趣和想象来判断什么是新闻；而对在网上找寻和接受信息的受众（这时他们不是全面意义的网民）而言，未知之事皆具有新闻的价值。

于是我们看到网络上的一些以往没有的情形：你可能通过超链接发现一个“很大的新闻”，如不看时间，你以为它发生在近期。但仔细看看时间，才发现那已经是好多年前的事情了。纸张的陈旧会直接告诉人们，那是很早的事情；网络缺乏纸质媒体在时间上的直接观感。但在网络上，哪怕你注意到了时间，那也只是“某年某月某日”的符号，极为抽象，无法证实其真伪。网络传播使得新闻的外延或内涵也在发生着变化。

新的传播技术冲击了人们关于时间的观念，实时、全时传播时代的到来，又使得新闻信息传播呈现碎片化、去结构化，即刚才所谈到的公众对新闻的期待意识（原来意义上的）在逐渐淡漠，甚至消解。然而作为一种生存背景，人们已经不可能脱离传媒而生存，以至于人们不再觉得它是重要了,如麦克卢汉所言，“就像鱼对水浑然不觉”。人们不再像以前那样期待着定期从新闻媒介获知某个信息，因为随时都可以从那里获知。同时，新闻期待以一种“随时期待”的新方式产生，经常上网的人都有这种感觉，总是期待在上网的所有时间和空间里，期待着跳出或链接到更加新鲜刺激的新闻。

即刻的新闻期待，这是网络时代的新的话题。

《新闻实践》杂志2010年第9期“多棱聚焦”栏目

通稿之困

随着新闻发言人制度在各地的层层推行，新闻通稿发布渐成规矩。特别是在一些突发性事件所在地，滚动式的通稿发布似成惯例。这可视为社会信息公开透明的一种进步，也可看做“善待媒体、善用媒体、善管媒体”的明智之举。

然而，无处不在的通稿，也给传媒业带来了莫名之困。在网络舆论蓬勃兴起的今天，照搬通稿不仅不能为传播效应增量，反而加剧媒体之间的新闻同质化，冲淡了媒体新闻的公信力。更令人忧虑的是，极有可能养成某些记者不思进取、怠惰平庸的风气。无须接触采访对象，无须亲历新闻现场，只要在通稿上署上记者之名，就尝到不动手也能发稿的甜头，记者的职业价值与意义何在？

“通则不痛，不通则痛”。在富有敬业精神的记者眼中，通稿并不成为影响采访的一种束缚和限制。他们尊重通稿的辅助价值，善用通稿提供的线索，以此为挖掘新闻的定位或起点，确定深度开掘、内涵阐发、个性表达的路径，在同源信息的前提下采写与众不同的独家新闻。有时独具慧眼，甚至从通稿的字里行间发现了被人忽略的新闻眼，“通往”别开生面的新闻天地。

走出通稿之困

魏永刚

在新闻采访中，应该如何对待“通稿”？我们的态度应该不是简单的拒绝。这样说，有两方面原因：一是从现实情况来看，准备“通稿”几乎成为一些地方和企业接待记者的“常规项目”，如果我们简单拒绝，则不利于建立融洽的采访气氛，可能会影响采访活动；二是从“通稿”本身来看，它也可以当做一种书面材料，从一个特别的角度帮助我们认识采访对象。当然，这样说，并不表明我们可以放弃对“通稿”的警惕。

“通稿”几乎影响到了新闻采访的各个角落。在新闻发布会上，会给记者发“通稿”；在企业报道中，会给记者提供“通稿”；在地方报道甚至典型宣传中，有时也能看到“通稿”的影子。从一定意义上说，“通稿”已经成为记者采访需要突破的“重围”。走出“通稿”之“困”，是记者队伍建设遇到的新问题，也是记者个人成长不能不面对的问题。

看透“通稿”的本质：让记者放弃新闻客观性和真实性

对于“通稿”，笔者从“听说”到“遭遇”的经历，想起来总是心生感慨。“听说”有“通稿”，是从编辑一些新闻发布会稿件和一些简讯开始的。有时，自己编辑过的消息，次日却在别的报纸上看到“似曾相识”的。后来知道，这都是“通稿之祸”。但笔者没有想到的是，到地方进行调研采访，有时也会“遭遇通稿”。

有一次，笔者到某地采访这个地区工业经济的发展情况。这是一次“应邀”采访。到了之后，却发现行程安排中，涉及工业的地方并不甚多。采访进行到一半，我觉得掌握的材料很不全面，甚至难以成文。于是，和当地接待的同志提出增加一些采访内容，多找一些熟悉情况的人谈，看一些与工业经济有关的采访点。但他们好像对此并不热情。我们本是“应邀”而来的，为什么提出的采访要求，却得不到热情的回应？我心生纳闷。这时，对方才告诉我们，其实报道的事情很简单，不用太费心。他们拿出一篇已经写好的稿子给我们看。稿子从主题到细节应有尽有，留下的仅仅是“本报记者”后面的空白。原来，“准备”稿子已经成为他们接待采访的一项重要工作。这次经历让我知道，在企业之外、在发布会之外，也可以有“通稿”。

另外一次是参加某村的典型报道采访，当时各媒体的记者去了好几个，因为时间紧，大家都对采访有些担心。这么短的时间，要采访的都是那几个人，能得到自己需要的材料吗？但是，一到当地，就收到几大本材料，分门别类装订成册。最让我难忘的是，后面还“附”了一篇已经写好的稿件，完全是“量身定做”的，不同记者收到的是不同的“附件”。尽管稿件材料大同小异，但确实各有差异。我们感叹，他们的接待工作做得“何其不易”。

为什么要提供“通稿”？这似乎可以从“通稿”与记者写的稿子之间的差别中找到原因。“通稿”一般都比较长，方方面面都要说到；“通稿”常常会刻意突出当地领导；“通稿”往往以“仰视”的角度，以颂扬的口吻来行文，充满不少溢美之词；“通稿”几乎全部是“表扬稿”，很少有人在进行舆论监督中获得过“通稿”。显然，“通稿”是采访对象和媒体争夺话语权的“方式”。采访对象希望通过周到的“服务”，让记者按照他们最希望的样子进行报道。如果记者按照“通稿”来报道，就放弃了新闻的客观性和真实性。所以，“通稿”并不仅仅是一篇稿子的问题。

认识“通稿”的“功能”：使记者发现和表现新闻的能力“退化”

刊登“通稿”，会使媒体报道缺乏特色，又将直接影响到媒体的公信力。“通稿”问题表面上看是稿子问题，但它可能把记者养成懒汉。仔细琢磨，它对于记者队伍的影响不是一个小问题。

从记者的职业要求来看，“通稿”影响了记者采访的敏锐性。新闻报道是记者艰苦劳动的结果，而采访和写作构成了这项劳动的基本内容。习惯于从采访对象那里拿“通稿”的记者，放弃了记者的艰苦劳动，从表面看来，这样的记者“懒”了、“散”了，而实质上，这是对记者职业技能的放弃。新闻采访是一个寻找新闻、发现新闻的过程，新闻写作则是对新闻事实的表达。这个过程体现了记者的综合水平，既是对记者发现能力的考验，也是对记者表达能力的考验。拿“通稿”的记者，完全逃避了这些职业要求。习惯于拿“通稿”交差，就像温水煮青蛙一样，会让记者丧失发现新闻的敏锐性，丧失了自己的基本职业能力，久而久之，会让记者不断“退化”。同时，我们也不能否认，有些“通稿”的背后是见不得人的“交易”。

有人说，“拿通稿”也不是简单的“拿”，回去还要在“稿子”上动笔改动，然后才交编辑，这也会“功能退化”吗？在“通稿”基础上的写作，和在采访基础上的写作是完全不同的。拿了“通稿”之后的所谓“写作”，充其量就是粘粘贴贴。而采访基础上的写作，则经过了记者调研采访的认识过程。新闻作品的第一个基础应该是记者对新闻事实的认识，是记者的调查研究。不经过这个阶段，在“通稿”基础上的粘贴删改，无论文字上多么讲究，也不能算是合格的新闻作品。习惯于这样的工作，会让记者的写作能力也“退化”。

从新闻的基本要求来看，“通稿”埋下了新闻失实的隐患。“通稿”是为对付记者而准备的，从表面上看，稿件要素齐全，甚至文字也很漂亮。但文字背后的事实，则不一定能经得起检验。笔者到某地采访工业经济发展的时候，曾经顺着“通稿”提供的事实进行过采访。“通稿”详尽地介绍了一个企业的某项技术创新，说这项创新为企业带来了多大效益，改变了企业发展的方向。笔者到这个企业之后，企业负责人和工人都说，这项创新是有的，但其作用却并不如此，给企业带来变化的是企业体制的改革和管理的强化。如果听信“通稿”，至少会以偏概全。“通稿”在事实选择和文字表述上，都会“迎合”记者需要，因此，从稿子本身并不是很容易发现其事实漏洞的。如果放弃采访，就可能给报道失实留下隐患。

从记者的社会影响来看，“通稿”损害了记者的职业形象。记者的形象是通过记者的新闻报道和采访活动而树立起来的。同时，媒体的公信力和影响力也是通过每个记者的新闻报道和采访活动而形成的。所以，人们认识记者、认识媒体，一方面要通过阅读或收听报道，另一方面要看记者的采访活动。记者的每一次采访，就是在用行动树立自身的职业形象。如果记者的采访活动变成“拿通稿”，那么他的采访就会成为“例行公事”，当然他在人们心中的形象也会大打折扣。客观上来说，这不但损害了记者的职业形象，而且会助长一些人以“通稿”来“招待”记者。今天，“通稿”现象之所以在各个领域出现，与不少记者习惯于“拿通稿”不无关系。

对待“通稿”的态度：不简单拒绝

“通稿”成为一种现象，出现在发布会上、企业报道、经济宣传中，值得新闻界高度注意。在新闻采访中，我们应该如何对待“通稿”？笔者认为，我们的态度应该不是简单的拒绝。这样说，有两方面原因：一是从现实情况来看，准备“通稿”几乎成为一些地方和企业接待记者的“常规项目”，如果我们简单拒绝，则不利于建立融洽的采访气氛，可能会影响采访活动；二是从“通稿”本身来看，它也可以当做一种书面材料，从一个特别的角度帮助我们认识采访对象。当然，这样说，并不表明我们可以放弃对“通稿”的警惕。

面对“通稿”，我们需要在认识上弄清两个问题：一个是材料与采访的关系。“通稿”经过一番“去伪存真”、“去粗取精”的思考，是可以当做材料来运用的，但材料仅仅是为了采访而准备的，它一定不能代替采访。如果我们把对方提供的材料与自己的采访画了等号，那就可能失去发现新闻的机会。再一个是材料与稿子的关系。和过去相比，现在到许多地方采访，都会得到许多书面材料乃至“通稿”。实际上，许多从事基层宣传报道的同志，新闻写作都达到了一定水平。他们提供的书面材料乃至“通稿”，在文字要求方面，完全达到了稿子的要求。如果想“偷懒”，把这些材料简单照搬进稿子，是不费力的。但是，我们一定要牢记材料不等于稿子。作为职业新闻工作者，我们要通过自己的采访活动，去发现和表现新闻。材料仅仅发挥“向导”和“背景介绍”的作用。弄清楚这两个问题，就可以帮助我们正确对待“通稿”。

在“通稿”面前，笔者认为，新闻工作者应该给自己提出三种不同层次的要求。

第一层要求是“坚守”。坚守就是要坚守自己的职业操守。记者的工作是发现新闻、采访新闻和写作新闻。这是职业的本质要求，也是基本要求。我们不能因为有了“通稿”，就放弃自己的职业要求，更不能因为采访对象的“特殊要求”而放弃自己的职业操守。在思想认识上保持这样的警觉，是我们超越“通稿”、写好报道的前提和基础。

第二层要求是“利用”。这就是说，要把“通稿”当做材料来看待，要在自己的采访和写作中，恰当地运用这份材料。当然，对“通稿”的利用，必须经过一番去粗取精的思考。在叙述口吻上要坚持平实而避免“通稿”中常见的颂扬，对事实的概括上要重新思考而避免“通稿”中的拔高，对事实的把握上要经过自己采访调研而避免“通稿”的误导，对形势认识上要坚持看到“另一面”而避免“通稿”的一面之词。如果有了这样一番思考，“通稿”便会成为一份可以利用的书面资料。

第三层要求是“求高”。“通稿”一般是由基层新闻报道人员提供的，在对报道对象的认识上有着天然的局限，那就是总取“仰视”的视角，进行一些不必要乃至不适当的颂扬，其目的无非是希望通过稿子来宣传成绩。记者应该以“俯视”的视角来认识新闻事实，通过自己的思考和概括写出高于“通稿”的稿子。“高于”表现在对事实的认识水平和看问题的角度上，而不是简单的颂扬成绩。只有这样，我们才可以走出“通稿”之惑和“通稿”之困。

总之，“通稿”现象是社会对媒体需求强烈的表现，也是新闻队伍在职业道德建设和职业水平提高方面遇到的新问题。解决问题的最好办法是，新闻界自身直面这个问题，从加强自身建设入手来寻找解决的办法。

地方通稿滥用分析及其改善之策

袁端端　范以锦

尽管我们已经建立新闻发布会制度多年，但不少地方在重大事件发生后召开的新闻发布会，却往往变成了“通稿宣读会”。这时通稿不但没能传达应该有的信息，反而成为了被受众质疑乃至否定的话柄。长期使用通稿，还会造成记者的惰性和媒体本身权威性和可信度的受损。一纸通稿，不仅不能使读者解决“为什么”的疑惑，有时连“是什么”也无法说清，更不要说对新闻事件进行深层分析和解读了。这实际上是新闻职业精神的危机，也是新闻道德缺失的表现。

在传统的新闻操作中，通稿本是新闻通讯社的“专利”。他们在采访到一些重要新闻以后，会以一种统一的稿件方式发给需要稿件的媒体，这就叫做通稿。后来，企业在对外发布新闻的时候，也会组织通稿；地方政府也有发通稿的习惯，即事先拟定好的对某一事件的报道，供新闻媒体在报道中使用。本是特殊机构或一些特殊情况下的做法，却被推而广之，层层发通稿，出现过多过滥的现象。这种通稿不仅统一观点、态度，连表达方式都统一了，这不能不引起人们的质疑：这不是与新闻发言人制度的初衷相悖吗？

基层不可模仿新华社的通稿模式

国家新闻通讯社的通稿，其中有相当一部分是为保证报道国家重大事件的准确性。但是，如果各地基层都仿效，使通稿成为一种工作惯性，甚至成为一种主要的新闻源或直接的新闻稿，那就大谬不然了。

对于通稿的使用，新华社一位资深记者列出了以下14条标准：

1.重要活动、人事变动以及党和国家的重要会议。如国庆宴会、党代会、全国人民代表大会等。

2.党和国家领导人的活动。如会见外国客人、会见驻华使节、离境出访及归来，还有他们举行的茶话会。

3.党和国家的重要政策、方针、法律、法规及文件。

4.对重要事件及政策进行评论。

5.重要发言及理论文章。

6.重要典型人物。

7.重要新闻，如发射卫星、三峡截流工程、抗洪救灾等。

8.某一段特定时期内，有组织地宣传党和国家工作的重点。

9.国家的重要节日活动，如元旦、春节、中秋节、国庆节、劳动节、儿童节、党的生日、建军节等等。

10.人事变动（副省级和部级以上干部）。

11.重要人物、副省级和部级以上党政官员的逝世。

12.已故党和国家领导人的生日和忌日。

13.外国名人的逝世。

14.重要的社会新闻，如物价、房改、再就业等。

这位新华社的记者在文章中认为，这样选取的重要新闻政治意味浓厚，是由我们的世界观和方法论造成的。[1]我们可以看出，在这些选择标准中，党和政府工作的议程占据了通稿新闻中的绝大部分。因此，各级新闻部门在对待这些新闻时，利用通稿成为了惯例，新闻通稿变成防止出错、万无一失的文本。

随着社会的进步，舆论环境的进一步改善，各地媒体在新闻改革中已逐步减少用通稿的做法。但有的基层政府和部门实行新闻发言人制度之后，要求媒体照搬自行编写的“通稿”，从内容到标题都不能动。这既是对通稿的意义，也是对新闻发言人制度的作用的曲解。

党的十七届四中全会首次明确提出“要建立党委新闻发言人制度”，各地随后纷纷设立新闻发言人，并经过挑选和培训逐步走向职业化。毫无疑问，新闻发言人在发布新闻前肯定需要通过与相关部门的沟通，统一发布口径，使告知的公共信息具有准确性和权威性，正确引导舆论。但是，这种“口径的统一”，难道就意味着要发通稿吗?

我们应该明白新华社通稿是特例，并不能成为各地媒体都发通稿的理由。首先，在国家重大政治活动中，不可能各地都派记者前去采访。因此地方媒体需要新华社通稿来向公众传播信息，这时候的通稿承担了传递国家大事信息的重要作用。其次，尽管新华社通稿是地方媒体一个重要的信息来源，但并不意味着新华社通稿必须百分之百地采用，各报可以根据自身的定位选取，也可删节、改编，提取最大化的新闻价值。此外，国家一级的新闻发言人发言之后，往往还会接受记者的提问，与记者进行沟通互动，对外国记者来说根本不存在使用通稿的问题。

然而，现在不少地方自行发布的通稿，却被基层党委、政府要求其所管辖的媒体

[1] 李希光：《转型中的新闻学》，南方日报出版社2005年版，第218页。

完全照登，甚至连标题都不能改。有的标题明显文句错误或不符合新闻的格式，也不能改动。不仅是使用通稿的问题，通稿本身也面临着诸多问题。因为简单化和刻板化的样式，在时代的发展中已经难以满足受众的需求。公众对知情权需求不断提升、对权威信息的渴望，不满足于仅仅是一纸通稿，而希望有更详尽的解读。新闻发言人决不能变成通稿的传声筒，而要成为与大众、媒体与政府沟通的平台。

新媒体时代传统通稿的生存困境

随着新的传播技术的成熟和全媒体时代的推进，信息传播的单向性已经消失，多线状甚至多层级的传播让信息传输的速度飙升。新媒体时代的传播大大削弱了传统媒体的传播模式，改变了传统社会金字塔式的社会结构，网络舆情打破了信息垄断，“无论是通过法律还是炸弹，政客都没有办法控制这个网络，信息还是传出去了，不是经由这条路，就是走另一条路出去。”[1]

网络舆论越来越挑战传统媒体的单向话语权，信息流动、新闻来源、信息发布都变成了多元化。人们获取信息的方式也从单一的传统媒体向网络媒体、电子邮件、手机短信等多媒体渠道获得。公民的政治参与热情也随着网络技术的普及而日渐高涨，网络舆论迫使有关部门不得不反省和改变旧的新闻发布模式，包括新闻通稿。

尽管我们已经建立新闻发布会制度多年，但不少地方在基层重大事件发生后召开的新闻发布会，却往往变成了“通稿宣读会”。由于某些新闻通稿模糊重要新闻要素和细节，把受众最关心和最想知道的事实掩盖，寻找新的信息源就成了受众迫切的需要，于是互联网成了大众最先寻找信息的平台。尽管网络信息没有真实性和权威性的保证，但其丰富的细节和多角度的事实，让网民在一定程度上远离了传统媒体。对于受众来说，没有更详尽和令人确信的新闻解读，便会提出质疑，不再信任通稿所传递的新闻事实，甚至会将出现通稿和“另有隐情”联系在一起。这时通稿不但没能传达应该有的信息，反而成为了被受众否定的话柄。正如一位新华社编辑所说的：“官方媒体的通病是没有引语、陈词滥调、形容词、渲染性的语言、过多的政治术语和过多的述评性语言。充斥着政治术语的新闻报道不是真正的政治新闻。”[2]

长期使用通稿，还会造成记者的惰性和媒体本身权威性和可信度的受损。记者习惯使用通稿便会对新闻事实的追踪浅尝辄止，直接拿通稿写上记者名字就见报。这样的新闻没有细节事实，缺乏感情，无法给予读者全面客观的报道，让读者阅读起来索然寡味，极大地降低了原本应有的新闻的价值。没有差异化和个性化，也使得“千报

[1] [美]尼古拉尼葛洛庞帝：《数字化生存》，海南出版社1997年版，第274页。
[2] 李希光：《转型中的新闻学》，南方日报出版社2005年版，第465页。

一面”，更加深了媒体同质化的危机，使得报纸的整体威信和美誉度下降。一家媒体应有的品格和独立性，是通过它的新闻作品所凸显的，而一纸通稿，不仅不能使读者解决“为什么”的疑惑，有时连“是什么”也无法说清，更不要说对新闻事件进行深层分析和解读了。这实际上是新闻职业精神的危机，也是新闻道德缺失的表现。

不仅如此，连长期发通稿的部门也意识到了通稿的弊端。有一个省的组织部长曾多次在公开场合表示不喜欢通稿，提出少给记者发通稿。他曾说：“依靠通稿做宣传，报道一定没人看。不管是党报还是都市报，组织部门一定要提供采访便利。因为不同性质的媒体报道的角度也不同，这就有利于还原新闻事实，而我们提供了采访便利，就更有利于媒体挖掘细节，把新闻搞活，同时也扩大了对我们组织部门的监督范围。”

要适度并灵活用好新闻通稿

既然通稿存有缺陷，那么，与新闻发言人制度相关的通稿究竟该不该存在？首先，我们要明确新闻发言人制度的职能。新闻发言人的职责是“在一定时间内就某一重大事件或时局的问题，举行新闻发布会，或约见个别记者，发布有关新闻或阐述本部门的观点立场，并代表有关部门回答记者的提问。”[1]通过新闻发言人构建政府与民众及媒体沟通的平台，是要让人发言，而不是让人闭嘴。我国的新闻发言人制度在经过前些年的蓬勃发展后，进入了一个相对缓慢的阶段，有学者称之为“高位瓶颈期”，意味着其制度瓶颈日渐显现，它所具有的制度激励效应渐渐消减。所以，新闻发言人应该为每次发言做足功课，在每次发言之后，积极进行互动，媒体和民众可以自由提问，媒体可以报道答问情况，而不是随便敷衍了事。新闻发言人也要掌握新的说话方式，学会用新闻传播规律来“说话”，不仅在发布会现场主动与媒体和民众沟通，还应该建立多种沟通渠道，如“网络发言人”等方式。

明白了建立新闻发言人制度的意义，新闻发言人的职能和应具有的素养，我们就可以提出这样的看法：新闻发言人与媒体、受众的沟通功能要强化，不能弱化，而是创造良好的互动的环境，以消除民众的疑团，促进社会和谐。出于这种目的和考虑，能不用通稿尽量不用。某些重大新闻或敏感性很强的话题需要用通稿时，也应在不违背事实的前提下，允许媒体删节或挖掘丰富报道内容。因此，通稿有一个怎么用好的问题。

以下几种做法或许可以使通稿变得灵活：

第一，作为新闻事实。如果通稿仅仅是对重大事件如会议的召开、政策的发布、

---

[1] 刘建明主编：《宣传舆论学大辞典》，经济日报出版社1992年版，第357~358页。

文件的颁布等的权威表达，那就应该准确呈现政府的权威信息，记者则通过各种方法增加对权威信息的解读。在文本呈现的方式上，记者可以通过采访政府新闻发言人、采访专家、采访利益相关者来达到对基本信息的补充。

第二，作为新闻线索。如果通稿是对某件具体事件的表述，那么记者不应只满足于通稿的本身，而应顺着通稿寻找新闻线索和新闻点，进行深入的调查采访，试图了解事件发生更详尽的一面。如果面临禁令，则仍可从同类事件中寻找突破口或累积采访素材，寻找新的角度，待适合的时间再做报道。

第三，作为评论素材。有些通稿的事件本身就让人很关心，不仅需要解释新闻事实，还可以配发新闻评论，在有时候无法正面对新闻做出详细报道的情况下，配发评论也可以表明媒体的态度和观点，增强读者的判断力。

第四，作为背景资料。有些通稿呈现的新闻事实并不是特别重大，但有一定新闻价值或报道的需求，此时可以通过寻找代表性的事件或相关新闻，把通稿内容作为背景资料出现，增加报道的深度和厚度。

这样运用“通稿”，便不再会是千篇一律。以《南方周末》为例，基于他们深度报道的性质，尽管编辑记者有时也会看到某些“新闻通稿”，但几乎没有一例不经改动堂而皇之地登上报纸版面的，而是巧妙地将发布的精神融洽在新闻稿中，既传达了应有的信息，又丰富了新闻事实。只有富有人情味和多元化新闻要素的新闻才是受众想看的，信息透明度的帮助是受众信任恢复的良药。

因此，利用通稿的同时，必须增加新闻事实的细节和背景资料，有可能的话还应该还原新闻现场，让新闻变成说故事，紧紧抓住受众。只有当新闻完整地把信息传达给受众后才能谈及如何影响受众的观念，如何实施有效的引导，达到设立新闻发言人制度的目的。如果受众压根就看不下去报道，又何谈新闻发言人的传播影响力呢?

总之，要尽量减少通稿的发布，即使通稿发布了，除少量特例之外，应用多元化的传播理念用好通稿，让新闻通稿不再是记者的“鸡肋”。

通稿带来的受众不信任，仅仅是新旧媒体对接中的矛盾之一。因此，无论新闻发言人还是传媒人都必须更新陈旧的传播观念，拓宽既有的传播渠道。在新媒体时代，信息的来源和渠道已经发生了翻天覆地的变化，互联网、智能手机、移动电视构建起强大的信息网。受众也变得越来越挑剔，传统媒体厨房制作出的“信息套餐”单调、无味，人们就会到新媒体上寻找各种有趣、丰富的“信息盛宴”。别以为只有80后、90后才热衷于上网，失去他们无所谓。要知道，互联网带来的新媒体时代是不可逆转的，而受众中失去了年轻人，就意味着失去了未来。因此，新媒体下的记者必须充分掌握多种传播渠道和技术，图像、文字甚至视频等方法灵活使用。要记住新闻是在脚下，要善于追踪，亲自调查，依赖通稿的记者永远不会写出一流的新闻。

关于地方新闻通稿的经历与期待

杜安娜

尽管新闻通稿从内容、形式、时效上都在与时俱进，有所改变，但出于新闻发布者的官员思维定式，新闻通稿本身行文还是相对呆板、拘谨、僵硬。随着传播环境越来越多样化、多渠道和公众知情权的不断扩大，某些地方的新闻通稿仍显得有些落伍，通稿不仅“不通”，有时还成为媒体记者的集体诟病，使得突发性事件的报道变得更加复杂、更加棘手，带来舆论引导上的更大被动。

当记者赶到突发性事件的新闻现场时，或许事件早已尘埃落定，然而事发当地早就打印好“新闻通稿”，上面有详细的事件发生经过、伤亡情况、经济损失数字统计——这对记者来说，是一件多么“惬意”的活儿。笔者记得，五年前但凡突发性事件新闻现场，记者和接受采访的当事人，都期待有个新闻通稿，各媒体都好用。

现在，突发性事件现场的通稿，依然是媒体记者“追逐”的对象，然而追逐的意味发生了微妙的变化。因为有些通稿成为新闻发布方单方观点的陈述，有些通稿则被指责为事件真相的反指向，成为公众舆论的质疑与批驳的焦点。

通稿由“谨慎发布”到“层层发布”

传统意义上的通稿，仅指新华社发布的重要稿件，而今新闻发生地的政府机构、企业、公关公司或被指定的当地媒体，都可以名正言顺地发布通稿。

一般来说，后者发布的通稿主要印发给前来采访的各家媒体，提供新闻背景、主要新闻事实与初步的新闻判断。显然，这为各家媒体的采访提供了快捷的服务，也为舆论导向指出了尽可能准确的方向。如在2009年6月成都公交车燃烧事件中，当地有关部门的新闻通稿发挥了很好的作用。从当时的事件要素来说，通稿上就已经明确“起火后车门未能打开”、“死亡25人，70多人受伤”等等，这些都极具有事件真相的新闻价值。起初，从全国各地赶来的记者以为挖掘操作空间极大，最终还是被“统一”在了理性发布的新闻通稿之中。

记得笔者赶到成都事发现场的时候，离事故发生已过了6个钟头，事故车辆已经被拖离现场，受伤人员已经被送往医院进行抢救治疗。那时离报社截稿时间还有6个小时，我们遂赶往抢救医院，当时成都市委宣传部的工作人员已经备好新闻通稿，在医院门口等候记者。也就是说，在媒体记者赶往事发现场的途中，成都有关方面已经迅速行动，将调查事故的初步情况写成了通稿。

又如2010年4月，福建南平发生杀童恶性事件，当天记者赶到事发现场已经是晚上11点多，基本上已经没有采访时间了。此刻，当地政府递送给记者的新闻通稿，简短公布了事件状况，为事件的最初报道提供了样本。

近几年，在突发性事件的新闻发生地，政府及相关部门越来越自觉地承担新闻发布的职责，反应速度越来越快。而且，新闻通稿的印发往往与由事发地组织的新闻发布会同步进行，这就必然成为事故发生地统一而权威的信息公开。

通稿属性发生变化

随着新闻环境的逐步改变，通稿的属性也发生了微妙的变化。新华社的新闻通稿，以体现信息的准确性和权威性为特征，而现在地方各级的新闻通稿，无论是从内容上、形式上、发布者身份上，都不尽相同，各有千秋。由于突发性事件的背景、成因千差万别，所以对媒体记者来说，新闻通稿对自家媒体的采访还是具有一定的挑战意味。

从内容上来讲，现在新闻通稿的发布是多层面的。新闻所在地的职能机关事先拟定好稿件，框定范围，试图引导媒体按其意图报道，避免媒体众说纷纭、莫衷一是。这种情况下，媒体记者自然会适当斟酌，在不违背新闻原则的情况下，还是拥有有限的报道空间。此外，有的为达到危机公关目的的新闻通稿，只会成为记者新闻采访的"参考消息"或采访线索。所以，对于突发性事件新闻采访的记者来说，通稿的操作层面还是很有限的。

自汶川地震以来，各地通稿发布多数不发纸质材料，通过邮箱取稿已成惯例，似乎也考虑记者用电脑写稿使用电子版文稿的便捷。新闻发布者在官方网站上临时开设的邮箱，记者可以凭预知的账号和密码去邮箱寻取稿件和图片。如在巴东邓玉娇杀人案后期，官方告知记者，所有的新闻通稿都会在政府官方网站——长江巴东网上公布，要求记者以官方网站的消息为准，此外不再发布任何信息。又如重庆打黑系列案与南平杀童案，当地不允许记者在采访过程中携带相机、纸笔以及其他录音设备进入庭审现场。在庭审结束后，由法院向所有媒体记者提供新闻通稿（包括庭审图片），而这些通稿都被事先设置在一个电子邮箱内，记者凭借法院发放的邮箱账号和密码去领取。

较之以前，这样发布新闻通稿显得更及时。以前，一则重大事故的新闻发布往往要一两天时间，现在最快在一两个小时内就能完成。

正是因为发布主题的多元化、层级化，新闻通稿的权威性被大打折扣。有些通稿甚至变为新闻当事人掌控话语权的单方诉求；有些还试图捏造事实，把弄媒体和公众的知情权。这样的通稿，往往是媒体记者普遍鄙夷的对象。

通稿引发不虞效应

以前在突发性事件现场，获取新闻通稿是记者的头等大事，简直是字字珠玑地秉承原文去报道，它的新闻真实的价值不容置疑，而如今的通稿权威性往往视情况而定，不可一概而论。

这里有个极端的例子。2009年发生的邓玉娇事件，是湖北巴东一个小县城的命案，在网络上掀起一场轩然大波，随后又在全社会引起轰动。现在回头看来，在某种意义上说，是当地有关方面来回改动的4份通稿惹出的“祸”。当时，亲自草拟通稿的巴东县有关部门领导还对自己的撰文很满意，没想到最后因此而备受争议。

一开始，媒体把通稿内容发布后，网民反应并不大，接着关于这一事件的说法，有关方面三番五次进行“修改”，于是引起了社会的疑虑。在网上，一篇题为《警方报告三个改变，邓玉娇前景不容乐观》的帖子，详细指出在当地通稿中几个直接关系到案件判定的改变：“一是原来的‘特殊服务’变成了‘异性洗浴服务’，二是原来的‘按倒’变成了‘推坐’，三是原来的‘修脚刀’变成了‘水果刀’”。

就这样，网络舆论出现了一边倒，民众普遍同情邓玉娇，而从此当地有关部门对此再也没有作出任何回应。随后，几乎所有的媒体都对这几份措辞变化的通稿产生了怀疑，激发了独立调查的冲动。结果，通稿不仅没“通”，反还成为记者抽丝剥茧、直指真相的线索。

通稿本来是解析事件的，没想到非但没有“一锤定音”，反而发生了与新闻发布者主观意愿相反的不虞效应。可见，通稿也不是“一通百通”的。

通稿缘何“不通”

尽管新闻通稿从内容、形式、时效上都在与时俱进，有所改变，但出于新闻发布者的官员思维定式，新闻通稿本身行文还是相对呆板、拘谨、僵硬。随着传播环境越来越多样化、多渠道和公众知情权的不断扩大，在某些地方的新闻通稿显得有些落伍，通稿不仅“不通”，有时还成为媒体记者的集体诟病，使得突发性事件的报道变得更加复杂、更加棘手，带来舆论引导上的更大被动。那么，新时期舆论环境下的通稿“不通”，到底因为什么？

其一，媒体竞争环境的多样化。首先，从媒介多样化来说，网络新媒体的兴起，它以即时、便捷的传播优势，可以在第一时间把突发性事件的新闻公布于众，有的还是同步直播。在重庆打黑系列报道中，李庄案的审理就有华龙网同步进行文字直播。还有不少媒体记者在现场就能够通过手机终端向网站即时发布消息。这就必然打破时空限制，特别是对于有一定采编流程的传统媒体来说，面对网络媒体的快捷，它必然要做后置新闻，要去探求更多的信息来支撑报纸的深度新闻报道。于是，毫无信息容量的新闻通稿在此也几乎失灵。

其次，从媒体影响力来说，在越来越激烈的新闻竞争中，媒体如果只是拿新闻通稿来做报道，无疑是对其目标读者群的放弃。媒体之间为了寻求新闻事实真相，就不会满足千篇一律的介绍，而要从受众的知情需求出发，做更多的“自选功课”。

如在南平杀童案新闻现场，案发第二天当地有关部门又是老办法，通告记者下午将召开新闻发布会，发布新闻通稿，结果是记者一直等到晚上9点，都没有任何消息发出。有些记者已经预料到新闻发布的内容的程式化，仅仅这般的新闻通稿根本就不能满足读者的知情期待：受害者的家长现在怎么样？杀人者行凶动机是什么？案发后小学生受到怎样的影响？对此，记者必须去获取有血有肉的新闻事实，而不是冷冰冰的数字。在并没有获得预期的新闻通稿之后，不少记者不得不去采访死者家属、凶手的亲友，等等。

其二，从新闻价值观念来看，如今的突发性事件越来越多地呈现利益博弈的复杂化，而新闻通稿的发布很容易成为某一方利益的表达。这对媒体采访而言，恰恰是新闻追求客观、真实、公正的原则的大忌。记者期望在新闻现场倾听利益各方的诉求观点，以求获取尽可能全面的新闻背景、新闻细节与新闻判断，不会只信一面之词。

其三，从媒体本身的个性特征来看，新闻通稿本身的“一副面孔”，也不利于面对不同媒体的定位取向，不利于记者多样体裁的采写特色，不能满足越来越分众的媒体受者的新闻期待。虽然，现在基层新闻发布者正在逐渐改变“官样文章”的文风，但新闻通稿面向所有媒体发布的“权威信息”，也只有把通稿的新闻属性降之为次要位置，而把“大事化小，小事化了”的主旨摆在了突出位置。

通稿要回归本真

不可否认，新闻通稿依然是媒体获取重要和权威信息的重要渠道，再精彩的报道依然会把新闻通稿作为最为重要的参考。凭心而论，成都方面在公交车燃烧事件的新闻通稿发布上，迅捷及时，配有详尽的调查结果，在第一时间通报有关责任人和当地领导干部引咎辞职的处理决定。这样一组“整合营销”的新闻通稿，确实是一次比较成功的通稿发布案例，基本满足了记者采访的要求，因此觉得失去“自选动作”的发挥余地。

燃烧事件发生后两小时，当地有关部门就在事发现场召开新闻发布会，关于事故原因、伤亡人数、大致的事件经过都在通稿里详细陈述。当天下午，闻讯赶来的各地记者越来越多，当地有关部门接着在当天又连续召开了3场新闻发布会，最后一场是在晚上11点。所有的通稿都预存在公共邮箱，各路记者可凭官方提供的账号与密码自行取稿。新闻发布者由成都市政府秘书长，换成了市公安局副局长、市民政局副局长和市卫生局发言人，便于记者就案情侦查、受害者救助与抢救等诸多方面的采访提问。

由于新闻通稿发布及时，在场所有媒体的记者都没有猜测或质疑的发问。以此推理，无论是民众还是网络上，一直都没有太大的情绪起伏。

如果说这是一场新闻角逐的话，最后的赢家可谓是新闻通稿。这不禁让人思考在新的传播环境下，新闻通稿的价值几何？

其实，从成都公交车燃烧事件来看，虽然作出新闻发布的只是各级政府或是某职能部门，甚至是公交公司，但通稿依然走得“通”。通稿的价值在于权威、客观、准确、诚恳。这需要新闻发布者自身从一开始就对新闻事实怀有认真负责的态度，本着“善待媒体”的理性，从而实现新闻通稿本位意义的回归。

企业通稿的诟病及其对策

丁　波

在媒体人的心目中，企业通稿等于“新闻报料”或者“业余通讯员来稿”，难免鱼龙混杂，良莠不齐。新闻通稿如同企业对外宣传的一张脸：若面目平庸，就引不起记者编辑的兴趣，更别谈吸引读者的眼球了；若面目可憎，充满铜臭，随即会被嗤之以鼻；而眉清目秀，内秀外靓，自然会受到记者编辑的青睐，增加了转化为媒体报道选题的几率，既丰富了传媒信源及内容，也实现了企业形象塑造的预想。

如果你是经济新闻的记者，每天打开个人电子邮箱，想必数量最多的邮件就是企业的公关通稿——新产品投产、新项目开发、兼并重组、高层变动等等，内容五花八门，不一而足。

笔者在经济新闻领域采访报道近10年，如果按每天至少收到两三条来算，这些年看过的企业新闻通稿约有近万篇。然而，这么多的通稿，虽然不是“垃圾邮件”，但浏览下来也感觉少有看点。长此以往，逐渐形成了对企业新闻通稿的思索，许多话语积压心头已久，借此文一吐为快。

何为企业“新闻通稿”

在新闻学论述中，企业新闻通稿或许没有正规定义。无疑，它与通讯社的通稿、政府部门的通稿有着明显的区别，缺乏相应的权威性和严肃性，再说采写水平，更是相差甚大。但企业通稿具有新闻通稿的某些属性，即事先拟定的对某一事件的文稿，供媒体采用，其内容也包括新闻的要素，目的也是为了统一报道口径，扩大活动影响，提升企业形象。

对企业而言，新闻通稿在企业公关体系中，处于企业营销策划和传播策划链上的后端，是企业品牌活动和经营理念得以传播落地的载体。一个公关活动，一场市场营销，一个全新产品，它能否在社会上产生良好效益，往往与新闻通稿有密切关系。有时候，一个充满创意的企业公关活动投入数百万元，可其中发给媒体的新闻通稿却是干瘪无味，这样就会让整个公关活动的实际效果大打折扣。

因此可以说，新闻通稿如同企业对外宣传的一张脸：若面目平庸，就引不起记者编辑的兴趣，更别谈吸引读者的眼球了；若面目可憎，充满铜臭，随即会被嗤之以鼻；而眉清目秀，内秀外靓，自然会受到记者编辑的青睐，增加了转化为媒体报道选题的几率，既丰富了传媒信源及内容，也实现了企业形象塑造的预想。

企业通稿常见的弊病

在媒体人的心目中，企业通稿等于“新闻报料”或者“业余通讯员来稿”，难免鱼龙混杂，良莠不齐。就笔者多年来接触通稿的工作积累而言，常见的弊病有以下几种：

A.内容空泛

不久前，上海一家大型企业新厂区开工奠基，事件本身在全国行业内都有影响，可企业预发的600多字的通稿中，却没有交代投资规模、产业背景，大半篇幅讲的是大套话，只有“项目有望在2012年底实现投产，预计将新增3000个以上的就业岗位”这句才是实话。如果说本身新闻价值确实不强，多几句废话也无妨，反正都会被记者、编辑删成两栏题的短稿；可如果事件很有新闻价值，可通稿没有把新闻要素和新闻价值体现出来，这样的通稿可就真要命了。

主要原因还在于企业对传媒业“隔行如隔山”，对新闻规律不甚了了，也可能在有些具体信息披露时非常谨慎，生怕见诸媒体之后引起竞争对手的种种目光。事实上，即使有所顾忌，通稿还是可以有血有肉的，比如绕开核心信息，以介绍市场背景、行业状况等，用事实和数据加以充实，让媒体乃至受众在一种新的视角之下看待这一企业的新闻。

B.广告味浓

凭心而论，企业通稿有广告色彩在所难免，其目的是维护和提升企业的形象，而传播仅仅是一种工具，这与国家通讯社的通稿截然不同。从这个意义上来讲，媒体采用企业通稿就像“戴着脚镣跳舞”，稍不留神就掉到商业广告的泥沼中。

广告味浓的新闻通稿，常常让记者编辑一看就产生反感。一大堆广告语言，就让人产生“王婆卖瓜”的感觉。即使借助某种“公关手段”把这样的通稿发表，对企业的诚信形象也未必一定是好事。因为受众的新闻判断往往和媒体是一致的，不那么容易被忽悠。

C.媚上欺己

诚然，外资企业或者是股份制公司。还是比较尊重新闻传播特性的，但在一些国有大企业中，长官意识比较强，常常会在通稿中出现领导的表态。其实，在一般事件性的新闻通稿中，媚上欺己产生的不利影响并不大，但值得注意的是，若是碰到公共危机事件，企业要进行危机公关，任凭不懂传播规律的领导瞎折腾，其通稿往往就会产生不利的后果。

D.不讲时效

通稿时间延滞后，属于“硬伤”，但另一种情况是新闻发稿内容与当下经济、产业大势并无关联，甚至背道而驰，属于“不合时宜”。

应该说，企业的运作有着自身的规律，但这与具体操作中选择合适的发稿时机、在通稿中体现对政策的关注是不矛盾的。好的通稿，往往是与政府大政方针紧密结合的，有时候多一个心眼，选择更好的角度写稿，等待更好的时机和节点发稿，往往能够事半功倍。如在大力提倡节能减排时，企业在产品节能、清洁生产等方面的稿件就相对容易被媒体接受；在推进西部大开发时，企业在西北的投资项目、支援项目，就容易引起读者的关注。

企业通稿贵在“润物细无声”

著名的营销界领袖阿尔·里斯在《公关第一，广告第二》的书中曾经表述：“通过新闻形式对消费者进行传播，更有可信度，讲究的是‘润物细无声’，好的公关能使企业信息真正的深入人心”。从这个意义来看，在关键时刻，一篇好的新闻通稿的作用，远远超过广告的效应。

要整体提升企业通稿的采写水平，关键是企业内部相关工作人员要增强新闻传播的业务水平，也可引进专业的人才来负责企业的宣传和公关。在媒体业界看来，企业新闻通稿做到眉清目秀，可从以下几个方面思考和努力：

1. 主题明确，回答问题

多问几个为什么。企业的通稿代拟者要把自己当成读者，设身处地地想一想。在通稿传送之前，静下心来看看，想想读者看了之后会有哪些问题，这些问题是否在通稿中已经作答？如果没有作答，怎样来弥补和充实？这样“三省吾身”，对于提升通稿的质量是有好处的。

在笔者的阅历中，也确有几篇新闻通稿让人印象深刻。如2009年6月1日，美国通用汽车公司宣布进入破产程序，这对于通用汽车在中国最大的合资企业——上海通用而言，是一个十分敏感的事件。美国通用倒了，上海通用到底怎么办？会产生什么影响？买车、修车、开发新车是否会受影响？应该讲，这是一个危机公关的敏感时期。这时，上海通用主动对媒体发布新闻通稿，字数不多，但几乎所有媒体都没有删减它的一句话，全文刊发。

虽然通稿文字并不算优美，但是它回答了读者和车主关心的问题：通用汽车的破产对上海通用本身有影响吗？上海通用的资金还充足吗？它的后续产品开发会中断吗？马路上跑的通用品牌车的售后会受影响吗？……短短600多字的稿子，文字朴素而简明严谨，行业记者基本无须再去追问。这对于上海通用成功度过这次危机，并在2009年取得全国销量第一的成绩，无疑起到了一定的独特作用。

事后，上海通用负责人也坦言，别看是几百字的通稿，却反复锤炼了很长时间。因为他们早就知道美国通用将破产清算，于是就积极备稿，力求通稿客观阐述事实，不推诿、不隐瞒，也不说大话，一五一十说清楚，对媒体和车主有一个清晰的交代，自然取得了较好影响。

相比而言，如果不把这些问题都交代清楚，仅仅是笼而统之地说“没问题”、“不受影响”等，其实并没有解开读者心中的诸多疑问。一个大问号，通常是由数个小问号构成的，这篇通稿把这些小问号一一揭开，就打消了读者的疑虑。

2. 关注热点，寻找角度

对于企业而言，从产品到产品，从投资到投资，讲得再多也仅仅是企业内部新闻。但如果关注国内外的舆论热点，根据企业活动和运行实际，寻找媒体舆论关心的角度来切入，就容易让受众接受。

上海媒体对外高桥造船厂17.5万吨散货船的新闻通稿记忆犹新。作为企业的主导产品，一年要交付新船好几艘，如何挖掘每艘船背后新闻的不同，外高桥公司为寻找不同的新闻角度而绞尽脑汁，事实上也让媒体记者深感佩服。同样船型，同样的公司，三四年间十多篇新闻稿的角度都有些亮点，这在企业通稿中也是不多见的。

举例来说：2004年，外高桥第一艘出口欧洲的17.5万吨散货轮，新闻通稿强调此船为“9·11”后第一个来自欧洲的船舶订单，是市场复苏的表现；再到2006年全球海洋漏油事件频发之后，新闻通稿突出外高桥在17.5万吨散货船设计方面着重体现绿色环保，如将燃油安置在货舱区顶边舱内，带有双层隔离空舱，以避免在海损事故中燃油泄漏等等。

特别是在2005年6月，一艘名为“中华和平”的17.5万吨散货船交付给台湾船东，企业通稿充分展示两岸关系日渐融冰的背景，强调这是有史以来大陆为台湾建造的最大的巨轮，强调两岸三地齐心协力使得这艘船提前116天交船，强调这是“两岸共同打造造船大国、海洋大国的象征”。而且，在向各家媒体发送通稿的同时，还传送了通讯素材稿，详细介绍设计建造过程中两岸工程技术人员如何携手突破的故事。要知道，一个月前连战、宋楚瑜先后访问大陆，大陆推出了一系列惠及台湾同胞利益的措施，这些时政背景让企业新闻意义显著提升，而通稿在采写中恰到好处地看中并很好诠释了这一点。因此，这艘船的交船仪式在各家媒体得到了充分报道，不少报纸整版刊登，其中大量的新闻素材来自企业的新闻通稿。

由此可见，企业的通稿不可就事论事，而是要贴近热点，寻找角度，这样往往能让企业新闻走向媒体的前台。

3. 精耕细作，分类表述

有一个趋势是企业应该关注的，就是随着传媒业的发展，各类媒体越来越多，仅报纸就可细分为党报、都市报、财经类报纸等，而各家媒体所需的新闻素材往往各不相同，报道的角度也有所不同，这也就要求企业通稿尽量考虑到不同报纸的定位需求，综合整理成一个“通稿包”，让各类媒体可以有所取舍，满足各自的需求，这样的传播效果会更好。

比如，一家日用品企业的新工厂开工，党报可能会从吸引外资、带动当地经济的角度来报道；财经类媒体关注的是投资和竞争，是日用消费品市场的激战，是开业背后的行业整合与提升；而如果是耳熟能详的名牌日用品的话，都市报也会来凑热闹，关注这款日用品的价格今后是否会调整，是否会有引领潮流的新款型等等。

诚然，作为新闻媒体的从业者，从不期望让企业通稿来替代自己的采访。在此，仅仅是想从媒体与受众的角度，来为企业新闻通稿把脉诊断。是否妥当，见仁见智吧！

《新闻实践》杂志2010年第10期“多棱聚焦”栏目

媒体“误读”

主流媒体往往被赋予一种新闻解读的功能，但凡社会思潮、社会现象、事件人物乃至政策法规，媒体无不祈求鞭辟入里、直指内核的精准解读。一种是自觉充当“意见领袖”的主导角色，勇于评判是非曲直，引领社会舆论评价；还有一种是被授予“受众导师”的义务，细化“红头文件”的宏旨大意，把宏观背景转化为微观落地。

于是，当媒体津津乐道向受众解读的时候，也就伴生着一种“误读”的风险。时下传媒从业人员内在素质与功底，是否存在“以其昏昏，使人昭昭”的误读可能？传媒借助专业人士“外脑”解读的过程中出现“正方反方”，是不是招致承担误读的责任？传媒本来用心的解读意外遭遇舆论反弹后，又怎么对待新闻主体反指媒体“误读”的尴尬？……看来，传媒应当确立解读的主旨，设定预防“误读”的底线，这样才能区分多种声音充分表达与“被误读”之间的界限，才能在充分表达的意见市场中经过观点碰撞交锋之后，求得日臻成熟的新闻解读。

传媒功利性误读意欲何为

张 芹

传媒的有意误读，指的是传媒以误读为手段实现某些目的，即带着特定的目的蓄意曲解、随心所欲地穿凿附会被报道对象。功利性体现在自身的名利诉求，为自身谋名获利。误读扰乱了受众的视线，干扰了受众对事件的判断，有意误读更是损害新闻理想，扰乱新闻秩序，侵害媒体公信力，人为地激化社会矛盾。因此，传媒自身及公众都应该警惕功利性误读。

在1960年的联合国大会上，苏联部长会议主席赫鲁晓夫微笑着，同时拼命敲着桌子。这显然矛盾的动作意味着什么？

合众社的解读是：赫鲁晓夫“气得脸发青”并“敲着桌子大发雷霆，声音响得像打铁”；《芝加哥论坛报》的解读，把赫鲁晓夫的举止称为“一个俄国人的嘲笑”；《每日新闻》的解读说，这个俄国人“不断发出了虚假的愤怒”；《底特律自由报》的解读是：当敲桌子的时候，赫鲁晓夫的“脸是喜洋洋的”；《纽约时报》的解读是：敲桌子是“许多议会中通常的表示赞成的方法”；《芝加哥太阳报》的解读是：“赫鲁晓夫在表现他（对联合国秘书长）的个人友好”——后来，赫鲁晓夫对他的举止进行解释，他是想表明不赞成秘书长的声明。

这个案例告诉我们，新闻事实是唯一的，但对新闻的解读却是迥异不同的。本文所谓的传媒误读，不限于传媒对文本的理解出现偏差，泛指记者编辑对新闻报道对象的错误解读，包括对政策法规、新闻发言人的讲话等文本内容的曲解，还包括对报道的人或事的不当选择，导致改变了报道对象的本质特征。大体上，误读有“假误读”和“真误读”两类。

真假误读的辨析

所谓“假误读”指的是传媒报道基本无误，但却必须承担误读的责任，这其中有被某些政府部门将此作为一种自我解脱的遁词。当某项政策规定出台之前，相关部门即向媒体吹风，试探民意，而媒体据实报道之后，引发公众情绪反弹，于是相关部门立即收回口风，放话那是“传媒误读”。

传媒何以默默地承担这类误读的责任？一是这种“责任”无人深究，最多在事发时被受众抱怨而已，事情过去就跟什么都没发生一样；二是多数地方传媒与政府部门同是社会有机体的组成部分，通常互有所求，一旦追究到底是哪一方“误读”必定没有好结果。但这样利用媒体的工作方式，无论对传媒抑或对政府部门的公信力，都有一定程度的杀伤力。本文暂不深入讨论“假误读”，且以“真误读”为题进行探讨。

所谓“真误读”，是指传媒报道误读了被报道对象，这里又可以分为无意误读与有意误读两类。

传媒的无意误读，通常是记者误读了报道对象而不自知，属非主观故意。用读者反应理论解释的话，所谓的传媒误读，即由于不同的记者对于报道对象的理解，因自身的地位、经历、视角等的不同，最终阐释和理解也不同，由此容易出现误读的可能。

一般来说，有时记者为了抢时间，来不及深入调查，以表象替代真相，误读了报道对象因而发出了不当报道。有时报道内容专业性太强，记者的理解与判断有误，结果传媒误读导致受众误解。比如，公安部监所管理局2010年5月26日在武汉市召开全国安康医院工作会议，事后就有媒体以《公安部：精神病院未经警方同意不得收治正常人》为题发布了新闻。这一报道对有关收治程序和对象表达明显有误，公安部监所管理局为此召开新闻发布会，作进一步的解释和澄清。

所谓的有意误读，与耶鲁大学的文学教授哈罗德布鲁姆诗学影响理论中的误读意义相似——误读只是一种手段，是“有意偏离”。传媒的有意误读，指的是传媒以误读为手段实现某些目的，即带着特定的目的蓄意曲解、随心所欲地穿凿附会被报道对象。本文着重讨论的是这类功利性误读。

功利性误读的要害是媚俗

有意误读的功利性体现在自身的名利诉求上，为自身谋名获利。比如，《强悍“中华女”当街暴打女记者》[1]，媒体在报道中淡化处理前因，着重强调后果，将女司机刻画成泼妇。从文章标题即可看出媒体的倾向。媒体利用手中的话语权避重就轻地报道事件，反而容易引起受众的情绪反弹。在这则报道后面，就有众多网友毫不客气地表达“打得好”。因此，有意误读并不总能遂愿。总体而言，误读的预期效果是取悦受众，要害还是一种媚俗。

有意误读的表现形式包括：制造话题，引发对方的抗议，招致受众围观；揣摩受众心理，歪曲报道，哗众取宠；单一事件复杂化处理，激发无厘头的民粹情绪；还有，过度解读、避重就轻；与其他利益主体合谋，通过误读实现某种交易等。

制造话题：笔者认为，圣元奶粉事件就属于媒体误读导致的全国关注事件。从

[1] 强悍“中华女”当街暴打女记者，贵州法制网，http://www.gzfz.org/video/103_1535.html。

逻辑推理可以分析，用圣元奶粉的人很多，如果圣元奶粉致性早熟，不应仅只几例。媒体以“武汉三女婴疑食用同一品牌奶粉致性早熟”作报道，标题以不确定性语气表达，似乎表明媒体的慎重，实则有主观误导受众之嫌。而“这次圣元奶粉事件的发生，同三聚氰胺出现在鲜奶和奶粉中的情况类似，给相信奶粉对孩子健康有益的中国这一批家长们迎头打了第二棒！”[1]这个说法，在没有取得权威部门的检验结果前，容易加重奶粉使用者的疑心。三聚氰胺造成的公众对奶粉的心理阴影尚未散尽，受众对食品安全普遍担心，这样的媒体误读必然受到广泛关注。

卫生部不久公布“圣元乳粉疑致儿童性早熟”调查结果，称患儿乳房早发育与所食用乳粉没有关联，目前市场上抽检的圣元乳粉和其他婴幼儿乳粉激素含量没有异常。但家长依然质疑不断，对检测结果充满不信任，“性早熟婴儿父亲欲自行将圣元奶粉送检”。[2]这反映了政府的职能部门遭遇信任危机，“不值得信任”的形象，最主要是职能部门自身行为的结果，却也少不了媒体对整个事件报道的叙事立场给受众播下的怀疑的种子。

歪曲报道：黑格尔在讲到审美时曾经说：“遇到一件艺术作品，我们首先见到的是它直接呈献给我们的东西，然后再追究它的意蕴或内容。前一个因素——即外在因素——对于我们之所以有价值，并非由于它所直接呈现的：我们假定它里面还有一种内在的东西，即一种意蕴，一种灌注生气于外在形状的意蕴。”[3]其实，传媒在解读新闻时，也都希望透过现象看到本质，即便是很简单的事情也总是认为背后并不简单。因此，传媒就“以希望来描绘事实”。

2009年4月4日，义乌市香山路劳动力市场前的施粥摊按原计划停施，很快就有媒体以《“施粥摊”的业务本该政府管》、《“看得见的手”该助施粥摊一臂之力》、《权力该为慈善提供方便还是设置障碍》、《施粥摊倒掉了，穷人怎么办？》、《在傲慢的公权力面前，善举肯定难以长久》等为题进行解读。结果，施粥摊的发起人林如新说：“事前真正来采访过的媒体不过两家。把我施粥摊关停与政府有关部门对立起来，白纸黑字印在报上、传到网上，让我有口难辩，真难做人！”[4]

很简单的新闻内容，完全不费劲就能理解明白的，但媒体楞是以一种官民对立的“希望”解读，让受众读出了揪心，读出了愤懑。于是，媒体利用部分公众的仇官心理，将事实在合理想象中无限放大，并配以“以民为本”的评论。因为，如果照实报

[1] 聚焦圣元奶粉事件，中国宁波网，http://news.cnnb.com.cn/system/2010/08/12/006637463.shtml。

[2] 性早熟婴儿父亲欲自行将圣元奶粉送检，http://news.qq.com/a/20100816/000384.htm。

[3] 黑格尔：《美学》第一卷，朱光潜译，商务印书馆1979年版，第24页。

[4] 张建成：《“施粥摊关停”为何引发新闻误读》，《新闻实践》2009年第5期，第66页。

道，则无法吸引受众的眼球。

过度解读：谢泳曾在《个人遭遇如何成为公共事件：以沈崇强奸案为例》中表明“个人遭遇成为公共事件，决定于个人遭遇中包含的特殊因素与社会普遍心理之间的暗合关系”，“媒体在个人遭遇成为公共事件中起主导作用”。[1]他的研究结果，恰好能够验证2009年杭州“飙车案”的新闻，由于媒体过度解读，硬是将一起交通事故变成了公共事件。

传媒最初的新闻，以《只在乎自己的快感不在意他人的性命一帮富家子弟驾驶豪华跑车把城市道路当F1赛道昨夜终酿惨祸》为题，以主观判断激发了受众潜在的仇富心理。报道中刻意将受害者与肇事者塑造成天然对立面，刻画出身份悬殊的两类人：受害者是下岗工人的孩子，是名牌大学的优秀生；肇事者是富二代，是不思进取的不入流的在校生，游手好闲。报道中充满了对肇事方负面的描绘，给受众留下了想象的空间。

一则几乎每天都有可能发生的车祸，由于媒体强化了涉及对象的贫富悬殊，先天就具有了新闻价值，于是舍弃“某日某处发生一起交通事故”的常规叙述方式，将单一的事件复杂化处理，将简单的交通事故渲染成了立体的社会事件。正如李普曼所说：“对于大部分事物我们并不是先查看而后解释，而是先解释而后查看的。在非常嘈杂混乱的现实世界中，我们领会我们的文化已经为我们作出了解释的东西，我们倾向于接受我们的文化已经对我们形成了固定的成见的东西。”[2]

《纽约时报》在创办伊始，就明确宣称：“我们决不打算感情冲动地来写文章——除非某些事实确实使我们冲动起来。我们将尽量不冲动。”[3]媒体的冲动将带动社会中一群人的冲动，甚至带动社会的冲动，影响社会的情绪。这起“飙车案”的报道，导致了受众一系列自发的后续行动，给政府部门增加了莫名的舆论压力。

避重就轻：北京市第一中级人民法院2010年3月30日公开审理了国家开发银行原副行长王益受贿案。因为两个女明星牵涉其中，媒体对王益案的关注焦点转移到了赵薇和刘芳菲身上。贪腐案件误读成（异化为）娱乐新闻，满足了受众的娱乐需求，但媒体的社会责任何在?

与其他利益主体合谋：由于传媒在某些方面的无知而被其他利益主体利用导致误读，即本文所谓的无意误读，但也可能是传媒与报道对象的合谋，即传媒心甘情愿被利用，最终在利他的同时利己。

[1] 谢泳：个人遭遇如何成为公共事件：以沈崇强奸案为例，http://www.chinaelections.org/newsinfo.asp?newsid=148912。

[2] 李普曼：《舆论学》，林珊译，中国人民大学出版社1984年版，第61页。

[3] 喻国明：《传媒人才的专业主义标准像》，http://www.cctv.com/tvguide/tvcomment/tyzj/zjwz/6116.shtml。

进入市场经济社会后，利益主体多元，公共关系盛行，且传统的道德体系遭到严重破坏，人的理性缺失。上世纪国外就有公关专家说过，公共关系顾问“不仅是新闻的提供者，按理说更是新闻的创造者”。公共关系领军人物艾维·李说：“世界上根本不存在事实，一切只是阐释。”这里的阐释当然是按照自己的需要任意打扮事实，即本文所谓的有意误读。

有时很难分清有意误读与无意误读，也很难评估两者的后果哪个更严重。比如，2009年1月20日，我国政府发布2008年国防白皮书，国内众多媒体误读，连主流媒体的网站都以“中国停止研发新型核武器”为题进行解读，而实际上真实内容表达的是“中国主张各国承诺停止研发新型核武器”。说这个媒体误读，损害了国家利益也不为过。

规避传媒误读，无限接近正读

对于文学作品特别是名著而言，误读与正读都是可以理解、可以接受的现象，而且在误读理论看来，名著误读甚至包含了创造成分在其中。在文学范畴内，误读几乎是不可避免的。但对传媒而言，避免误读没商量的余地，明知不可为而皆不可为之！

传媒的功能首先是信息传播，而传播的基本要求是客观公正地报道事实，满足受众的知情权。误读扰乱了受众的视线，干扰了受众对事件的判断，有意误读更是损害新闻理想，扰乱新闻秩序，侵害媒体公信力，人为地激化社会矛盾。因此，传媒自身及公众都应该警惕功利性误读。

受过专业训练的人都明了，有意误读的“技巧”其实说到底是新闻选择的诀窍。媒体的时间与空间的有限性、受众注意力的有限性、传播的目的性，决定了传播是选择的结果。有意误读就是刻意选择，选择报道的角度、报道的侧重点（故意忽略和排除一些因素）、报道的表现形式（故事化叙事或是客观报道），甚至报道时机（事发第一时间或是事后、或是事前）。

传媒（或记者）解读在某种程度上可以说是导游，可能选择将自己认为最好的景点介绍给受众，也可能选择能有购物回扣的景点给受众，还可能选择其揣摩受众心思后认为受众可能会觉得好的景点给受众。但传媒不同于导游的是，其选择应该是有底线的，这个底线就是客观性原则。

客观性原则是新闻业区别于其他行业的标志，是新闻品质的保证，是媒体建立公信力的保障。中国媒体要在世界上产生影响，获得国内受众认可，首先必须让人感到客观的满意度。无论对新闻业还是从业者个人，自觉遵循客观性原则均为必备素质。

客观性原则对传媒业而言其实也是护身符，当传媒与各种力量角力时，客观性能缓冲抵挡。因为人人都有倾向性，新闻才特别强调自身客观的品质。新闻客观性原则的实现，有赖于从业者的理性精神与求真意识。保证新闻报道的客观性，归根结底，需要新闻从业者不断提高自身的认识能力与判断能力，对新闻事实的选择、安排、解释等“意义化”的过程，作出不偏不倚的处理。规避误读，无限接近正读，这是传媒努力的方向。

传媒应该尊重受众，但不可迎合受众。尊重是平等的意识，而迎合则是交易意识。受众在帮助传媒规避误读行为方面亦可有所作为，比如发文修正媒体的失误；提高品位，拒绝围观，不给或者少给媒体有意误读的机会。

自律是应该的，但他律更是必要的。对传媒误读尤其是有意误读并导致明显不良后果的，应该以相应的法律法规加以处置，规范传播行为，增强正读自觉性。

一张照片被误读六年的社会心理历程

陈力丹　李　敏

在误读的信息迅速传播的传递环节中，实际上存在三种变异形式：“省略”指的是对内容的判断越传越变得武断，漏掉更多的细节；“突出”是指看到这种解说的人，由于对城管或协警没有好印象，经他再次传播时，就会强调其印象深刻的部分，选择更符合自己想象的那一种说法；与“省略”正好相反，“同化”则指的是照片的接受者以自己已有的知识经验、态度等主观因素，来解说其内容。凡是他认为合乎逻辑的部分就接受下来，同时凭借着自己的想象对其作进一步的加工，添油加醋之后再广为传播，最终使关于一张照片的解读，朝着传播者感兴趣和期待的方向变化。

2004年3月14日，昆明一女子企图自杀时被消防队员救下。云南《都市时报》摄影记者黄兴能，当时拍下3名联防队员将女子带走的照片并发在网上。该照片从此在网络上以惊人的速度疯传，并且，“协警救人”渐渐被误读为“城管抓摊贩”、“协警抓小姐”，甚至有艺术家还据此照片创作了引起轰动的艺术雕塑。在照片传播至今6年间，尽管拍照的记者和相关媒体都作了澄清，却始终无法阻挡流言的传播。

一张“救人”的照片，如何在6年时间里变成了“抓人”的照片？

照片的“说明”变形记

黄兴能拍的这张照片，因为“不雅”而未能在报上刊登，于是他发到了西祠胡同网站的论坛“摄影记者之家”，注明这是联防队员在救人。这张照片仅存在一天就被删除了，但很快在别的网站出现，并从此在网络上流传开来，其主题渐渐变为“协警抓小姐”。

2007年4月28日，新锐艺术家高氏兄弟的新作展《抓小姐》在北京798园区开幕。作品因雕塑中的女子没穿底裤曾备受争议。在网络传播中，雕塑作者还曾被张冠李戴到艾未未工作室头上。

2007年5月24日，黄兴能在自己博客上澄清此事，不过这篇博客并未达到他预期的效果，诸如“黄兴能，你到底能不能啊？看这图片就知道那几个鸟人是城管”的回复，比比皆是。

2008年11月3日，网友“confu”在《都市时报》官方论坛“彩龙论坛”发了这张照片，帖子中的照片说明词变成了“四川某地某晚抓小姐”。11月5日，论坛工作人员以“关中大侠”的网名发表声明：“画面上这个女的精神有问题，而且是要跳楼自杀，是被这3个好心的联防人员给救了！”

根据这些帖子，11月7日的《都市时报》刊登报道《联防救女，四年转帖变“城管抓小姐”》，详细讲述了照片的来龙去脉，并呼吁“这张照片被人不断误读，实在是背离本来的新闻事实太远，希望广大网友停止这种不负责任的转载”。但这篇新闻在网络上流传的范围，远远不及各种误解版。

2010年4月10日，新浪微博上的网友“雷疯日记”以“艾神798艺术雕塑”为题，把雕塑和原图再发了一次。艾神是指艺术家艾未未。这条微博很快被众多网友所转发，迄今已经被转发了1500余次，有超过400条评论，有的网友评论的主题是：“艺术来源于生活”。

4月12日，网友“谭伯牛”在微博上发布了另一篇《联防救女，四年转帖变“城管抓小姐”》的报道截图，并附有摘抄的原文：“这是本报记者黄兴能在2004年3月13日晚拍到的抢救轻生女子的新闻照片。次日见报，发的是另一张照片，这张照片被黄兴能发到西祠胡同网站，之后不断传播，竟然演变成‘城管抓小姐’。”这条微博有960

多人转发，300多人评论。至此，很多网友“恍然大悟”。

流言是在社会大众中相互传播的无确切根据的信息。从“救人”到“抓人”，差距如此之大，这个流言究竟是怎样形成的？为什么长达6年的时间里，拍照记者和相关媒体数次的澄清都无法阻挡流言的风传？

人们的生活经验提供了误读的社会背景

如果把对照片的误读视为一种流言，那么这个流言传播的过程，就是每个传播的成员处于“接受—同化—传递”的过程，也是一个意义分享的过程。流言不是突发事件，而是社会集体记忆的潜伏、变化，最后找到一个展开的机会。

长期以来，公众对城管已经形成了刻板印象，其负面形象早已格式化。我们都听过这样一个故事，一个穷人捡了块金表，戴在手上，可无论是他的同伴还是路人都认为这是块假表，因为没有人相信一个穷人会有一块价值不菲的金表。反过来讲，假如一块玩具手表戴在了亿万富翁的腕上，不细看的人肯定会认为这表价值连城，从不会对手表的金贵持怀疑态度。

我们在现实生活中看到了太多的城管与商贩们的冲突，看到了太多的协警执法的简单粗暴。当看到照片中代表着某种组织权力的制服，看到那3个大男人毫无人文关怀的“野蛮动作”，人们理所当然地想到了这是“协警抓小姐”或“城管抓摊贩”。公众对于没有文字说明的照片，自然可以尽情解读，即使标注了“协警救人”，也不会轻易相信，而会按自己的生活常识进行判断。在公众的认知框架中，城管的形象就是粗暴执法，协警抓小姐也同样极为粗暴。照片中呈现出来的毫无人情味的画面，正好就是这种形象。因此，人们作出了符合他们经验和想象的解读，如果说这是在救人，反而不符合常识了。

从真相角度，显然城管或协警被妖魔化了，而将他们妖魔化了的根源，不是别人，正是他们自己。6年里，一张照片的真相竟然没能辨清楚，这说明公权力一旦丧失了社会的信任，在公众面前的任何辩解都显得苍白无力。正因为如此，拍摄者黄兴能在博客上说明照片真相时，反而被网友质疑。他无奈地表示：“甚至还有人问我收了多少钱帮城管说话。”在这次对照片的误读中，人们在集体无意识中已经形成的城管或协警的不良原型，是流言不胫而走的社会背景。

照片信息的模糊、多解促成误读

从另一个角度看，这张照片本身给人造成的多解空间（模糊程度高）太多，误读变成流言加以传播，自然不可避免。根据生活常识，这样的照片，谁能想到这是救人而不是抓人呢?

人们被照片呈现出的冷酷画面所激发的同情心，也降低了他们对“抓小姐”或“抓摊贩”的辨别能力。正如一位研究者所说：“照片里找不到‘救人’的温馨感人——几个强壮的男人，粗鲁地拉抬着一个四仰八叉仍在挣扎的女人，反映了救助者漠视人的尊严，缺少人文关怀，此情此景，任何人都会产生一种对强权的厌恶。”[1]的确，照片中的3名执法者表情漠然，提着女子的手脚就如同提着一个毫无生命的物件一般。很明显，女子的意识是清醒的，被提起来的她为了平衡，不得不把另一条没有着力点的腿弯曲着向身体收拢，甚至露出了隐私之处。这样的画面，势必会激发公众的愤怒以及对弱者深深的同情。

“救人”本是崇高的行为，以这种无视个体的尊严的方式救人，不被人接受，甚至造成误解是不足为奇的。在事情最终清楚了之后，一位网友仍然写道：“无论是救她还是杀她，都应该让她有点尊严。”显然，让充满同情心的人们相信这是协警在救人，还真不容易。

照片在展现现实方面有着自身的优越性。摄影是物质现实的复原，在人们的心理上已经形成一个传统的观念。摄影照片、视频具有“证据”的作用，“眼见为实”的观念促使人们产生一种认识，新闻叙述需要照片或者视频来证明它的客观真实。新闻中照片的应用非常普遍，这些来自新闻事件现场、由记者抓拍到的图片，不但使新闻更加生动形象，也增加了新闻的真实程度和可信度。

然而，照片又具有高度的模糊性。本雅明在《摄影小史》中就此写道：摄影“报道与真实性并不总是能联上关系，因为报道中的相片是靠语言来相互联结、发挥作用的……这里，一定要有图说文字的介入，图说借着将生命情境作文字化的处理而与摄影建立关系，少了这一过程，任何摄影的建构必然会不够明确。”[2]虽然照片是从现实而来，却可能表达出不同的含义，如果没有必要的介绍和说明，人们很容易按照自己的生活经验、兴趣与需要等随意解读。

在误读和曲解的信息迅速传播的整个信息传递环节中，实际上存在三种变异形式：省略、突出和同化。“省略”指的是对内容的判断越传越变得武断，漏掉更多的细节。“突出”是指看到这种解说的人，由于对城管或协警没有好印象，经他再次传播时，就会强调其印象深刻的部分，选择更符合自己想象的那一种说法。与“省略”正好相反。“同化”则指的是照片的接受者以自己已有的知识经验、态度等主观因素，来解说其内容。凡是他认为合乎逻辑的部分就接受下来，同时凭借着自己的想象

[1] 《“救人”照片被网友误传专家建议政府自我检讨》，中国日报网，http://www.chinadaily.com.cn/dfpd/henan/2010-05-04/content_253268_2.html，2010-8-13。

[2] 雷颐：《图像的力量》，http://vip.book.sina.com.cn/book/chapter_39173_21441.html。

对其作进一步的加工，添油加醋之后再广为传播，最终使关于这张照片的解读，朝传播者感兴趣和期待的方向变化。

摄影评论家刘树勇在《权利——关于观念摄影的对话》中表达了以下的观点：在今天，一幅摄影作品本身“拍的是什么”已经不重要和无意义了，重要的是“我们说它是什么”。也就是当一幅不论是谁拍（你拍我拍谁拍都成）的照片摆在面前时，想在上面加上什么样的“观念”都可以。他对一系列名家拍摄的著名照片进行了“观念”的改写：罗伯特·杜瓦诺的“胜利之吻”，成了“驻青岛的美国士兵在街头侮辱一位中国少女”；罗伯特·卡帕的“中弹的西班牙士兵”，成了电影《瓦尔特保卫萨拉热窝》剧照；布列松的“布鲁塞尔”，变成了“北京国际时装博览会临时女厕所外的外国人”；比斯霍夫“吹笛子的小孩”，成为“在希望工程帮助下重新入学的儿童”……这篇文章中所描述的观念摄影的做法，被很多人指责为“明目张胆的造假行为”。这种行为属不属于造假，我们姑且不论，但这个例子确实生动地说明了照片的文字说明对于新闻摄影的重要意义。

文字说明好比照片的另一副面孔，文字面孔传达的是事实性的信息，即新闻的五要素：何时、何地、何事、何人、为何。图像面孔传达的则更多的是情感信息。[1]这张照片的传播过程中，真正看到当事人解读的不多，前面说到，当时只在网上停留一天就被删除。随着误读的无限扩大，当拍摄记者再次加以说明的时候，反而被认为他在说谎。

显然，这张照片提供信息的模糊，也是造成照片被解释为“协警抓小姐”或“城管抓摊贩”而在网络上畅行无阻的原因之一。

网络媒体给误读带来的“众口铄金”

这张照片的主要传播渠道不是纸质媒介，而是网络媒体，是在各大论坛、微博等互动性极强的网站上被广泛传播与讨论的。在这种情况下，需要考查网络技术的出现和发展，给网络流言传播带来的许多与传统环境中流言传播不同的特点。

流言在网上重复的力度是最大的，网络的各种表达途径可以相互链接的，瞬间形成转贴潮，让质疑的声音在巨大的转贴潮中变得微不足道。接收者经常收到不同发送者传播的相同信息，在这种信息的不断重复中，会信以为真地加入到流言的传播中。

人们在通过网络获得信息的时候，通常最先是从自己熟悉的网友或信任的网站、网页获悉的。这是“协警在抓小姐”的判断，通常最早来自接受者比较信任的网页，接着又从这个网页的著名论坛链接中，再接触到大量同样的信息。最后，看到海量的

[1] 陈娟：《图片说明要把好事实关》，《传媒观察》2006年第9期，第62页。

“大家”（全能归属）都在说这是“协警在抓小姐”。即使开始的时候并不确认信息的正确度，这时也会怀疑原有的观念。所谓“众口铄金，积毁销骨”，就是这个道理。

照片拍摄者黄兴能最初将照片发到网上时加了说明文字，已经注明这是联防警救人。由于网络传播的匿名特点，网友通常不会顾虑篡改说明文字的后果。只要有少量网友依据自己关于协警、城管粗暴执法的刻板印象，将文字说明与图片分离，加上自己的标注后传播出去，接着，无责任意识的群体思维就开始发生作用，信息被不断重复和呈几何级数的扩张，使得更多的网友加入到对照片的误读和继续传播中。人们常说“眼见为实”，按理说照片更具有可信性，但这一次，一张真实的照片反而掩盖了事实的真相。

在照片被误读的6年时间里，真相多次出现过，当事人和传媒多次呼吁停止这种不负责任的转载。然而，面对同一个方向海量流动的信息，澄清本身显得极度无力。SOHO报主编李楠说：“往往在传播中真相抵不过假话——谣言往往暗合或有意迎合了某种情绪。这也是网络中劣币驱逐良币之一种。”[1]

误读在传播中发生流变而不断“死灰复燃”

一旦“协警抓小姐”照片说明词被泛化传播（这是一种流言的流变），这个信息中的专指程度就会降低。“泛化”的过程，即把对具体照片的判断进行归类；一旦归类，就方便了“贴标签”。于是，本来发生在昆明的一个普通新闻，不断在被转载中变成了发生在深圳、广州以及四川等地的“协警抓小姐”。各地网友们都将这张照片拿出来以供批判，并根据自己的需要对照片的拍摄地以及事件情况做相应的说明。因此，即使是照片的拍摄者和媒体多次说明这张照片其实是协警救自杀女子，已经没有人相信或是愿意相信了，因为解释的理由不仅有悖于公众的常识，而且，解释者显然也破坏了网友将其作为批判公权力滥用的最好借口。

误读在传播过程中实际包含了两个层面：

一个是叙述层面，它主要由事实信息构成，传达的是事实、情景、关系，它满足的是传播者与接受者间信息分享的需要。另一个更为重要的层面是示意层面，它是事实信息背后暗含着的情感、意见，它创造了叙述的方式，并左右着叙述内容的改变。而示意层面的这些情感、意见则是与人们的社会心理密切相关的。[2]

在这张照片的说明被误读、被传播的过程中，3年后发生了一次强化性质的流变，一张被误读的照片，变成了主题为“抓小姐”的雕塑，作者是知名新锐艺术家高氏兄

[1] http://tieba.56.com/v/tn-1745961.

[2] 李冠礁：《试论流言传播变异的社会心理》，中国人民大学2009年硕士论文。

弟。名人出山，加上雕塑的公开展示，使得当事人更有口难辩了。

雕塑是根据人们对这张照片记忆的复制品，人们注意它，才会想到复制它。雕塑的创作是对照片选择性理解的结果，这一选择性理解和随之而来的塑造行为，强化了对这张照片的误读，本来临近销声匿迹的误读“协警抓小姐”，通过照片流变为雕塑而“死灰复燃”。又过了3年，照片的真相才得到最终澄清。

人们获知了一条新信息时，会把这条信息和自己认知结构中属于同一主题的其他信息相联系在一起，构成一个总体相关的结构。主题结构中某个信息被提起或者唤醒时，其他的关联信息也会唤醒。这意味着，尽管流言可能消失或被否定，它的“印象”会残留成记忆的一部分，当相关主题再次被考虑的时候，流言造成的这部分印象，会和其他相关信息一起成为判断的依据。[1]

所以，“印象的烙印”一旦打上，只要流言曾经传播开过，一遇到与之对应的环境和物件，就可能再度出现。既然协警抓小姐的事情仍然经常有，那么这张照片的被误读，虽然这次基本说清楚了，但是，说不定什么时间和在什么地方，还会被误读。因为在不断被转载的过程中，被传播的不仅仅是照片本身，还有公众面对照片的情绪。网友也很有可能对照片进行刻意误读，以此宣泄不满情绪。

也许会有公众仍然固执地误读，不管怎样，已经长达6年的误读现在引发了社会的关注，表达了社会情绪，也为相关政府执法部门提了个醒：改善自身形象已经迫在眉睫了。

[1] 蔡静：《流言：阴影中的社会传播》，中国广播电视出版社2008年版，第33页。

传媒“被误读”的成因分析及其应对

陈秀云

当传媒被新闻主体指责“误读”时，要细心甄别。如果传媒检查新闻文本及业务流程没有纰漏，即便有一些缺点也非如新闻主体所指时，那么就要确认是不是“被误读”。新闻主体指责传媒“误读”有各自的动机，传媒对待不同动机采取行动，相机行事。因为不同动机决定着“被误读”对传媒及社会的损害程度。总之，传媒对待“被误读”既要与人为善，又要坚持原则，摆脱强势组织或个人的工具形象，做好社会守望者。

当下指责传媒误读的声音频发，难道媒体理解力如此低下、工作失误如此之多吗？笔者发现其中大部分不是“媒体误读”，而是媒体的“被误读”，也就是说，此间的“误读”是新闻主体强加的，传媒的解读并没有新闻主体所指的失误。

传媒“被误读”后往往是三缄其口，而且总会有别的媒体站出来替这样的新闻主体代言，把新闻主体的“误读”指责当做新闻再次传播，摆出一副事不关己的姿态。传媒这种“被误读”，无形中助长了新闻主体利用传媒的风气，使得传媒的形象受到日益严重的损害。为了维护传媒与受众的尊严，面对“被误读”，传媒必须有所作为。本文将对此进行探讨。

提防“被误读”：做足功课，对特定新闻主体保持警惕

新闻价值理论认为，重要的、显著的人物或事件具有较大传播价值，指责传媒“误读”的新闻主体一般来说都具有这一特征。从个体来看，常是社会强势人物；从组织来看，或是某些政府机构或企业。

每天新闻不计其数，涉及普通人的也不少，但为何普通人就很少指责媒体“误读”？虽说普通人人微言轻，不为主流传媒所重视，但他们如今并不缺乏表达渠道，如有报道不实，马上有人在网络上直接说传媒造假，甚至毫不留情地揭露，决不会客气地说一声“误读”就作罢。

指责传媒“误读”的新闻主体，和普通人指出传媒错误的心态完全不一样。普通公众关注的是事实真假，与其他无关，而指责“误读”的新闻主体并不关心事实真假，他们关心的是自身的核心利益，在公关和营销高度发达的时代，利用传媒成就自身是这些新闻主体的策略之一。让传媒陷入“被误读”，可能就是这样的新闻主体利

用传媒洗清自己、规避责任、转嫁危机的策略。

这些新闻主体为了利用媒体，通常会主动召开新闻发布会，或者邀请记者采访，全程陪同，热情服侍，甚至代写新闻通稿。一些记者受到如此待遇，就会失去提防之心，万难预料的是其背后叵测的居心。只有在被指“误读”之时，媒体记者发觉上当也百口莫辩。

当然，还有一些新闻主体不会太费周折，而是采用“夹带”的办法，把众所关注事实藏在其他言说当中，装作无意“透露”之状，实则故意放风，利用记者的新闻敏感，诱使传媒上当，以便舆论不利时改弦更张，把不实之失推给媒体。

因此，传媒对于这一类“被误读”应该保持警惕，做足功课。

对新闻人物听其言，查其行，了解其成长之路、文化素质、道德品质以及当下的处境，把其言行放到特定的背景之下进行解读，并且尽可能从多个角度来证明其言行的真实性；对新闻事件也是如此，要把机构、组织的政策措施与其当下的状况、任务相结合来考虑，而不能偏听偏信。

同时，处理这类新闻稿件的时候，采取闭合式文本，准确客观，少判断多展示，多理性少情绪，尽可能压缩可发挥的空间，严格遵守新闻规范，不给指责传媒“误读”留下把柄。

确认“被误读”：关注新闻主体的态度，追问“误”之所在

当传媒被新闻主体指责“误读”时，要细心甄别。如果传媒检查新闻文本及业务流程没有纰漏，即便有一些缺点也非如新闻主体所指时，那么就要确认是不是“被误读”。

一方面，确认“被误读”要考查新闻主体的态度。从态度上看，当新闻主体要陷传媒于“误读”时，往往相当“淡定”，很少义正辞严的批评。在轻描淡写道一声“传媒误读”之后，则极力阐明自己“本意”，其语气重心在后而不在前。同时，这类新闻主体在指责传媒时，通常采用“泛指”手法，笼而统之，说“一些媒体”或者“个别媒体”“误读”了他们的“本意”，绝不会指名道姓说出哪一家媒体。

比如，2010年7月多家传媒刊播新闻，报道艺人张敬轩接受香港有线电视娱乐新闻台专访时，首次公开同性恋之事。但在媒体刊播之后，其经纪人和当天节目主持人都站出来说传媒“误读”了张的意思。而且，其经纪人对于这等相当敏感之事，居然表示“一笑了之”[1]，令人匪夷所思。

[1] 相关报道参见《经纪人回应张敬轩出柜事件：是媒体误读了》，http://post.tom/s/B000090C2976.html。

试想，如果真有传媒在误读并损害了其声誉，新闻当事人还会如此心平气和吗？连李嘉诚这样不肯得罪人的商人，2005年5月宣布捐助10亿港元予香港大学医学院，被传媒误读为他是想在港大医学院获得好的待遇后也会“声色俱厉”，公开点名批评香港《苹果日报》和《壹周刊》[1]。那些稳如泰山、心气平和指责传媒“误读”的新闻主体之所以反常，恰可证明其并没有委屈可言，暧昧态度之下，则可能是别有用心。

另一方面，追问与确认“被误读”传媒“误”之所在。当新闻主体的指误或解释模糊无力、语焉不详甚至无法自圆其说时，大体可以确定传媒是“被误读”了。比如，2009年12月10日，重庆市高院出台修订后的《关于审理工伤行政诉讼案件若干问题的暂行规定》，其中第13条规定涉及醉酒与公伤认定的关系。该院行政庭资深法官对此进行了延伸解读：“《暂行规定》主要是针对职工饮酒后工作产生的行为后果作出了一个暂行规定，和工作有密切联系。如果因为工作而喝酒醉死了，或者受伤了，根据实际情况需要特殊对待，如果是因为用人单位或者用人单位内部的管理部门指派行为而引起的醉酒伤亡，用人单位应该算工伤。”

这一消息被当地传媒报道后，立刻引起舆论强烈反弹。对此，该院迅速作出回应，此间的解读变得相当笼统和原则，只强调“具体案情具体分析”、“希望媒体不要误读”，并没有针对因公醉酒算不算公伤的回答，与当日各家传媒报道相距甚远。但正如有评论分析的那样，既然同去现场的重庆四家传媒报道刊载的法官解读，都包括了“因公醉酒算公伤”之意，说明当时法官就是这么表述的。如果传播出来的消息有误，也是法官解读失误。作为新闻主体的声明，没有承认报道中的法官解读失误，但给予了不一样的再次言说，明显是在否定此前的解释，似乎可以这样看，这是在悄悄纠正失误。如此指责传媒误读，没有能够指出传媒的失误在哪里，是误报还是误传，依旧语焉不详。

有的新闻主体指责传媒“误读”，而当传媒追问到底“误”在哪里时，新闻主体却不对“误”之所在作出解释，看似强硬，实际上因为找不到合适的解释。这时，大体是新闻主体有所失误，理屈词穷，指传媒“误读”不过是虚张声势，维护面子。对于这类连“误读”之误都不愿意解释的新闻主体，传媒只要检查自己无误，就大体可以断定是“被误读”。

对待“被误读”：针对新闻主体不同动机相机行事

新闻主体指责传媒“误读”有各自的动机，传媒对待不同动机采取行动，相机行

[1] 《捐资10亿竟被传媒 误读李嘉诚真的生气了》，http://finance.21cn.com/news/cfrw/2007/04/18/3184943.shtml。

事。因为不同动机决定着“被误读”对传媒及社会的损害程度。

1. 针对新闻主体为弥补失言的“被误读”，传媒宜予以包容。

人无完人，接受传媒采访，往往言多必失，而有很多“言”是失不得、失不起的。因此，这时新闻主体指责“传媒误读”，重心不在于指责传媒，而在于纠正和解释此前的失误，以减小负面影响，摆脱困境，说传媒“误读”也是情非得已。

传媒对于此类“被误读”应与人为善，为其提供二次表达的空间，使之有机会弥补过失。但刊播其二次言说时，要同时刊出其前期言行，前后对照，让受众自己发现其中的变化。即便需要解释，也要点到为止。

这种适可而止的做法是对这些新闻主体负责，同时，也为媒体自身以后的工作打下基础。否则，如果新闻当事人因接受采访一言不慎而陷入困境，那么，这个采访对象以后与媒体打交道就会陡增戒备，而且“防传媒”的信息也会迅速扩散，放大传媒的负面形象，增加传媒工作难度。

2. 针对权威机构或权威人物为拒不认错而指传媒“误读”，传媒应该据理力争。

因为这种“被误读”，如果媒体不加以质疑和批驳，就会使谬种流传，混淆是非，表面伤害传媒，实则伤害公众。2010年7月8日起，四川统一部署把省内所有手机、座机和小灵通用户的彩铃音，将陆续更换为指定的抗震救灾歌曲。新闻一出，即遭强烈反弹，人们纷纷表示公权不能借“感恩”之名侵犯私权。《南方都市》报对此第二天就发题为《四川统一手机彩铃惹网络争议》的长篇报道，文内也包括当地有关部门的指责，说铃声“整齐划一”是“传媒误读”。但其提供的解释漏洞百出，指责传媒“误读”的理由根本站不住脚。文章没有一句传媒主观判断，但倾向和态度依旧明确，加上文本前面所配的讽刺漫画，更直观地表达出传媒对此的批评。不仅如此，在后面“众论”栏目又有评论《即便是因为感恩也不能对私权肆意践踏》相呼应，批评这是以公权侵私权。《南方都市》报的报道和评论迅速被其他媒体转载，使批评成为主流，不但洗清了“被误读”之冤，维护了传媒声誉，而且明辨了是非。这种前呼后应、摆事实与讲道理并举、勇于质疑和批评之法，传媒“被误读”时应加以借鉴。

3. 针对出尔反尔而指责“传媒误读”的机构和个人，传媒要等待时机，在其露出马脚时予以全面澄清。

传媒代表的是最广大的公众利益，给传媒设套，是对传媒的游戏。一般来说，传媒即便发现上当，一时之间也难以反驳。但是，凡事都在发展之中，一些事实会随着时间的推移逐渐得到证实。因此，对待此类新闻主体，传媒应该跟踪关注其动态，准备随时以正视听，而不是听之任之，使此前报道成为断档新闻，自身沦为跟风炒作、毫无主见的不良传媒。

4. 针对某些部门借助传媒放气球试探舆论风向之后，又把“传媒误读”当做转向的借口的“被误读”，传媒宜通过内外途径向相关部门陈明利害，使其对传媒的认识归位。

近年来，媒体被指“误读”文件规定的案例越来越多，善于解读政策的传媒如此失误，受众就更不大可能相信其他的宣传，上情下达和下情上达的通道由此不畅。因此，一方面，传媒要通过内部渠道反映如此“被误读”对政府及传媒公信力的损害，让有关方面明白损害传媒也是损害公权自身。另一方面，为相关部门提供平台，以公开讨论的方式，对相关部门暂无定夺的政策、法规方案，在媒体公示，向全社会征集建议，调动全社会参与民主决策的过程，明确借助传媒征求民意的方式远比“偷窥式”更让人信服。

5. 针对一些授权发布那些时机不成熟的新闻而指传媒“误读”时，传媒只能暂时沉默。

传媒由于其职能的特殊敏感，授权发布那些时机不成熟的新闻也会遭遇“被误读”。对此，传媒不但要遵纪守法，严循职业规范，还要注意：在有关新闻主体指责传媒“误读”时，不要随意传播，慎把“传媒误读”字样放入标题。当下大量的新闻标题中出现这一字样，是出于做卖点的需要，以为用“传媒误读”更具吸引力。但如果屡见“传媒误读”，受众会对传媒的真实性、权威性发生怀疑。随意传播“传媒误读”是目光短浅的做法，因为它自己也是传媒。

总之，传媒对待“被误读”既要与人为善，又要坚持原则，摆脱强势组织或个人的工具形象，做好社会守望者。

《新闻实践》杂志2010年第11期“多棱聚焦”栏目

记者人脉

社交能力与人际交往，是记者的职业特性，人脉关系与人脉资源是记者事业成功的必要条件。若干记者人脉资源的总和，构成了媒体的团队竞争力，而人脉资源的深度、广度和关联度的拓展，决定了媒体的核心竞争力。问题是我们长期忽略记者人脉资源的现实研究，也就缺乏相应的有效的引导、调整、约束与管理。

值得关注的是，记者的人脉关系也在权力寻租的环境中发生异化，或是变质，或是变态，在人脉与信源、人脉与创见、人脉与视野、人脉与公正等诸多方面产生了一定的负面效应，对媒体的公信力、公权性或将构成一种内在的威胁。

“云媒体”时代的网络平台，正在改变记者人脉关系的传统结构。美国媒体数据和情报公司Bulldog日前发布一项记者调查显示，通过热门社交网站获取新闻线索的记者数量进一步上升。虚拟的网络使得记者社交沟通、获取信息的空间无限伸展，因网缘而邂逅的人际交往正在变成扩张性的人脉积累。

融媒时代记者人脉的变与不变

江艺平

传统媒体的一些同行谈起当下的生存环境，时常发出不约而同的感喟：“这是最好的时代。这是最坏的时代。”

这个时代一个显著的标志，就是被越来越多媒体人谈论着并焦虑着的“融媒时代”，或曰“融合时代”。

什么是“最好”？什么是“最坏”？不同介质、不同背景的传统媒体各有各的解读。面对不可逆转的融合大势，所有媒体的应对之策却是不约而同——被浩浩荡荡的互联网潮流所裹挟，办网站已经成为报纸、杂志、电视、广播等“旧媒体”的不二之选，即使心有不甘，也得欲拒还迎。

诚然，置身融媒时代，报刊纷纷触“网”，其实还只是触及皮毛。复旦大学张志安博士最近考察美国传媒业，带回了最新且富有见地的考察报告《融合时代的变与不变》，发表在最新一期的《南方传媒研究》。张志安眼中的美国传统媒体，或被迫关闭，或无奈裁员，或弃“纸”建“网”另起炉灶，或融“旧”入“新”再造流程。简言之，美国的同行“正在痛苦地进行变革、探索，以寻求新的赢利模式和生存之道”。

这是一场向死而生的涅槃。

遥想不久的将来，中国的传统新闻业是否也要经历这样的涅槃？当涅槃降临，传统媒体能不能获得浴火重生？这真是个令人忐忑不安又不无憧憬的巨大悬念。至于在媒体融合的大变局中，作为传统新闻从业者的记者，他们的职业特性会发生哪些变化？他们的人脉积累和人际交往将产生怎样的变异？新闻先贤们练就的铁肩辣笔还能够一脉相传吗？及早思考，犹未为晚。借助张志安考察报告提供的宏观视角和丰富案例，此文着眼于微观层面，探究融合时代记者的人脉变与不变，些许思考，仅供参考。

上世纪80年代进入报社的年轻人，听年长的记者聊这门职业的要求，每每会被告知要具备“铁脚、马眼、神仙肚”的本领，意即做记者要有两只“铁脚”，无论走多远的路都不累；要有一双“马眼”，随时随地站着都能入睡；还要有一个“神仙肚”，可以几天几夜不吃不喝。这几个比喻其实寓示了记者的职业特性：视野开阔，反应敏捷，行动迅速，善于和三教九流打交道，有适应环境、搜集信息、判断事物的超强能力，等等。换成教科书式的定义，即“记者是社会活动家”。

进入互联网时代，记者们忽然不无沮丧地发现，网络更像个“铁脚、马眼、神仙肚”的超人。它无远弗届，无所不知，瞬间即达，瞬息万变，以无可比拟的搜索功能、传播功能和互动功能彻底颠覆了传媒形态，从此传统媒体不再是独此一家的传播媒介，新闻记者也不再是独一无二的报道者。尤其自2009年8月新浪率先推出微博，2010年各大网站争相开通微博以来，“自媒体”时代仿如从天而降，一下子就变成了“人人都是记者”，而传统媒体引以为荣、赖以为生的独家性、权威性及其优越感等，却随之面临被消解的危险。

当然，被消解的不仅仅是传统媒体的“护身符”，同时还有传统媒体的“紧箍咒”——那些曾经行之有效的新闻封锁、新闻管控之类，在网络这个公共话语平台面前开始变得捉襟见肘，甚至束手无策。我想，这也是做传统媒体的许多人慨叹“这是最好的时代”的一个因由吧。

既然如此，对传统媒体的记者而言，融媒时代就不尽然是令人沮丧的。试想一下，能够拥有传统媒体的十八般武艺，倘再加上新媒体的新式武器，是不是如虎添翼呢？当然，那些习惯了守着“自上而下发通稿”、“你说啥我就登啥”等宣传范式，习惯了靠跑机关、泡会议、拿材料过日子的人不在此列。

事实上，已经有许多做传统媒体的记者开通了个人微博，这些记者微博通过信息传递和彼此呼应，不但使一些原先难以获得报道的真相很快公之于众，甚至打破了各自服务的媒体之间的隔阂与隔膜，形成良性的竞争与合作，包括信息的共享，道义的共担，以及面对压力共同进退，等等。至于通过名人微博、民众微博广泛获知各种信息，更是让不少记者大大开拓了信息源。

融媒时代的到来，可以令记者有许多改变，也促使记者朝着全能目标作更多的改变。张志安博士在美国目睹了一个全能记者及其报道流程，令人叹为观止：在一个编辑部内，所有的采编人员都要给报纸、电视、网站三个平台做新闻，记者们既要用电脑写稿，又要懂得拍摄视频和用手机传稿。以报道飓风为例，“一个全能记者到达现场后，首先用黑莓手机拍摄现场照片，以最快速度发到公司的新闻网上；之后用摄像机拍摄视频，如果急的话，要把这些视频放到车上的移动电脑里，通过电脑卫星传送，如果不急则带回编辑部，剪辑后电视台用。这些都要在30分钟内完成。如果报纸决定要用这条报道，一般情况可根据视频画面和采访内容整理生成，如果不够，可派记者继续深入报道。如果新闻事件特别重大，还要在网上建立专题、滚动报道，不断更新。”

在国内，已经有一些传统媒体积极备战新媒体，主动进行融合。比如《南方都市》报的记者人手一部iPhone，并通过培训实现手机传稿；而南都的视觉中心更是早在2008年就对摄影记者展开全媒体的全员培训，朝着全能记者的目标努力，已经取得初步成效。通过融合，传统媒体的记者也看到了自身不可替代的优势，尤其是对于被权力遮蔽的真相的报道，对于被利益集团垄断的信息的挖掘，专业记者和调查记者都是不可或缺的力量。

互联网正在深刻改变世界，包括改变传统新闻业及其从业者。但它不会改变新闻的本质和规律，新闻就是报道真相，真相就是力量。它也不会改变一代又一代报人传承的“铁肩担道义，辣手著文章”的报格与人格。在我们的头顶之上，报业先贤的精神感召是一片永远值得仰望的星空。失去这片星空，也就失去传媒存在的意义和价值。

新闻：作为一种“志业”

——浅谈记者的人脉关系及其异化

杨 波

在很多人眼里，和别的职业比起来，记者“能量”很大，只要你想找谁，没有不认识的人。从某种意义上说，在一种看似平起平坐的姿态下，记者确实比普通人更容易进出一些场所，接近一些高端。由于这个职业本身的特性，记者常常为人所惧，容易受到大家的阿谀奉承。当“收入不高，地位尚可”这样的职业认知，成为不少记者的共识时，一些记者在处理人脉关系的时候就很有可能丧失自我，为人脉所累，进而做出一些违反本意的行为。

三年前，一家致力于帮网民“找关系”以创造商业财富的网站——智客网横空出世，引发了舆论极大关注。有人惊呼，这样一种赤裸裸的以人脉换金钱的做法，是对传统道德底线的挑战。

“我们人脉关系这一块主要是记者这个行业”。该网站创始人兼CEO陈渡风直言不讳地说：“网站的思路，主要是聚合网民的智力资源和人脉关系为大众服务……”

为什么记者的人脉会成为一种备受关注的资源？现实中记者的人脉资源是如何异化的？面对人脉关系的异化，新闻从业者该如何反思？

记者人脉何以具有“含金量”

人脉关系看不见，摸不着，但在严格意义上说，人脉关系也是一种可以开发的资源。在国外，关系经济（Relationship Economic）甚至是方兴未艾的研究方向。在好莱坞流行一句话：“一个人能否成功，不在于你知道什么(what you know)，而是在于你认识谁(whom you know)”。在卡耐基看来，人脉是一个人通往财富、成功的门票。我国有学者也指出，“人情法则”不仅是一种用以规范社会交易的准则,也是个体在稳定及结构性的社会网络下可以用来争取可欲性资源的一种社会机制。[1]把人脉上升为社会机制的高度，可见，人脉的积极作用不言而喻。而最近网上流行的一句话：“学历是铜牌，能力是银牌，人脉是金牌，思维是王牌”,也从一个侧面显示了人脉关系的重要性。

对于记者个人乃至新闻媒体来说，关系多、人脉广是职业特性使然。因为采访，就需要与社会各个阶层、各种职业、各色人等打交道，在年长月久的交往中自然积淀成为一种人脉资源，而且很可能进化为具有私人感情色彩的“核心圈”。当然，这种人脉资源对于记者工作而言，是媒介正常运作所必需的，也是维系媒体获得信源、沟通渠道的关键要素。不难想象，一个内向孤僻、独往独来的记者，怎么获得富有价值的新闻资源，又怎么与被采访者交流自如?

美国媒体大鳄艾伦·纽哈斯在其自传中曾透露，《今日美国》创刊之初，就动用了包括美国总统在内的各种社会关系来吆喝宣传；而加内特集团下属3000多名记者所织就的庞大“关系网”也是保障《今日美国》顺利运行的重要前提。

然而，全媒体时代的到来，从BBS、博客、微博到交友网，以往没有充分机会参与媒体运作的普通民众，借助于网络越来越多的独立发声，使得全民生产新闻从一种可能渐渐变为现实。有人因此预测，全球的新闻从业人员将会被卷入一场史无前例的变革，未来的专业记者，可能将由民众以手机采访来替代；编辑的岗位，会由现时的报社“移动”到任何地方；而新闻的专业运作，亦将分解成为人人可以主动参与的公共资讯事务，传统意义上的记者人脉资源正在经受前所未有的挑战。

在这一背景下，记者如何在竞争激烈的媒体圈中脱颖而出，如何在第一时间获得优质信源、发表有影响力的观点，包括如何获取更多的广告资源，壮大媒体自身，都面临自媒体时代的人脉资源的积累与拓展。

[1] 引自黄国光：《儒家主义》，北京大学出版社2006年版。

记者人脉因何异化

有学者专门就当今社会人脉异化的成因做过分析，认为一些人过分将人脉看做成功的关键，结果反而使得人脉充斥着金钱、欲望、名利等功利主义色彩，走向了异化的边缘。人脉能为人们创造机会，带来资源，同时，人脉也会成为人们进步的绊脚索。

由此可见，人脉关系是一柄“双刃剑”，既有摧枯拉朽、化腐朽为神奇的功效，也有挖肉带血伤及自身的破坏力。这种破坏力主要体现在：人脉关系从为新闻报道服务异化成为他人或自身的利益服务。

在很多人眼里，和别的职业比起来，记者“能量”很大，只要你想找谁，没有不认识的人。从某种意义上说，在一种看似平起平坐的姿态下，记者确实比普通人更容易进出一些场所，接近一些高端。由于这个职业本身的特性，记者常常为人所惧，容易受到大家的阿谀奉承。因此，虚荣心膨胀，是记者职业面临的第一大诱惑。第二，经济诱惑。当“收入不高，地位尚可”这样的职业认知，成为不少记者的共识时，一些记者在处理人脉关系的时候就很有可能丧失自我，为人脉所累，进而做出一些违反本意的行为。一些记者所见所访，非富即贵，相形之下，难免产生心理落差。在种种诱惑面前，假若自律不足，规范又缺失的话，人脉异化为权力寻租的行为也就在所难免。这种权力寻租的表现方式有很多：出席各种所谓的新闻发布会拿“红包”搞有偿新闻；为跑口对象或唱赞歌或隐真相；更有甚者，利用职务之便或替亲朋好友出力出气，或为自己获利，迫使被采访对象委曲求全……不一而足。

理想意义上的记者，应该是社会的瞭望者、监督者，是推动社会进步的启蒙者、批判者，是新闻事件的参与者和解释者，应该“以品性为第一”，实现道德自律。然而，在社会快速变动的当下，新闻工作已不再是单纯吸收社会精英加入、依靠从业者崇高的道德自觉来进行自律的行业，媒介的繁荣和多样化使得有不同知识背景、价值追求的从业者加入进来。新闻从业队伍的日渐庞杂和多元化，导致记者对自身职业的认知日趋理性和现实。

记者人脉之所以备受青睐，还有一个重要原因在于：互联网时代，人们被前所未有地纳入一个超时空的链接之中，昔日的权力屏障、职业壁垒、地区和语言阻隔，都在键盘的一敲鼠标的一点之中化解了。先进的传播技术第一次模糊了弱势群体与强势群体的传播隔离界线，让他们在同一张无穷大的关系网中寻求机会和价值。据报道，大多数在网上发“关系求助”帖子的人属于社会地位不是很高、人际关系交往比较缺乏的非强势人群。由于种种社会、自我条件的限制和资源短缺，不寻找关系，他们常常无路可走、无门可敲。在这种背景下，上通高层、下达百姓，“认识各种各样人”的记者自然成了可值期待的对象。

前面提到的智客网CEO陈渡风谈到过一个案例：有一个专门做电视购物的公司，跟一家电视台谈判，要签三年的电视节目广告，结果要3000多万元。他们通过网上搜索，发现有个记者跟这个电视台的台长相熟，于是找到这个记者，利用他的人脉关系，把广告费降下来几百万元，这个记者因此获得20万元的报酬。在陈渡风看来，好的人际关系应该寻找好的资本变现渠道，创造更大的价值。他的观点或许有道理。但是，作为职业群体的记者，如果不是因为他的报道有力而备受关注，而是由于他手中的“关系”而被搜索、重视，进而实现资本变现，那么对于我们新闻职业而言，无疑是一种悲哀，需要引起警惕。

人脉异化背后的传媒生态

记者人脉异化导致权力寻租现象增多，是近年来不争的一个事实。我们固然要反思其中作为个体的记者在庞大利益诱惑面前放松警惕、自律不严等问题，更要关注当前整个传媒的生态环境。所以回过头来看，在社会急剧转型的今天，新闻工作还存在哪些值得深思的问题。

首先，激励有限，迷茫困惑。如前所述，当前，大多数新闻传媒机构是事业单位性质，但按企业方式运作，这一过程中，出于节约成本、提高效率等考虑，出现了一批非正式编制的记者。这些记者常常要冲在新闻现场一线，但又往往和编制内记者同工不同酬，因此导致心理上的不平衡产生，势必寻找种种机会，以求补偿。此外，由于记者采写新闻稿件的多寡与其工资、奖金直接挂钩，这样做虽然可以督促记者在短时间内创作更多的作品，但当记者过分地追求数量的同时就很容易忽视作品的质量，甚至降低职业操守，转而去做一些违规的事。关于这一点，韦伯就看得很透彻，他说，每天或者每周都必须写出文章来，以谋生活，就像是在记者的脚上绑上了铁镣。

其次，规范松弛，知易行难。我国自中华民国以来，就有较为丰富的职业道德理念、原则和规范之论述。新中国建立后，更是对新闻职业道德的规范，作过多次规定。现行《中国新闻工作者职业道德准则》，亦在十多年间历经三次修订，其中对于记者的职业道德建设，有很详尽的规定，但无论是在可操作性，还是在执行力方面，特别是在惩罚机制上，都存在不小的差距。

像英国就有一个报业投诉委员会那样的监督执行机构，委员会由政界精英、学者和报业界的领袖组成，根据《报业行为准则》对英国报业的行为进行严格监督。除了严格的行业规范，英国的相关法律还规定，发表不真实报道或言论，对其职务或特别职业产生大的影响，给其带来损失者，可以“恶意捏造”定罪。

第三，队伍多元，管理老套。近十余年来，中国传媒业扩张迅猛，相应地，新闻从业队伍也发生了潜移默化的变化：不仅在数量上，人员激增，在学历和专业构成上，也日趋多元。原来新闻专业出身一统传媒天下的局面被打破，取而代之的是高学历、多专业、年轻态的记者不断进入到新闻行业中来。大量非新闻专业出身的记者填充进新闻队伍，一方面有利于新闻报道朝专业化、深度化方向发展。另一方面也带来了不少问题：其一，记者职业规范的训练不够，导致在新闻报道中打擦边球的现象频发；其二，记者职业选择的机会增多，导致了新闻从业队伍的流动性加大；其三，记者价值判断多元，导致对新闻事业的忠诚度降低。记者队伍的上述变化，直接挑战的是传统新闻行业的人力资本管理模式。当前，大多数媒体在人力资本管理方面仍然沿袭传统的“单位制”管理办法，一个萝卜一个坑，以硬性分派为主，而较少考虑员工个人的兴趣爱好。如此一来，记者职业对于很多人来说，有点类似于赌博：你有可能被分派到一个不错的部门，从事比较对味的采访，获取较大的收益（这个收益既有物质层面的，也有精神层面的）；但也完全有可能被扔到一个你完全陌生的部门，从事不感兴趣的报道，从此郁郁不得志。在目前有很多媒体，条线分割非常普遍，部门之间的人才流动也相对较难，这些问题或多或少对于培育新闻职业认同感和社会责任意识形成了阻碍。

第四，面对冲击，何去何从。前面提到，全媒体时代正在到来，传统媒体面临的挑战和危机日益凸显。全媒体时代，“比信息更重要的是信息的解读，比事实更重要的是事实的真相，比专业技术更重要的是新闻素养，比新闻传播学更重要的是其他学科的知识，比上述一切更重要的是社会责任”[1]；全媒体时代，信息呈海量化、爆炸式发展，昔日专业记者的信息采集功能正在被消解；而诸如权力寻租、人脉异化等有损记者职业形象的问题层出不穷，也将记者推到了公众信任危机的前台。在这样的背景下，我们有必要来重新思考：如何使记者人脉回归本真，使新闻职业的意义重放光芒。

回归人脉本真，重构新闻价值

伦敦商学院教授劳勒(E. Lawler)曾指出，21世纪不是资讯时代，而是关系时代，对企业和个人价值最高的资产是“隐形资产”——人脉组合。这给我们以启示：拓展记者人脉无可厚非，关键在于，我们应该思考：如何在鼓励记者建立、拓展和优化自身人脉网络的同时，引导人脉关系回归本真，为我所用，而不是为我所累。这就要求我们拨开迷雾，重构新闻工作的价值体系。

韦伯说过，一个渴求意义的时代，会要求有先知和预言。我们当然不能冀望公众或者冥冥之中的某种力量来赋予记者这个职业以意义，这不可能，也不现实。在韦

[1] 复旦大学新闻学院李良荣教授2010年5月8日在浙江大学的演讲。

伯看来，一门“不涉及价值”的经验科学，尚且能够成为一个人愿意为之献身的“志业”，更遑论新闻工作这样先天被誉为“社会守望者”的高尚职业？

从个体角度，有必要强化记者的使命感、忠诚感、自豪感，以及社会责任意识。选择了记者职业，就意味着选择了一种理想，如果没有一点为理想而献身的精神，到头来势必丧失一切价值。

从组织角度，优化人力资本管理，营造人尽其才、才尽其用的职业氛围，是为必要。人非圣贤。当记者基本的职业精神尚且不能保证，要求其坚守新闻理想，无异于缘木求鱼。特别需要强调的是，今天的新闻从业群体较之以往强调品性为第一要素的精英记者群体，已有很大的不同，我们可以对记者群体有所期许、有所要求，但是更现实的做法恐怕还是要真正关注记者的不同需求，并对接其需求，从内心唤起记者的职业认同。

从行业角度，加强记者的职业规范，并完善之，使之具有可操作性、可执行性，势在必行。呼唤新闻职业道德的知行合一，我们不能光说不练。须知，建立在目的论基础之上、只见诸于个人德行的新闻专业伦理，是难以获得广泛共识的，其实施结果也会因从业人员个人的自我要求而异，甚至大相径庭。著名伦理学家罗尔斯说，“现代社会有重叠的共识，是合理的价值多元的社会，一方面我们要承认和接受多元的事实，乃至于承认多元在道德上的正当性，另一方面又要坚持仍然有一种超越于自我之上的普遍的东西。”[1]从这个意义上说，我们迫切需要重建新闻职业的底线伦理与规范共识。

[1] 罗以澄等：《现代新闻职业道德的转型、架构与实现》，载《新闻与传播评论》，2003年卷，第178页。

人脉异化的媒体现状和理想之道

申子仲

人脉异化社会，根源是特权的膨胀和制度的欠缺。保证媒体的纯洁性，单靠行政手段或现有的行业法规自律，只能延缓异化趋势，治标不治本。这是因为媒体权力担当着更多的社会责任和精神使命，这也意味着媒体记者面临的人脉异化问题，根本上是一个社会问题，不可能单独来解决。这应该是一个和历史并进的工程，必须放在我国社会转型期的道德重建体系以及必要的政治体制改革中来破解和改善，甚至要将之放在更为宽阔的人类文明发展的大体系中去构建。

我有位朋友叫郭晓阳，5年前同在一家报社共事。当时，他便着手构思一部小说，并为之搜集素材。这些素材大多是同行间或坊间关于媒体记者敲诈索贿的传闻，不排除有以讹传讹的成分。晓阳为他的大作起好了书名，叫《传媒黑帮》，很刺激的标题。他对我说，有的记者正在堕落，跑线的收了红包，甘心做起线口单位的保护伞，而调查类的记者忙着用“批评”稿敲竹杠。甚至，有人想成立这样的“三T公司”。说白了，他们就是利用手中的人脉资源拓展财路。如果客户需要媒体出面打击对手，这个公司可以负责联络同行组团采访，打着公平公正的旗号“出黑拳”、“拉偏架”。如果客户怕被曝光或者被曝光后担心追踪报道，公司可以负责“摆平”。在设想者看来，所有这些业务，完全可以明码标价参与市场竞争。

所谓各行各业都有自己的“道儿”，这个道有正道，自然也有歪门邪道。遵从辩证法，正道和歪门邪道在不同的条件下是会相互转换的，这种条件无疑是道德的底线容忍度。

“传媒”一词本身并无褒义，却容易让人想到公信、公正，想到对善者的褒扬、弱者的扶持、强者的约束、恶者的打压，是对社会的建设和改良。如果将之涂绘上一层色彩，也应该是白的。而“黑帮”一词给人的联想恰恰相反，是私利、是暴力、是破坏、是践踏。但新闻人何以要将它们“扯”到一起?

当人脉关系成为生产力

越来越多的调查结果证明，“仓廪足而知礼节”只是温饱底线的人脉关系定律，当物质发达到人们难以想象水平，传统的“礼节”也会被突破重新再造。早有调查显示经济发达地区居民的幸福指数并不“发达”，而法制与道德建设的滞后，使得现实生活中的人脉关系无时不在异化着社会尊严，压迫着现有道德底线。

2010年4月，《广州女大学生价值观调查红皮书》公布其中一个结论：有37.7%的被调查女生认为，改变人生的是人脉资源。

人脉关系已经被市场化，成为可利用资源。而我们每个人身处其中，都有机会成为某种资源被利用。需求造就供给，反之亦然，“人脉异化”正在把人际关系的链条打造成一条利益交换的“锁链”，而非依靠感情维系。有一位在地产商圈打拼的被采访者，曾对我感慨：“科学技术其实不是第一生产力，人脉关系才是。”

而媒体一方面痛斥着这种非正常资源对社会的异化；另一方面不可避免地被其异化，甚至推动着这种异化的加速传播。曾有网站推出“悬赏找关系”的服务项目，按质论价。也有一些报纸、杂志对外公布代客发表论文、关系稿的价目表，成为学术商品化的帮凶。

有学者指出，这种人脉异化对社会肌体的损伤，直接导致了机会不公、制度失衡、分配不均。这种损害和权利腐败如影相随，最终导致社会群体尤其是年青一代的理想迷失和道德沦丧。

历史人物的激励或是警告

要分析人脉关系对媒体的异化，除了把它放在大的社会环境中，还要分析现代媒体自身的历史轨迹。

传统媒体的现代模式形成，孕育于20世纪80年代初，是改革开放的附属精神产品竞争的产物。最早的格局，以南方报业和北方《中国青年报》为代表，南方注重言论平民化的晚报风格，北方则注重深度特写的高端做派。其间经过各地区媒体的广泛吸收整合，新闻形态在西南地区依靠社会新闻形成突破，被打造出全新样板并影响开来，渐于90年代形成百花齐放的都市报风格。大多数地域性较强的报纸，在拼杀中各领风骚三五载。其间造就了一大批风云人物、名牌栏目、经典作品和一个个带有历史烙印的传媒思想。

与此同时，电视媒体随着卫星技术的发展版图迅速扩张，商业化运作模式占领市场。而最大的技术革命，则是互联网的普及，它慢慢改变了人们的阅读收视习惯甚至整个生活，目前这种改变还在持续。

传统媒体的这段历史在不断地发展，也在不停地阵痛。强人时代的媒体代表人物一次次突破局限，一路抛撒着推动时代进步的壮语豪言——“让无力者有力，让悲观者前行”、“总有一种力量让你泪流满面”乃至咆哮一样的“你不×他妈，他怎么会叫你爹！”……而同时，这些强人和其追随者的沉浮与磨难，又在不断地激励或警告着同行：媒体是权力机构，但它是权力极其边缘化，在大多时候，媒体的正义感只是在可操控边缘游弋；记者是有理想的，但个人理想极其虚妄，在大多时候，记者的正义感只能靠自身近乎偏执的坚守。

记者证的辩证法

发展同样使得中国媒体从来没有如同今天这样的拥挤。基本上，国内现在至少还保持着纸媒、流媒、网媒共同繁荣的假象。而中国的记者队伍也从未像今天这样庞大、多元、无序，甚至真假难辨、无法定性。

判断真假记者的一个途径是记者证?

因为给新闻当事人做人工呼吸而被誉为“最美女记者”的曹爱文，在新闻事发当时还是一个没有正式记者证的边缘人员。好人有好报，她被迅速高调、破格录用。从另一种角度来看，“最美女记者”其实是一种政治环境的需要，她“被”记者了，从而成为维系记者形象的一个符号化人物。与之相反的是驻站山西的记者兰成长，作为被聘任的记者部主管，因为没有正规的记者证，在因敲诈被群殴致死后，背上了假记者的恶名，其从业身份也一时成为争论的焦点。

记者证并不能限制这支队伍的膨胀，媒体间的恶性市场竞争直接导致了记者队伍的混乱。假记者、野记者和效益低下的正规媒体记者，迫于生存压力，对人脉异化社会的适应能力更强，编织的关系网更为强韧，对潜规则的把握也更为熟练。正规军渐渐发现，自己辛辛苦苦投入的成本和产出，除了难以攀比媒体经营者的账面收入，也远远比不上边缘化新闻从业者的一次赌博，这首先形成了一个心理落差。

记者必须思考的

“我们可以不说真话，但我们拒绝说假话”，这应该是新闻从业者的道德底线。但不可否认，这个底线原则也会被异化为一种谋财手段，记者可以为了“不说话”或“不要让我说话”为目的，从事类似采访的工作。

最能说明问题的是矿难报道。煤矿经营者担心整顿少报瞒报，地方政府担心惩处不惜为虎作伥，媒体在最初的两难选择中徘徊观望。老板计算了生产成本，官员计算了管理成本，记者计算了采访成本，发现结果对三方有百害而无一利，这自然就形成了相互妥协。一些地方的宣传部是清水衙门，其工作人员甚至会主动提供线索邀请记者来“曝光”，然后自己从中调和，分一杯羹。这个时候，原有的理想主义最容易被瓦解，从当记者之初的大义凛然，到“一时糊涂”被动接受，再到“不义之财取之无罪”的心理暗示寻求平衡，最终被异化为主动出击追求利益最大化。

现实就是这么“现实”，要求新闻从业者必须无条件适应，并在这种环境下思考自身价值，权衡如何在保持社会责任、独立人格和批判精神的同时，先保护好自己的饭碗。

总之，传统媒体因市场化在颠覆财政供给制的同时，也为自身的个性养成埋下了伏笔。随着话语权的商业化，为了谋求更好的生存，媒体开始出现集体性的方向迷失。

随波逐流还是挺立潮头？更多的新闻人不得不考虑这个职业命题——在市场的压力下，如何恪守媒体的原始信仰和职业操守。

多重压力下的记者生态

民间俚语“孬警察，赖记者”。不可否认，记者的形象和地位，在公众心目中呈扭曲下滑势态。要分析这个势态，除了了解社会的和历史的原因，还要考究媒体的现实生存压力。因为媒体的生存压力，实质上也就是记者的生存压力。

现实媒体的生存环境，明显地面临着政、商、民、媒之间的四重压力。

政，或者叫官方。

官方固守着不可触及的高压线，但主管部门对各新闻单位（这是个庞杂的队伍）的监控又显得粗放，无法主动渗透到各新闻单位的内部事务和细节处理，往往是被动地采用行政命令，来处理媒体已经造成的“错误”结果。有时候这种处理手段非常强硬，正如业内所言的“经营有问题，慢慢死；导向有问题，斩立决”。

商，这里所谓的商，是指媒体收入来源的主要供给商。

按照传统道德法则，“受人钱财，与人消灾”是天经地义的。随着区域媒体的竞争加剧和互联网技术的普及，非主流媒体的生存空间愈发狭隘，不得不主动向商家献媚。越来越多的新闻单位规定广告部列席编前会和选题会，以期提前规避广告客户被曝光。而很多不良商家正是看中了传统媒体尚存的权威魅力和经营环境不乐观的软肋，不惜重金做一些看似新闻的软文来诱导消费者，从而更加导致了媒体公信力下降和新闻职业从业者的迷茫。

民，自是草根百姓。

就新闻的本性而言，其诉求是读者的信赖。如何突破舆论监管和广告投入方的权利束缚，最大限度地接近事件的真相，出产让消费者满意的产品，成了媒体必须思考的技巧。

现实的新闻采编操控，从某种意义上来说，正在演变成一种“技术活儿”，更多的时候，记者要不时地揣摩不可预见的各种成本关联因素，而不是新闻事件本身——去不去采访？通过谁来采访？怎样措辞才可能不被毙稿？某个人和同事或领导有没有关系？被曝光的是不是广告客户？——诸如此类。

综上，来自官方的监管，决定了新闻产品的整体形态，而来自商家的要求，决定了媒体的广告收入。至于民间的口碑，即读者或者说受众市场的认可，同样也是媒体生存的先决条件，毕竟发行量不是官方和商家所能决定的。政、商、民三方的博弈，决定着媒体的产品形态、广告收入和发行量（收视率、点击率）这三驾马车。三者关系错综复杂，任何一家媒体处理不当或调节不利，买方市场便会自然选择尊重自身利益的另一家新闻单位。

于是，又引发了“媒压力”，即媒体同行间的竞争压力。

正是在这四重压力下，媒体记者艰难地抉择着自己的理想或现实归属，小心翼翼处理着各种人脉关系。

碎片化生活带来的异化

如果说传统媒体还面临着一种压力，那无疑是互联网和手机技术升级带来的。

人们可以不再依靠记忆力或者饱读来提高眼界，年轻人开始适应被短信、微博、QQ、MSN包围的碎片时代的全新生活，这是传统媒体无法实现和给予的。

网络媒体涵盖了纸媒的固化模态和流媒体的时效优势，且能通过即时互动短时间引爆舆论，有时候它甚至可以强加给受众信息。这改变了传媒对社会的传统影响秩序，传统媒体“靠新闻引导舆论”的态势，正在被网络改变为“靠舆论引体新闻”。而不少电视台和报社，早就开始借助网络媒体来造势，甚至把记者稿件的网络转载率作为评判稿件质量优劣的标准。

但网络媒体亦并非全优势，除了技术的局限，还有权威性的欠缺。更多的时候，国内网络媒体与传统媒体依旧是互补互助的关系。

而在副作用方面，网络时代碎片生活较“人脉异化社会”呈现出技术的特征。它一方面帮助人们适应快节奏的生活，另一方面又在加速生活的快节奏和疲惫感。数字技术正把人类编入一个半虚拟的电子网络，并使之越来越现实，更多的人们通过和机器互动就能获得海量信息，享受到平等的话语权。但这同时更加生疏了人际关系间的真实感情成分，分散了本应专注的注意力，更多的人习惯于跳跃浏览而不是深读和思考，这种模式已经影响到年轻人群的情感构架。美国密歇根大学2010年5月发布的研究成果表明，受数字新媒体技术影响，现时代的年轻人比较80年代和90年代的年轻人，同情心指标下降了40%。

数字技术是在拉近人脉关系，还是在疏远人脉关系？越来越多的专家学者开始探究和反思它的本质。

破解，是一个历史工程

“这是一个最好的时代，也是最坏的时代”。这是一个充满了变数的变革的时代。

人脉异化社会，根源是特权的膨胀和制度的欠缺。它始终围绕权力，滋生着贪污、受贿、渎职、寻租等等腐败。

在社会经济活动不再以传统行政命令为驱动力，过去那种缺乏公众监督的权力，就会转化为特权资本加入对经济利益的追逐。其中的一个重要手段，就是人脉关系网的权力平台维系。而要制止这种趋势，首先要保证社会公众的监督权、知情权、参与管理权，从而推动政府行为成为透明的阳光运作模式。

媒体作为上情与民意之间的桥梁，其监督权首先应当是公权资源。这种权力一旦和资本结合且无限制的市场化，便会自然产生使用这种权力资本来谋取自身利益媒体黑帮，使原本应为社会公众服务的权力，异化为个人或小团体掠夺公众的工具。

保证媒体的纯洁性，单靠行政手段或现有的行业法规自律，只能延缓异化趋势，治标不治本。这是因为媒体权利担当着更多的社会责任和精神使命，这也意味着媒体记者面临的人脉异化问题，根本上是一个社会问题，不可能单独来解决。

这应该是一个和历史并进的工程，必须放在我国社会转型期的道德重建体系以及必要的政治体制改革中来破解和改善，甚至要将之放在更为宽阔的人类文明发展的大体系中去构建。这里除了对权力社会的改造，还包括对科学和民主力量的反思，对传统文化的批判继承，以及对信仰的回归。

记者人脉思维的异化及影响

郑宇丹

记者的人脉思维异化并非全部是自我选择的结果，其中包含了政治、经济、大众乃至技术的多重制约，尤以互联网文化和权力寻租的现实环境所起作用最大。不能说人脉思维的异化等同于伦理的退化，但从社会影响来看，异化了的记者人脉思维还是会制约媒体公信力的提升、独立性的坚守和公共性的捍卫。因此，重构新闻人的社会身份，建立以问责为主的自律机制是媒体自我矫正的必然路径。

今天，在记者赖以生存的动力舱中，互联网文化无疑是最引人注目的景观。它不仅以强大的技术整合力改变了传统媒体的编写手段，更以惊人的文化渗透力颠覆了传统记者的思维模式。普利策般的“守望者论”及邹韬奋、范长江等理想至上的精神光芒，正被异化为默多克般的实用、效率与权力。尽管依旧有大量的媒介工作者小心翼翼地践行着新闻的公正与良知，但在新闻娱乐化及媒介趋同化影响下，理想越来越容易被趋势所遮蔽。如同学者支庭荣所言：世界是平的，媒体却凹了。

互联网文化影响下，整个世界都是平的，人人都可能是记者，这是当下新闻人遭遇的第一大生存困境。与此同时，转型的中国，百舸争渡，鱼龙混杂，尤以权力寻租现象令人发指却又屡禁不止，这也对记者的正常化生存造成了很大影响。

一般认为，权力寻租是政府各级官员或企业高层领导人利用手中的权力，避开各种监控、法规、审核，从而寻求并获取自身经济利益的腐败活动。其实，这只是狭义上的理解。社会学家詹姆斯·S.科尔曼认为，社会系统由“行动者”和“资源”两部分组成，行动者为了实现各自利益相互进行各种交换，甚至单方面转让对资源的控制，形成了持续存在的社会关系。[1]就此意义来讲，包括记者在内的绝大多数工薪阶层都生活在泛化的权力寻租语境下。

由于大多数媒体采取的是以量化指标为主的绩效评估体系，记者的工作如同工厂的流水线，只有多发稿件，才能更大效益地利用媒体稀缺资源（新闻发布渠道），获得生存收益。然而，记者工作的特殊性又使得他所生产的内容未必完全获得通过，其中影响最大的是权力团体的左右，包括政客、财团、广告主等。这就使得记者的生存处于广义和狭义的权力寻租双重制约下，生存困境可想而知。

[1] 詹姆斯·S.科尔曼著：《社会理论的基础》，社会科学文献出版社1999年版。

今人面对的是比工业革命更显复杂的时代，记者的生存面临着互联网文化与权力寻租的双重制约，这势必促成一种新式思维的诞生。尤其体现在人际关系的建构方面，新的人脉思维已然将“水门事件”中伍德沃德与“深喉”之间实证、永久般的共同体关系异化为虚拟、即时的利益关系，将五四时期《新青年》的“同人”气质异化为边界分明的“圈子”文化，将史量才、邵飘萍等人的正义选择异化为所谓“理性经济人”的角色。具体表现为：

虚拟式交往

受互联网及新闻娱乐化的印象，当下的新闻作品越发地呈现出不完全倚重事实和逻辑关系的非线性特征。以默多克为代表的小报干预主义风潮已然形成当代的大众文化。这种文化以大众趣味底线为标准，具有可复制性、消遣性、一次性消费等特征。当代大众文化的席卷范围是全球性的也是全媒体的。美国媒体和公共事务中心近年所作的研究报告指出，美国三大新闻周刊的新闻力度都在软化，娱乐新闻和名人传闻的内容增加了一倍，连最受尊敬的《时代》周刊，如今也用1/3的版面来介绍无聊的娱乐信息了。

中国媒体亦不能幸免甚至有更强烈的娱乐化诉求：因受制于政治与商业双重束缚，只有娱乐是最安全的。于是乎，选秀、征婚、传奇等一系列大众化栏目风起云涌，新闻也日益走向娱乐化：腐败背后的情色故事、拆迁过程中的自焚场面总是占据大量篇幅。

因此，记者在获取新闻的时候，更看重时效性、冲突性、趣味性和话题性等价值，而对支撑新闻的事实环节不再像传统做新闻那样精益求精，对新闻消息源的依赖也不再向报刊时代那样牵系紧密。

新闻界前辈邓拓在谈到交往时曾经说过，记者要和各方面的知心朋友共休戚、通血脉。这是传统人脉思维的支撑点，如同德国社会学家滕尼斯所界定的“共同体”。滕尼斯认为，“共同体”是持久的和真正的共同生活，本身应该被理解为一种生机勃勃的有机体。互联网时代，记者的人脉思维更像是滕尼斯所认定的“社会”，只不过是一种暂时的和表面的共同生活，是一种机械的聚合和人工制品。这种情况下，人与人之间田园牧歌般的诗意关系已土崩瓦解，更加受制于技术的聚合。这也是为什么facebook、youtube、人人网等社交网站备受欢迎的原因。

大趋势之下，记者的交往手段也日益走向临时的、匿名的、随意的对话状态，而当下流行的六度分隔等新型交往理论也使得这种手段获得了理论与技术上的支持：既然六个人以内一定可以找到自己要找的消息源，又何必纠集于同少数交往对象的“忠诚关系”？中国文化本不是一个重视“实证”的文化，在科学启蒙尚未完成的当下，记者人脉思维的这种偏向，对媒介的公信力将造成很大程度的侵蚀。

圈子式经营

传播学家盖伊塔奇曼认为“新闻生产网络”依据三个前提：受众只对发生在某些地点的事情感兴趣，只对某些组织的活动感兴趣，只对某些话题感兴趣，从而形成收集新闻的三种制度：地理边界化（不同地区媒体采访侧重区域不同）、组织集中化（每个部门及记者“跑线”不同）、主题专门化（每个版面或栏目内容不同）。由此，可以得出这样的结论：绝大多数的记者都生活在一定的圈子里：地缘圈子、人缘圈子、话题圈子。圈子的存在为权力寻租提供了滋生的土壤，这也是每一次腐败案发，总是一串人受到牵连而不是一个人。如发生在山西繁峙的金矿爆炸案，就有11名记者接受贿赂。而当下的互联网文化无疑也是一种圈子文化。用户从事个性化搜索、论坛化交流、手工化生产，都是在一个个自我选择的圈子里寄居。

互联网文化的圈子加上权力寻租的圈子，使得记者往往处于一种集体爆发或缄默状态。集体爆发类似于对新闻的密集炒作，而集体缄默比炒作更为可怕。例如三鹿奶粉事件，在东方早报记者率先捅破窗户纸之前，地方媒体保持集体缄默达1个多月之久。不知道是地方政府保密工夫做得好，还是媒体新闻挖掘能力实在有限，连消息灵通的网络都未见一丝匿名的风声。

可见，记者的各种圈子乃至由此而生成的圈子文化不仅存在于与政治资本的周旋中，也在与经济资本、社会资本的交互中或缄默、或妥协、或中途退场。此类的圈子文化必然导致媒体的公共性存伪、独立性遭到消解。

功利式选择

在当下中国，有一种理念私底下流传。该理念打着“理性经纪人”的旗号，错误地解读着西方的公共选择理论。公共选择理论曾经获得诺贝尔奖，它的本意是强调市场调节，减少政府干预，从而防止权力寻租。而错误流传的理念只强调该理论对人性的假设：人都有自利的一面，有追求收益最大化的倾向，即“理性经济人”本色，从而为权力寻租的正当化寻找借口和获得心理安慰。

在新闻界，也不乏这样的观点。金元新闻、御用文人、商用文人的不断涌现，就是某些记者所谓“理性”选择的结果。可悲的是，这种理念正在大众文化的伴奏下向主流思想迈进。尼尔波兹曼是较早看到这一趋势的学者，他在《娱乐至死》一书中不无忧虑地写道：“随着娱乐业和非娱乐业的分界线变得越来越难划分，文化话语的性质也改变了。我们的神父和总统，我们的医生和律师，我们的教育家和新闻播音员，大家都不再关心如何担起各自领域内的职责，而是把更多的注意力转向了如何让自己变得更上镜。”[1]不难看出波兹曼语义中的双关意味。他一方面惊叹于电子媒介的摧枯拉朽之力，另一方面为当代人在责任与功利之间选择的高度一致性无可奈何。

在人脉交往的功利主义思维引领下，记者“权力寻租”现象的出现也就见怪不怪了，主要表现为或吹捧报道对象换取经济利益，或假曝光之名威胁、敲诈报道对象。新闻出版署近年来频繁曝光的记者站腐败现象便是对功利主义倾向的声声警钟。但为什么“权力寻租”在媒体依旧屡禁不止，新闻学者展江教授试图用制度经济学解析这一现象。他认为，一旦人们做了某种选择，就好比走上了一条不归之路，惯性的力量会使这一选择不断自我强化，并让你轻易走不出去。这就是路径依赖。这是因为，经济生活与物理世界一样，存在着报酬递增和自我强化的机制。这种机制使人们一旦选择走上某一路径，就会在以后的发展中得到不断的自我强化。[2]

这或许就是功利主义能够成为经典经济学基础的原因。“在贪婪的惯性轮下，经济意义上的人成了整体意义上的人，唯一的人”[3]，作为社会公器的媒体和它的记者们也很难免俗。或许人脉建构本身就是一种功利的行为，否则也不会有这句话的盛行：“一个人能否成功，不在于你知道什么，而是在于你认识谁。”这不是某种行业的堕落，而是整个世界的现实宿命。

制度式寻租

笔者认为，将发生在新闻界的“权力寻租”现象仅仅归咎于少部分人的道德沦丧有失公允的。实际上，记者借助媒介组织的既有资源进行“权力寻租”，已经逐步呈现出常规性、普遍化的态势。而这一态势正在成为媒体制度化的一部分。诚如一位资深新闻记者所言，当前中国记者权力寻租现象已经是制度性的，因为对记者收入的设计或多或少考虑到这个因素，也就是说记者的劳动价值等于记者的公开收入加上可能获得的红包收入。新闻学者陆晔、张志安亦认为，通常的“车马费”或价值两三百元的“红包”，往往被媒介行业视作普遍的潜规则或新闻生产过程中消息源支付的必要成本，成为上下默许、南北通行的职业习惯，这种默许等同于重新界定了新闻人的伦理边界。[4]即便有不少媒体进行自我的制度化矫正，但这样虽然表面上遏制了记者的个体寻租，实质上是将个体寻租演变为集体寻租，依旧等于默认权力寻租的制度化。

由此可见，当我们在谈论传统媒介的影响力正被网络消解的时候，仅仅看到了问题的一个向面，即技术文化的层面，却忽略了伦理文化的功用。掌控着采访权等稀缺

[1] 尼尔•波兹曼著：《娱乐至死》，广西师范大学出版社2009年版。
[2] 展江著：《记者站腐败的制度分析》，《财经》杂志总160期，2006年版。
[3] 詹姆斯•凯瑞著：《作为文化的传播》，华夏出版社2005年版。
[4] 张志安、陆晔著：《记者“权力寻租”中的社会资本转换及其伦理边》，《国际新闻界》2008年版。

资源的传统媒体日益走向衰落，绝不可能只是外因使然。监督作用的缺位、伦理边界的模糊正在让它们自食其果。

自恋式传播

谈到新媒体与整个社会的变革，当下的主流声音是，这一变革并不在于精英与草根的权力转移，而是“你”到“我”的权力转移。大众草根的崛起，在消解和替代传统精英的话语权的同时，又在互联网创造了新的“知本新贵”。精英和草根都只是身份的区别，其核心都是自“我”特性，都需要通过互联网的力量来赋予自我权力。

在这样的情势下，代表着传统精英话语权的传统媒体并未完全意识到“我”权力的势力改变，而是依旧处于“我”对“你”说、“我”说“你”听的传统思维模式，依旧呈现出自恋式的自我狂欢，显然没能谙熟互联网时代“我”权力流动的规律：你能不能创建与这种新技术工具相适应的新观念、素质、价值和技能？你会不会用这种新技术和新人文持续地构建自“我”特性。如果不能，记者乃至媒介的自恋式传播思维很容易被颠覆。

近年来频传的记者被打以及当事媒体大炒特炒的现象，一方面显示新闻职业的神圣性、权威性遭到抵制，另一方面也显示出记者“你必须配合我”这种传统思维的现实贻害。习惯于超越新闻事件的当事人而自己成为主角，是一部分记者乃至媒体依旧没能走出的误区。互联网时代，当国家、家庭、文化、地域这些曾经强势的社会束缚力量都在个人主义复兴的过程中遭到削弱的时候，媒体自然不能幸免，网络也并非特例。网络之所以笼络越来越多的个体，并非它是权力本身，而是它提供给人们施行自我权利乃至权力的平台，它越来越像约翰弥尔顿所向往的“观点的自由市场”，在嘈杂的纷争中达成“真理”的自我辨识。这是网络胜出传统媒体的一个重要特征：它只提供平台，而把表演权交给登上舞台的一个个“我”。

并不是说“记者”被打不值得同情，乃至作为一个新闻事件得以传播，而是要看到这种传播模式背后客观性的缺位、媒体资源的自我占据。这也是传统媒体在网络面前败下阵来的原因之一。

综上所述，记者的人脉思维异化并非全部是自我选择的结果，其中包含了政治、经济、大众乃至技术的多重制约，尤以互联网文化和权力寻租的现实环境所起作用最大。不能说人脉思维的异化等同于伦理的退化，但从社会影响来看，异化了的记者人脉思维还是会制约媒体公信力的提升、独立性的坚守和公共性的捍卫。因此，重构新闻人的社会身份，建立以问责为主的自律机制是媒体自我矫正的必然路径。

当然，我们更期望媒体所栖身的当前政治经济社会及文化环境的自洁，其中包括打通行政监管和社会监督的壁垒，达成对权力寻租的立法约束，保障记者的合法权利等。

路且漫长，但总得有人在路上。

《新闻实践》杂志2010年第12期“多棱聚焦”栏目

策略传播

当菲律宾人质事件的败局主因归咎于电视直播时，传媒界痛定思痛、扪心自问：全程现场直播究竟是利大于弊，还是过大于功？“有闻必录”的传播操作，显然不是现代媒体的成熟理念；而“有闻有不闻”的率直取舍，又无法取代新闻现场充满变数的临阵抉择。真正考验媒体的大智大勇的准绳，则是贯穿新闻采制始终的策略传播。

在面对突发公共事件的时候，策略传播为媒体提供了切实可行的途径来调整新闻传播与社会责任的博弈。基于战略性进步的策略传播，不是“急来抱佛脚”的权宜之计，而是袖手于前、谋划在先的全案规则，更是总揽全局、决胜千里的细节总和。纵然风云莫测，吾有一定之规：因时制宜，因地制宜，因事制宜，尽可能地获取新闻价值最大化；有理、有利、有节，则是适度设置传播效应的分寸把握，也是媒体自身防护的前沿盔甲。

菲律宾人质事件昭示策略传播的博弈

汤砺锋

在面对突发公共事件的时候，策略传播为媒体提供了切实可行的途径来调整新闻传播与社会责任的博弈。策略传播，表现为在特定的条件下策略传播与知情权的博弈，面对特定的受众而进行的策略传播与新闻客观性的博弈，还有选择在什么时机与传播方式向受众传递某种意义上的特定信息。对于一个媒体，对于每一个新闻人来说，和平解决是对每一个生命的尊重，即使是劫匪门多萨的生命，至于最终发生的血流成河，是新闻伦理所无法容忍的，同样也是策略传播的失败。

菲律宾人质事件发生后，许多电视媒体迅速展开现场直播，其即时、公开、透明的信息传递满足了公众的知情权，但是最终的惨局却让很多人对电视直播的手段、时机产生了争议。本文以菲律宾人质事件为例，对电视现场直播在突发性事件中直播的策略传播等方面进行分析，以期探讨直播该类突发事件的一般规律。

面对新媒体的竞争，电视直播仍然是目前最快的传播方式之一。对于劫持人质类似突发事件的直播报道，无论是美国的辛普森案，还是我国上海的劫持人质案，都有过成功直播的先例，而这次人质事件直播导致如此惨痛的结局。也正是由于这样的结局，包括菲律宾总统在内的很多人都将此归咎于电视直播，在菲律宾政府特别调查委员会提交的菲律宾人质绑架事件的正式报告（第一版）中，专门在最后一章，论及媒体在此次绑架事件中负面作用，并意图指控有关主持人以及ABS-CBN广播公司GMA-7卫视、TV5电视台等媒体。难道媒体直播真的是造成这一悲剧的重要原因乃至首要原因吗?

作为媒体从业人员，思考什么新闻事件的信息可以传播、如何传播，以及传播过程中会带来什么样的社会效果，面对突发新闻事件，如何在事实传播和策略传播之间博弈，成为业界以及学界关注的焦点。

“事实传播”与电视新闻现场直播

事实传播，指的是媒介对某一新闻事件毫无删减，全面、客观、及时地向所有公众进行无差异化的传播。从传播学理论来看，事实传播正是新闻从业人员所追求的理想境界。而策略传播，指有针对性地将有效信息传递给潜在目标顾客，后引申为在特定时刻选择特定的人群，传递特定的信息。

通过电视直播，我们看到了菲律宾官僚系统的运作，看到了人质之间的相互扶持，看到了香港人彼此同心，看到了现场官员的含笑答记者问，更看到了事后的众人欢乐合影。这一场新闻直播，不仅仅是局限在灾难发生的那一刻，更应该是在事后各方面充分的报道。正是这个惨痛的结果，反而凸显出了这次灾难的价值，新闻直播应该就是这个样子，直面惨痛的现场，从而引发对生命的尊重，对个人权利的维护。灾难不仅使人哀伤，也是一份教材，让人们吸取教训，使惨剧不再重发，使人们有所警醒……这才是我们最大的良知和操守。这一切，都有赖于充分发挥新闻的价值，使细节公之于众，让公众来评判。

电视新闻直播，具有与生活的同构性，并以其技术能力与鲜活的生活咬合在一起，结构了一个更为人性化的现代人的生存空间。[1]这就决定了电视直播展现的多样性，而此次直播有一个重要的转折点，就是门多萨通过巴士的电视知道自己的弟弟以及儿子被捕，从而开始屠杀人质，这也成为菲律宾总统指责媒体直播给人质事件带来惨剧的理由。但是这个果真是需要媒体负责的吗？且不说警方采取这样的手段是否合理、合法，就是必须如此，警方也应该采取必要的手段，通过无线电干扰，提供专用通讯手段，割断劫持人质者与外界的联系，而不仅仅一味阻止媒体对该事件的直播。究其根源，是警方的处理失当，当地政府和警方在处置这一事件时，更应该考虑新闻直播的存在，进而作出安排，避免向罪犯透露具体信息，甚至可以通过媒体，释放善意，向有利于事件发展的方向努力。

因此，我们可以毫不犹豫地说，对于菲律宾劫持人质事件，电视新闻直播本身并没有错，错的是菲律宾政府以及警方对此事的处理。不过作为媒体，在人质事件中，如何把握策略传播，值得我们探讨。

策略传播与新闻天性的博弈

策略传播讲求在特定时机，向特定受众传递特定信息。其中特定时机有可能是延时30秒，也有可能滞后几天甚至几年，这显然与新闻天性背道而驰。在突发新闻事件直播中，似乎对立的两者如何博弈，也是所有传媒人思考的问题。

在菲律宾人质事件中，我们可以说菲律宾警方处理此类事件的不专业，因为根据一般的处置方案，首先要切断劫匪与外界的联系，其次释放善意，缓解劫匪的紧张情绪。

这个时候，媒体该如何博弈？追求新闻的第一性，或者说追求事实传播，把直播

[1] 朱羽君、殷乐：《寰球同此凉热：新闻现场直播》，《现代传播》2010年8月。

场景选择到最直观的、最悲惨的“第一现场”，寻找最能吸引眼球的“瞬间”，甚至捕捉并放大当事人及其家属在灾祸面前所表达出来的悲痛情绪刺激当事人，还是实施策略传播，进行选择性地传播？

在面对突发事件的时候，电视现场直播应该选择什么样的拍摄方法、表现角度、表现内容呢？如果能在直播报道中更多地加入一些人文关怀，如果更多地考虑到人的生命的价值，那么直播报道就会更加感人，更加经得起历史的推敲。对于新闻工作者来说，如果丧失了同情之心，那么也就违背了他们选择这一职业的初衷。

美国职业新闻记者协会（SPJ）职业伦理规范中第一条规定，追求真实并加以报道，新闻记者应该忠实、公正和勇敢地搜集报道和转述信息。但是在接下来的第二个原则，就提出了“减少伤害”。[1]当救助生命与采拍新闻发生冲突时，新闻记者放下手中的笔和摄像机，去救助岌岌可危的生命，这是新闻界公认的伦理原则。1993年，南非摄影记者凯文·卡特和西尔瓦一起去拍摄遍地饿殍的苏丹叛乱活动，拍摄到快要饿死的人的悲惨景象，以作品《饥饿的小女孩》赢得1994年普利策新闻特写摄影奖。尽管他年仅33岁，但最终因无法承担社会舆论的指责而选择自杀。

在“菲律宾人质事件”中，媒体记者在现场，知道警方在行动中没有对大巴电视机采取技术措施，这个时候，即使警方没有要求，也应该对相关营救信息加以处理。

选择在什么时机向受众传递信息，正是策略传播的三要素之一。诚然，如果劫持人质事件和平解决，在劫持案件频发的菲律宾，肯定不会引起大家的关注，也不会产生轰动效应。

对于一个媒体，对于每一个新闻人来说，和平解决是对每一个生命的尊重，即使是劫匪门多萨的生命。至于最终发生的血流成河，更是新闻伦理所无法容忍的。

策略传播与知情权博弈

策略传播的要义是向特定受众传递信息，而对于新闻记者，就是要向所有的受众传递信息，捍卫公众知情权。20世纪60年代以来，知情权更是作为保护新闻自由的原则依据，被众多学者理解为一种广泛的社会权利和个人权利，即我们今天广泛讨论的各种各样的知情权。

在菲律宾劫持人质事件上，作为媒体天然要捍卫公众的知情权，对菲律宾政府处置的手段进行报道，对门多萨劫持人质的前因后果进行披露，甚至是对处置事件的官员竟偷空出去就餐加以报道，才会在整个世界引起震动，才会让菲律宾当局不再麻木，作出问责的决定，才会让香港游客的鲜血不会白流。

[1] 美国职业新闻记者协会（SPJ）职业伦理规范。

在直播过程中，媒体捍卫公众的知情权，此时的公众却不应该包括门多萨。站在大巴车载电视前的门多萨，既然能够同步接收到直播信号，那么媒体就应该有所考虑，此时如果空谈知情权，那就是对生命的漠视，对歹徒的放纵和帮凶。

在标榜知情权至上的西方国家，也有过类似的案例。2008年10月12日，加拿大华裔女记者梅丽莎·冯在阿富汗遭不明身份的武装分子绑架，武装分子还主动把这个消息分别通知了加拿大、美国、法国等主要媒体，企图能够得到舆论关注，逼迫政府尽快支付赎金。但是，为了使女记者尽快获释，让相关机构能够集中精力与武装分子谈判，加拿大媒体以及美联社、路透社等国际媒体惊人地选择了同一立场，保持“沉默”，不对此事进行报道，一直等到女记者获释后，才把绑架事件的前前后后披露出来。

由此可见，国外传媒在突发事件中如何在知情权与策略传播之间进行博弈，也能从中体会到在菲律宾人质事件中，媒体从业人员应该有何等考量。

策略传播与新闻客观的博弈

策略传播，很大的主动权掌握在媒体的股掌之中，选择在特定的时间、告诉特定的人群。在菲律宾劫持人质事件中，必然会与处置事件的警方产生交集和冲突，警方希望门多萨对外界的布置什么都不知道，甚至是跟门多萨有关的人都不要知晓相关信息，不希望警方与门多萨之间的矛盾公布于众，于是希望媒体不要介入。而媒体不仅想记录门多萨劫持人质事件，更想了解所有的真相，还原事情的本质，这必然导致两者发生冲突。

新闻要求用“用事实说话”追求客观性。也就是说，“媒体人在新闻活动中应如置身事外，冷眼旁观的中立者（neutralgatekeeper），要超然与不掺入自己的偏见，在报道中做到正反互陈，意见与事实分开。”[1]客观是新闻的最本质的要求，是新闻作为新闻的最底线标准，是新闻与谣言的根本区别。客观的新闻给受众以真实的事实再现，并能够作为事实的判断依据；不客观的新闻使人盲目而茫然，使新闻媒体失去可信任的价值。

但是具体到菲律宾人质事件中，如果一味追求忠实的记录者，必然会导致我们所不愿意见到的结果。快接近下午三点的时候，劫匪门多萨公开表示不再接听警方的电话，而是宣布到了媒体时间，企图把媒体作为一个要挟的手段，向警方乃至政府施压。而当地媒体在这个时候不仅没有保持记录者的角色，更是选择了参与，参与到了门多萨的“合作计划”中。据菲律宾国家警察署发言人克鲁兹介绍，在人质解救的关键时刻，曾有一些媒体人通过各种渠道联系上了劫匪门多萨，但与其通话的目的却是

[1] 林爱珺：《新闻伦理的冲突与客观性标准》，《新闻记者》2004年10月。

怂恿劫匪"不要接受"警方的条件。

即使电台的主持人在直播中一直在规劝，但毕竟媒体从业人员不是专业谈判专家，不具备相应的素质。浪费了大量的时间和时机，这无疑是被公众所诟病的。

在人质事件中，有一个非常重要的转折点，也就是当门多萨从电视中看到自己的弟弟被警察逮捕，并踩在脚下的时候，情绪突然失去控制，在扬言要他们付出代价的之后，迅速挂断了电话。作为新闻客观性而言，媒体应该有权利将警方采取的行动告知公众，但是如果进一步考虑到门多萨也是观众之一，如果媒体不将这个细节放入直播，那么，门多萨会不会放弃与警方的谈判，会不会放弃枪杀人质，会不会和平解决？然而，这一切都是假设。可以肯定地说，出于对生命的考量，当地媒体的选择是错误的。

策略传播与社会责任的博弈

正如普利策所言："倘若一个国家是一条航行在大海上的船，新闻记者就是船头的瞭望者。他要在一望无际的海面上观察一切，审视海上的不测风云和浅滩暗礁，及时发出警报。"新闻记者忠实记录社会发展的进程和变革，而不是自己去改变甚至左右新闻事件的发展趋势。他们履行自己责任的最好方式应该是，用职业化的方式取得新闻事件社会效应的最大化，而且这种效应是符合大多数受众的客观需要的。

作为传统新闻学理论而言，策略传播一直被视为异己，甚至被很多"正统"记者编辑所鄙夷。但是具体当下的风险社会，在面对突发公共事件的时候，策略传播却给人们提供了一条途径，来审视新闻传播与社会责任的博弈。

按照美国学者斯特奇的"危机传播阶段"理论，媒体在报道突发事件时，应该按照危机的进展采取不同的信息处理和报道议程。就菲律宾人质事件而言，媒体在危机形成阶段的报道方式是没有问题的。在最初的"黄金4小时"内，在场媒体的直播很好地发挥了"我在现场"的作用。人们注意到，在事件的大部分时间内，劫持歹徒的表现都是平静的，要求警察提供食品和燃料补给，并有数名人质被释放。按照这一态势发展，这场悲剧很有可能变成虚惊一场。但是当地部分媒体在事件后续发展的时候，仍执著于新闻天性，忽略媒体的社会责任，付出了不可估量的代价。

媒体善用“策略传播”才能化险为夷

范以锦　张天赦

何谓“策略传播”？简而言之，就是在传播中运用巧妙的策略使传播的影响力达到最大，实现整体效果的最优化。无懈可击的媒体行为，是抵抗不当干预的基本功；审时度势，顺应社会政治生态环境的事件处理方法，是舆论监督顺利进行的有力保障。媒体无懈可击的行为是新闻的专业要求，更是媒体“策略传播”的基础。它是媒体提高自身抗压能力的根本方式，做到这一点，就要让媒体在报道过程中做到“有理”、“有利”、“有节”。

马尼拉人质事件之后，菲律宾政府的调查报告要求追究媒体及记者，由此引发了新一轮的争论。媒体是否应当承担责任，应该承担怎样的责任，面对政府的指责，媒体辩驳的声音明显不足。一方是媒体舆论监督遭遇行政权力的无奈常态，另一方是媒体专业追求中与行政权力不可避免的博弈。媒体如何在坚守和自我保护中找寻出路？媒体坚持新闻理想与专业主义精神，却要适应社会政治生态环境，“策略传播”应引起高度重视。有了“智勇双全”的传播理念，无论在顺境中还是逆境中，都能立于不败之地。

政府为何拉媒体挡箭、拖媒体垫背

菲律宾政府所作的调查报告震惊了新闻界。报告建议对一些媒体及个人提起诉讼，理由是他们在这次劫持事件的关键时刻不停地对劫持者和现场进行采访，导致形势恶化；认为在人命关天的危险关头，媒体应遵循职业道德和行为准则。如果只是批评媒体的职业道德问题，本无可非议，问题在于这是过分的追究。事实上，面对外界的指责，菲律宾政府一开始就不断将营救失败归咎于媒体的现场直播，拉媒体挡箭，拖媒体垫背。

随着互联网等新技术的发展和受众对新闻需求的不断提高，与事件发生同步的现场报道，已被认为是新闻本质的回归而受到广泛推崇与赞誉。在这次事件中，媒体接到人质劫持的消息，第一时间赶赴现场，用最能反映事件进展状况的方式进行报道，这无疑是媒体最本能和专业的反应，无可指责。倘若不是如此，在重大事件前的“失语”则更加是媒体的耻辱。

对于警方来说，他们是救人的责任主体，有着与媒体不同的职责，但此次事件中的警方表现可谓从头错到了尾。从营救行动来说，没有一套行之有效的方案和措施，将最佳时机一再错过；从现场掌控来讲，没有给在场媒体的报道提供任何建议或限制。很明显，在此次事件中，最需要批评和追究责任的应是有着不可推卸责任的警方。

作为公权机构，政府埋怨媒体报道的行为很容易让人产生疑问：是否少了媒体现场的影像，政府对事件处置就容易了？对媒体这种严厉的态度，是菲律宾政府要“追究责任”还是便于让警方乃至政府“逃避责任”？

政府庇护因“失职”而“草菅人命”的警方，着实有失公正。但也应该看到媒体也有值得总结的教训。不正当干预乃至打压媒体的现象，早就有之，媒体早就应该有这种思想准备，也就是要明白“有备无患”的道理。有了防患意识，就会处处检点自己的行为，防止“把柄”落在别人手里。客观地说，在这次的人质事件的报道中，媒体并非无懈可击，确有“把柄”被人抓住。只是在博弈中，媒体的“把柄”被放大了。如果媒体没有“把柄”留下，就不至于给政府打压媒体提供口实，也不至于给政府“推卸责任”留下余地，而且媒体遭到无理指责时，也能理直气壮地进行反驳。

菲律宾人质事件后媒体陷于困境的教训，有必要引起媒体深刻的反思，即如何将坚持新闻理想和专业主义的“勇气”和适应社会政治生态环境的“智慧”结合起来，让媒体在揭露事实真相中立于不败之地。

运用“策略传播”，让新闻行动无懈可击

毫无疑问，媒体也会犯错，正当的、恰如其分的责任追究媒体理应接受。但菲律宾人质事件中媒体的遭遇告诉我们，政府部门有些人不仅可能掩盖事实真相，甚至在触及某些利益时，会借助权力阻碍媒体的报道。在不正当的“追究责任”面前，媒体可能毫无招架之功。

这种现象，在我国一些地方也有出现。利用公权对舆论监督的不当干涉，表明一些地方的舆论环境仍然严峻。那么，这种问题应当如何解决？当行政权力与舆论监督相互冲撞时，媒体拿什么来抗衡不当的权势干预？面对权力的无理指责，媒体怎样保护、澄清自己？对于媒体，真相与风险总是相伴而行，但对理想的信仰与坚守并不一定与沉重的代价成正比。我们崇尚不畏强暴捍卫新闻真实性的勇气和豪情，但也应当推崇能够巧妙实现舆论监督的智慧。这种智慧就是“策略传播”。

何谓“策略传播”？简而言之，就是在传播中运用巧妙的策略使传播的影响力达到最大，实现整体效果的最优化。这种整体效果包括媒体所要传达的信息和观点收到预期的良好效果，媒体在传播活动中善于与各部门协调沟通，并通过传播活动既促进了社会进步又推动了媒体自身的发展等。

这种传播理念与我们以往强调的媒体快速反应、发掘真相的能力不同，它倡导的是巧妙的报道方式方法，追求的是“报的巧妙”和产生的正效应。良好的策略传播，不仅仅是“挖新闻”、“抢新闻”，还要“挖效果”、“抢效果”，要预测、把握报道的正面和负面的影响，强化正效应。

百度词条中对“策略”的解释有三种：一是可以实现目标的方案集合，二是根据形势发展而制定的行动方针和斗争方法，三是有斗争艺术，能注意方式方法。与此相对应，“策略传播”也可以有如下解读：“目标方案的集合”是静态的衡量，是在一定时期内根据具体的传播条件在众多的传播策略中选择目标效果最好的一种；“根据形势发展制定的行动方针和斗争方法”要求“策略”是动态变化的，要随着事件的发展或报道的深入改变报道策略，以期策略在过程中保持最优；“艺术”是对“策略”的总体要求，即在整个报道传播的过程中要注意方式方法，变“蛮力”为“巧劲”，是用最小的投入得到最大的产出。

无懈可击的媒体行为，是抵抗不当干预的基本功；审时度势，顺应社会政治生态环境的事件处理方法，是舆论监督顺利进行的有力保障。媒体无懈可击的行为是新闻的专业要求，更是媒体“策略传播”的基础。它是媒体提高自身抗压能力的根本方式，做到这一点，就要让媒体在报道过程中做到“有理”、“有利”、“有节”。

“有理”，要求新闻报道在内容上要真实可信、逻辑要严密合理，保证新闻的真实、全面、客观、公正；在媒体活动中要以法律为准绳，在法律允许的范围内活动。这是媒体行为的准则和底线，也是媒体面对外界指责最佳的免责凭据和自我保护的最有力武器。做到这一点，媒体和记者就要恪守专业理念，避免虚假新闻、有偿新闻；要加强法律和道德约束，避免各种新闻侵权的产生。因媒体报道失实不断出现的当事人诉媒体新闻侵权、山西矿难中“封口费”的发生都严重损害了新闻媒体的形象，媒体及记者要理直气壮搞好新闻报道，就要坚决避免这类行为的发生。当然，有时由于事件本身的复杂性、媒体能力的局限性或其他客观条件限制，媒体在一定时期的报道可能出现偏颇，但只要媒体是无偏见地记录并积极完善后续报道，也是符合“理”的要求的。

“有利”，要求新闻在内容无懈可击的基础上找到最符合内容传播和思想表达的形式。这种“形式”是广义的，涉及要不要报道、在什么时间报道、谁来报、用什么方式报，这些都可能对效果产生不同的影响。并非所有的新闻都是“越快越好”，有的甚至“说了还不如不说”。如何让舆论监督发挥最好的效果，如何衡量其中的轻重缓急、利害关系就是媒体“智慧”的考核点。在2001年1月23日农历除夕时，天安门广场曾发生了震惊国内外的“法轮功自焚事件”。当时，鉴于正值新春佳节，媒体并没有在第一时间高密集度的报道这一惨剧。而当新春佳节刚过，各大媒体如实报道事件的情况及进展，被许多人认为是时效性和适宜性良好的结合。此外，媒体在一些问题上将公开报道和内参区别开来，对问题的揭露和解决也收到了良好的效果。

"有节"，是对媒体提出的更高要求，它衡量媒体在"新闻性"与"社会性"之间的抉择。要做好这样的选择，笔者认为媒体需要对"现场"有更为精准的认识。媒体中常常会有一种"过度专业"的毛病，其中的一个表现就是把一切"现场"都看做"报道现场"，但事实上，任何一个现场都首先是一个"社会现场"，有其核心的"社会主题"。在事件发生时，不论是受众关注点还是媒体社会属性都决定了媒体首先应当处于一个"社会场"其次才是一个"报道场"。媒体报道是否符合"社会主题"是衡量和评价媒体表现的最基本标准。

此次菲律宾媒体表现出的问题正在于此。当时媒体所处的环境首先是个救援现场，营救人质是所有活动的焦点，是在场主体一切活动都应当首先配合的中心。忘记了这点的报道纵然再好再真实也难逃不合时宜的质疑，因为它忽略了一个更重要的"社会现场"。这样的教训在我国也有很多，典型的是汶川地震中许多媒体虽然为展现一个真实的现场而竭尽全力，但也遭遇了某些镜头缺乏人道主义精神和行动影响救援的争议与指责。

同样，在师永刚的《解密凤凰》一书中也有一个发人深思的细节，即在对"9·11"事件的直播中，凤凰评论员曹景行的即时评论虽然在后来被证实是科学、理性和充满前瞻性的，但由于当时对遇难者表现的同情、哀悼不足，一直广受欢迎的曹景行受到了来自观众的批评。因此，相比于及时的报道，符合"社会场"的主题要求更能为后期报道取得良好效果奠定基础，媒体在现场保持适当的克制，冷静地完成对现场的评估，以此作为行动的指导和制定报道策略的参照是明智的选择。

巧用社会资源，钳制不当干预

善于理性分析，用智慧构造无懈可击的行为，是媒体在不当干预前能据理力争的重要前提；而审时度势，正确认识舆论监督中的各种主体、联络积极力量保障舆论监督顺利进行，也是媒体善用"巧劲"的表现。目前，我国正处于一个社会转型期，体现在媒体开放进程中的是各方利益的博弈。尽管中央高层反复强调善待媒体、善管媒体、善用媒体，但有些地方和利益集团违背中央精神的不正当干预和打压媒体的行为还是发生了。因此，媒体应根据国家的政策，调动各种积极因素，凝聚力量钳制不当干预。这也是"策略传播"的"配套工程"。

随着《政府信息公开条例》的颁布和汶川地震、奥运报道的开放探索，媒体"排气阀"和"润滑剂"的作用得到了应有的肯定，政府在努力推动信息公开的活动中也体现了相当的诚意。这对媒体来说，就是一种良好的社会政治生态环境，媒体应当利用这一机会，大力宣传政府的开放政策和对舆论监督的积极支持。同时，还应当看到，社会转型期出现了形形色色的矛盾，这决定了维护社会的稳定成为政府经常思考的问题。新闻媒体应当理解这一现状，并通过自身行动促进社会稳定发展。这就要求媒体正确看待社会中出现的问题，既要对社会进步给予积极的肯定，也要承认过多报道一些既非当下主要问题而又缺乏解决条件的消极问题并不理智。要把重点放到当前急需解决的问题上，并动员社会成员积极建言献策，在报道中体现节奏性和阶段性。

在报道与否的问题上媒体与政府会产生分歧，这时媒体要有把准时代脉搏的政治家眼光与头脑，分析报道的影响力。对那些揭露才能促进解决的问题，要果断地选择恰当的方式报道，而暂时不适宜公开报道的，可以通过内参等渠道进行反映。只有多动脑子，选对方法，才能加强与政府的良性沟通，在信息公开和开放性的报道中处于主动的地位。

随着网络的发展和网民力量崛起，公众在参与公共问题的讨论、促进公共问题的解决中发挥的作用也不容小觑。在重大公共事件中，传统媒体和新媒体相互配合、相互支援形成的强大舆论场，对事件的解决起到有效监督并推动事件合理解决的案例在近年来频繁出现。

从博客到微博，网络的准入门槛越来越低，使得更多的公众有机会参与到公共事务中来，因此传统媒体与新媒体的互动，媒体与民众的互动、沟通、交流，也有利于培育媒体的良好生态。面对越来越理智和有力的公众，媒体要勇于向社会揭露所遭受的不公正待遇。此外，媒体间应当加强沟通交流，充分发挥记协等行业组织的作用，团结起来坚决抵制不当干预，还舆论监督一个良好的环境。

浅谈法治新闻中的策略传播

李　丽

在菲律宾人质事件中，如果电视台能把这种事后的“无意”在事前进行“有意”规划，应该是能在保证大面积传播效应的同时规避负面效果的。这种“有意”规划，指的是媒体进行新闻报道时的策略，即媒体因地、因事、因时而宜，主动把握传播主动权：因事制宜，事件本身的性质是决定传播效应的要素；因时制宜，掌握采访和刊播节奏；因地制宜，媒体应该选择同类题材中的典型事例。

菲律宾首都马尼拉的香港游客劫持事件，全球观众通过电视直播实时目睹了全过程。在这样重大的突发性事件上，电视直播是最能充分展现真相的一种传播方式，能够最大限度地满足社会公众的知情权。借助电视直播，人们亲眼目睹了菲律宾警方毫无章法的施救行动，因而，救援专家与其他媒体随后对菲律宾政府的指责比其辩白更具可信度，更能引起公众的认可和共鸣。

在公共性的传播学研究领域，英国学者约翰·汤普森的“新公众说”提出的观点是，大众传媒造就了一种新型公众——经传媒的公众。传媒的话语本体在被大众所接受后，迅速激发了公众评论的氛围，形成一种舆论环境，引导社会的大众观点，从而似乎在一定程度上可以左右社会的价值取向。

无疑，菲律宾人质事件的电视直播使得随后的新闻报道和评论能够迅速合力，产生巨大的传播效应，而这样制造的传媒语境对社会公众也产生很大的影响力。然而，如果从此次直播的社会效果来看，不能说没有遗憾。

据英国媒体报道，菲律宾内政部官员杰西·罗多雷夫说：“不幸的是，门多萨可以(通过看电视)预测警方下一步的行动。我们完全不能让他惊讶。”尽管这种结果可能是电视台的直播行动无意间带来的，但门多萨仍然是受其影响，开枪射杀了人质。从传播学的角度看，这样的电视直播已经产生了作用于人们行动层面的传播效果，只不过这是负面的。

笔者认为，在菲律宾人质事件中，如果电视台能把这种事后的“无意”在事前进行“有意”规划，应该是能在保证大面积传播效应的同时规避负面效果的。这种“有意”规划，指的是媒体进行新闻报道时的策略性，即媒体因地、因事、因时而宜，主动把握传播主动权，在确保其发挥强大力量、推动社会发展的同时，又可以尽可能地减少负面效果。笔者将在本文探讨在从事法治类新闻报道时的策略传播。

讲究传播策略的客观现实

1.从事法治类报道时，媒体要规避自身遭遇的现实风险

一般而言，日常的法治类新闻报道，从题材上大致可以分为三类，即调查性报道、政策法规解读类报道和事件性报道。在我们的报道过程中，可能会遇到被监督对象的不配合、恶意阻挠或者找人求情；稿件刊发后，有的受访者会因为意料之外的舆论压力，指责媒体断章取义，曲解了报道本意，媒体可能会因此受到多方面的质疑，甚至对方的起诉，要规避这些风险，当然要讲究策略。

2.公权机构、商业组织及其他社会组织日益增长的新闻管理意识

随着信息科学技术的发展，报纸的传播效应越来越大，由是，想要影响新闻的企图也随之越演越烈。公权机构、商业组织及其他社会组织都有专门的新闻管理人员与媒介打交道，将他们希望报道的内容与活动推上媒介传播，而尽量降低负面消息的曝光率。他们被D．麦奎尔称为新闻制作中的“第三种势力”。在日常的法治类报道中，司法机关以及相关的涉法组织的信息来源往往是迅速、具有权威性的，但这些信息的供应是有计划性的，具有强烈的立场性和目的性。尤其在一些存在争议的新闻报道中，往往统一出处并以统一口径应对媒体，这无疑增加了揭示真相的难度。因此，要实现新闻的事实属性，讲究策略成为必然。

3.网络信息时代，受众群体细化的要求

目前，国内有不少法制类媒体，如《法制日报》、《检察日报》、北京《法制晚报》等，很多综合性媒体大都也开设了专门的法治类栏目和版面，如央视《今日说法》、中青报《法治社会》等。进入网络时代后，还有了专门的法制类网站，如中国平安网等。可以说，它们针对目标受众各有定位，加速了法治类媒体市场的细化，受众选择性也越来越强，目标也越来越明确和具体。由此，人们接触媒介的盲目性大大减少，他们在媒介上的选择显得精心而专注，信息传播呈现小众化趋势。对媒体而言，满足固定受众、吸引随机受众，扩大覆盖率，必然要求媒体讲究传播策略。

4.维护社会公共利益、国家利益和公民合法权利的需要

自由作为一种权利，需要与义务相对应，这当然也包括媒体。1947年，美国新闻自由委员会提出，大众传播媒介对社会和公众应该承担一定的责任和义务，修正了此前自由主义媒介规范理论。

法律是保证社会机制正常运作的底线，权利受它保障，义务因它而设。因此，法制类新闻报道，较之于其他类型的报道，更容易直接影响社会公共利益、国家利益和公民权益，更为敏感，因此媒体除了自身必须在法律和制度范围内进行自我约束外，讲究法治类报道传播的策略性也是非常必要的。

把握法治类新闻的策略传播

第一，因事制宜，事件本身的性质是决定传播效应的要素。

事件性报道是法治新闻报道中的大类，它有曲折的案情、精彩的细节，往往还有引人入胜的故事脉络，传播辐射面很大。但是，媒体在选择线索时看中什么样的“点”往往就已经决定了传播效果好坏。比如，有的事件纯属偶然发生的个案，它的新闻价值往往在于新奇、荒唐、少见，传播效应和社会反响都比较有限的；有些事件，它的新闻价值不但在于事件本身，更在于事件折射出的与受众群体切身利益相关的普遍性问题，这样的新闻报道才会引起全社会的共鸣和探讨，才有深远的传播效应。

2009年4月，《中国青年报》刊发《一篇帖子换来被囚八日》，这则新闻的主角是河南青年王帅，因为他在网上发帖揭露政府大规模违规征地而遭警方跨省追捕，所定罪名为“诽谤”。这样的报道就是笔者前文提及第二类事件报道，它背后是公权力侵害公民网络言论自由权的问题。公民直接在网上批评国家机关及其工作人员被视为一种新兴的反腐形式，可随之而来的新问题就是，政府或官员屡屡以“诽谤”之名对其进行打压，甚至追究刑事责任。此类事件与每个人息息相关，涉及每个人的言论自由的底线，媒体的舆论监督就具有普遍意义，报道的点也应该立足于限制规范公权力扩张、防止其践踏私权利的角度，才能引起高度的社会关注，产生深远影响。

这一点，可以从对“王帅案”和“吴保全案”的比较中一窥端倪。两件事的发展路径非常相似，王帅、吴保全同是网上发帖，同是揭露政府大规模违规征地，同样遭警方跨省追捕，罪名同样是“诽谤”，传统媒体同样跟进，但结局却不尽相同。

“王帅案”在《中国青年报》报道后，《人民日报》、人民网则是以评论文章、网络访谈等方式对此事进行持续关注，中央电视台《面对面》、《新闻1+1》等栏目也作了深度报道，长达半个多月媒体持续报道，舆论氛围已经形成，最终当地政府对王帅进行了国家赔偿。而“吴保全案”，其报道对象只是征地事件，落点并非是吴保全诽谤政府。两相比较，征地事件没有突出的代表性，从新闻价值的角度而言就是“不新”，跟诽谤政府的新闻性比起来要差很多，丧失了获得大范围传播的先机。

第二，因时制宜，掌握采访和刊播节奏。

报道的刊发时间最能直接体现媒体的传播主动性，这不是说只要先于其他媒体第一时间进行报道，就一定能产生好的传播效应。实际上，众多媒体后续的第二落点往往更决定传播效果的好坏。因此，首发媒体如果能把握好“天时”，那报道的传播效应也能随之扩大。

《中国青年报》报道的高考跨省替考事件与吉林松原高考舞弊的报道，都能说明报道时间对传播效应的影响。

“一考定终身”的高考，可以说是最重要的全国性考试之一，每年从四五月份开始到高招录取工作结束，任何与高考有关的风吹草动都会受到媒体关注，这可以说是松原高考舞弊报道的“天时”，如果不是在全社会对高考的持续关注期内，那么高考舞弊这样的报道，恐怕不会在媒体中迅速产生积聚效应。

2010年6月，《中国青年报》首发《一团伙涉嫌制造高考枪手跨省替考》，央视《新闻1+1》随后播出《高考：“枪手”为何敢撞“枪口”？》。接着，《中国青年报》刊发《北京警方介入调查“高考枪手”案》。7月28日，凤凰卫视《鲁豫有约》采访两名记者，播出了《从带纸条到无线电卧底　枪手揭秘高考舞弊》。

从《中国青年报》的角度来看，首发报道经过第一轮转载后，产生的是对此事的初步关注效应。而其他媒体跟进，势必要选择不同的角度，无论是采访记者还是专家，客观上都起到了深度挖掘、全方位展现《中国青年报》初始报道的效果。这种积聚效应，既延展了受众对此事的关注视角，也产生了热点新闻事件。

这篇报道的影响之所以能持续一个多月，除了因为高考作弊和违规比大量的指导性的信息更具新闻性以外，时间也是主要的影响要素。高考录取工作要到8月中旬才会结束，在此之前，全社会都处于“高考关注期”。从时效性上来说，不同媒体完全可以从不同角度对这篇报道进行持续追踪解读，可以说，受众这时的兴趣是众媒体“不约而同”的重要原因。

2009年的吉林松原舞弊报道，体现的是另一种节奏把握原则。这篇报道是在高考前采写完毕的，却等到高考结束后的6月10日，《吉林松原：严查之下高考舞弊仍禁而未绝》才刊发见报。中青报总编辑陈小川认为，高考期间不能发稿，全国1000多万考生正面临人生的大考，在此期间捅出一个惊天作弊大案来，对所有考生的心态都会产生消极影响。因此，报道延至高考结束后的第二天才刊发的。这样处理，体现了《中国青年报》的社会责任感，尽管事件重大、轰动效应在意料之中，但要以不干扰正常的高考秩序为前提。

随后，中青报记者采写的《教育部：松原高考舞弊事件性质十分恶劣》、《“别让作弊的风气污染了善良人的心”》、《教授建议：杜绝舞弊应淡化升学率之争》等一系列追踪报道，是从事件定性、问责方面和探寻问题根源的角度展开的，按照事件发展的逻辑顺序，这是社会舆论下一步关切的重点。因此，这组报道引发了舆论持续高度的关注和思考，事半功倍地扩大了报纸的传播效应。

第三，因地制宜，选择同类题材中的典型事例。

2010年2月，河南王亚辉涉嫌盗窃被刑拘，3天后在看守所内死亡。当地警方解释，犯罪嫌疑人是在提审时喝开水突然发病死亡的。这并不是第一起发生在看守所的非正常死亡案件，距离“躲猫猫”一年有余，但它能迅速产生热点效应。一个关键要素就是它再次发生在了看守所。这个地方封闭、神秘，公众想了解而不能，但屡屡发生在这里的非正常死亡事件却印证了一些恶意的揣测，“噩梦死”、“洗澡死”、“睡觉死”、“撞墙死”，这些词汇迅速流行的起因就在于此。

可以说，正是这个地方让此类事件一而再、再而三地成为热点新闻事件。与此类似的比比皆是。比如华南虎事件，如果老虎的照片不是拍于陕西，而是目前发现有野生华南虎活动踪迹6个省，那么，媒体的报道只是介绍性的，传播效果和关注度肯定不会像华南虎事件一样。如果北京警方不是查处天上人间夜总会，而只是一些卖淫的发廊或舞厅，那么，媒体对新任局长的关注以及由此开始的一系列新政，恐怕不会引起持续社会关心，也没有强烈的传播效应。

需要指出的是，传统媒体讲究策略性传播已是箭在弦上，这是在网络信息化时代的必然要求。

网络环境下，一篇帖子的发布位置、表达方式，甚至网络推手的出现，从一定程度上讲，都是为了吸引传统媒体尤其是主流媒体的注意，借助这些媒体的影响，网络舆论就从虚拟走向现实，就生成了成功的网络舆论，这可以说是网络舆论生成和传播的策略性。而传统媒体的传播途径正好与之相反。传统媒体胜在公信力，但在网络的冲击下，其新闻报道要么本身就上网发布，要么就能很快被转载到网络，否则它的传播效应非常有限。因此，传统媒体必须主动因事、因时、因地进行对稿件的传播效应进行前期判断和“谋划”，只有进入网络传播途径，传播效应才会被数倍放大。